大学问

始于问而终于明

守望学术的视界

笛卡尔的《第一哲学的沉思》

〔美〕G·哈特费尔德 著

尚新建 译

The Routledge Guidebook to
Descartes' *Meditations*

广西师范大学出版社
·桂林·

笛卡尔的《第一哲学的沉思》
DIKA'ER DE DI-YI ZHEXUE DE CHENSI

The Routledge Guidebook to Descartes' Meditations 1st Edition/ by Gary Hatfield
ISBN:9780415672757(hbk)，9780415672764(pbk)

Copyright © 2014 Gary Hatfield
Authorized translation from English language edition published by Routledge, part of Taylor & Francis Group LLC; All Rights Reserved.
本书原版由 Taylor & Francis 出版集团旗下,Routledge 出版公司出版，并经其授权翻译出版。版权所有，侵权必究。

Guangxi Normal University Press is authorized to publish and distribute exclusively the **Chinese (Simplified Characters)** language edition. This edition is authorized for sale throughout **Mainland of China**. No part of the publication may be reproduced or distributed by any means, or stored in a database or retrieval system, without the prior written permission of the publisher.
本书中文简体翻译版授权由广西师范大学出版社独家出版并仅限在中国大陆地区销售，未经出版者书面许可，不得以任何方式复制或发行本书的任何部分。

Copies of this book sold without a Taylor & Francis sticker on the cover are unauthorized and illegal.
本书贴有 Taylor & Francis 公司防伪标签，无标签者不得销售。
著作权合同登记号桂图登字：20-2023-047 号

图书在版编目（CIP）数据

　　笛卡尔的《第一哲学的沉思》/（美）G·哈特费尔德著；尚新建译. -- 桂林：广西师范大学出版社，2023.9
　　（劳特利奇哲学经典导读丛书）
　　书名原文：The Routledge Guidebook to Descartes' Meditations
　　ISBN 978-7-5598-6042-2

　　Ⅰ. ①笛… Ⅱ. ①G… ②尚… Ⅲ. ①笛卡尔（Descartes, Rene 1596-1650）—哲学思想—研究 Ⅳ. ①B565.21

　　中国国家版本馆 CIP 数据核字（2023）第 155017 号

广西师范大学出版社出版发行
（广西桂林市五里店路 9 号　邮政编码：541004）
　　网址：http://www.bbtpress.com
出版人：黄轩庄
全国新华书店经销
广西民族印刷包装集团有限公司印刷
（南宁市高新区高新三路 1 号　邮政编码：530007）
开本：889 mm × 1 194 mm　1/32
印张：14.375　　　字数：330 千
2023 年 9 月第 1 版　2023 年 9 月第 1 次印刷
定价：98.00 元

如发现印装质量问题，影响阅读，请与出版社发行部门联系调换。

出版说明

"劳特利奇哲学经典导读丛书"精选自劳特利奇出版社两个经典导读系列。其中《维特根斯坦的〈哲学研究〉》《海德格尔的〈存在与时间〉》《黑格尔的〈精神现象学〉》《笛卡尔的〈第一哲学的沉思〉》《克尔凯郭尔的〈恐惧与颤栗〉》等选自 Routledge Guides to the Great Books 系列,而《维特根斯坦与〈逻辑哲学论〉》《胡塞尔与〈笛卡尔式的沉思〉》《德里达的解构主义》《后期海德格尔》等著作出自稍早的 Routledge Philosophy Guidebook 系列。

本丛书书名并未做统一调整,均直译自原书书名,方便读者查找原文。

为统一体例、方便阅读,本丛书将原书尾注形式改为脚注,后索引页码也做出相应调整。

目 录

i 第一版译序
vii 前言
xii 缩写、引文与翻译

1 **第一部分 概述与提要**
3 第一章 笛卡尔的纲领
46 第二章 阅读《第一哲学的沉思》

81 **第二部分 六个沉思的论证**
83 第三章 将心灵撤离感官
119 第四章 发现心灵的本性
168 第五章 真理、上帝与循环
220 第六章 判断、错误与自由
243 第七章 再论物质、上帝与循环
283 第八章 自然界与身心关系

335　第三部分　超越《第一哲学的沉思》
337　第九章　新科学：物理学、生理学与激情
375　第十章　遗产与贡献

400　附　录
409　文　献
411　索　引
435　译后记

第一版译序

大概无人怀疑笛卡尔"近代哲学之父"的地位。这不仅因为笛卡尔革命性地摧毁了中世纪的亚里士多德主义,创立了一种新的形而上学体系,为近(现)代科学奠定了基本的哲学架构;而且,也是因为笛卡尔哲学成为往后许多哲学家继承、批判和攻击的重要对象,从而形成近现代的西方哲学传统。即便在后现代主义盛行的今天,笛卡尔作为现代性的代表人物成为众矢之的,每每为人解构和颠覆,然而,其影响却似乎有增无减,其地位却似乎岿然不动。其中的奥妙,梅洛-庞蒂有过暗示。他在评论笛卡尔的"主体性"观念时曾经指出,有些观念使我们不可能返回它们之前的时代,尤其当我们试图超越它们的时候。主体性观念就是其中之一。梅洛-庞蒂揭示了现代哲学家面临的一种尴尬境地:他们的世界观已经深深根植于主体性观念,因而,似乎无法跳出主体的架构描述主体的起源、发现和创立。主体性观念一经建立,便无法以其他方式界定人的存在。要从根本上瓦解主体性观念,必须借用主体性观念赖以生存的资源。如果将这句话推及笛卡尔的整个哲学,我们可以这样认为：今人颠覆笛卡尔的哲学，无论多么激烈和彻底，似乎都无法完全摆脱笛卡尔的哲学架构，反而必须利用笛卡尔的哲学资源。或许，笛卡尔哲学的遗产，正是在这种批判和颠覆中得以继承与存活，或者说，正是这种颠覆和批判，赋予它顽强的生命力，使其产生历史的效应。传统就是在阐释与批判中复活和延续的。

国内学者对笛卡尔哲学并不陌生。然而，迄今为止，其研究仍然肤浅而粗疏，曾经一段时间，甚至很少有人问津。原因是多方面的。其中一个重要原因，是我们的不少学者没有甚至不愿进入西方哲学或西方文化的传统，而推崇所谓的"拿来主义"，从外面观望选择，"取其精华，去其糟粕"，或者"洋为中用"。看上去似乎坚持独立自主，意志自由，实则却很像一个外行逛古玩市场，往往为光彩夺目的器件所吸引，错将赝品当真品。外表的稀奇与惊艳中看不中用，过不了多久，便会破绽百出，自然贬值了。

固然，依照伽达默尔的阐释学，当我们理解一个文本或一个历史事件时，总摆脱不了自身的历史特殊性和"偏见"。不过，这并不意味着我们可以随心所欲地解读文本或事件，完全从自身的立场出发，凭借自己的好恶任意取舍。恰恰相反，我们的解释若想客观地或正确地理解文本，必须借鉴前人的解释，必须进入该文本的解释历史和传统。正是因为将文本或事件的解释深深扎根于它的整个理解的历史，我们才能避免主观的臆测和误读，才能理解其真正的意义和价值。愚以为，对西方哲学的理解，首先应该采取入乎其内的态度。只有进入西方哲学的传统，尤其深入西方诠释经典文本的历史，我们才能摆脱隔靴搔痒的窘迫境况。从这种考虑出发，大力倡导和支持西学经典及其诠释著作的译介，并且身体力行，积极投入其中，当是中国学者义不容辞的职责。

哈特费尔德（Gary Hatfield）的《笛卡尔与〈第一哲学的沉思〉》，就是西方笛卡尔学术史上诠释其《第一哲学的沉思》的一部力作。

哈特费尔德是美国宾夕法尼亚大学哲学系亚当·西伯特（Adam Seybert）讲席教授。他于1979年在威斯康星（麦迪逊）大学获取哲学博士学位，之后，曾去哈佛大学与霍普金斯大学任教。1987年赴宾夕法尼亚大学，执教至今。其主要研究领域涉及近代哲学史、心理哲学、视觉理论、科学哲学等，尤其在近代哲学史和知识论方面的研究，造诣颇深。他曾经出版《自然的与规范的：从康德至赫尔姆霍茨的空间表象理论》（1990）一书，重新翻译和编辑康德的《未来形而上学导论》（2004），并撰写了大量论文，在学界很有影响。他的《笛卡尔与〈第一哲学的沉思〉》出版后，即赢得好评，被评论家们赞誉为"目前对《第一哲学的沉思》的最好的导论"；"一部杰出著作，文字清晰，引人入胜"；"乃上乘之作……无法想象，有哪部著作能像它一样，设定如此宏伟的任务，将每件事处理得如此完美"；等等。

几百年来，对笛卡尔《第一哲学的沉思》的解读和注疏可谓汗牛充栋。粗略地说，可将其分为欧陆风格与英美风格两类。前者侧重《第一哲学的沉思》的历史背景，力图通过历史的内在关联理解笛卡尔哲学；后者则注重《第一哲学的沉思》涉及的哲学问题，试图利用新的方法和手段解决或消解这些问题。然而，哈特费尔德的解读似乎与两者皆不相同，他努力寻求介于两者之间的第三条道路。因而，从《第一哲学的沉思》的诠释史上看，这部论著呈现出如下几个显著特点：

首先，尽管本书的解读带有明显的英美风格，却力图将《第一哲学的沉思》纳入历史的背景。之所以如此，与作者理解的笛卡尔的哲学体系密切相关。哈特费尔德认为，笛卡尔首先是一位数学家和自然哲学家，然后才成为一位形而上学家。因此，《第一哲学的沉思》确实包含笛卡尔哲学的若干重要问题和丰富内容，然而，这些只是"整幅画面的片断，只是实现目的的手段"，并非目的本身。笛卡尔的目的，是"试图利用这部著作，促成全新的、普遍的自然科学"（见本书"前言"）。或者说，笛卡尔的哲学纲领是创立崭新的自然概念和全面的自然科学，《第一哲学的沉思》的论证只是为其寻求"全部基础"，开启形而上学的方法，借以认识真理。因此，要想完整地把握笛卡尔在《哲学原理》中描述的"体系之树"，必须给《第一哲学的沉思》以正确的定位，必须将其置于历史的语境中加以理解，尤其必须将其置于近（现）代科学得以建立的历史语境中加以理解。因而，本书不仅讨论了六个沉思，而且，还专章讨论笛卡尔新科学的伟大纲领及创建思路。

其次，该书特别引导读者注意，笛卡尔建立新科学的主要障碍是当时流行的亚里士多德主义经院哲学。因此，《第一哲学的沉思》的字里行间渗透着对亚里士多德主义的抨击与批判。笛卡尔在致梅尔森的一封信里说，他的物理学"摧毁"亚里士多德主义的原则。其《第一哲学的沉思》提出一套全新的概念，如物质及其属性、心灵及其属性、理性与感觉的作用、身心统一等，从而全面取代亚里士多德主义哲学，从根本上颠覆亚里士多德—托勒密的宇宙体系，为哥白尼的世界图景（数学的世界）提供形而上学的基础。明确地将笛卡尔哲学与亚里士多德主义经院哲学相对照，可以使我们更清楚地看到：（1）笛卡尔哲学是划时代的里程碑，具有鲜明的革命性，试图与中世纪经院哲学彻底决裂；（2）从现代性之维综观近代哲学，其首要任务是对付经院哲学，因而，将近代哲学史概括为唯理论与经验论的斗争史，容易误入歧途。事实上，两者具有共同的奋斗目标，也并非完全对立的。正如王太庆先生所说，它们"是一条战壕里并肩战斗的战友"（见王太庆译《谈谈方法》，"代序"）。认识这一点对我们全面理解西方近代及现代哲学至关重要。

再次，该书依然保持了英美解读风格，注重对《第一哲学的沉思》的哲学问题及其论证进行分析和阐释，从而揭示笛卡尔哲学论题的理论深度。更独特的是，该书为读者提供不同的解读视角，分析从不同角度透视这些哲学问题，将可能采取什么策略，得出什么结论，各有什么利弊。这种巧妙而开明的方法，使读者意识到笛卡尔哲学问题的复杂性和深刻性，也为读者的进一步思考拓展空间，同时，还能使我们体会到自由、宽容、严谨的治学态度。

本书的翻译，得到不少同人与友人的慷慨帮助，在此谨致谢意。尤其感谢孙永平教授，译者曾就书中涉及的自然科学问题每每讨教，总能得到完满的答复。文中有的段落，甚至是永平直接翻译的，准确而精练，令人叹服。还要感谢我的妻子杜丽燕，她一度中断自己的写作，对译本做了大量的校对和润色工作。翻译过程中，不时有杂务干扰，时断时续，进展缓慢。幸亏出版社的吴晓斌先生不断鞭策，才使这部译作能够早些面世。在此，对我的延宕拖拉表示歉意，对吴先生的耐心和鞭策表示感谢。

尚新建
2007年4月

前言

没有一部哲学文本,像笛卡尔的《第一哲学的沉思》那样得到如此广泛的阅读。长期以来,它始终是哲学的主干课程,被各色各类的哲学家当作试探物,以掩蔽自身。尽管对一代代初出茅庐的学生来说,这部著作是全新的,然而,对他们的教师及广义的文人来说,却耳熟能详,令人欣慰,有时令人不安。

这种熟知造成一种理解障碍。即使初学的读者,很快便觉得,他们"知道"该书的主要论证和结论是什么,"知道"该书的哲学意义和要旨在于何处:怀疑主义的挑战,以著名的"我思"应对,用无欺的上帝担保的清楚明白的知觉标准,循环推理的嫌疑、身心区别以及由此产生的身心互动问题。

的确,《第一哲学的沉思》包含这些内容。然而,它们只是整幅画面的片断,只是实现目的的手段,20世纪中叶,这一目的被各种哲学解释严重忽略:笛卡尔试图利用这部著作,促成全新的、普遍的自然科学(法国学者及早期的英语学者,都已注意到这个因素)。人们经常援引(第一章将更充分地引用)笛卡尔致梅尔森

（Mersenne）的一封信，正如信中所说，《第一哲学的沉思》包含笛卡尔物理学的"全部基础"，而他的物理学，"摧毁了"亚里士多德的原则——提出截然不同的若干概念，如物质及其属性、心灵及感觉的作用等。记住该书的论证和结论主要是为这个纲领服务的，可以对它有更深刻的洞察。因此，合理地给怀疑主义的疑惑定位，帮助读者与日常的自然概念拉开距离，将更容易把握新的概念；我思并不是为了"证明"沉思者的存在（这一点好像很可疑），而是提供钥匙，开启形而上学的方法，借以认识更多的真理；如此等等。

以前研读《第一哲学的沉思》的文本还有一个特点，麻木了几代读者的感觉，致使眼睛虽从页面扫过，对文本的一些内容却完全视而不见：将文本看作一系列可拆分的论证，置于某种布景之中——将全神贯注的思想分为六"天"——从这个视角出发，这种布景更像是填料。然而最近，一些注释者联系《第一哲学的沉思》的文学体裁分析其哲学效力。笛卡尔采取灵修（spiritual exercise）的文学形式，让其适应自己的哲学意图。灵修包括净化感觉和理智，接纳神的启示，使意志与上帝合一，同样，笛卡尔的认知修行，包括借助怀疑主义净化认知能力，通过运用"自然之光"获得理智的启示，训练意志仅肯定清楚明白的智识认知到的那些形而上学命题。一旦以这种方式阅读，原来似乎与哲学毫不相干的文本段落，尤其每个沉思的开篇与结尾，便各就各位，为笛卡尔这部丰富而精练的著作增辉，强化其哲学效力，引导读者进入发现过程，获取更大收获，而不是单纯通过完整的论证，从前提得出结论。沉思过程有助于读者发现事物本质的观念，即因过分依赖感官而被遮蔽的那些观念。

笛卡尔创立了全新的自然概念的纲领，并选择沉思的写作模式，二者在《第一哲学的沉思》的另一个方面获得统一，值得特别关注，即依赖于康德后来所谓理智的"实际运用"，以确立该书最初的形而上学结论。笛卡尔证明其物理学的基础，证明其感官微粒说，反对亚里士多德的"实在性质"，阐明身心区别，所有这些，均诉诸纯粹理智设想的物质与心灵的本质。笛卡尔采用沉思的写作模式，有效地训练读者正确地运用自己的理性能力。的确，笛卡尔指出，怀疑主义的怀疑十分重要，并且需要数日，甚至几周时间，潜心沉思，从而表明，读者若想感知最初的形而上学真理，必须学会"让心灵撤离感官"。（前几段列举的三个要点，见我的"The Senses and the Fleshless Eye: The Meditations as Cognitive Exercises"，载A.Rorty［ed.］, *Essays on Descartes' Meditations*, pp. 45—79；以及我的"Reason, Nature, and God in Descartes"，载S.Voss［ed.］, *Essays on the Philosophy and Science of René Descartes*, pp. 259—287）

我试图把这些解释性论题统统纳入一部著作，将笛卡尔置于历史的语境中，同时又不至于忽略《第一哲学的沉思》的哲学深度。第一章介绍基本语境，尽管全书不断对此有所补充，尤其在讨论笛卡尔新科学的第九章里。我的目的是清楚地表述《第一哲学的沉思》的主要论证及其论证策略，勾勒解释与重构的主要线索，同时提供我自己的理解。第二章讨论该书的基本结构、文本方略以及"前奏"。随后的六章，分别详细阐释六个沉思；沉思的论题细目，见第三至八章的子标题，目录有列。本书篇幅有限，当然不能包罗万象，不过，确实解读了每个沉思的每一论题。第十章考察笛卡尔的遗产。索引指示专业术语（例如"a priori"）获得解释的页码。

我在论述笛卡尔的哲学语境时，是按照当时的理解和表述思考各种哲学立场的。因此，笛卡尔关注的亚里士多德哲学，是各类经院哲学家所表述的，其中几位的名字第一章有所提及。他们的立场与历史上的亚里士多德的思想（依照我们今天的解释）可能一致，也可能不一致。

全书试图理解笛卡尔的论证和结论，看看在笛卡尔心目中，它们从哪儿获得力量，并依照当时的诘难，以及新近哲学批判者的诘难，根据我自己的理解，重新评价它们。当然不可能提及所有的诘难，或者对提及的每一诘难详细应对。况且，凡系统的著作，后面的内容均以前面的内容为基础，因此，我们解读《第一哲学的沉思》时，为了下一步论证，需要接受某些结论，而不管对它们的诘难（无论提及否）是否澄清。目的并非给人一种印象：根本没有诘难，或者诘难不甚重要。绝非如此。我希望，读者按照我的重构来评价论证，尝试着阐发另一种解释，对论证的强弱得出自己的结论。

本书的目的是面向一般读者和学生，帮助他们研修近代哲学史的导论课程，但也具有相当的深度，力求对专业课程有所帮助，诸如有关笛卡尔或理性主义哲学的课程。我也期望该书对研究笛卡尔的学者及一般哲学家有所裨益和启发。就此而言，除了强化沉思方式的阅读以及怀疑对发现理智的作用，本书关于"我思"推理（包括发现心灵是理智的）、笛卡尔式循环、本体论论证、身心区别论证，以及第六沉思为感觉恢复名誉等论题，都有独到的阐述。在这次第二版中，扩展处理了怀疑方法和观念理论，重新讨论了笛卡尔的视觉理论，更全面地展示笛卡尔的遗产。书的标题亦有改变，更符合这套丛书的总体设计。

仅就第一版的写作而言，要特别感谢Michael Ayers，感谢他提出详细的意见。这次新版本的修订，我要感谢宾夕法尼亚大学笛卡尔读书小组的成员，他们为修订提供了帮助，并针对每一章进行细致的讨论。其成员包括：Devin Curry、Louise Daoust、Nabeel Hamid、Jonathan Iwry、Jordan Taylor、Greyson Abid、Alistair Isaac等人。后两位身为研究助理，校阅了新的版本，保证其准确和清晰。我感谢美国国家科学基金会（NSF）拨款（1028130），支持Alistair Isaac的工作。Louise Daoust提交了内容广泛、颇具洞见的书面评论。Lisa Shabel对第一章提出建设性的意见。出版社的匿名评审人给予有用的建议。每一章从头到尾都做了修订，文献亦有更新。最后要说的是，Holly、Sam和Zoovi始终是我的忠实伙伴、啦啦队员，也是灵感的源泉。

缩写、引文与翻译

笛卡尔著作的引文，采用现代标准的拉丁文和法文版页码：Charle Adam and Paul Tannery（eds.），*Oeuvres de Descartes*，修订版。(Paris: Vrin ／ CNRS, 1964—1976)这个版本通常标识为"AT"，后加卷数和页码。既然本书引用的文本均采取AT页码，所以我省略了那两个大写字母［指"AT"］，仅给出卷数和页码，譬如，（7: 21）表示第7卷第21页。

我将对［本书中］笛卡尔著作的所有翻译负责。为了帮助读者，我尽可能地接近这里所列出的标准译文。凡与标准译文有实质性偏离的地方，我用（*）标识译自AT的引文。凡引自AT，却没有加引号的引文，译文通常可以在下列著作中找到。笛卡尔著作的绝大多数翻译，均在页边标出AT页码。有的地方，我从AT引录的引文没有可用的现成译文，我也没有翻译，统统用斜体标识。

笛卡尔的主要哲学著作，其标准译本是John Cottingham、Robert Stoothoff和Dugald Murdoch（eds.）等人的翻译：*Philosophical Writings of Descartes*, 2 vols.（Cambridge: Cambridge University Press,

1984—1985），按常规，写作CSM。凡CSM仅提供选段或未提供翻译的地方，我将利用其他译文，名目列在下面。笛卡尔的许多书信，已经为Cottingham、Stoothoff、Murdoch和Anthony Kenny（eds.）等人所翻译，有 *Philosophical Writings of Descartes*, Volume 3, Correspondence（Cambridge: Cambridge University Press, 1991），通常写作CSMK。

尽管语境经常表明所引的著作，不过，我还是列出AT的卷数和页码，充当可靠的向导：

AT卷数/页码　著作

1—5　书信

5: 144—179　与伯曼的谈话

6: 1—78　《谈谈方法》

6: 79—228　《折光学》

6: 229—366　《气象学》

7　《第一哲学的沉思》，反驳与答辩

8A　《哲学原理》，拉丁版

8B: 341—369　《评某篇印刷品》

9A: 198—217　笔记、致克莱尔色列的信（法文版《第一哲学的沉思》）

9B: 1—20　作者致《原理》法文版的信

10: 151—169　与毕克曼的通信

10: 213—248　早期著作（个人思想）

10: 359—469　《指导心灵的规则》

10: 495—527 《探求真理》

11: 1—118 《论世界，或论光》

11: 119—222 《论人》

11: 223—286 《人体的描述》

11: 301—488 《灵魂的激情》

我援引《第一哲学的沉思》采用AT第7卷拉丁原文的页码。最早的法文版于1647年问世，获得笛卡尔的认可；只在非常罕见的情况下，我用仅在法文版出现的限制词补充拉丁版，同时给出相应的AT卷数（9A）和页码。《六个形而上学的沉思》（*Six Metaphysical Meditations*）的第一个英文本由William Molyneux翻译（London: Tooke, 1680），包括第三个反驳（霍布斯）与答辩。六沉思的这个译文后来重印，收入Stephen Gaukroger（ed.），*Blackwell Guide to Descartes' Meditations*（Malden, Mass.: Blackwell, 2006），204—42。包括反驳与答辩在内的《第一哲学的沉思》的完整译本，见CSM第2卷（还有《探求真理》）。早期著作《规则》《谈谈方法》及论文的选段、《原理》以及《激情》（还有其他一些著作），见CSM第1卷。Elizabeth Anscombe and Peter T. Geach（eds.），*Descartes: Philosophical Writings*（Indianapolis: Bobbs-Merrill, 1971）翻译了六个沉思（以及第三个反驳与答辩），还有其他著作的选段，译文自由洒脱，充满活力（但是，请参看第四章后面的注释），没有标注AT页码。George Heffernan（ed.）提供的六个沉思的译文，朴实而精确，并有拉丁文对照：*Meditationson First Philosophy* = *Meditationes de prima philosophia*（Notre Dame: University of Notre Press,

1990）。Desmond M. Clarke重新翻译了《沉思》（London: Penguin, 1998），以及反驳与答辩的节选（没有标注AT页码）；Michael Moriarty做了同样的工作（Oxford: Oxford University Press, 2008），大量选译反驳与答辩，并给出详细的解释性注释。

《世界》和《论人》的完整翻译，见Stephen Gaukroger（ed.）: *The World and Other Writings*（Cambridge: Cambridge University Press, 1998）。《论人》带注解的杰出翻译，见Thomas S. Hall（ed.），*Treatise of Man*（Cambridge: Harvard University Press, 1972）。《气象学》仅见于Paul J.Olscamp（ed.），*Discourse on Method, Optics, Geometry, and Meteorology*（Indianapolis: Bobbs-Merrill, 1965）；这个版本没有标明AT页码。至于《哲学原理》第2—4部分，CSM只提供了选译。《哲学原理》的全文翻译，参见V.R. Miller and R.P.Miller（eds.），*Principles of Philosophy*（Dordrecht: Reidel, 1983），该书亦没有提供AT页码；CSMK提供了"与伯曼的谈话"的选译。全文翻译，见J.Cottingham（ed.），*Descartes' Conversation with Burman*（Oxford: Clarendon Press, 1976）。

下面说明几个翻译的选取。我有时将cognitio译作"知识"（knowledge），但有时译作"认知"（cognition），用后者表示赤裸裸的认知（有内容，但始终无断定），与可能产生知识的判断（包含意志）加以区分（这个区别在第4—5沉思特别重要）。我将拉丁文praejudicium和法文préjugé译作"预想意见"（preconceived opinion），避免英文"prejudice"（偏见）一词的现代含义。在笛卡尔时代，拉丁文species是经院哲学亚里士多德主义的技术词语，意味着"形象"（image）或"相像"（likeness）；它是作为技术词语进入英语的，因此，我采用"species"的表达方式，意思仍然是技术意义上的形象或相像。最后，我将拉丁文 *per se notum* 译作"自明的"（self-evident），而非更严格的"known through itself"（自然被知）。我的选择得益于笛卡尔关于几何学论证的讨论（第二个答辩，7: 163—64），笛卡尔指出，某些真理对某些人来说是自明的（self-evident），但是，同样的真理，对另一些人来说，则只能凭借推理才能认识。笛卡尔的"自明"，并没有一见便直接可知的含义，因此，某些命题成为自明的，只是对它们所说的给予应有的考虑之后。见 Edwin Curley, "The Cogito and the Foundations of Knowledge," in Gaukroger, *Descartes' Meditations*, pp. 30—47，第34页有相关讨论（及反对意见）。

有一些文献涉及进一步的讨论或其他解释，以及提供事实支持的引文，其出处均列在每章的末尾。二手著作第一次提及之后，仅给出作者，或作者及简略题目。近期讨论笛卡尔的英语著作，书后提供一个选目。

第一部分

概述与提要

第一章　笛卡尔的纲领

1641年，笛卡尔45岁，出版了《第一哲学的沉思》。"第一哲学"是形而上学的另一种称呼，即研究一切存在物的基本原则。笛卡尔所理解的形而上学，是其他一切知识的基础，包括自我、上帝、自然世界的知识；他的《第一哲学的沉思》试图引导读者自己去发现一门真正的形而上学。这是一部雄心勃勃的著作。

《第一哲学的沉思》将自己描述为一部讨论"上帝与灵魂"的著作。(7: 1) 的确，它主张，上帝存在，灵魂或心灵不同于形体。为此做准备时，它提出怀疑主义的挑战，怀疑知识的可能性，然后又加以推翻。从表面看，它似乎讨论知识是否可能，涉及神学论题。

更深入一点儿考察就会发现，笛卡尔的目的远非传统的。他在给朋友梅尔森的信中，吐露了自己的秘密 (3: 298)：这部著作包含他的物理学的"全部原则" (3: 233)。他试图为一种革命的、新的物理学或自然哲学提供形而上学的基础，凡关于上帝和灵魂的所论，均与之交织在一起。他的目的是颠覆当时流行的自然世界理论，该理论将人类置于事物的中心，而他则用一种全新的自然观取而代之，将世界看作一架巨大而非人的机器。他要向初次入道的读者隐藏其革命意图，因而，书中没有任何部分标示"物理学原理"或"自然世界理论"的字样。我们必须自己捅破窗户纸，窥见其激进的讨论日程——日后对哲学和科学的历史产生巨大影响。

要理解笛卡尔《第一哲学的沉思》的意旨，必须将该书纳入他的生活时代及其他著作的背景。他的学术生涯并非开始于建立新的形而上学的雄心壮志，而是开始于数学和自然哲学的特殊问题。本章评述笛卡尔的生活背景和生平，下一章则将从哲学文本出发，考察《第一哲学的沉思》的结构。第二部分逐篇考察六个沉思。第三部分考察《第一哲学的沉思》支撑的科学革命，总结笛卡尔为我们今天留下的哲学遗产。

笛卡尔的世界

笛卡尔的童年和青年时代，正值法国一个相对和平而稳定的时期。法国的宗教战争（1562—1598）是天主教徒与加尔文新教教派胡格诺教徒的对抗，于1598年正式结束，亨利四世颁布南特敕令，给予胡格诺派宗教宽容（但是，禁止他们在巴黎公开举行礼拜仪式）。亨利曾放弃胡格诺教而皈依天主教。尽管1610年，他为一个狂热分子所刺杀而身亡，但是，法国国内享有很大程度的和平，除了1626年，胡格诺派因宽容令受挫而发生暴乱。

1588年，西班牙无敌舰队被英格兰击溃，法国长久面对的一个宿敌衰败了。16世纪70年代，尼德兰北部的联合省（新教）与其他的西班牙省（天主教）相分离，笛卡尔的成年生活，很长时间定居尼德兰北部。直至1590年，西班牙实际地承认了这一损失，尽管双方仍在西班牙尼德兰与荷兰尼德兰的边界屯兵布阵，剑拔弩张。法国长期与西班牙为敌，断断续续给荷兰提供支援。

笛卡尔成年后，三十年战争于1618年在（主要是天主教的）神圣罗马帝国（多在德语地区）爆发。亨利四世去世，路易十三继位，成为国王，其母玛丽·德·美第奇（Marie de Medici）成为摄政王。她令路易娶西班牙公主为妻，以便改善两国的关系。甚至在1617年她的摄政权终止之后，法国仍然偏向支持神圣罗马帝国的天主教势力（西班牙和神圣罗马帝国分别为分立的哈布斯堡王朝所统治）。1631年，由于玛丽长期失势，黎塞留（Cardinal Richelieu）时任首相，法国主动与新教的瑞典结盟，共同反对哈布斯堡。1630年，瑞典国王古斯塔夫（Gustavus Adolphus）入侵德国。最初，瑞典人势如破竹，连战连胜，但是到了1635年，法国感觉有必要同时向哈布斯堡罗马神圣帝国和哈布斯堡西班牙宣战。荷兰提供粮草和一些兵员，然而无奈，其领土远离战场。天主教的法国和新教的瑞典并肩作战，最终获得胜利。《威斯特伐利亚和约》确定了近代欧洲的格局，正式承认荷兰尼德兰。

笛卡尔的学生年代及其后的时代，学术界骚动不安。中世纪后期，教会学说逐渐与亚里士多德哲学相结合。一方面，从13世纪开始，亚里士多德哲学在大学备受青睐，充满活力，日益兴盛；其中包括：随着柏拉图及其他古典著作被重新发现，以及出现新的批评者，亚里士多德的哲学不断经受检验和修正——始终与信仰相调和。哲学在宗教中扮演某种角色，第五次拉特兰宗教会议（Fifth

Lateran Council）的一次会议（1513）拟订了这样一个信仰条款：上帝存在和灵魂不朽可以单独为理性所证明（除了通过信仰被接受以外）。另一方面，随后的特伦托会议（Council of Trent, 1545—1563）却谴责新教教义为异端邪说，并严格禁止富于创新精神的哲学学说。哲学被允许存在，但是，其结果要求必须符合正统。正统将亚里士多德主义的思想作为中流砥柱，包括感觉性质说；有机物与无机物变化的自然过程说，即每一类物体，变化都取决于主动原则或形式的运作；地球自然位置说，即地球位于宇宙的中心；还有四因说，主张目的渗透于自然中。

从17世纪开始，新的哲学学说风起云涌。当时的"哲学"，包含自然哲学或自然界理论。在天文学领域，哥白尼于1543年出版了《天体运行论》，主张太阳位于（或接近）宇宙的中心，地球年复一年围绕着太阳旋转，日日自轴旋转。这个论断倘若是真的，必将削弱亚里士多德主义物理学，因为后者认为，地球上的物质自然地追寻宇宙的中心。起初，哥白尼的学说并没有引起轰动，但是，到1600年，它逐渐与其他新颖事物联系在一起，诸如布鲁诺的主张：宇宙是无限的，除了太阳，还有许多星球。大约同时，开普勒所做的工作支持哥白尼体系。丹麦天文学家第谷提出一个妥协方案，主张地球静止不动，太阳每年围绕地球旋转一周，其他行星围绕太阳旋转。尽管哥白尼运用了现存的天文学观察结果，但是，第谷凭借特殊的仪器设备，为开普勒提供更新、更精确的观察数据，使他有可能提出，行星的运行轨道是椭圆的，并非其他人所说的圆周运动的合成。1610年，伽利略用望远镜观察到月球表面的山丘，并发现木星有卫星。这些发现直接冲击亚里士多德主义的观点，后者认为，月球表面是光滑平坦的，所有的天体都围绕地球旋转。笛卡尔最终支持哥白尼体系，尽管心存恐惧，尤其在伽利略遭受谴责之后：1632年，罗马宗教法庭因为伽利略捍卫哥白尼学说，或许也因为他支持原子论，宣判他有罪。

17世纪初期，人们重新点燃对非亚里士多德主义物质论的兴趣，也包括化学理论和古代原子论。笛卡尔在其最早的著作中，接受原子论。原子论主张，物体由不可分割的（原子的）物质微粒构成，在空的空间或虚空中运动。可见物体的属性，源于原子的构造形式。德谟克利特、伊壁鸠鲁、卢克莱修等人的古典原子论，曾多有讨论。伽利略的《试验者》（1623）在解释类似对象颜色的感觉性质时，依据原子微粒的结构，这种结构致使光影响人的感官，产生颜色的感觉；颜色感觉的存在取决于人的心灵。

观察的新精神广泛流传。弗朗西斯·培根提倡系统地搜集自然历史或自然观察。化学家和炼金术士创建了实验室；医师展开人体和动物的解剖；伽利略测量球体滚下斜面的时程；哈维进行了血液流动的实验；吉尔伯特搜集了关于磁现象的系统观察结果。

这就是笛卡尔的世界。下面，本章将阐述他与正统立场和革新立场的互动、他自己的解剖观察经验，以及某些革新者落入教会之手的命运。

教　育

笛卡尔在耶稣会学校接受教育，接触到当时的主流传统，即欧洲天主教大学的经院哲学家所理解的亚里士多德主义传统，后来，笛卡尔竭力反对这一传统。这些耶稣会士是杰出的数学教师，数学学科的严格性激发了笛卡尔最初的哲学反叛思想。完成学业后不久，他便获得一些数学成果，因此闻名遐迩。然而，在学校读书期间，他便认为，与基础数学及其明晰性相比，哲学存在严重缺陷，亟须改革，而且，他最终认为，自己就是从事这项工作的人。

1596年，笛卡尔生于法国图赖讷（Touraine）地区图尔（Tours）附近一个名叫海牙（La Haye）的小镇（今称"笛卡尔"），他的母亲从附近的沙泰勒罗（Châtellerault, in Poitou）来到这里，为了分娩时她的母亲在身边。笛卡尔的父亲是医生的儿子，一位拥有土地的绅士，曾在远方的布列塔尼（Brittany）担任雷恩（Rennes）议会的参事。笛卡尔的母亲来自拥有土地的商人家庭。她在笛卡尔出生十三个月后死于分娩。年幼的勒内（笛卡尔的名字）与外祖母生活在一起，还有他的哥哥和姐姐。按照绅士子弟的通例，笛卡尔被送到寄宿学校。1607—1615年，他就读于安茹（Anjou）的拉弗莱什耶稣会学院。该学院是亨利四世于1604年建立的。亨利曾是属于加尔文宗的胡格诺教派领袖，1594年，耶稣会的一个学生企图刺杀亨利，随后，亨利即下令将耶稣会士逐出巴黎，关闭他们在法国各地的学院。1603年双方和解后，亨利向耶稣会捐赠拉弗莱什的宅邸，建立新的学院。

耶稣会是一个罗马天主教修会，正式称作"the Society of Jesus"（耶稣会），1539年由依纳爵（1gnatius of Loyola）在西班牙创建。他们的使命是改善人类的精神品格，因而特别强调教育。耶稣会于17世纪和18世纪初期，建立了若干所新的学院和大学，并掌控了法国及其他地方许多现存的学校。

耶稣会学校，因其品质而闻名，吸引了各种背景的学生，他们胸怀大志，包括前途无量的教士、准备从事法律或医学的学生、未来的公职人员、军官以及商人。前六年的学习侧重语法和修辞。学生学习拉丁语和希腊语，研读经典作家的作品，尤其是古罗马演说家西塞罗的作品，将其当作风格和雄辩的范本，也研究其哲学观点。笛卡尔的许多同学，学完前六年课程便离开学校，有些走上社会，有些则转入大学，完成六年的课程之后，他们能够直接升入大学的法律院、医学院或神学院。留在拉弗莱什的人，包括笛卡尔在内，在最后的三年里，将完成数学和哲学方面的课程。笛卡尔对他的学校十分满意，后来他证实，再没有比这更好的哲学教育了，即便对那些想超越传统哲学的人，亦是如此。（2: 378）

近代早期的文科课程，并不限于中世纪的"七艺"。七艺包括所谓"三科"（语法、修辞和逻辑），除了逻辑，其他两科在前六年完成（"语法学校"）；还有所谓"四科"（几何、算术、天文和音乐），拉弗莱什学院最后三年教授这些内容。最后三年的教育包括一些高级课程，主要是哲学分支的课程：逻辑学、自然哲学（也叫物理学）、形而上学、伦理学。

根据正规的耶稣会课程要求，哲学追随亚里士多德。学习逻辑学、物理学、形而上学和伦理学，多采用耶稣会士对亚里士多德文本的注释，或者，覆盖亚里士多德主题的独立论文（包括简化的教科书）。尽管这些注释和论文中的大部分包含一致的核心内容，但常常严重偏离亚里士多德，偏离中世纪主要的基督教解读者，诸如托马斯·阿奎那和邓·司各特。笛卡尔从学校及后来的阅读中，知晓这些注释者；他明确提到（3: 185）的有：托雷多（Francisco Toledo）、鲁比奥（Antonio Rubio）及科英布拉（Coimbran）的注释者（其中包括方西卡［Peter Fonseea］）。他也知道苏亚雷斯（Francisco Suarez）的著作（7: 235），赞赏圣保罗的尤斯塔（Eustace of St.Paul）的哲学教科书（3: 232），尤斯塔是西多会（the Cistercian Order）成员，并非耶稣会士。笛卡尔在学院最后三年，直至1620年，集中精力研究亚里士多德主义哲学。（3: 185）

笛卡尔研究哲学并不限于亚里士多德主义。早期对西塞罗的研究，使他了解到古代原子论、柏拉图和亚里士多德、怀疑论和斯多葛派。托雷多、鲁比奥、科英布拉等注释者以及其他人的亚里士多德注释，讨论各类不同观点，包括原子论者的物理学、柏拉图的知识论，同样也涉及亚里士多德的新柏拉图主义、伊斯兰及拉丁注释者，五花八门。尽管它们摒弃了柏拉图的知识论，但依然详细描述了一种观点：知识产生于理智对相（Form）的领会，相不同于感觉世界。笛卡尔成熟的知识论更接近柏拉图的这种理智主义，而非亚里士多德的基于感觉的理论。然而，在学校期间，各种哲学观点彼此冲突，似乎纯粹都是或然的。既然没有哪个具有数学的"确定性"和"自明性"（6: 7），所以，他将它们统统当作虚假的。（6: 8）

10　　耶稣会学校教授的数学分抽象科目（几何和算术）与应用科目，不仅有天文学和音乐（来自"四科"），也包括光学、透视法、力学、民用或军用建筑学。笛卡尔时代，古代天文学和光学经历了重大修正。1611年，拉弗莱什举行庆祝会，祝贺伽利略发现环绕木星的卫星，笛卡尔参加了庆祝会。1604年和1611年，开普勒发表数学光学（mathematical optics）方面的著作，提出眼睛在视网膜上形成映像，反对古代的理论；17世纪20年代，笛卡尔已经熟悉这些结果。

拉弗莱什之后，笛卡尔去普瓦提埃（Poitiers）大学攻读法律，于1616年毕业。他父亲让他从事法律，以使家族获得贵族头衔（他们最终于1668年获得），然而，笛卡尔只是勉强应允，随后便应征入伍。

绅士军人与数学科学家

1618年，笛卡尔加入奥伦治大公拿骚的莫里斯（Maurice of Nassau）的军队，莫里斯是联合省（荷兰尼德兰）军队的将军，他的军队时断时续得到法国人的支持，与西班牙尼德兰相对峙。笛卡尔在布雷达（Breda）参军时，正值联合省与西班牙协议休战十二年的第九年。布雷达位于西班牙尼德兰（今比利时）的边界北部，是莫里斯的驻地，也是他的数学家和工程师的居住地。7月，莫里斯率领部分军队，北上乌得勒支（Utrecht）及其附近地区，调停加尔文两教派之间的冲突。作为防范西班牙的防御力量，笛卡尔留在布雷达，未见战事。

笛卡尔在布雷达外围驻防时，遇见荷兰自然哲学家毕克曼（Isaac Beeckman），这个事件改变了他的人生。两人最初相识在1618年11月10日，一个贴着数学问题的布告栏前。那里，笛卡尔已经对应用数学和军事建筑学产生兴趣。两人很高兴，发现对方会讲拉丁语，且懂数学。毕克曼很快向笛卡尔挑战，提出若干数学、音乐学、运动学、流体静力学等方面的问题，其研究纲领他冠名为

"物理—数学"(physico-mathematics)。他鼓励笛卡尔将物体看作由微小的球形物质或不可分割的原子构成。现存的一些短篇(10: 67—74)表明,笛卡尔主张这种"原子论"方法(后来被摈弃,赞同无限可分的微粒说)。1618年12月,他完成自己的第一部著作《音乐简论》(Compendium on Music)。该书(于其1650年死后出版)用拉丁文写作,献给毕克曼。

新方法

1619年初,笛卡尔对一个长期未决的数学问题提出解决方案:利用他自己发明的比例圆规,将角三等分,他还发现,用代数方法可以解决若干组三次方程。这项工作给他新的启发,洞见几何结构与代数方程之间的关系。他设计了一种比例圆规,将几个直尺铰接在一起,上面装有垂直横杆,彼此能够滑过,形成一定的比例(采取连续的方式,伴随装置的开启与关闭)。他试图用这个工具解决提洛问题(the Delic problem),寻求所与值之间的比例中项。圆规能够表示代数方程,包括三次方程(与其他项相关的三次方根,诸如 $x^3 = ax^2+b$)。随着圆规的开启,直臂和横杆的长度互动,勾勒出的曲线表达方程中常数和未知数的值。这种将代数方程看作直线之间关系的技术,成为解析几何的基础。

1619年3月26日,笛卡尔兴奋地向毕克曼宣布,他正在构想一门关于量的"全新科学"(10: 156—157)。他将自己的规划与拉蒙·鲁尔(Ramon Llull)的"简论方法"(Ars brevis)加以对照。鲁尔是13世纪的马略卡(Majorcan)骑士,后成为修士。他声称,自己的方法能够操控各类题目下的语词或概念，可以解决一切问题。笛卡尔认为这是一个谎言。（6: 17、10: 164—165）笛卡尔自己的新方法仅限于量的关系。它将表示连续量或不连续量的线段结合起来，以解决"涉及任何量的一切问题"（10: 156—157）。

没有证据表明，笛卡尔最初的意图是发现一种普遍适用的新方法。他与毕克曼的工作仅仅为了解决纯粹数学和应用数学中的特殊问题。笛卡尔早期的成果，只是拓展先前的数学方法，包括比例方法，使它们更加普遍。然而，1619年的重大突破，预示着他毕生迷恋于方法（为其同代人共有），最终超越数学，进入哲学和形而上学。

笛卡尔早期的数学工作，依赖于几何学和代数方法，显然不包括三段论逻辑。几何学著作提出公理、定义、公设，用以证明定理。求证采取指导的形式：用圆规和直尺作图。"逻辑构成数学的内核"这种思想，当时尚不存在（那是19世纪的观念）。笛卡尔认为，三段论对于原创性推理，过于烦琐，尽管对于表述已知的结果，颇为有用。（例如，6: 17）有时，三段论确实也用于数学结果的表述，但是，笛卡尔很少这样做（10: 70），而且，也没有在其著名的《几何学》中发现。

人生使命

笛卡尔无论在数学上取得什么成就，却始终无法确定，"命运"将把他带往何方。（10: 162）1619年4月，他写信给毕克曼说：他计划赴德国从军（10: 162），那里局势紧张，正在酝酿三十年战争。波希米亚（现在的捷克共和国）的加尔文新教向天主教国王斐迪南——他于3月成为神圣罗马帝国皇帝——的权威挑战。笛卡尔到了德国，加入马克西米连一世（Maximilian I，巴伐利亚公爵、新皇帝的支持者、法国先前的盟友）的天主教军队，于9月赴美因河畔法兰克福，参加斐迪南的加冕典礼。与此同时，新教的腓特烈五世为加尔文教贵族所推举，成为波希米亚的加冕国王，战争一触即发。

加冕典礼后，笛卡尔返回巴伐利亚的军队，正值冬季，留守在诺伊堡（Neuburg），慕尼黑北面多瑙河畔的一个天主教公国，它和平安宁。在这里，他确定了人生的新历程。《谈谈方法》回顾了这次中断的旅行，并且报告说："那里既找不到人聊天解闷，幸好也没有什么牵挂，没有什么情绪使我们分心，我成天独自关在一间暖房里，有充分的闲暇跟自己的思想打交道。"（6: 11）这种反省使他确信，应该拓展新科学的清晰性，以适应其他学问。（6: 20—21）于是，他涉足其他领域，寻求观念之间的清楚明白的联系，以达到代数和几何的明晰程度。（6: 19—20）因为其他学问的原则"都必然取自哲学"（包括自然哲学），所以，他决定在哲学领域，"努力建立起某些原则"（6: 21—22）。

1619年11月10日夜里，笛卡尔做了三个梦，他改革科学的决定，一定程度上为这些梦所激励。我们得知梦的内容，主要通过巴依叶（Adrienne Baillet）1691年撰写的笛卡尔传记。（也见10: 216）梦相当复杂，包括旋风、甜瓜、与他交臂而过的熟人、打雷、火花、一侧的疼痛、消失不见的书，以及奥索尼乌斯（Ausonius）的一首诗："我将走什么人生道路"。笛卡尔将其解释为命令，让他

改革一切学问，即所有系统的知识。他开始寻求新的哲学基础，据他自己的解释，历经九年，终于有所发现。(6: 30)

他早期的笔记详细描述了他做梦时期的一些哲学思想。他赞成建立在感觉基础上的认识论（"Epistemology"意味着知识论，在笛卡尔时代，知识论包括对心灵认知能力的描述，诸如感觉或理智）。与后来的观点相反，笛卡尔当时写道："人认识自然界的方式，只有通过他们的感觉对事物的模仿。"(10: 218) 他认为，甚至设想"精神事物"，最好也运用"某些能被感觉感知的形体，如风和光"(10: 217)。按照他的解释，"风表示精神""光表示知识"(10: 218)。将精神比作风或精细的物质，很像德谟克利特、伊壁鸠鲁和斯多葛派的古代哲学。

笛卡尔说，在暖房里，他制订出《谈谈方法》第三部分记载的临时道德规范。规范的部分来源于近期发现。在诺伊堡，人们找到一本察荣（Pierre Charron）撰写的《论智慧》（*Traité de la sagese*），那是1619年冬季，耶稣会的一位神父题赠给笛卡尔的。察荣是一位哲学怀疑论者，声称自己一无所知。他建议，人既然处于无知状态，就应该绝对服从所生活国家的法律和习俗。笛卡尔的第一条道德准则便采用这个建议的说法："服从我国的法律和习俗。"(6: 22—23)

笛卡尔尽管熟悉哲学怀疑主义的复兴，却并不想成为一个怀疑论者。他像古代怀疑论者一样，试图考察自己的信念。不过，他说，在根除错误时，"我并不是模仿怀疑论者，学他们为怀疑而怀疑，摆出永远犹疑不决的架势。相反，我的全部意图，只是获得确定性"(6: 29)。尽管笛卡尔同怀疑论者一样，考察自己的信念，以确保其真；但是，真正的怀疑论者最终悬置判断，不论真假，仅为现象或表面的可能性所指引。笛卡尔运用悬置判断的怀疑主义技巧，是为了搁置某些信念，以便发现具有数学的明晰和明证的其他真理。

普遍的方法

《谈谈方法》报告说，离开暖房之后，"整整九年"（1619—1628），笛卡尔只是"在世界上转来转去，遇到热闹戏就看一看，只当观众，不当演员"（6: 28）。事实上，他并非单纯地转来转去。1620年，他继续研究科学和数学问题。他或许访问了乌尔姆（Ulm，位于多瑙河畔诺伊堡西部，即现今的符腾堡），与数学家福尔哈伯（Johannes Faulhaber）切磋学问，后者在军事学院教书。他也许参加了11月的白山战役，腓特烈战败，被迫流亡海牙，笛卡尔后来（1642）到那里，与腓特烈的女儿伊丽莎白公主（1620年仅两岁）成为朋友。1622年走访法国之后，他到意大利待了两年（1623—1625）；或许他履行自己的诺言（10: 218），拜访了洛雷托（Loretto）的朝圣地。回来以后（或在1622年离开之前），他与人进行过一场决斗（缴下对手武器，却饶了对方一命），或许还写了一篇论击剑的论文，已佚失。

他继续研究哲学，据他后来回忆，1623年左右，他研究了堪帕尼拉（Tomaso Campanella）的著作（2: 659），但印象不深。无论如何，到1630年为止，他可以列数当时意大利的反亚里士多德主义改革家，除了堪帕尼拉，还有巴索（Sebastian Basso）、布鲁诺（Giordano Bruno）、德雷西奥（Bernardino Telesio）以及瓦尼尼（Lueilio Vanini）。（1: 158）他或许早已知晓，布鲁诺和瓦尼尼因其异端思想被烧死——分别发生在1600年的罗马和1619年的图卢兹——除了反对亚里士多德主义的自然哲学，他们还直接攻击基督教信仰，而且知道，堪帕尼拉因为反对亚里士多德主义被囚禁在修道院几年，后来被斥为社会异端，身陷囹圄二十七年。1625年，笛卡尔返回巴黎，获悉索邦神学院得到医学院和巴黎议会的支持，于1624年禁止为反亚里士多德主义论点（化学的和原子论的）公开辩护的言行，并将辩护人逐出巴黎。

几年里，笛卡尔断断续续撰写一部论述"普遍数学"的著作，以展示自己的新方法。这部未完成的手稿，于1701年出版拉丁文本，书名为"指导心灵的规则"（Rules for the Direction of the Mind），原书计划写36条规则，仅发表21条。书中，笛卡尔努力扩展类似数学的方法，将其推及"任何主题"（10: 374）。他宣称，一切数学科学都能重新塑造，形成一门学科，以"秩序或度量"为主题（10: 378），用新的比例科学加以考察。他还声称，凡一般的科学，都依赖于某些"纯粹而简单的性质"，研究者应首先考察这些性质。（10: 381）探求简单性质或简单观念，是其普遍方法的核心，超越了数学。

《规则》的普遍化方法，后来为《谈谈方法》所概括，提炼成四条规则：

> 第一条：凡我没有明确认识到的，决不把它当成真理接受。也就是说，小心避免轻率的结论和先入之见。除了清楚

分明地呈现在我心里、使我无法怀疑的东西以外，不放一点别的东西进入我的判断。

第二条：把我审查的每一个难题，按照可能和必要的程度分成若干部分，以便一一妥为解决。

第三条：按次序进行我的思考，从最简单、最容易认识的对象开始，一点一点逐步上升，直到认识最复杂的对象，就连那些本来没有先后关系的东西，也给它们设定一个秩序。

第四条：在任何情况下，都要尽量全面地考察，尽量普遍地复查，做到确信毫无遗漏。

（6：18—19）

第一条规则表述清晰和确定的普遍标准。第二条和第四条概述解决代数问题应用的程序（例如，将问题分为各类简单的方程式，检验其运作状况），然而，也描述了更为普遍的策略，即完全将问题分解为要素，凡相关内容无一遗漏。第三条表述方法的普遍原则，从最简单、最容易认识的对象开始，通过简单对象，进而认识复杂的对象。

《规则》和《谈谈方法》都断言，一切领域的知识，都包含某些"简单性质"（10：381）或"简单事物"（6：19），其认识具有数学的清晰和自明。简单性质是什么？规则六说，这种性质包括"独立、原因、简单、普遍、单一、相等、相似、平直，及其他这类质（qualities）"（10：381），然而，并没有提供实例，说明简单性质本身。规则八勾勒了解决光学问题的步骤，暗指"自然力"（natural power）概念，却不明示这种力量是什么（10：395）。规则十二最终提供三种简单性质的例子：纯粹的理智事物，心灵所认识的心灵之物，诸如知识、怀疑、无知、意愿或意志等概念；认为形体具有的物质性质，包括形状、广延和运动；心灵和形体的共有之物，诸如存在、统一、绵延等。(10: 419)这表明，简单性质基本分为心灵的与形体的（或物质的）。然而，在这部著作里，笛卡尔并没有像后来那样，宣称形体**仅仅**具有空间广延的属性，诸如形状和运动。

笛卡尔力图将数学的清晰与确定扩展到其他主题，这种希望在于发现无处不在的简单构造。在基础数学中，我们遵循《规则》的方法：巨大数目相加时，将计算分解为若干较小的运算，其真理能被我们的直觉直接把握，诸如2+3 = 5。将这种方法普遍化，要求其他领域能够还原为相应的简单观念和实存。如果复杂事物实际上通过基本实存组合而成，那么，我们要理解事物，就可以通过思想分离出这种实存的简单观念，然后将其组合。倘若我们能够发现简单观念，倘若它们及其组合现实地符合世界的存在方式，那真是一个绝妙的方法！

1625年，笛卡尔返回法国，曾一度考虑谋求一个行政职位，但那时他已经摆脱父亲的约束，不打算以律师的职务进入民政部门。他继续留在巴黎，直到1628年。其间，他参加了一个由数学家和知识分子组成的团体，成员包括梅尔森（Marin Mersenne）、迈多治（Claude Mydorge）和吉比乌夫（Guillaume Gibieuf）。前者是倡导用数学描述自然的干将，知识分子的组织者；迈多治也是对光学感兴趣的数学家，后者则是索邦的一位神学家。这段时间里，笛卡尔发现光折射的正弦定律（the sine law of refraction），解决了光的折射问题（以数学方式表明平行的射线如何会聚焦于一点），向世人透露他关于望远镜片的研究工作。有关笛卡尔方法的传闻，不胫而走，广为流传。他竭尽全力，试图完成《规则》。然而，1627—1628年间，他放弃《规则》的写作，用代数解决"完全理解的"问题接近尾声，计划中的"不完全理解的"问题尚未开始。（10: 429）或许他发现，通过线段的关系表示所有数学问题，颇有局限。不论怎样，他的研究目标，现在开始转向形而上学以及整个新的自然科学。

形而上学转向

1628年和1629年，笛卡尔再次制订自己的学术规划。早在1627年末，他出席一位名叫尚杜（Chandoux）的化学家的公开演讲，这次演讲是教皇使节在巴黎安排的[1]（说明一些教会人士对非亚里士多德主义自然哲学感兴趣）。演讲人批评亚里士多德的自然哲学，提议建立一门以化学为基础的自然哲学。除了笛卡尔，与会听众都报以热烈掌声，深表赞同。贝律尔（Cardinal Bérulle）——巴黎奥拉托利会（Oratory）的创始人，奥古斯丁（希波的）的新柏拉图主义信徒——问笛卡尔为什么不赞同。笛卡尔回答说，他赞赏演讲人摈弃亚里士多德的哲学，然而反对他用纯粹或然的意见替代。他声称，自己具有一种普遍方法，能够确切地将真与假区分

---

[1] 关于这次演讲的时间和地点，有不同说法。参见弗雷德里斯《勒内·笛卡尔先生在他的时代》，管震湖译，北京：商务印书馆，1997年，第99—102页。——译者注

开来。贝律尔请求他将其方法的硕果呈现给世界。（1: 213；也见 *Meditations*, 7: 3）

碰巧，笛卡尔将自己的余生全部奉献给学术探索。他最终出版了四部主要著作——讨论几何学、光学、物理世界、人的身体和人的情感、形而上学——其他一些著作，直至他1650年去世均未能发表。在其学术发展过程中，他始终坚持自己的方法，探求简单观念，但其方法的认知基础却发生变化。

1627—1628年冬季，笛卡尔在布列塔尼（Brittany）和普瓦图（Poitou）与家人相聚，后来，他把这段时间称作"见习期"（5: 558），为随后去尼德兰寻求孤独做准备。1628年末，笛卡尔返回荷兰尼德兰，在那里居住了二十多年。他解释离开巴黎的理由是：需要一个人孤独工作（1: 638），远离巴黎知识人的要求，同样远离饶舌的乡村邻居。（1: 203, 3: 616）他在尼德兰频繁搬家，每在一处居住绝不超过三年，并对自己的住址保密。（1: 191）他的居住地包括他最初喜好的阿姆斯特丹这类大城市（1: 203—204），弗拉讷克（Franeker）、莱顿（Leiden）、乌特勒支（Utrecht）之类的大学城，还有沿海和内陆的乡村。1641年之后，他主要居住在恩德吉斯特（Endegeest，在莱顿附近）沿海村庄，然后去了埃赫蒙德（Egmond）。这些事实，与笛卡尔回忆的生于"图赖讷的花园"（5: 349）相符合，也与他的格言"谁生活得隐蔽，谁就活得好"（1: 43）完全一致。

现在，笛卡尔第一次开始持续地研究形而上学论题。在尼德兰的前九个月，他全力以赴，不为其他事务所干扰。1630年4月，他写信给梅尔森，报告工作成果。他发现"如何采用比几何证明更明晰的方式，证明形而上学真理"（1: 144）。对于先前认定数学为确定性提供最终标准的人来说，这个表述标志着发生一个重大变化。信中还说，关于上帝和自我（灵魂或心灵）的形而上学研究，引导他发现"物理学的基础"。（1: 144）虽然无法确定，笛卡尔这个时候是否熟悉奥古斯丁的哲学理论（贝律尔所信奉的），不过，他宣称通过转向上帝和灵魂以认识第一原则，则与奥古斯丁《忏悔录》（第7章）中的程式遥相呼应。我们很快会看到，有证据表明，至1629年，他已经摈弃1620年坚持的以感觉为基础的认识论，转而采取一种接近柏拉图理论的立场：最基本的真理，是通过纯粹的理智（非感觉的）沉思加以认识的。

同一封信论述了一种激进的形而上学（后来在《沉思》的《反驳与答辩》中发表）："你所谓永恒的数学真理，是上帝确立的，完全依赖于上帝，就像所有其他创造物一样。"（1: 145）他说这个话的意思是：数学真理是上帝的自由创造，取决于上帝的意志，上帝可以按照完全不同的意愿行事。换句话说，上帝可以使三角形三内角和不等于两直角，或者，2+3≠5（更进一步的讨论，见第九章）。这个观点既不同于经院哲学的亚里士多德主义，即永恒真理根源于上帝的本质，或在其存在，或在其理智；亦不同于真正的柏拉图的观点，即永恒真理独立于上帝，根源于永恒的相（Forms），相决定思想和一切存在物的理性结构——这种结构是相的摹本（或模糊的反映）。

这九个月中，笛卡尔草拟了自己形而上学的初稿（见1: 350），包括《谈谈方法》归于这个时期的"初步沉思"（6: 30—40），其基本观念可在后来的《第一哲学的沉思》里发现。

统一的物理学

笛卡尔的形而上学沉思，在1629年夏季，为一个科学问题所打断。4月，沙因奈尔（Christopher Scheiner）在罗马附近观察到假日（或幻日）现象。报道在自然科学家当中传阅。笛卡尔得知这个信息，立即着手解释这种光学现象。据现在的解释，假日现象之所以形成，是因为高层大气中的冰晶反射和折射太阳光。笛卡尔提出一种理论：最高云层由冰晶和雪组成，循环风融化并冻结它们，形成坚硬的、透明的冰环，其功效如透镜，产生了假日现象。（6: 355）

这种解释虽然怪诞（天上不会形成坚硬的透镜），但解决复杂自然现象的努力，吸引笛卡尔全力关注普遍的物理学，比以前更加投入。他立即给梅尔森写信，称完成假日现象的工作大概要拖延一年，因为"我不想解释单一的现象，而决定解释所有的自然现象，即全部物理学"（1: 70）。一年变成三年。那个时代，"物理学"意味着研究全部自然，包括生物。因此，笛卡尔的确大大扩展了自己的规划，超出光学和大气层的范围，囊括所有化学、矿物学、地质学、生物学，甚至心理学现象。

规划发展成一部重要著作，笛卡尔谦虚地将标题定为"论世界"（The World）。该书有三部分：论光（包括普遍的物理学）、论人（包括人类生理学）、论灵魂或心灵。现存的只有前两个部分（第三部分或者未写，或者佚失）。这两部分包含了对物质世界的全新理解。

笛卡尔年轻时接受的观点是：地球是宇宙的唯一中心，太阳和行星围绕地球旋转。自然的过程，诸如生长和衰亡，或者，水的冻结和融化，只在地球上或接近地球的地方发生。一些理论设置一个晶体球面，托着月球环绕地球，并将变化的月下区域与永恒的天体区分开来。按照这种观点，地球物理学与天体物理学截然不同。笛卡尔颠覆了这个画面，走得比哥白尼更远。哥白尼假设，我们的太阳位于宇宙的中心，地球围绕着太阳旋转。笛卡尔则主张，地球是众多行星之一，围绕分布于各个宇宙系统的许多不同太阳旋转。他进一步假设，整个宇宙由一种物质构成，遵循同一套法则。

尽管其他人——包括古代原子论和斯多葛派——曾勾勒这幅新画面的某一部分，笛卡尔的统一物理观（为少数运动法则所支配）却十分丰富和详细。他预示要为所有的自然现象提供"机械论的"解释。这些解释源于一个概念：一切对象都是由统一的物质构成的，物质粒子（微粒）仅有大小、形状和运动的变化，它们的构造和组合可以解释对象的属性和行为。

这种点面结合是空前的，无论在他与毕克曼的早期著作，还是在哥白尼、伽利略或开普勒的著作里，都从没有过。笛卡尔的这种远见卓识，为牛顿后来统一力学与天文学建立了某种架构，牛顿于17世纪60年代中期，即他洞见迸发的初期，阅读并注解笛卡尔的物理学（后在《自然哲学的数学原理》中发表），绝非偶然。为了解释笛卡尔的宏大视野，我们可以看看1629年的形而上学研究，正是这种研究，奠定了"物理学的基础"。这些基础支持笛卡尔的宇宙图景（完全为几条自然法则所支配），成就他认识宇宙间一切物质的一种真正的性质。

《论世界》有一章，标题为"这个新世界的自然法则"，将运动法则与上帝的行为联系起来。整部著作像一篇寓言，讲述上帝创造了"像我们一样的"新宇宙（显然，试图成为我们的宇宙），超出教科书中亚里士多德的宇宙范围。（11: 31—32）在这个"新"世界中，上帝创造一种统一的物质，仅具有大小、形状、运动等属性（11: 33—34, 36），并赋予这种物质以一定数量的运动。既然上帝是永恒的，因此，从创世一开始，便始终保持世界具有同等数量的运动。笛卡尔说明永恒的上帝究竟如何控制可变世界的运动：

> 倘若上帝始终以同一方式行为，因而始终产生相同的效果，那么，这种效果的众多差异，就好像是偶然发生的。很容易承认，上帝正如人人共知的那样，是永恒的，始终以同一方式行为。然而，我不打算深入这些形而上学考察，仅提出两三条基本规则，借此必然相信，上帝驱使这个新世界的性质发生作用，我相信，它们足以使你了解所有其他规则。
>
> （11: 37—38）

然后，他提出三条规则或"自然法则"，其依靠是："单纯凭借上帝的连续行为维持每个事物。"（11: 44）这些法则——其中一个与牛顿的惯性定律极为相似——下文（第九章）将给以更充分的考察。

笛卡尔不承认自己的世界还有其他法则，除了"那些从永恒真理必然推导出来的东西，数学家的最确定、最明晰的证明，通常便以这种真理为基础——永恒真理。我以为，上帝本人正是据此教导我们，他为一切事物设置了数量、重量及尺度"（11: 47）。这段话暗指《圣经》的一段经文："你凭借尺度、数量和重量,安排了万事万物"(*Wisdom of Solomon*, 11: 20),不过是老生常谈,然而,笛卡尔解释说,上帝"教导我们"这些真理,是将它们植入心灵或灵魂。

> 认识这些真理对于我们的灵魂是那么自然,以至于我们明晰地设想它们,就必然绝对无误地判断它们,毫无疑问,倘若上帝创造多个世界,那么,它们在每个世界都会像在这个世界一样真实。因此,倘若谁知道如何充分考察这些真理导致什么结果,考察我们的规则导致什么结果,谁就能透过原因认识结果,或者,用我自己的学术语言表示,就能对新世界所能产生的一切,具有先天的证明。
>
> (11: 47)

这里,"先天"(a priori)一词的确切学术含义,是"从原因推导出结果"。这种推理无须依靠因果经验,因为这个语境下,对我们灵魂而言的"自然",意思是"天赋的"。我们看到,笛卡尔认为数学的永恒真理是上帝的自由创造。或许,1629年的另一个形而上学洞见是:上帝颁布这些真理,并使它们在其创造的世界中是真的,将它们的知识植入人的心灵,从而表明,通过认识物质的数学本质,我们就能认识物理学的真正基础(笛卡尔相信自己是始作俑者)。

经过三年的工作,笛卡尔完成(至少)《论世界》的前两部分,普遍物理学与论人。第二部分雄心勃勃,声称(或承诺)对人的生理和部分心理，提供全面的机械论解释。与此工作相关，随后几年，笛卡尔走访了肉店，观察被屠宰的动物，并多次将某些部分带回家，进行解剖（1: 263, 2: 525, 621），还参与过鱼、兔、狗的活体解剖。（1: 523, 526—527, 11: 241）

1633年末，笛卡尔得知，伽利略因捍卫哥白尼假说而遭受罗马教廷宗教法庭的审判。他的《论世界》肯定了这一假说，故隐瞒不发。他忠于教会，却也忧心忡忡，担心因肯定这一理论而被"治罪"；他曾考虑烧掉所有的文稿。（1: 270—271）该著作的现存部分，在他死后于1664年发表（法文版），分为《论世界，或论光》和《论人》。

《谈谈方法》与方法

伽利略事件之后，笛卡尔并未放弃改造科学的纲领。1637年，他提供一个样品，即《谈谈方法》以及《折光学》《气象学》《几何学》等论文。这些著作是用法语撰写的，使大学以外的文化人容易阅读，包括手艺人和司法人员，还有妇女。（1: 560）那时，拉丁语是欧洲大学普遍使用的学术语言，几乎所有的哲学著作都使用拉丁语，不过，有些哲学家和科学家，包括培根、伽利略以及笛卡尔，已经开始用本土语言（英语、意大利语、法语）发表作品。

笛卡尔利用《谈谈方法》，向公众介绍自己的科学纲领，勾勒某些形而上学成果，寻求资金支持必要的经验观察，以便在自己诸多的科学假设中做出抉择。（6: 65）（尽管该书是匿名出版的，但人们很快便确认作者是谁。）在第四部分所发现的形而上学讨论，包括疑梦论证、著名的"我思"论证（"我思故我在"）、身心分属两个不同实体（身心二元论）的论证、上帝存在的证明、理性的清楚明白的感知是真的论证等。（6: 31—40）我们将借助《第一哲学的沉思》中更为充分的（有时非常不同）形式考察这些论证。

"我思"论证在《谈谈方法》中出现后，梅尔森及其他一些人（2: 435、3: 247）说它与奥古斯丁《上帝之城》的一段（Bk. 11, ch.26）相似。我们阅读《第一哲学的沉思》时将看到，笛卡尔的哲学与奥古斯丁的极为相似。不过，笛卡尔答复通信者说，他（1637—1638）并不熟悉奥古斯丁的著作。（1: 376、2: 535）他答应去查阅；到1640年，完成了这项工作。（3: 247）即使假定，在1637年，他并不直接知晓奥古斯丁的著作，但是，他可以通过奥古斯丁的信徒贝律尔和吉比乌夫，熟悉其中的内容。（尽管贝律尔于1629年去世，但笛卡尔仍然与吉比乌夫保持联系。[1: 16—17、153, 3: 184、237]）《谈谈方法》的另一个论证——从能够设想比自己更加完美的东西出发，得出结论：唯有现实的完美之物，上帝，才能赋予他这种能力（6: 33—35）——也与奥古斯丁异曲同工。笛卡尔得知这个论证，或许通过与奥古斯丁信徒的接触，或者通过阅读西塞罗，那里将一个类似的论证归于古代斯多葛派哲学家克里西波斯（Chrysippus）。

附在《谈谈方法》后面的论文，展示笛卡尔方法取得的成果，事实上，它们提供了物理学的若干方面（尽管不是《论世界》的全部）。《折光学》（*Dioptrics*）勾勒光物理学，阐释反射和折射定律，粗略描述感官和眼睛的解剖学和生理学结构（包括网膜视像的形成），说明光、颜色、大小、形状、距离的知觉过程，描述纠正视力和望远镜所用的透镜，以及切割透镜的机器。《几何学》(Geometry)解决古代的一个数学问题，"帕普斯轨迹问题"(Pappuslocus problem)——相对于给定的四条（或更多）直线，描述由点构成的集合（轨迹），使得从该集合中的任意一点，可以引四条直线与上述四条给定直线各自相交于相同角度，并且使新引的四条直线之间满足给定的比例关系。在解决这个问题的过程中，笛卡尔为代数或"解析"几何奠定了基础，其中包括后来所谓的笛卡尔坐标系统（尽管他本人并未赋予直角坐标以特殊地位）。《气象学》(Meteorology)从某些"推测"或假设开始，表述自然哲学的基本观点——"水、土、气以及我们周围的其他物体，都由不同形状和大小的许多微小部分组成，这些部分绝不会如此精密安置，或严密组合，以至于天衣无缝，周围不留空隙。空隙并非空的，而是充满微小的物质，我前面已经说过，光的传播，正是以它们为介质。"（6: 233˙）该文运用这些假设，解释大气、矿物、视觉等现象，包括虹的光带。（笛卡尔认为［1: 599］，在《谈谈方法》及论文中，虹的解释提供了唯一充分的实例，说明其方法。）总而言之，《折光学》和《气象学》根据微粒的运动，根据运动作用于感知者的效应，给光、颜色及其他"第二性质"（按照后来的叫法）提供机械论的、微粒的解释。经验到的颜色，成为依赖于感知者的感觉，与亚里士多德主义从对象传送到感知者心灵的"实在性质"，形成对立。

26

尽管《气象学》的推测展示了物理学的基本实存（entities），不过，《谈谈方法》及论文，并未公开驳斥关于实存的其他解释。尤其没有明确否认亚里士多德物理学的积极本原或实体形式，没有否认"实在性质"。笛卡尔明确指出,这些东西在他的物理学中毫无地位。(6: 239)他还声称,能够从其形而上学"推演"他的物理学假设,然而,却未提供这种推演。(6: 76)现在,他的物理学的微粒原则,可简单地通过效果加以"证明",即能够解释各种现象,其中包括新的经验观察。(也见1: 423—424、563, 2: 199)

第四部分概括笛卡尔的形而上学,但并未宣称(对其物理学至关重要),物质的本质是广延。他承诺为物理学提供的形而上学基础,则必须包含这一论断,同时确认上帝对维持世界的作用。后两个论断,最早出现于《第一哲学的沉思》。

1638年,笛卡尔向拉弗莱什的耶稣会士瓦蒂埃(Antoine Vatier)解释说,自己之所以省略物理学的形而上学证明,是因为该证明需要使用怀疑论证,他"不敢"向一般听众展示这些论证——比梦的论证更强。或许,这些较强的论证包括"上帝可能是骗子"的假设,后来出现在《第一哲学的沉思》里。(7: 21)他对瓦蒂埃说,激进的怀疑论证可以帮助读者"将心灵撤离感觉"(1: 560)。他还告诉梅尔森,《谈谈方法》是用本土语言写的,压缩了针对感觉的怀疑论证。然而,他回忆说:"八年前,我用拉丁语开始撰写一篇形而上学论文,详尽展开这一论证。"(1: 350)这个时间与他的报告相一致,早在1630年(1: 144),他思考上帝和灵魂问题,发现了物理学的基础。或许,《第一哲学的沉思》是先前形而上学论文的延续,表明物理学的基础、撤离感觉、上帝和灵魂之间的相互关联。

《谈谈方法》请读者将反对意见寄给出版者(6: 75),很快,笛卡尔便复函,维护其物理学假设,为省略实体形式和实在性质做辩解，坚持自己的形而上学，包括身心二元论。(例如1: 353、2: 38—45、197—201) 1640年，耶稣会数学家布尔丹（Pierre Bourdin）在巴黎公开对笛卡尔提出质疑，笛卡尔写信回应，通过梅尔森转交布尔丹。(3: 105—119) 这个事件之后，笛卡尔越来越担心耶稣会对其著作做出的反应（3: 126、184、752），因为他想获得这个强大教团（曾经培养他）的支持，甚至希望他们讲授自己的新哲学。(1: 454—456、2: 267—268、4: 122)

《第一哲学的沉思》

不久，笛卡尔的通信人（1: 564）便催促他发表曾经允诺的物理学的形而上学基础以及他的全部物理学。起初，他不情愿，然而在1639年，他答应出版自己的形而上学（2: 622），后来终于作为《第一哲学的沉思》问世（巴黎，1641），同时包括哲学家和神学家的反驳，以及笛卡尔的答辩。

所谓"第一哲学"，为古希腊哲学家亚里士多德所创立，意味着研究事物最基本的原则。亚里士多德的形而上学研究一般的存在（being），即一切存在或所是之物的基本属性，且聚焦于作为原初存在的实体。包括研究最高存在，即亚里士多德所说的"神"。第一哲学超越物理学的范围，所以，亚里士多德的追随者称之为"形而上学"（Metaphysics），字面的意思是"超越物理学"。笛卡尔的第一哲学或形而上学也聚焦于实体，不过，现存实体仅分为三类：上帝、心灵或灵魂，以及作为广延的物质。

至于形而上学能否为其他科学提供第一原则，亚里士多德的中世纪追随者意见不一，不过，他们一致同意，形而上学原则是最后的学问，因为它们必须从经验"抽象"出来，是最抽象的事物。相反，笛卡尔则认为，形而上学包含其他科学独具的第一原则，这些原则可以先天地认知（无须借助经验），而且，应该首先发现，以指导其他的研究。在后期著作中，他将所有知识比作一棵树，形而上学是树根，物理学是树干，医学、力学和伦理学是树枝。（9B: 14）

笛卡尔的形而上学出版之时，兑现了自己为物理学提供基础的承诺，然而，他却未在出版的著作中大肆宣扬，并让梅尔森对此保持沉默。第一版的副标题是"论证上帝的存在和灵魂的不灭"，题献函表明，该著作关注的焦点即这两个论题，遵从拉特兰宗教会议的旨令，以哲学支持宗教。（7: 1—3）事实上，正如提要所言，这部著作没有证明灵魂不灭。（7: 12—13）第二版（1642）的副标题更准确地描述了本书的论题，即"论证上帝的存在，以及人的灵魂与形体的区分"。

无论题献函说些什么（7: 2—3），该书的主要目的并非针对"不信者"，宣扬宗教真理。笛卡尔曾写信给梅尔森，透露书的主要目的："我寄给你的小小形而上学，包括了我的物理学的全部原则。"（3: 233）然而，《第一哲学的沉思》始终没有任何部分公开颁布物理学原则。笛卡尔致梅尔森的另一封信解释了这个事实：

> 我要对你说，且仅限于我们两人之间，这六个沉思包含了我的物理学的全部基础。然而，请你务必不要这么说；偏爱亚里士多德的人或许很难接受。我希望读者注意到我的原

则摧毁亚里士多德的原则之前,便不知不觉地习惯了我的原则,意识到其中的真理。

(3: 297—98*)

他想争取"偏爱亚里士多德的人"的赞同。从某种程度上说,这意味着得到教会权威的赞同,不然的话,他们很可能阻挠出版,因为当时,亚里士多德主义哲学与基督教神学(包括天主教和新教)关系十分密切。我们刚才看到,笛卡尔希望,偏爱亚里士多德的耶稣会士,最终情愿教授他的哲学。

这些政治策略并非事情的全部。笛卡尔有充分的方法论理由,联系他的"分析"方法,将《第一哲学的沉思》的文本组织为六个沉思,说明何以预先介绍自己的基本原则,而不直接面对广大的亚里士多德主义听众。况且,尽管题献函强调上帝和灵魂,的确是为了赢得神学家的赞同,不过,我们已经看到,笛卡尔早期认为,对上帝和灵魂的思索,引导他发现其物理学的基础。他关于上帝和灵魂、对感觉的怀疑、物理学等方面的论述,有其内在关联,我们第二章考察《第一哲学的沉思》的方法论结构时,这一点便凸显出来。

后来的著作

笛卡尔撰写过一部对话,题为《探求真理》(*The Search for Truth*),但没有完成(也许是他等待《第一哲学的沉思》出版时期写的)。这篇对话有一位经院哲学家埃皮斯蒂蒙(Epistemon,或

"知识人")、一位头脑健全的大老粗鲍利安德（Polyander，或"普通人"）、一位笛卡尔的代言人约道克乌斯（Eudoxus，或"名人"，从词源学上说，暗指"中肯的意见"）。它重复了《第一哲学的沉思》的论证（沉思二）。

尽管在笛卡尔看来，《第一哲学的沉思》和《探求真理》描述的形而上学研究十分重要，但他并不认为，读者应该始终关注它们。1643年，他写信给波希米亚的伊丽莎白公主（腓特烈五世的女儿）说："我相信，人的一生中，尝试一次对形而上学原则的正确理解是非常必要的，因为它们给予我们上帝和灵魂的知识。同样，我也相信，频繁思索它们，劳苦人的理智，是非常有害的，因为这将妨碍理智充分关注想象和感觉功能。"（3: 695）那些功能指导实践活动，帮助考察自然。

在向梅尔森表示寄去《第一哲学的沉思》手稿的信中，笛卡尔告诉他，自己正计划撰写一部教科书，囊括他的全部哲学，包括人们期盼已久的物理学。（3: 233、272）他希望，自己的拉丁版《哲学原理》（Principles of Philosophy），能够为学校和大学所采用，取代普遍流行的亚里士多德主义课程，至少在形而上学和物理学方面。最初，他计划将自己的教科书与一部亚里士多德主义教科书——尤斯塔（Eustace of Sancto Paulo）的《哲学概论》（Summa philosophiae）——同时出版，通过对比展示自己观点的优势。（3: 232）然而，他很快放弃这个计划，相信自己的原理能够明显地摧毁一切相反的观点，没必要直接叫板。（3: 470）《哲学原理》于1644年出版，有四个部分。第一部分重温《第一哲学的沉思》的形而上学。第二部分展示物理学的基本原则，包括将物质等同于广延，否认虚空，以及他的运动三定律等。第三部分描述太阳系的形成及光的传播。第四部分考察地球的形成，解释各种物理现象。他曾试图增加第五部分和第六部分，讨论生物现象，包括植物、动物和人类，然而，最后只是简单地增加第四部分的内容，讨论人的感官和感觉神经。（8A: 315—323）

17世纪40年代，笛卡尔卷入论战，争论其哲学的宗教正统性。麻烦来自1641年乌特勒支大学组织和出版的辩论，会上，笛卡尔的早期追随者亨利·勒·罗伊（Henry le Roy或者Regius）捍卫身心二元论和机械论物质观，反对亚里士多德主义的实体形式。加尔文神学家吉斯伯特·沃特（Gisbert Voet或者Voetius）回应说，身心二元论使人成为两种不同东西的偶然结合，并非真正的统一体，而且，否认人的灵魂是形体的实体形式，最终结果恐怕会否认人具有灵魂。1642年1月，笛卡尔建议罗伊应答，坚持人是灵肉统一体（3: 508），避免直接否认实体形式；仅仅指出无须用机械论解释它们，恐怕就足够了。（3: 501—507）罗伊针对沃特的答复被乌特勒支市政当局搜集后出版。于是，笛卡尔直接参与争论，在《第一哲学的沉思》第二版为罗伊辩护（致狄奈特［Dinet］的信）。争论扩大，1643年，笛卡尔用拉丁文出版一部长篇著作——《致沃特》。（8B: 1—194）他小心翼翼，如履薄冰，避免加尔文当局的谴责。1647年，罗伊与笛卡尔分道扬镳，发表一篇短论攻击《原理》，1648年，笛卡尔写《评某篇印刷品》予以应答，坚持自己的身心二元论及上帝存在的证明。

同时，笛卡尔的著作在莱顿大学引起热烈的讨论。1646年，神学教授特里格兰德（Jacob Trigland）抱怨其他教授，竟然允许学生为笛卡尔的哲学辩护,他认为,笛卡尔哲学亵渎神明,是无神论的。逻辑学教授黑尔布德(Adrian Heereboord)在辩论和演讲中,公开为笛卡尔辩护,后来,他写了几部论述笛卡尔哲学的著作。1647年5月,笛卡尔写信给莱顿大学负责人,抗议对他的指控。(5: 1—15、35—39)尽管有不断的争论和谴责,莱顿大学还是成为教授、研究、撰写笛卡尔哲学的中心,并一直延续了50多年。

通过这个过程,笛卡尔实现了自己形而上学和普遍物理学的抱负,但并不包括医学和伦理学。他早先宣称,能够发现养生之道,将自己的生命延长到一个世纪(1: 649),尽管随着年龄的增长,这种说法逐渐弱化。(2: 480、4: 329)40年代中期,他返回生理学研究,涵盖从胚胎学到人类心理学的一切内容。1647年至1648年,撰写《人体的描述》(*Description of Human body*),未完成(死后于1664年用法文出版)。生前,他出版的最后一部著作是《灵魂的激情》(*The Passion of the Soul*,于1649年用法文出版),包括笛卡尔的情绪理论及道德心理学。该书回应伊丽莎白公主的质疑,她还曾向笛卡尔提出身心统一及相互作用的形而上学问题。

1648年4月中旬,一位新教牧师的儿子,年轻的伯曼(Frans Burman)拜访笛卡尔,来到他在埃赫蒙德(Egmond,尼德兰)的居所,怀揣有关其著作的一大堆问题。他提了八十个问题,涉及具体的段落,四十七个关涉《第一哲学的沉思》,其余主要涉及《哲学原理》和《谈谈方法》(拉丁译本)。伯曼记录了笛卡尔的答复,四天后,在克劳伯格(Johann Clauberg)的帮助下,整理出一份讨论记录稿。尽管这份记录是伯曼写的,并非笛卡尔,不过,它提供了很有价值的信息,表明笛卡尔自己对《第一哲学的沉思》重要论证的解释。

1649年后期（10月），笛卡尔接受瑞典女王克里斯蒂娜（Christina）的邀请，成为斯德哥尔摩的宫廷哲学家，那时，瑞典仍然在庆祝1648年的和平。在这块"到处是岩石和冰雪的多熊之地"（5: 349），笛卡尔并未感受到气候的友善好客，于翌年初（1650年2月11日）死于肺炎。他的追随者出版了他的大量书信，包括哲学、数学、科学等方面的讨论，还有他给朋友提出的药物和治疗方面的建议。

认同与影响

17世纪下半叶，笛卡尔吸引了许多追随者和反对者。他的哲学，遭受鲁汶和巴黎神学院、耶稣会，以及巴黎奥拉托利会的奥古斯丁主义者的谴责。他的著作，甚至在莱顿和乌特勒支都被禁止讲授，不过，按照惯例，禁令常常为颁布禁令的官员所忽略，亦为他们任命的众多笛卡尔主义教授所蔑视。尽管众说纷纭，争论不休，笛卡尔的名字还是很快加入伟大哲学家的行列，永不磨灭。《谈谈方法》和《第一哲学的沉思》，始终是人们最广泛阅读的哲学文本。

几个世纪过去了，关于笛卡尔哲学的价值和争论，也时过境迁，发生变化。这种变化是预料中的，因为如何评价过去的思想家，经常受时兴知识和旨趣的影响。

整个17世纪，笛卡尔的科学概念产生了最广泛的影响。他的观点，诸如物质世界由同质的物质微粒构成，物体的属性可以通过这些微粒的相互作用加以解释，等等，激发了许多追随者的想象力。笛卡尔主义的物理学教本出版发行，笛卡尔主义生理学方面的医学著作也出版发行。他的物理学，在荷兰尼德兰、英格兰、瑞典、意大利等国的大学讲授，在法国公开演讲。从1699年开始，笛卡尔主义者被准许进入巴黎皇家科学院——法国科学思想的大本营。这不禁让人想起，年轻的牛顿阅读并批评笛卡尔的《原理》，形成自己的哲学观点，为后来的工作奠定基础。笛卡尔关于动量和撞击的论述，因为与牛顿和莱布尼茨的动力学理论相关，得到广泛研究。甚至牛顿身处的剑桥，亦教授笛卡尔主义者罗奥尔特（Jacques Rohault）的《论物理学》（*Treatise on Physics*），直至18世纪40年代；在法国和德国，关于笛卡尔物理学的争论持续时间更长，直到60年代。

笛卡尔单凭理性辨别物理学基础和哲学的理性主义纲领，引起17世纪其他一些哲学家的反对，他们相信，一切知识起源于感觉经验。这些经验主义论敌中，有法国原子论者伽桑狄（Pierre Gassendi）。伽桑狄赞成机械论的物质概念，却认为物质由不可分割的原子构成，反对笛卡尔无限可分的广延；他坚持虚空的存在，笛卡尔则认为虚空是不可能的。还有爱尔兰化学家波义耳（Robert Boyle）。波义耳始终对原子与无限可分性的对立（以及对虚空）持不可知论的态度，如同哲学家洛克（John Locke）（不过，洛克主张虚空）。他们同笛卡尔一起，坚持微粒哲学，反对亚里士多德主义，同时，却摈弃笛卡尔的理性主义。还有英国哲学家霍布斯（Thomas Hobbes）。霍布斯亦采取微粒机械论，却摈弃笛卡尔的二元论，主张唯物主义，认为思想不过是运动的物质。

笛卡尔的亚里士多德主义论敌也是一种经验主义，主张知识需要感觉经验；不过，他们同时主张，理智能通过感觉经验提取事物的实在本质，其方法与上述经验主义大相径庭。无论如何，在某种程度上，由于笛卡尔的努力以及新的经验主义兴起，亚里士多德主义的经院哲学在17世纪日渐衰落。新经验主义拒绝笛卡尔的理性主义，却与笛卡尔享有共同的研究方式：将认知者作为确定所知的基础。这种聚焦认知者的方式，始终是近代早期形而上学和认知论的特征，一直延续到康德。

17世纪下半叶，斯宾诺莎和莱布尼茨接受笛卡尔理性主义的方法探索形而上学，却得出不同的形而上学结论。斯宾诺莎主张，只有一个实体，心灵和物体是它的两个方面。莱布尼茨则认为，有许多单个实体，均同心灵，即便物质的现象，其根据也在于若干简单实体，实体从物质的视角知觉或表象世界，本身并无真正的广延。

18世纪，人们对笛卡尔科学观的特殊兴趣减弱（甚至与之竞争的牛顿机械论方法，虽然将质量和力置于基础地位，现在也黯然失色了），不过，对其怀疑论证以及理性高于感觉经验的讨论，则继续抱有兴趣。苏格兰哲学家里德（Thomas Reid）指责笛卡尔助纣为虐，助长贝克莱（George Berkeley）和休谟的怀疑主义（关于贝克莱和休谟实际上是否为怀疑主义者，仍有争议）。在里德看来，笛卡尔宣称人们认识自身心灵的内容是最完满的，并断言知识的直接对象是心灵中的"观念"，其结果是将心灵与躺在"知觉幕布"背后的世界割裂开来（我们在第10章返回里德的责难）。里德及其他人，包括经验主义者休谟，摈弃了笛卡尔的论断，即我们的理智观念直接展示事物的本来面貌。

18世纪末，康德将哲学史概括为柏拉图和莱布尼茨的理性主义与亚里士多德和洛克的经验主义之间的斗争。康德相信，双方均好坏参半。理性主义之所以失误，因为理智事实上无法超越感觉，把握事物自身的本质（无论心灵、物质，还是上帝）。经验主义正确地看到，一切知识都起源于感觉经验，然而，却没有意识到，我们有些知识——数学、自然科学、形而上学——需要非经验的架构。康德认为，从这个架构获取的原则，诸如因果律，适合于感觉经验的范围，但不能用于感觉经验之外（例如，推断有一个造物主上帝存在）。他的批判，有效地终止了理性主义形而上学。

19世纪，笛卡尔被看作历史上伟大的哲学家，影响了科学与形而上学。人们摈弃他的实体二元论，转而支持各种形式的实体一元论（仅设定一类实体），其中，最常见的当属两面论，主张心灵与物质是一个实体的两个方面。英国生物学家赫胥黎（Thomas Henry Huxley）称颂笛卡尔在生理学史上的伟大贡献，尤其是他的一种观点：动物形体，包括人的身体，是复杂的机器。

20世纪中叶，笛卡尔著作的三个方面得到极大的重视：怀疑论证、我思论证以及身心区分论证。之后一段时间，他的新物理学为英语作家所严重忽略，尽管早为人们知晓，却为德法学者所强调。20世纪末，哲学史改弦更张，人们试图依据历史文本的本来面貌解释它们，评价它们。这意味着询问，在以往作者的心目中，他们的哲学中哪些东西更重要，并联系他们的实际目标评价其论证，并非简单地利用他们的文本，烘托新近的哲学观点。重心开始转向笛卡尔的纲领，即运用形而上学建立新的自然理论。他的身心统一说、生理学和心理学理论，经历了和身心二元论一样的命运。人们愈益广泛承认，笛卡尔不是怀疑论者，而是将怀疑论证当作工具，目的是获得形而上学的知识。

今日阅读笛卡尔

笛卡尔的哲学学说无人能够绕过，不论赞同者还是反对者。怀疑论证、我思及身心二元论，在当今思想格局中继续发挥地标的作用。现在，固然很少有人接受笛卡尔的实体二元论，不过，心灵哲学经常到他那儿寻求支持。有些人赞赏他的心灵实在论，有些人则嗤之以鼻。还有一些人，将许多现代病归咎于他，认为他的二元论诱使思想家贬低形体和情感的价值。

在这部导读中，我们想触动过去的成见和赞誉，重新考察笛卡尔。我们知道，笛卡尔是具有原创力的科学家、数学家、形而上学家，为解析几何奠定基础，发布第一个统一的天体与地球物理学，提出新的心灵、形体及其相互作用的理论。这些新理论使笛卡尔的工作涉及有关感官知觉的哲学和心理学，以及具身化情绪（bodily emotions）等方面。这个更广阔的图景，为我们研读笛卡尔《第一哲学的沉思》提供背景。

今天阅读笛卡尔有许多理由。既然他的思想是地标，单纯发现他说些什么便很有用。况且，即使你不同意他的前提和结论，也不得不承认他的论证微言大义，高深莫测。《第一哲学的沉思》的结构引导读者自己得出论证的结论。因此，笛卡尔采取17世纪一种通行的写作形式：沉思形式。形式与内容的契合，本身就值得玩味。

读者通过分析和评价笛卡尔的文本和论证,将获得研读一般文本和论证的技能。这种技能是研究哲学的一个重要果实,然而,为了解释文本和评价论证,我们需要理解笛卡尔说了些什么。全面而深入的阅读要求考察笛卡尔写作的学术背景,包括亚里士多德主义哲学家,他们是他的首要论敌,也是最初的听众。

最后,我们的目的是联系笛卡尔的背景,理解和评价他的纲领,考量他的哲学影响,看看他的著作有什么东西引人注目,令人信服。

文献与其他阅读书目

有两部笛卡尔的学术传记:Stephen Gaukroger, *Descartes: An Intellectual Biography* (Oxford: Oxford University Press, 1995) 和 Geneviève Rodis-Lewis, *Descartes: His Life and Thought* (Ithaca, NY: Cornell University Press, 1998)。凡涉及笛卡尔早期的生活事件,我一般采用 Rodis-Lewis 提供的日期。在第44页,她描述察容(Charron) 书中的内容,证明《谈谈方法》是严格的自传。关于服从本国法律的问题,见 Pierre Charron, *Of Wisdom*, bk.2, ch.8 (该书的早期译本尚存)。

笛卡尔其他的近期传记,见 Desmond M. Clarke, *Descartes: A Biography* (Cambridge: Cambridge University Press, 2006),对神学问题多有论述;A. C. Grayling, *Descartes: The Life and Times of a Genius* (New York: Walker, 2005),追踪若干政治事件;Richard Watson,

Cogito, Ergo Sum: *The Life of René Descartes*, rev. ed.（Boston: Godine, 2007），按时间顺序透视笛卡尔的生活。关于政治史，见 M. Greengrass, *France in the Age of Henry IV*（London: Longman, 1984）、D. H. Pennington, *Europe in the Seventeenth Century*, 2nd ed.（London: Longman, 1989），以及 Peter H. Wilson, *The Thirty Years War: Europe's Tragedy*（Cambridge: Harvard University Press, 2009）。

考察笛卡尔的梦，见 Gregor Sebba, *The Dream of Descartes*（Carbondale: Southern Illinois University Press, 1987），以及 John R. Cole, *The Olympian Dreams and Youthful Rebellion of René Descartes*（Urbana: University of Illinois Press, 1992）。Baillet 的传记法文本：*Vie de Monsieur Des-Cartes*, 2 vols.（初版于1691年；后重印，New York: Garland, 1987；1693年有一个英文节译本）；关于梦的描述见1: 81—86。

关于笛卡尔与奥古斯丁思想的关系，有很多讨论，见 Catherine Wilson, "Descartes and Augustine," in Janet Broughton and John Carriero（eds.）, *Companion to Descartes*（Oxford: Blackwell, 2007），33—51、Stephen Menn, *Descartes and Augustine*（Cambridge: Cambridge University Press, 1998），以及 Zbigniew Janowski, *Augustinian Cartesian Index: Texts and Commentary*（South Bend, Ind.: St. Augustine's Press, 2004）。关于西塞罗陈述克里西波斯（Chrysippus）对上帝存在的论证，见 De natura deorum, Ⅲ.Ⅹ。笛卡尔概述的所罗门智慧，包含在天主教圣经中，被新教徒列为新约外传。

讨论笛卡尔哲学和科学旨趣的一般著作，有 N. K. Smith,

New Studies in the Philosophy of Descartes（London: Macmillan, 1953）、Bernard Williams, *Descartes: The Project of Pure Inquiry*（London: Penguin, 1978），以及Marjorie Grene, *Descartes*（Minneapolis: University of Minnesota Press, 1985）。W. R. Shea的科学传记，*Descartes: The Magic of Numbers and Motion*（Canton, Mass.: Science History Publications, 1991），考察了《规则》数学表象图式的局限性，这大概是其被放弃的缘由（pp. 140—142）。关于早期近代科学背景和发展的概览，见Katharine Park and Lorraine Daston（eds.）, *The Cambridge History of Science: Volume 3, Early Modern Science*（Cambridge: Cambridge University Press, 2006）。

除了意大利改革家，笛卡尔知道并在本章提及最多的科学家有：培根（1: 251）、哥白尼（1: 282）、伽利略（1: 270）、哈维（1: 263）、开普勒（1: 127, 2: 86, 4: 398）和第谷（1: 252），还有其他许多医学家和自然哲学家。

Theo Verbeek的*Descartes and the Dutch: Early Reactions to Cartesian Philosophy, 1637-1650*（Carbondale: Southern Illinois University Press, 1992），考察了莱顿和乌特勒支对笛卡尔思想的反应。关于牛顿早期阅读笛卡尔（及其他资源），见J. E. McGuire and Martin Tamny, *Certain Philosophical Questions: Newton's Trinity Notebook*（Cambridge: Cambridge University Press, 1983）。第九章提供了笛卡尔的科学及其接受情况的其他文献。对于笛卡尔哲学的非议，其英译见Roger Ariew, John Cottingham, and Tom Sorell（eds.）, *Descartes' Meditations: Background Source Materials*（Cambridge: Cambridge University Press, 1998）。

关于17世纪的哲学概况，见 Michael R. Ayers and Daniel Garber（eds.），*Cambridge History of Seventeenth-Century Philosophy*（Cambridge: Cambridge University Press, 1998）和 G. H. R.Parkinson（ed.），*The Renaissance and Seventeenth Century Rationalism*（London: Routledge, 1993）。前一部著作包含许多文献。S. Emmanuel（ed.），*Blackwell Guide to the Modern Philosophers: From Descartes to Nietzsche*（Malden: Basil Blackwell, 2001），介绍性讨论早期近代的重要哲学家，包括笛卡尔、霍布斯、斯宾诺莎、马勒伯朗士（Malebranche）、里德以及康德。考察笛卡尔哲学直接接受的情况，有 Tad M. Schmaltz（ed.），*Reception of Descartes: Cartesianism and Anti-Cartesianism in Early Modern Europe*（London: Routledge, 2005）和 Roger Ariew, *Descartes among the Scholastics*, 2nd ed.（Leiden: Brill, 2011）。

康德对哲学史的概括，见《纯粹理性批判》最后一章（*Critique of Pure Reason*, trans. by Paul Guyer and Allen Wood, Cambridge: Cambridge University Press, 1998）。关于"形而上学"一词的历史（该词并非亚里士多德的古代编辑者 Andronicus of Rhodes 发明的，尽管此类流言广泛传播），见 Takatsura Ando, *Metaphysics: A Critical Survey of its Meaning*（The Hague: Martinus Nijhoff, 1963）。

第二章　阅读《第一哲学的沉思》

《第一哲学的沉思》是一部作品。我们对它感兴趣，是将它看作哲学著作，这意味着我们想理解它的结论，把握它的观点，寻找其哲学力量的来源。一部著作如何获得哲学力量？的确，这取决于著作的目的与方法，而著作的目的与方法，则随着思想家的不同而不同，随着时代的不同而发生变化。

产生哲学信念的现代标准是论证。就基本结构而言，论证的表述有若干步骤，称之为前提，通过逻辑引出结论。一个逻辑有效的论证是指，如果它的前提真，而且依照逻辑得出结论，那么，结论必然为真（关于逻辑论证和笛卡尔与它的关系，见附录）。

笛卡尔确实运用若干论证，我们将加以考察。我们对其论证的逻辑结构感兴趣（即便如第一章所说，他并不认为直接采用形式有效的结构进行论证有多重要）。然而，不管逻辑多么完美无瑕，要保证一个论证的结论真，其前提必须真。如何保证前提真呢？一些前提可由先前的论证确认，但并非全部，不然便陷入循环论证，或无穷倒退。一些前提可能在感觉经验的基础上被接受，还有一些则被看作具有理性的自明性。

为前提或为第一原则寻求坚实的基础,对我们的作者至关重要。他相信,真正的原则一经发现,将凭借自身内容的清晰,指导进一步的推理。我们身为现代读者,在回溯笛卡尔的著作时,试图理解他究竟是如何尽其全力,向听众展示这种清晰性的。我们常常借助形式上有效的论证,重构笛卡尔的推理,作为我们的一种理解方式,理解他的原则将如何推导出结论。

在《第一哲学的沉思》里,笛卡尔尤其尝试建立形而上学的新原则,其中许多原则,并不为当时的哲学同行所接受。而且,当时的绝大多数哲学家,作为这类或那类经验主义者,主张一切知识来源于感觉。笛卡尔则相信,他试图建立的特殊前提,尽管关涉实在的性质,却不能以感觉经验为基础。他所面临的困难问题是:如何使心怀敌意的听众(他们主张一种相反的认识论),看到他的第一原则的力量。《第一哲学的沉思》的构思是为了应对这一挑战。

《第一哲学的沉思》的方法

我们在第一章看到,笛卡尔的《谈谈方法》列出方法的四原则。(6: 18—19)简略地说便是:(1)只有清楚明白地认识到,完全不容怀疑的东西,才接受为真的;(2)尽可能地将问题分解为最简单的部分;(3)从简单到复杂;(4)全面考察和审视人们的工作。这种方法适用于伟大的数学家。我们已经看到,自1619年起,笛卡尔便试图将数学特有的确定性扩展到哲学。

《第一哲学的沉思》运用怀疑方法发现了不容置疑的东西,如规则（1）所说。它试图将问题分解为基本部分或简单部分（2），首先探索一个不容置疑的东西，然后探索一切事物具有的基本要素，随后转向更复杂的知识（3）；最后，它包含了全面的考察和审视（4）。本书第三章对笛卡尔的怀疑方法有更充分的考察。

17世纪的思想家迷恋方法概念。他们想知道，如何能够发现新知识，如何表述和论证现有的知识，说服那些尚未接受它的人。早在17世纪20年代，笛卡尔因掌握新的发现的方法而闻名遐迩，那时，他尚未发表任何哲学著作。可以推论，他也对表述方法感兴趣，因为他本人便有所应用，如《谈谈方法》中的自传体叙述、《论世界》中的寓言、《探求真理》的对话形式，以及《哲学原理》的教科书格式。

笛卡尔精心设计《第一哲学的沉思》时，还吸收了其他一些方法论技巧。他采纳数学的"分析方法"，借用宗教著作中的沉思文体，并运用反驳与答辩的形式，上演了一场他自己编导的学术争论。

分析方法

笛卡尔在第二组答辩接近末尾处（7: 155—156），描述了分析方法与综合方法。综合法从定义、公理、假设出发，通过一个不间断的论证过程，证明定理。欧几里得几何学是一个经典范例。读者能够看到，现有的步骤如何从已知条件推导出来，于是不得不令人信服。相反，分析法没有任何先前的所予（given）。它从一个具体问题开始，似乎溯本求源，直至发现一些简单明白的真理，借以证实或解决这个问题。遵循分析法的人，自己沿着这条道路，就能发现简单明白的真理。笛卡尔坚持认为，这两种方法中，被证明项仅"来源于先行的东西"（7: 155）——意思是说，凡不是明确引入的东西，或者，凡不是从已经引入的东西推导而来的东西，绝不予以设定。然而，关于综合法，明确的证明链条开始于公理和假设，后者的设定或接受单纯地凭借权威。至于分析法，读者只须正确地洞见重要前提或第一原则，他（或她）就能心悦诚服。（笛卡尔相信，他通过这种分析法，恢复了古希腊数学家秘密的发现方法。[10: 373]）

笛卡尔认为，综合法及其要求——定义、公理和假设事先为人接受——若用来论证他的新形而上学，绝非有效方法。它们用于初等数学，自然完美无缺；欧几里得的表述足以证明，它们为所有人所承认——至少，为人们所广泛接受，学生采用它们觉得稳妥可靠。形而上学领域则完全不同。甚至关于基本问题（例如，自然界独自存在，还是必须为上帝所创造？物质是无限可分的，还是由有限的最小部分所构成？等等），各类著述者也是众说纷纭，莫衷一是。占据统治地位的亚里士多德形而上学，在笛卡尔眼里，裂痕深刻，破绽百出。笛卡尔的读者曾经某种程度地被灌输了这种敌对而错误的形而上学，因而对新原理有所抵牾。

出于这些理由，笛卡尔相信，分析方法是必需的，能够引导读者自己去思考形而上学的第一原则。然而，他并不主张，分析方法是普遍有效的。对于粗心或懒惰的读者来说，分析方法不会逼迫其赞同，因为它不是从先前给予的前提出发，提供连续不断的证明。相反，它的目的是帮助读者回顾发现的道路，通过直观把握每一步骤所需要的原则，运用分析法时，"如果读者愿意遵循它，并充分注意它所包含的一切要点,他就会使事物成为自己的,完满地理解它,就好像他自己发现了它一样"(7: 155)。分析法吸引每一个人自己确认所求真理的价值(关于独自追求,也见9B: 3)。

六个沉思的结构安排,是为了让读者聚焦必要的问题。它们利用怀疑方法,清除读者头脑中的成见,引向"我思"论证中的第一真理。第一真理的基底,是通过"分析"获得的(见第三沉思),要求某种东西能够解释这种不容置疑的知识。于是,读者可以利用已发现的基底,寻求其他第一真理。关于这种基底,因为依赖于天赋观念,下面将有进一步考察。

作为沉思的《第一哲学的沉思》

笛卡尔并不认为,他的形而上学遭遇阻力,仅仅是因为读者已经具有其他信念。在他看来,一些与自己的形而上学相抵牾的核心信念,是人们认知发展的日常结果,很普通。幼儿沉浸于肉体。(见8A: 35)他们的生存依靠感官,感官通常可以满足他们。通过这种成功,儿童错误地相信,感官不仅直接告诉他们外界对象何者有用,而且告诉他们外界对象的最终性质。(7: 83)后来,成人忘记这些早年的意见是如何形成的,未经思考便断然承认形体由感官感知的属性构成,包括颜色、声音、滋味、气味以及冷热之类的触觉性质(亚里士多德主义的"实在性质"),还有大小、形状、运动这类性质。

这个描述表明,童年的偏见如何使人成为亚里士多德主义哲学家。正统的亚里士多德主义主张以感觉为基础的认知理论,认为上帝之类的非物质存在,不能为感官所感觉,因而现世中只能模糊地为人们所认识。这种认识运作，必须通过与被造物做类比。例如，我们看到可感事物的变化需要有原因，于是，通过类比，我们设定最高原因是全世界的造物主。相反，笛卡尔（像新柏拉图主义者一样）则主张，获取"上帝"这一清楚明白的观念，只能远离感官，远离被造的物质世界，依赖于纯粹的理智沉思。

为了说服亚里士多德主义听众（还有新的经验主义者），笛卡尔必须征服一种信念，即相信一切知识和思想均以感觉为基础。实质上，他必须训练他的读者离开感官，转向纯粹理智的观念，否则，《第一哲学的沉思》的分析法便不起作用。为了实施这种训练，笛卡尔采用第二个方法论技巧：用沉思的文学形式组织其著作。

在笛卡尔的时代，沉思方法在宗教著作中得到充分发展，被当作一种灵修。依纳爵（Ignatius）是耶稣会的创始人，他于16世纪发明了一套灵修方法，笛卡尔在拉弗莱什学校曾经实践过沉思或灵修。这种修行试图训练沉思者的心理能力。此类功课遵循一定的套路。首先，撤离感官世界，以便沉思宗教形象（追随依纳爵），或者，清除心灵中的形象，以便体验与上帝的融合（如同奥古斯丁）。然后，训练意志，避免原罪的错误。修炼者始终关注相关的认知能力：首先是感觉，然后是想象和理智，最后是意志。

笛卡尔的《第一哲学的沉思》不是灵修的，而是认知的或"认识的"（"Epistemic"意味着必然涉及知识及其基础）。它的目的是产生形而上学知识，并非进入宗教体验（至少，主要不是）。其中，人们否定感官的可靠性，远离世界（第一沉思），清除心灵的感觉形象，以便经验心灵本身，并从中发现上帝的观念（第二、第三沉思），然后试图调控意志，避免判断错误（第四沉思）。沉思者的心灵一旦经过严格训练，笛卡尔便着手解决其他形而上学问题，包括他的物质实体理论、身心二元论、新的感觉论（第五、第六沉思）。前四个沉思的结论部分，特别揭示了笛卡尔运用的沉思方式，他谈及要训练自己的意志假定物质世界不存在（7: 22），在记忆中稳固成果（7: 34），思索上帝（7: 52），调控意志。（7: 62）

作为辩论的反驳与答辩

为了劝说各类读者信服他的新形而上学，笛卡尔创造性地采用另一种文体形式。中世纪的学术著作，常常采取辩论的形式，围绕一个论题，正方与反方，陈述各方意见。辩论出现在大学的公开会议上，随后可能整理发表。笛卡尔在拉弗莱什学校就读时，曾参与这类辩论。作为这种实践的扩展，他在《谈谈方法》中，承诺用书信回答针对他的任何反驳。在《第一哲学的沉思》里，他则安排将反驳与答辩随原文一起发表。他与梅尔森（他选择一些反驳，并提出自己的反驳）一道，把《第一哲学的沉思》的复本分别寄给一些著名的哲学家和神学家，并将他们的反驳以及自己的答辩，附在六个沉思之后。

笛卡尔对反驳作出的答辩，用于各种目的。部分是要回应强烈的反驳，以考验自己，表明他有能力应对。在习惯于辩论的哲学文化中，这或许提供了强有力的支持。他还要表明，自己能够避免神学困难，所以，他要求确保反驳者中有神学家的代表。（他最初建议，只向神学家征求反驳意见［3: 127、183］，尽管那时，他已经将手稿交给一位哲学家过目，即他的追随者、乌特勒支大学的亨利·勒·罗伊［3: 63］）然而，最重要的是，答辩允许他运用标准的哲学术语和论证方式，阐述自己的立场，并引入一些附加问题（诸如关于永恒真理的学说）。

概观与正文前页（7: 1—16）

《第一哲学的沉思》的构成包括：致巴黎神学院的信、给读者的前言、内容提要、六个沉思、反驳与答辩，以及（在第二版）致狄奈特（Dinet）与克莱尔色列（Clerselier）的信。六个沉思最初是一部独立论著，于1640年3月完成。随后不久，直至1641年，这部论著被人们广泛传阅，征求反驳意见（起先是笛卡尔在荷兰，后来是梅尔森）。1640年末，笛卡尔撰写了"前奏"，包括信、前言和内容提要。

致巴黎神学院的信（7: 1—6）

笛卡尔于1640年7月写信给梅尔森，声称他的书在出版之前，要让"各类（神学）博士过目并获得他们的赞同"，包括"巴黎神学院"（3: 126—127）。确实，他将此书献给了巴黎神学院的教授（3: 184—185），法国最受尊敬的神学家。他渴望得到他们的支持，帮助他应对继布尔丹攻击（3: 184, 752）之后未来可能发生的与耶稣会的新论争。（3: 126）他希望教授赞同这部著作，或者提出反驳，他给予答辩。（3: 239—240）四位教授看了书，1641年8月表示认同，第一版的标题页上有所注明。

笛卡尔的信要求巴黎神学院支持他的著作，因为它（表面上）涉及两个基本论题：上帝的存在与灵魂不同于肉体（因而允许灵魂不朽）。依照拉特兰宗教会议的说法，这两样东西具有伟大的宗教意义，能够通过"自然的理由"——仅凭借人的心灵作用——加以证明。（7: 2）

这封信宣称，《第一哲学的沉思》的论证可以说服"不信者"相信上帝的存在和灵魂的不可分。信仰者相信这些信条，心悦诚服，是根据《圣经》的权威，而他们欣然接受《圣经》的权威，是因为《圣经》来自上帝。然而，"这种论证不能用于不信者，因为他们会断定这是循环论证"（7: 2）。因此，笛卡尔考察了有关这些信条的所有理性的证明，表明如何能被人们最好地利用。（7: 3—4）

然而，假如他真的提供了理性的证明，为什么还要寻求"保护"，仰仗巴黎神学家的"权威"呢？因为与数学证明相比，人人学会将数学证明看作无可争辩的，而哲学问题则容许有各种不同的回答。况且，数学的基本观念容易理解，形而上学则不然。要跟上笛卡尔的形而上学论证，读者具有的心灵必须"完全摆脱成见，能够轻松地摆脱感官的干扰"（7: 4）。为了安抚能力不足的读者，笛卡尔谋求制度权威的支持——尤其要抗拒其他有组织的团体，诸如耶稣会。

我们在第一章看到，笛卡尔的主要动机不是为不信者提供证明，而是想（秘密地）说服读者接受他的新物理学的基础。早在1629年（1: 85），笛卡尔就期盼来自教会权威的主要反对者直接针对他的物理学或自然哲学（1: 271、285、324、455—456、564）——包括他对感觉性质的论述，以及对地球运动的论断——而不是他关于上帝和灵魂的观点（尽管它们后来也遭受批判）。那么，他塞入上帝和灵魂的材料，只是为了防止批判，迁就一个笃信宗教的时代？

有些解释者以为，笛卡尔仅关心自己的物理学，只是（看到伽利略受罚）试图小心翼翼地安抚宗教权威。的确，凯通（Hiram Caton）论证说，笛卡尔是唯物主义者和无神论者，通过谈论上帝和不朽，掩饰自己的真正意图。据凯通讲，笛卡尔在信中提到涉及上帝与《圣经》的循环论证，暗示自己的循环论证，即用清楚明白的知觉证明上帝的存在，又借助上帝确保清楚明白的知觉占有真理（对循环论证的指责，下面将讨论）。

尽管笛卡尔向梅尔森坦白（3: 233、298），他在《第一哲学的沉思》中的表述并非完全诚实，但没有任何证据表明，他证明上帝存在和身心分离是一种虚伪，毫无诚意。这些论题并非单纯的宗教信仰（或不信）问题，也是哲学的一部分，需要给予理性的考察。无论如何，即便承认笛卡尔是一个宗教徒，他的主要哲学目标依然是为其物理学奠定基础。我们应当期盼，关于上帝和灵魂的讨论将促成这个形而上学目标。

思考这些问题时，重要的是将宗教问题与上帝和灵魂的哲学讨论加以区分。笛卡尔避免纯粹的神学问题（1: 153、4: 119、5: 176、7: 428），诸如世界是否六天内创造的（5: 168—169）、三位一体的"奥秘"（3: 274）、神迹的存在（2: 557—558、3: 214、11: 48）、意志对原罪的作用（7: 15），等等。在纯粹的宗教问题上，笛卡尔认同神通过"恩赐之光"照明自然理性。这意味着，他将神学问题留给启示，由教会解释，或为个人所接受。（3: 426、7: 147—148、8B: 353—354、9A: 208）他批评其他人混淆了宗教与哲学（2: 570），或者，企图从《圣经》中推导出哲学真理。（2:

347—348, 8B: 353）至于上帝和灵魂，他所谈论的只是能为理性所认识的那些方面。最高上帝的概念以及灵魂是否非物质的问题，始终是古希腊哲学的一部分，先于中世纪将希腊思想与犹太—基督教—伊斯兰传统综合起来。笛卡尔认为，最高存在的概念是"自然"理性——独立于神灵启示的理性——的合适论题。人们事后或许怀疑，他的上帝理论受周围宗教文化的影响，不过，那也无法改变一个事实，即他谈论上帝，只是为了谈论单纯为理性所认识的那些方面。同样，他认为，灵魂也可以作为自然界的一部分，为理性所研究。确实，为了哲学目的，他将灵魂（拉丁文 anima）等同于心灵（mens），并选用后者。（7: 161、356）他竭力（且必须）表明，自己的哲学与天主教（在尼德兰与加尔文教）教义相一致。（3: 349、5: 544）这是一种谨慎，因为他的个人安全，他的著作能否为教育和政治当局所接受，盖系于此。在有些情况下，这些学说相一致的解释受到质疑（例如，关于形体表面 [7: 250—251、433—434]），然而，笛卡尔并不准备改变自己的哲学立场，以换取当局的接受。（3: 259）如果他害怕惩罚，宁愿不出版此书。（1: 271—272）

我们有充分理由证明，笛卡尔需要上帝和灵魂的论证，以保证为他的物理学奠基。众所周知，他在第一沉思中，提出可能具有一个骗人的上帝，作为怀疑的最强理由，倘若给予应答，将产生绝对确定的知识。他利用这种假设，并结合分析方法，探索第一原则。他在第三沉思中主张，构想有限的存在者，包括灵魂或心灵，当以无限存在者的观念为前提。在严格的物理学中，他诉诸上帝，将其作为运动法则背后的操纵者，保持宇宙的运动量不变，这个角色，第三沉思有所预示。还有，在17世纪，几乎每一个哲学家都将心灵（无论是否二元论设想）看作自然的一部分，因而属于"物理学"学科，按照这种理解，物理学意味着研究自然的一切。因此，笛卡尔在其物理学中考察人类，需要论述心灵、心灵与形体的关系、心灵在各类形体功能中的作用（包括感觉）等。

给读者的前言（7: 7—10）

前言暗示笛卡尔的著作意图深远，内容广泛，并先发制人，堵住各类即时提出的反驳。《第一哲学的沉思》不仅讨论上帝和灵魂，也"要给整个第一哲学奠定基础"（7: 9）。《谈谈方法》曾提出形而上学的论证，但只是简略勾勒，该书则提供全面的论证。而且，它还将包括**全部的**形而上学"基础"（拉丁文 initia，根据字面意义，指基本或首要事物，因而指第一原则或基础），超越上帝和灵魂的范围。他写信对梅尔森说，它将考察"哲学思维发现的所有第一事物"（3: 235，也见3: 239）。

笛卡尔在前言中，回答了他所收到的对《谈谈方法》的指责。在《谈谈方法》中，关于身心区别的论证，每每给人靠不住的印象。笛卡尔回答说，先前的著作仅提供简略的论证，现在则要给予全面论证。第二个指责涉及上帝存在的论证，给笛卡尔机会引入观念的不同含义：简单作为人心状态的上帝观念与观念的内容有别——这个区别对第三沉思的论证至关重要。他拒绝考虑其他的反驳，认为它们"是从无神论的共同论点搬来的"（7: 8—9）。

或许是为了堵住新的指责，笛卡尔重复信中的观点。他谦虚地预计，《第一哲学的沉思》中更全面、更深刻的新论证，未必赢得广大听众（尽管事实上，他已经用教科书的形式重新改造它们），因此他向不期而遇的读者提出警告："除了愿意和我一起进行严肃认真的沉思，并能够脱离感官的干扰，完全摆脱各种成见的人以外，我绝不劝人读我的书。"（7: 9）读者应该注意论证的次序和联系，不要拘泥于个别词句。《第一哲学的沉思》试图阐明一些使他能够把握真理的"想法"，并想看看，其他人是否也相信这些想法。（7: 10）那些不相信的人可以考察一下反驳与答辩，或许，凡可能提出的所有重要反驳，他都给予了回应（尽管事实上，它们并没有预言所有的重要反驳，不过，确实记录了笛卡尔论证中遇到的许多重要问题）。

内容提要（7: 12—16）

1640年12月，笛卡尔给梅尔森寄去一份《第一哲学的沉思》的"内容简介"或"内容提要"（3: 272），概述了六个沉思，同时也回答了梅尔森提出的几点疑问。

梅尔森曾询问笛卡尔：身心区别的论证为什么放到第六沉思？为什么没有灵魂不朽的证明？（3: 266）（《谈谈方法》暗示有这种证明［6: 59—60］）提要（7: 13）解释说，身心区别的论证在于，知道清楚明白的知觉是真的（沉思四），并发现形体之物的性质（沉思二、五、六）。

至于灵魂不朽，笛卡尔证明，灵魂不同于肉体，因而不必随着肉体而死亡，灵魂既然是永生的，那就无须证明。严格的论证则必须表明，人体如何丧失其结构，从而灭亡，尽管物质（或者一般形体）无法灭亡（正如沉思三所说，依赖于上帝的维持）；人的心

灵，因为是"纯粹的实体"，如何在其"偶性"（变动不居的属性）的一切变化中保持同一，并不因此而消亡。（7: 14）

除此之外，提要还概括了"有关上帝与灵魂的基本要点"（3: 268），包括用怀疑的方法理解理智的（非物质的）存在者。（7: 12、14）这个提要有助于人们确信笛卡尔的宗教正统性。

真正的《第一哲学的沉思》(7: 17—90)

尽管笛卡尔向梅尔森描述，六个沉思是一篇"论文"，在他给巴黎神学院的信中也这么说（3: 183、7: 4），但是我们看到，它的结构并非普通的哲学论文，即由作者直接呈示论证和发现。它是以沉思的形式撰写的。笛卡尔在第二个答辩中说，他写的是"沉思"——不是"争论"，也不是数学家那样的"定理或问题"——因为他渴望遵循分析的方法。（7: 157）这种体裁的选择暗示，我们需要解释六个沉思中的第一人称（英语中的"I"）。

《第一哲学的沉思》中的第一人称

在正文的"前奏"和答辩中，第一人称显然指该书的作者——笛卡尔，尽管内容提要中有许多无人称语句。在文本的主体部分，第一人称的所指却没有那么明显。从表面看，文本所要描述的是笛卡尔具有的一连串思想，据前言说，"这些思想"产生出他现在展示的形而上学真理。（7: 10）但是，六个沉思确实不是记录笛卡尔那几日在暖房中产生的思想（1619），因为他的形而上学九年之后才开始发展。况且，当他撰写《第一哲学的沉思》时，实际上并不相信第一沉思所说的一些事情，诸如直至那一时刻，他依然相信感官是知识的首要基础。（7：18）而他在撰写第一部分时，已经对感觉的作用采取完全不同的态度，如同在后面文本中所发现的那样。

《第一哲学的沉思》与《谈谈方法》不同，并非真正的自传。既然如此，我们应该如何理解"我"呢？我们可以将六个沉思看作笛卡尔用第一人称编制的一个故事，虚构六"天"的沉思过程，再现他如何通过一系列的思想，发现自己的形而上学（文字合格的自传）——至少，再现这些思想如何依据分析的方法，做出形而上学的发现。因此，六个沉思中的"我"，其功能是形而上学寓意剧中虚构的叙述者和主人公，同时还有上帝以及恶魔。读者通过与叙述者的共鸣，从故事中"获得教益"。

这种解释，严格地将六个沉思中虚构的"我"与笛卡尔（六个沉思的作者）区分开来。它也允许"我"充当每一个读者，文中偶尔也用第一人称复数（"我们说""让我们"等［7：21、30、32］），便表明这个意图。或许，笛卡尔组织自己的叙事时，将"我"想象为一个亚里士多德主义的经院学者，或者，一位清醒睿智的知识人（很可能是自然经验主义者），如同《探求真理》描述的那样（见第一章）。即便如此，读者在后期依然有可能接受这个故事。

然而，这个解释并未充分说明，当读者扮演"我"的角色时，能够发挥什么积极的作用。笛卡尔所寻求的读者，只是愿意随他"认真沉思"的读者（前言，7：9），他教授读者像宗教灵修那样接近他的形而上学——指导每个读者获得凭借自己才能获得的经验。

我们身为读者，必须将自己置于沉思者的状态，参与其论证，直接而充分地加以练习，尽可能地体验认知的进展，借以把握笛卡尔已经发现的事物。读者千万不要简单地凭借自己的想象尾随叙述，而必须重新体验怀疑和发现的过程，不是单纯地理解各种认知活动，而是践行它们。沉思者演出这个故事时，常常运用现在时态宣称，他在从事这些活动（7: 30，"我把蜡拿到火边"），或者，断言即将这样做。（7: 34，"我现在将闭上眼睛"）

当第二部分称呼"我"时，我所谈及的通常是"沉思者"，并非作者笛卡尔。（为了指涉清晰，我们可以将沉思者想象为女性。当然，任何从事灵修的个体，都应将自己扮演为"我"。）不过，身为作者，笛卡尔为了实现教育的目标，为作品安排了一些练习和论证。因此，在描述各类论证或设计背后的哲学策略时，我求助于笛卡尔，并非沉思者。随着作品内容的进展，沉思者的结论表达了笛卡尔自己的形而上学立场。到了结尾处，笛卡尔的哲学立场与沉思者之间的距离，应该完全消失。

形而上学论述概览

每个沉思长短不一，第一沉思最短，第六沉思最长。它们的大致内容，以及笛卡尔论证的大致顺序，可以通过它们的标题（表2.1）窥知一二。笛卡尔开始让沉思者进入怀疑过程（沉思一）。她发现，自己心灵的存在和性质，能够比物质事物更清楚地为她所认识（沉思二）。然后，沉思者考察了上帝存在的两个证明（沉思三），学会如何指导自己的判断，以便发现真理，避免错误（沉思四），思考物质事物的本质，考察上帝存在的另一种证明（沉思五），并且发现身心的实在差别，证明物质事物的存在（沉思六）。

表2.1 《第一哲学的沉思》论题分析

沉思	标题	认识论论题	形而上学论题
一	论可以引起怀疑的事物	感觉可错 数学可以怀疑	
二	论人的心灵的本质以及心灵比物体更容易认识	不容怀疑的"我"（我思） 心灵不能加以想象 理智获取的形体知识	思想物的本质 作为广延的形体
三	论上帝的存在	真理规则，清楚明白的知觉是真的 自然之光与自然的教诲 上帝的天赋观念 上帝不是骗子	因果原则 观念形而上学 上帝的存在与属性 几何性质与其他感觉性质的初步区分
四	论真理与错误	判断的分析：理智与意志 认知错误的分析 重新确认真理规则（上帝不是骗子）	认知错误与罪的问题 意志自由
五	论物质事物的本质；再论上帝的存在	本质的天赋观念 消除怀疑需要上帝的知识	物质的本质是广延 上帝存在的本体论证明

续表

沉思	标题	认识论论题	形而上学论题
六	论物质事物的存在；论身心之间的实在区别	理智与想象 感觉与理智在认识形体中的作用 感觉错误的分析	心灵是独立的实体：具有理性本质 外界对象存在 身心统一 感觉性质的地位 心物相互关系

沉思标题表达的论题顺序，没有充分描述该书的主要论证和结论。沉思二，或许还有沉思三、五、六，其标题直至写作后期才确定最后的形式，那时，笛卡尔已经收到前三组反驳了。(3: 297) 它们预示了思考上帝和灵魂的结果。但是，它们没有清晰表明，该著作的内容是论述一般的形而上学，要在科学中建立"稳固可靠、经久不衰的"东西。(7: 17) 它们也没有注意到，当沉思者奋力撤离沉思一的普遍怀疑时，所展现出来的方法论和认识论的主要因素。这些深层论题，表2.1分两栏予以概括。

深层论题：方法论的和认识论的

一部著作，其表面意图是证明上帝和灵魂方面的真理，作者恐怕不会特别强调方法。因此，笛卡尔并不要求读者聚焦于他的方法（前言），人们或许也不期待他给出更多的公开讨论（事实上，最广泛的讨论出现在答辩中）。

不过，我们已经看到，他详细思考过这部著作的方法论结构，而且实际上，关于方法的论点散落在全书，随处可见。他在第一沉思中，宣称这部著作怀抱认识论的目标。它试图评估和摧毁沉思者先前坚持的知识基础，寻求新的基础。(7: 17)沉思者从这些论述和提要得知，整部著作的目的是要获得确定的知识。提要告诉沉思者，获取这类知识的具体规则，包括"清楚明白的知觉"这一真理，早已未雨绸缪，妥善准备。

第一沉思运用了著名的怀疑方法。沉思者得到指示，要求怀疑先前的一切信念。为了达到这个目标，有各种论证提供沉思者使用，帮助她摧毁先前的知识来源。她怀疑感觉，并假设骗人的上帝，从而开始怀疑物质世界的存在。她利用这个假设，甚至也怀疑起数学的"明晰"真理。(7: 20—21)

笛卡尔运用的怀疑方法，并未加入普遍的怀疑主义观点。他只是将其用作工具，引导沉思者寻求他预见应当获取的知识。他预计他的读者不熟悉这类知识——纯粹理智的知觉——于是利用怀疑，将注意力集中于如何获得这类知识。众所周知，怀疑方法的第一个结果，是将沉思者自己的存在设想为思想物，通过"我思"的推理而获得。这个结果成为其后知识的基础。何以如此？需要解释，第四章将考察几种可能。不过，"我思"提供帮助的一种方式——如沉思者在沉思三看到的(7: 35)——是提出一个实例，说明认识是什么。沉思者因而可以按照分析法回溯，发现知识的最后基础。

笛卡尔正是用这种方式，引导沉思者得出他的著名规则：清楚明白的知觉是真的。这个规则早在第三沉思便给以肯定。但提要说，它是第四沉思充分确立的。(7:12、14)的确，第三沉思绝大篇幅考虑能否消除骗人的上帝这一假设，至少，这个假设似乎使上述真理规则成为问题。运用这一规则拒斥骗人的上帝，致使一些读者批评笛卡尔陷入循环论证。我们将密切关注，除了沉思三开篇的论证，是否还需要为真理规则提供进一步的支持——如果需要，他将如何提供支持。使真理规则生效的另一个候选者，是用不骗人的上帝作保证。然而，求助于这种保证，将招致循环论证的批评。

笛卡尔用认知能力方面的词语，建构六个沉思的认识论和方法论。他自由地谈论这些能力，包括感觉、想象、记忆、理智或理性。沉思三和沉思四分析判断活动时，还补充了意志，将其作为一种独立的心理能力。所有六个沉思，论述了各类心理能力的运作、可靠性及相关作用。讨论这类能力，自古便在知识的哲学分析中发现。笛卡尔或许希望读者能够理解他的术语。今天的读者，大概不太熟悉这类说法。不过，笛卡尔对认知能力的关注，可以帮助步入早期近代哲学的初学者聚焦认知主体的特质，一个为康德时代所发现的中心点。

笛卡尔的认识论纲领，部分是要说服亚里士多德主义者和新经验论者，让他们相信，他们原来关于认知能力如何产生知识的理论是错误的。正如前面所说，亚里士多德主义及经验论者主张，每一个认知活动，都需要感觉材料。笛卡尔则坚持，某些认知活动——的确，那些对形而上学知识至关重要的活动——仅仅通过理智发生。

笛卡尔不同意亚里士多德主义者和新经验论者，依赖于他的主张："纯粹理智"能够脱离感觉和想象独立运作。用心灵能力的术语说,"想象"具有严格的意义。想象某物就是形成它的形象,例如,闭上眼睛,我们可以思考自己的宠物猫,自己描画它的样子。这种形象是具体的。它们表现猫的状况,通常联系到外观(卧在喜爱的栖居地,或者,待在地板上要求喂食),眼睛或睁或闭,尾巴翘在空中或藏在身体下,如此等等。尽管许多思想涉及这种形象,但笛卡尔主张,还有一些思想根本不包含形象。它们是纯粹理智的知觉,可扩展到上帝、心灵实体以及几何性质。想象与纯粹理智之间的区别是笛卡尔认识论的基础,第六沉思有长篇讨论(7: 71—73),在与霍布斯和伽桑狄展开的反驳与答辩中,亦有明确的论述。(7: 178、181、183、358、365、385)

笛卡尔认识纲领的最终目的,是重新评估感觉在认识中的作用。第六沉思为感觉恢复了名誉,但是,它在哲学知识中的作用,与第一沉思提及的作用大相径庭。感觉的主要功能是发觉周围环境对身体的潜在利益和伤害。它们不是为了发现自然事物的本质。发现事物本质的功能只属于理智。然而,感觉提供的知识,有可能超越局部的应用。它们可以用于自然哲学,帮助确认有关物质世界的事实,诸如太阳真正的大小尺寸。(7: 80)

深层论题:形而上学的成果

笛卡尔早先因对方法感兴趣而闻名遐迩,不过,从1629年起,他对纯粹哲学的主要兴趣转向形而上学。《第一哲学的沉思》的形而上学成果,是其方法渴求的果实。按照他向巴黎大学的表白,一些重要成果涉及上帝、灵魂或心灵、灵魂与身体的区别等。这些成果取决于更深层的形而上学概念和原则,需要加以引进。它们进一步暗示完整人（身心的结合）的概念，暗示感觉性质的本体论。（"本体论"研究"being"[存在／是]的性质，即研究存在者或实在之物；感觉性质的本体论考察感觉性质如何存在于对象，如何存在于我们关于对象的知觉中。）

关于上帝的主要论证出现在沉思三和沉思五。关于上帝的存在，笛卡尔提出三个证明，并将一些属性归于上帝，诸如无限、独立、全知、全能等，借以充实上帝的形而上学。他试图通过形而上学确认，上帝是万物的创造者和维护者。（7:45）我们将在第五章和第七章考察这些论证，以及伴随而来的形而上学概念。

第四沉思提问：完善的上帝创造的事物，如何邪恶或归于错误？答案依赖于新柏拉图主义（奥古斯丁）的善恶形而上学。笛卡尔接受新柏拉图主义的观念，即存在者本质上都是善的，诉诸存在和善的等级。上帝的无限性意味着，他是完全或完善的存在，因而是无限的善。其他一切事物都是有限的，因而在某个方面多少有所欠缺。因此严格地说，恶并不存在（它没有"being"）；恶是完善和善的缺乏。笛卡尔借用奥古斯丁的分析，解释完善的上帝如何创造出不完善的人。上帝使我们自由，允许我们自己犯错误。在这里，我们发现笛卡尔借用神学形而上学的原则，深化自己的纲领。

有关上帝的形而上学论证，在沉思三至沉思五颇为显著，以支持该书最终的形而上学目的，涉及身心本质、完整人的身心关系，以及如何正确理解物质及其感觉性质等论题。这些论题在第二至第五沉思提出，并构成第六沉思的全部主题。初步结果包括将心灵看作一个统一的思想物，构建观念的形而上学。得出的一个重要结论是：物质的本质是广延——这个发现对笛卡尔的物理学（第九章考察）产生强烈影响。另一个重要结果是：心灵是"理智实体"（7: 78），其本质是思想。

第六沉思的标题宣告身心之间的"实在区别"，承诺证明形体的存在。事实上，这个沉思很大篇幅阐述身心统一及相互作用，阐述感觉理论。它全面考察了具身化的心灵，包括感觉和欲望的功能（7: 75—77、80—81、83—89），并用了几乎同样大的篇幅，阐述感觉性质的形而上学。（7: 74—77、82—83）其中一些材料，既属于自然哲学，也属于形而上学，例如，围绕神经如何产生感觉展开长篇讨论。一些要点求助于感觉证据。（7: 80、86、87）虽然这些讨论服从形而上学的论点，即身心是不同种类的实体，但是，关于感觉和神经功能的讨论，标志着从物理学的形而上学基础，转向自然哲学本身的某些初步结果。

反驳与答辩（7: 91—561）

笛卡尔完成《第一哲学的沉思》主体部分之后，拿给荷兰尼德兰的一些哲学同人阅读，包括他的追随者罗伊，还有名为约翰·卡特鲁斯（Johannes Caterus）的天主教神学家。罗伊纠正了几处标点和拼写错误，并寄去几条反驳，笛卡尔以信的形式回复（3: 63—65），口气生硬。他将卡特鲁斯的反驳放到手稿后面，并给以答辩。1640年11月，他将六个沉思、信（或许还有前言）以及最初的这些反驳和答辩寄给梅尔森，随后又寄去内容提要。（3: 238—239、271）

梅尔森将材料拿给法国的哲学家和神学家传阅，搜集他们的反驳。全部反驳和答辩包含在手稿中，又寄给另一些反驳者。（反驳和答辩中明显或隐含的材料，可见7: 127、200、208—211、213、348、414、417）前六组反驳与答辩出现在第一版，于1641年末在巴黎出版，由梅尔森监理。耶稣会士布尔丹（Bourdin）的第七组反驳出现在第二版（阿姆斯特丹，1642），还附有笛卡尔致法国耶稣会首领狄奈特神父的信。（7: 563—603）笛卡尔本人负责监理第二版的出版。（3: 448）

反驳既代表创新的观点，亦代表保守的观点。创新者包括于1640年来到法国的英国唯物主义者霍布斯（第三组反驳）、法国教士和伊壁鸠鲁主义哲学家伽桑狄（第五沉思）以及梅尔森本人（其观点包含在第二组和第六组反驳中，与其他神学家、哲学家、几何学家混杂在一起）。神学反驳者除了卡特鲁斯和梅尔森的助手，还有法国天主教神学家阿尔诺（Antoine Arnauld，第四组反驳）。最保守的反对者是布尔丹。1644年，伽桑狄单独出版了第五个反驳与答辩，并增补了"反反驳"（Counter-Objections）。笛卡尔在一个注和一封信中给予应答（9A: 198—217），于1467年随克莱尔色列的反驳与答辩的法译本一并出版（著作主体由德吕纳公爵［Duke of Luynes］翻译）。

尽管各类反驳的观点不同，强调的重点亦不同，但有些论题，为一切反驳所论及。除布尔丹外，所有反驳都对上帝存在的证明提出异议，所有反驳都怀疑身心区别的证明。霍布斯和伽桑狄主张，有组织的物质可以思维；第二、四、六组反驳者，尽管没有接受这一假设，但对笛卡尔能否成功地消解它提出了挑战（7: 122、198、422），卡特鲁斯和布尔丹对［身心］实在区别的论证提出普遍的

反驳。(7: 100、503—509)

反驳与答辩没有采用六个沉思的沉思形式。它们提出评述和争论，阐释和扩充原文，并引入笛卡尔的另一个学说：永恒真理是上帝的自由创造。(7: 380、432、435—436，第九章讨论) 它们对澄清术语特别有益。实体概念，仅在提要和第三沉思偶尔提及 (7: 14、40、44—45、78—79)，第二和第三答辩则给予更充分的阐释 (7: 161、176)，第一和第四答辩详加阐述，用了"完全的"存在者或能够凭借自身存在的东西这类概念。(7: 120—121、219—231) 第二、三、五、七组解释了怀疑主义和怀疑的方法论用法。(7: 129—130、144—146、171—172、257—258、454—482) 应第二组反驳者的要求，笛卡尔为第二组答辩增补了几何学论证 (7: 160—170)，采取几何学方式，运用形式定义、公理和假设，重新表述主要的形而上学证明。

追随论证

这部指南的第二部分，讨论六个沉思的论证和结论，逐一进行考察。笛卡尔警告说，这些论证不应单独评估，因为它们的秩序和关联至关重要。我们审视主要的结论，便能注意到论证走向何方。

围绕笛卡尔事业的全部观点，围绕每个论证具有的意义和作用，各类读者始终没有一致意见。一部作品，几百年来对其结构和目的没有达成最终的一致，我们如何看？解释的不确定，通常伴随伟大的文本。初次阅读的读者，最好的策略是关注文本的总体目标和结构，同时始终向各类解释性假设开放。当你考虑甚至形成这类假设时，也应该注意对笛卡尔相关论证的反驳。然后，再次阅读他的文本，为这种或那种解释寻求支持，看看反驳是否成立。伟大的哲学文本，将以深刻的洞见和理解回报这种努力，笛卡尔的著作也不例外。

宽容原则

哲学家常常诉诸"宽容原则"（principle of charity），以帮助阅读哲学文本。依照这个原则，人们避免将愚蠢的错误归于笛卡尔这类作者，解释他们的文本时，竭力阐发"完好的哲学意义"。后面的话意味着，我们寻求的文本阅读，试图让各种陈述彼此融贯，为论证提供一致而有力的解释。有时，这种解释怀抱一个目标：使文本的观点能够为我们今人所一致赞同，或者，使文本最为有趣。

我们应该如何遵守这一原则？有可靠途径。例如，尽管笛卡尔有可能犯推理错误，或者，自相矛盾，然而，过于草率地将矛盾或软弱的论证归于他，或许只能暴露我们自己的局限和无能。宽容原则劝告我们不要轻举妄动，仓促地判定文本不一致，或论证软弱无力，急于给以指责。当哲学家自相矛盾时，这种矛盾常常更深刻——揭示哲学家系统中的基本张力。我们过于仓促地放弃解释，或许会错过这些深刻之点。况且，一些形而上学论证在我们今天看来似乎软弱无力，那是因为它们写出来之后科学发展了，或者，因为对宗教信仰的普遍态度发生了变化。然而，倘若我们仅仅因为不同意这些论证的结论便随手丢弃它们，那么，很可能失之交臂，再没有机会领教它们的巨大威力了。

不过，宽容原则也可能走得太远。我们解释过去的论证，最大限度地使其适合当今流行的智慧，便冒很大风险——不断地要将我们自己喜爱的观点读入过去的文本。而且，尽管我们应该寻求文本的一致和力量，因为它们具有伟大的哲学旨趣，但是，这并非要求过去的哲学家一贯"正确"。倘若我们在过去文本中看到的始终只是"正确的"观点，那将遮掩现在与过去的真正区别，我们将无法看到，哲学的问题域是如何变化的。一种观点的一致论证，现在被认定是错误的，这对我们依然很有教益，可以帮助我们认识哲学观点和哲学论证，认识它们的力量所在。过强的宽容原则太局限、太失真，会让我们每每逼迫过去的哲学家说我们今天想要说的事情。

在语境中阅读

在历史和哲学语境中阅读过去的哲学家，这种策略为他们的论证提供另一个评价标准。哲学谈论的问题和论题，通常具有时代的重要性，包括那些讲述那个时代的假设和信念的哲学家。为了理解哲学家为什么以某种方式构建论证，通常需要知道他们试图推翻哪些观点，需要知道作者与反对者共同承认哪些前提。这些知识可以帮助我们看到，我们现在抛弃的论证当时看上去如何颇具说服力。

哲学试图通过某一时代的学术探讨，把握基本问题。这些问题随时代的变化而变化，但有些方面始终相同。关于知识的可能性、思考至高无上者存在的理性依据、心灵在自然中的位置等问题，自古希腊时代起，便被人提出。共同的假设以及合理观点的范围，也随着时代而变化，尽管某些东西始终（近乎）相同。我们必须注意，我们的思维方式与笛卡尔之间有什么异同，借以更全面地评价我们以及笛卡尔的思想架构。

解释的线索

笛卡尔《第一哲学的沉思》出版以后，有许多解释。我们可以分辨近些年出现的三种主要方式：认识论的、形而上学的，以及认知的。

认识论的阅读

有些人阅读《第一哲学的沉思》，主要将其当作一部认识论著作。因此，一般认为，笛卡尔试图确定知识的可能性与局限性，寻求确定性。他发现，直接知识局限于我们自己的心灵状态。他的问题是超越那些心灵状态，去认识其他的事物。作为纯粹的认识论者，结果如何，无关紧要，假如他的考察得出另外的结论，他将摈弃对心外知识的任何要求。

笛卡尔运用怀疑方法，并强调确定性，均与这种认识论的阅读相一致。鉴于此，我们将始终关注他对知识基础及其局限性的论述。同时，我们有强硬的证据证明，笛卡尔撰写这部著作，并不单纯为了发现知识是否可能。从一开始，他便认为《第一哲学的沉思》第一次充分表述了他的形而上学。他并不单纯询问，**能否认识**什么，而是试图表明，知识**如何**可能，并**证明**他的形而上学第一原则。

形而上学的阅读

形而上学的阅读承认这些目标,注重笛卡尔的形而上学成果,包括:我思的结论、关于上帝存在及上帝本质的证明、心与物的本质、身心关系、感性知觉的性质等。按照这种看法,笛卡尔考察知识的范围和局限,以便表明,他的形而上学发现是不可动摇的。怀疑方法只是确定性的过滤器。

认知的和形而上学的阅读

本书偏爱的第三种阅读方法,将笛卡尔的知识论——最好称作认知能力论——与其对新形而上学的探讨结合起来。笛卡尔试图让读者意识到,他们自己心灵中具有潜在的认知资源,他们自己就能利用这些资源发现形而上学的第一原则。

我们已经看到,《第一哲学的沉思》每每提及心灵的各类认知能力或力量,包括感觉、想象、记忆、理智、意志等。在20世纪的大部分时间里,这类话语被认为不合法,因此,对笛卡尔这类作者,不适合运用"宽厚的"解释。这里所说的不合法,常常用17世纪剧作家莫里哀的一则脍炙人口的笑话表达:有一位医生,解释鸦片为什么使人睡觉,说那是因为鸦片有"睡眠"或催眠的功效。这则笑话取决于一个思想:设定催眠能力**说明**催眠能力是空洞的、毫无意义。然而,笛卡尔(及其他一些人)并没有为了解释人的理智能力,宣称理智具有理智能力。能力词汇是可分类的。理智、意志、记忆等,都是可以辨认的心灵活动,每个都具有自己的特征,需要进一步描述和分类。(1: 366)

我们认真对待《第一哲学的沉思》中的能力话语,就能看到,著作中的"认识论"部分,目的是揭示心灵认知能力的事实,意义重大。笛卡尔对感觉和纯粹理智特别感兴趣。亚里士多德主义赋予理智以重要的认识功能,即辨认为一类自然物所共有的"共相"或共同性质(例如,使每一匹马成为马的共同性质)。然而,亚里士多德主义的理智若要运作,必须始终依靠源于感觉的想象(也被看作幻象)。笛卡尔则主张,理智能够摆脱感觉而独自运作,与亚里士多德主义分庭抗礼,因此,笛卡尔要说服亚里士多德主义者相信他的学说,有多么艰难。沉思二至沉思六,都在强调纯粹理智的发现和正确应用,怀疑方法则为这种发现做准备,提供帮助。(见7: 130—131)沉思者一旦习惯于清楚明白的理智知觉,沉思三至沉思六的形而上学结论便纷至沓来。按照这种读法,笛卡尔试图改造认知理论,是为发现和捍卫新的形而上学做准备。

具体问题,不同途径

除了关涉《第一哲学的沉思》总体目标的重大问题,还有一些问题涉及具体的论证和结论。随着阅读的展开,我们经常需要考虑关于论证的不同解释,读者应当探究,哪个解释最具哲学的折服力,同时又符合笛卡尔的文本。

一个重要问题,涉及意识在笛卡尔心灵理论中的作用。第二沉思的我思论证,特别关注沉思者有意识的思想。在其他地方,笛卡尔断言,思维的每一个活动都具有意识。(7: 246)然而在第三沉思里,他却强调思想的表象特征,而且有些地方,他将心灵描述为理智的(或感知的)实体。(例如,7: 12、78)由此提出一个问题(第四章和第八章将讨论):对于笛卡尔的思想概念,哪一个更基本，意识、理智，还是表象？

另一个至关重要的解释问题涉及"笛卡尔循环"，这是阿尔诺最早提出的。（7: 214）为了使清楚明白的知觉标准合法，笛卡尔明显诉诸上帝的存在和完满，然而，他却运用这个标准，证明上帝的存在和完满。这个过程似乎是一个循环：在一个论证中运用具体的真理标准，以使这个标准合法化。倘若清楚明白的知觉标准是笛卡尔创立形而上学成果的核心，那么，这种循环论证的指控具有潜在的毁灭性。

我们将在第五至七章考察探讨循环的几种途径。现在，我仅提及导致不同结论的两种方式，说明各类解释选择是向读者开放的。按照一种读法，笛卡尔将清楚明白的知觉合法化时，并未诉诸上帝。他最初相信清楚明白的知觉，是通过反省第三沉思开篇处的我思推论。然后，他运用这种知觉，考察并驱除了骗人的上帝，即第一沉思留下未决的假设，确认上帝不是骗子。这里没有用上帝保证标准本身，因而有希望避免循环。

按照另一种读法，笛卡尔想要或需要证明，心灵能够恰当地适合独立于心灵的实在。于是他诉诸上帝，人类理智和事物本质的创造者，以保证理智适合那些本质。这种神灵保证接受一种超越的形而上学，将事物本质认作本然如此。这种读法遇到的麻烦是如何避免循环。倘若我们遵循一种强宽容原则，或许拒绝这种读法。然而，我们不会那么做。我们的方法既考察笛卡尔的成功，也考察他的失败。如果我们拒绝指责循环，那绝不是因为宽厚。我们的阅读要求在语境中揭示真正的哲学意义，完全符合文本。

积极阅读

　　阅读真正的哲学，最让人满足的一个方面是形成自己的观点，知道一部特定的著作好在哪儿，什么重要，自得其乐。我建议你们采用这部导读，听从其中的告诫，是为了让你们自己阅读文本。你一旦形成自己的阅读，也应考虑一下，如何说服采用不同读法的那些人，让他们相信你的读法很好。最后，无论你是否同意笛卡尔，在阅读他的文本时，你都会围绕身心的性质、形而上学的知识是否可能等论题，自己提出新的问题，并试图给以新的答案。

文献与其他阅读书目

　　主要针对笛卡尔《第一哲学的沉思》的导论性著作有：Georges Dicker, *Descartes*: *An Analytical and Historical Introduction*, 2nd ed.（New York: Oxford University Pess, 2013）、Anthony Kenny, *Descartest*: *A Study of His Philosophy*（New York: Random House, 1968）、Catherine Wilson, *Descartes' Meditations*: *An Introduction*（Cambridge: Cambridge University Press, 2003）。Dicker 提供的主要是一种认识论和形而上学的阅读，Kenny 提供的是形而上学阅读，Wilson 则提供认知的和形而上学的阅读。Kurt Brandhorst, *Descartes' Meditations on First Philosophy*（Bloomington: Indiana University Press, 2010），提供的是一种所谓灵修的和现象学的阅读法。

　　更艰深的著作有：Martial Guèroult, *Descartes' Philosophy Interpreted According to the Order of Reasons*, 2 vols.（Minneapolis: University of Minnesota Press, 1984—1985）、Margaret D. Wilson, *Descartes*

（London: Routledge & Kegan Paul, 1978），以及 Jorge Secada, *Cartesian Metaphysics: The Late Scholastic Origins of Modern Philosophy*（Cambridge: Cambridge University Press, 2000），它们提供了形而上学的阅读。Edwin Curley, *Descartes Against the Skeptics*（Cambridge: Harvard University Press, 1978），提供的是认知的和形而上学的阅读，同样性质的还有 David Cunning, *Argument and Persuasion in Descartes' Meditations*（Oxford: Oxford University Press, 2010）。John Carriero, *Between Two Worlds: A Reading of Descartes's Meditations*（Princeton: Princeton University Press, 2009），提供认知的、形而上学的和神学的阅读，强调笛卡尔与阿奎那的亚里士多德主义的关系。关于认识论阅读的其他文献，将在第四章提供。

Amèlie Rorty（ed.）, *Essays on Descartes' Meditations*（Berkeley: University of California Press, 1986），包含许多论题。前三篇论文考察沉思模式：Rorty将沉思看作一种升华、忏悔和分析，Kosman考察了作为作者的笛卡尔与作为叙事者的沉思人之间的关系，Hatfield将笛卡尔的模式置于奥古斯丁的背景。Dennis Sepper在Stephen Gaukroger, John Schuster, and John Sutton编辑的 *Descartes' Natural Philosophy*（London: Routledge, 2000, pp. 736—750）中，考察"思想的结构：笛卡尔的《第一哲学的沉思》为什么是沉思的，它为什么事关重大"。现在，许多解释者都承认沉思模式的重要性。Christia Mercer在"The Methodology of the Meditations: Tradition and Innovation"一文中，详细阐述了笛卡尔方法及沉思模式的奥古斯丁主义背景，见 David Cunning（ed.）, *The Cambridge Companion to Descartes' Meditations*（Cambridge: Cambridge University Press,

2014）。Jorge Secada的论文"God and Meditation in Descartes' *Meditations on First Philosophy*"展开讨论沉思模式，见Karen Detlefsen（ed.）, *Descartes' Meditations: A Critical Guide*（Cambridge: Cambridge University Press, 2013, pp. 200—225）。有些解释者怀疑沉思模式的重要性，主张从哲学角度看，《第一哲学的沉思》中的"我"必定是笛卡尔。例如，见Thomas M. Lennon, *The Plain Truth: Descartes, Huet, and Skepticism*（Leiden: Brill, 2008）, ch. 8。最后，请注意，在拉丁文中，第一人称无须通过独立的人称代词加以表达，可以包含在动词形式中。不过，在六个沉思中，笛卡尔运用拉丁文第一人称代词"ego"，有30多次。

Gaukroger的*Descartes' Meditations*，围绕核心论题汇集了多篇论文，还包括17世纪William Molyneux翻译的六个沉思。Roger Ariew and Marjorie Grene（eds.）, *Descartes and His Contemporaries: Meditations, Objections, and Replies*（Chicago: University of Chicago Press, 1995）系统考察了反驳与答辩。关于笛卡尔是无神论者的观点，见Hiram Caton, *The Origin of Subjectivity: An Essay on Descartes*（New Haven: Yale University Press, 1973）。关于笛卡尔的上帝和宗教问题的讨论，见J. Cottingham的论文"The Role of God in Descartes's Philosophy", in Carriero and Broughton, pp. 288—301。

讨论笛卡尔方法的著作有：L. J. Beck, *Metaphysics of Descartes: A Study of the Meditations*（Oxford: Clarendon Press, 1965）以及*Method of Descartes: A Study of the Regulae*（Oxford: Clarendon Press, 1952）、D. E. Flage and C. A. Bonnen, *Descartes and Method: A Search for a Method in Meditations*（London: Routledge, 1999）、Janet Broughton, *Descartes's*

Method of Doubt（Princeton: Princeton University Press, 2002）。M. Miles, *Insight and Inference: Descartes's Founding Principle and Modern Philosophy*（Toronto: University of Toronto Press, 1999），从另一个视角考察笛卡尔的方法：他的哲学实际上聚焦于灵魂和上帝，新科学只是第二位的。

关于经院亚里士多德主义的主流思想，即一切思想均需要想象，见 Thomas Aquinas, *Summa theologica*（London: Blackfriars, 1964—1981）, Part 1, question 84, articles 7—8。至于在尘世生活中，自然人无法认识上帝的本质，因为一切思想都以感觉为基础，上帝的存在以及作为造物主的作用，只能通过类比加以思考，见 Part 1, question 12, articles 11—12, and question 13。这些段落在 A. C. Pegis（ed.）, *Introduction to Saint Thomas Aquinas*（New York: Modern Library, 1948）中可得到。

关于哲学史的方法和运用，见 Richard Rorty, J. B. Schneewind, and Quentin Skinner（eds.）, *Philosophy in History: Essays on the Historiography of Philosophy*（Cambridge: Cambridge University Press, 1984）、A. J. Holland（ed.）, *Philosophy, Its History and Historiography*（Dordrecht: Reidel, 1985）、Tom Sorell and G. A. J. Rogers（eds.）, *Analytic Philosophy and History of Philosophy*（Oxford: Oxford University Press, 2005）、Mogens Lærke, Justin E. H. Smith, and Eric Schliesser（eds.）, *Philosophy and Its History: Aims and Methods in the Study of Early Modern Philosophy*（Oxford: Oxford University Press, 2013）。

第二部分

六个沉思的论证

第三章　将心灵撤离感官

沉思一：能引起怀疑的事物

　　第一沉思提出笛卡尔著名的怀疑论证，引发许多讨论。怀疑主义传统在16世纪复兴，并于17世纪20年代中期，冲击巴黎知识分子的心灵，念兹在兹，梦寐萦怀。1625年，笛卡尔的密友梅尔森对怀疑主义给予温柔的回应——作出一定妥协——笛卡尔此时就在巴黎。笛卡尔本人提及古代怀疑主义（7: 130）和新怀疑主义的讨论。（7: 548）

　　在反驳与答辩中，笛卡尔的笔调似乎提示，他的怀疑主义论证是重复古人（7: 130、171），而且的确，他最初挑战感官的精确性，模仿了传统论证。但是，在17世纪30年代的信中（1: 350、560），笛卡尔表明，他的拉丁版形而上学包含激进的怀疑主义，他不敢在法文版《谈谈方法》中发表。这种激进的怀疑主义，或"彻底的怀疑"，向一般外部世界的知识提出挑战，包括外部世界的存在和数学真理。为了支持这些挑战，笛卡尔拓展梦的论证

（在"画家类比"中），提出骗人的上帝以及邪恶欺骗者的假设。

第一沉思的怀疑论证，在那些只对怀疑主义本身感兴趣的人看来，往往可以脱离著作的其他部分，独立加以研究。不过，我们对它们的兴趣，则是将其作为迈向《第一哲学的沉思》宏伟目标的若干步骤。评估它们时，我们将考虑其总体目的。笛卡尔利用它们引导沉思者寻求确定的知识，它们是《第一哲学的沉思》分析方法的一部分（见第二章）。

标题指导沉思者关注能够"引起怀疑"的事物。就语境而言，某物"引起"怀疑，意味着给它的不确定性提供理由。这并不需要证明它是错的，也不要求相信其对立面。因此，我们将考察，为什么在这一沉思的结尾，笛卡尔选择将纯粹可疑的东西就当作是虚假的。

正如第二章的讨论，笛卡尔认为，一些沉思者的信念是错误的，需要改变（就像他先前改变自己的信念一样）。怀疑开启了承诺用真理取代错误的过程。根据提要，它的目的有三重：（1）"让我们排除一切成见"；（2）提供"一条容易的道路，使我们的心灵脱离感官"；（3）最终"让我们对后来发现的真实东西，绝不可能再有什么怀疑"（7: 12，也见7: 171—172）。换句话说，怀疑是为了摈弃陈旧的偏见，将心灵从感官撤回来，以便最终获得不容置疑的或绝对确定的真理。

到此为止，一切顺利，然而，我们必须更明确一些。笛卡尔想让沉思者改变先前的所有信念吗？或者，只是某些信念，尤其是哲学和形而上学的信念？这种沉思能否解释心灵为什么应该撤离感官？它是否提供理由让人们相信，怀疑将导致不容怀疑的真理？最后，凡能够或应该怀疑的一切事物，是否都被怀疑？让我们记住这些问题，继续下面的讨论。

规划（7: 17—18）

开篇一段为怀疑先前的所有信念提供一个特殊理由。笛卡尔要求沉思者相信，童年时代，她（或他，指任何人）接受了一大堆错误见解。这些童年的信念是构成成年思想的基石。因为其中许多信念是错误的，所以，在此基地上建立起来的一切，都是可疑的。人的全部信念都应该被怀疑。沉思者应当承认这种需要，

> 如果我想在科学上建立起某种坚实可靠、经久不变的东西，就必须在我的有生之日，来一次清算，将原来的一切统统清除出去，再从根本上重新开始。
>
> （7: 17）

这句话宣称，目前规划的目标，是在科学上建立某种"坚实可靠、经久不衰的"东西。这里的"科学"意味着哲学诸学科，包括形而上学、自然哲学，及其他分支：力学、医学和道德（可回顾第一章所说的笛卡尔的知识树）。按照《探求真理》的解释，对新基础的需求并未扩展至语言、历史或地理学，即那些仅依赖于"单纯经验"的学科。（10: 502）尽管这段话没有具体指明，拆除将如何进行，但是，我们很快就会看到，是通过考察怀疑的理由，即引入怀疑论证，通过一系列步骤，达到彻底的怀疑。

我们童年接受了许多错误的信念，这是事实，然而，不能由此推出，我们成年时定会误解在学校学习的既定科学。不过，笛卡尔指出，那些科学不牢靠，他有办法加以修补。在一些读者看来，这种不牢靠似乎言之有理，因为笛卡尔时代是理智骚动不安的年代，原来确定的学说，诸如地球是宇宙的中心，现存则遭遇巨大的挑战。倘若沉思者承认，科学需要改造，她或许也不希望为了分拣真假命题——假设她已经准备辨识各门科学中的真理——对所有公认的科学，一门门逐一审视，没完没了。（见10: 497—498）应该记住，《第一哲学的沉思》是一部形而上学著作，它试图建立科学的坚实之物，大概已经事先假定，形而上学能够提供较少的原则，以修正自然哲学及其他科学。

假设：我们承认（临时）一切科学都沾染了错误，形而上学是其他科学得以成立的基础，所以是改革的关键。那么，我们应当试着摧毁我们的一切意见吗？为什么不能把我们的形而上学信念剥离出来，将其看作不确定的，待机会来临，重新考察它们？笛卡尔没有采取这种策略，即便现在目标已经收窄。他相信，沉思者挑战先前的一切信念至关重要。在第七答辩中，他将这个过程比作从篮子中清理坏苹果，为了检查其中的内容，完全将篮子翻倒腾空。（7: 481）这个类比暗示，坏信念可能被好信念遮蔽，或者遮蔽好信念，就像好苹果与坏苹果一起埋藏在篮子深处一样。

笛卡尔撰写《第一哲学的沉思》的时候，已经坚信，童年因沉溺于感官而产生的偏见，遮蔽了真正的形而上学，人的心灵无法窥见。他也相信，并且让沉思者确认（7: 22），感官为许多有用而真实的信念提供基础——诸如，食物在厨房里，或者，飞驰而来的汽车将把我们撞倒。他考察感官,并不是说,感官始终是错误的(不然,历史和地理学就不能合理地被信任),而是说,它们并非形而上学知识的正确来源。笛卡尔坚信,只有通过哲学家后来的所谓先天理性——以及他所说的理智的纯粹运用,即完全独立于感官——才能获得形而上学真理。要把握纯粹理智的形而上学真理,我们必须完全脱离感官,放弃根据童年偏见建立起来的形而上学,那是基于感官的、错误的形而上学。我们需要普遍怀疑以悬置以往的信念,后者有可能阻碍通向真理的过程。如果怀疑能恪尽职守,任何新的真理都将自现,无须诉诸传统或前设。

回到篮子的类比,怀疑最终并非简单地审视我们先前的信念,发现好的,将其重新放进篮子。相反,笛卡尔认为,在清理坏苹果的过程中,我们将发现一些新品种的苹果,以前从未看过。他在第三答辩向霍布斯解释说,怀疑是为了"给读者做精神准备之用,以便研究与理智相关的事物,帮助他们分辨什么是理智的东西,什么是物质的东西"(7: 171—172)。笛卡尔相信,一旦完成这一步骤,他就能建立一门新的形而上学,为其他科学奠定基础。

在第一沉思中,笛卡尔尚无法说服不愿怀疑的读者相信这一点。不过,他让读者追随他,如果他们将心灵撤离感官,就会产生新的形而上学认知。在产生新的认知之前,他无法直接证明需要撤离感官,因此,实际上仅要求读者追随他,并未提出具有说服力的理由说明为什么这么做。他要求沉思者与他一起参与沉思的"游戏"。他承诺的奖励是:经久不衰的科学知识。

怀疑的标准（7：18）

参与游戏的沉思者宣称："理性现在告诉我，应该小心谨慎，像不相信明显错误的东西一样，对于那些不是完全确定无疑的东西，也不要轻易相信。"哪怕一丝一毫的不确定性，也足以引起怀疑。

这种方法合理吗？视情况而定。在去商店的途中，我不能绝对确定，我家后院没有大象进入。（马戏团的卡车可能停在附近，一只厚皮动物解脱了自己的锁链——只是可能而已）但是，如果我被告知，一位朋友需要一只大象，那么，说我无法确定（因此无法断言）我家后院没有大象，似乎并不合理。在日常生活中，我并不拒绝那些仅有略微可疑的东西。

"哪怕有一丝一毫可疑，便不再相信"作为一种策略，倘若置于笛卡尔寻求坚实基础的规划中，或许更说得通。如果有绝对的确定性需要人们去发现，那么，寻求它们就是合理的，其假设是：这些信念胜过所有与它们相冲突的脆弱信念。它们是最坚实的知识。如果可以这样做，那么，挑战人的所有信念，看看是否还剩下不能怀疑的东西，借以寻求确定性，就是合理的。正如笛卡尔后面所说，这样做是无害的，因为沉思者并未付诸行动。（7：22）

感觉基础（7：18）

笛卡尔试图摧毁先前的信念，并未指导沉思者一个个审查自己的所有信念，像苹果篮子的类比那样。相反，"基础"一旦被摧毁，其他一切都将随之毁灭；因此，"我将直接攻击我的全部旧见解所根据的那些基本原则"。这些基础是感官："直至现在，凡是我当作最真实而接受过来的东西，都是从感官或通过感官得来的。"（7: 18）它们包括先前的感觉经验，还有其他人通过感官获取的意见（或耳闻或阅读）。

"凡理智中的东西，无一不首先出现在感觉中"，这是亚里士多德主义的标准信条（也为新的经验主义所认同）。按照这种认知架构，理智的运作需要感觉材料，即便思想上帝或其他非物质的存在，也是如此。请记住亚里士多德主义的观点："无想象便无思想。"这种限制甚至扩展到"共同性质"，诸如一切马共有的性质，或者，为任何一个自然类的成员所共有的性质。尽管理智抽象出一切马的"共同"性质，但思考这种性质时，必须运用想象。感觉形象（或幻象）是一切思想的基础。将心灵撤离感官的规划，从一开始就是非亚里士多德主义的。（柏拉图主义者欢迎笛卡尔的彻底撤离。我们将在第七章考察他与柏拉图主义的关系。）

感觉的可错性（7: 18—19）；梦的论证（7: 19）

对感官的第一个挑战产生于感觉偶尔骗人。沉思者推论："我有时发现，感官是骗人的；为了谨慎起见，凡骗过我们的东西，哪怕一次，也全然不再信任。"（7: 18）第六沉思提供了一个实例（7: 76）：一座方塔，从远处看似乎是圆的。但是，对于仅仅误导过我们一次的人，不管曾经在其他场合多么值得信任，现在均采取不信任态度，这是否合理？目前的规划设立了高标准：绝对的确定性。

哪怕一丝一毫的欺骗，也足以让证据丧失信誉。而且，我们或许知道，朋友在判断我们的烹饪技术时（品尝我们最近的手艺），可能有所隐瞒，但在生死攸关的问题上，或影响我们生计的事务上，不会欺骗我们。即使我们要求确定性，环境便可以告诉我们，我们的信息何时值得信任。

感官与此相似。即便感官在微小或遥远的事物上欺骗我们，但对于手边的事物，似乎值得信赖。我们在充足光线下近距离看到的东西，真的能够怀疑吗？我们坐在火炉边，正在阅读这本书，这种鲜活生动的感觉经验，真的能够怀疑吗？一些偶然怀疑感官的人，似乎有点儿精神错乱，才会在这种情形下怀疑感官，这种怀疑者简直像疯子一样，以为"他们的脑袋是陶土做的，或者，以为他们是葫芦，或者是玻璃制作的"（7: 19）。笛卡尔并未提出，作为怀疑的根据，沉思者应该认真考虑她作为疯子是否可能。笛卡尔将怀疑充足光线下看到的近物的人等同于疯子，倒给沉思者提供一个理由，放弃这类怀疑。

既然感官可错的论证受阻，于是此刻，对感官的信任现在为一个更普遍的论证所瓦解，其效力一直延续到第六沉思。沉思者回想起，我们每每具有鲜活的经验，好像触摸面前的对象，而实际上，那个对象根本不在面前。标志觉可靠的所谓鲜活性在梦中出现，沉思者迅速得出结论："没有任何可靠的迹象，使人能够将清醒与睡梦加以区别。"（7: 19）（倘若你怀疑这个论证，请你自己提出一个可靠的标记，然后问一下，你能否仅仅梦见它出现。）

笛卡尔陈述梦的论证时，必须假定，当他提及清醒与睡梦时，我们知道他在说什么。因此，他似乎必须事先假定，一些经验**事实**

上是清醒的经验，一些则是睡梦的经验，真实无欺。倘若他的论证能够分别说明这两个方面，恐怕已经有根据推翻梦的论证了。他的问题是，至少有些情况下，睡梦的经验与清醒的经验无法区分。这个问题只要求读者理解（无论她如何理解），当有人说，所谓梦的经验有时不能与所谓醒的经验相区别时，究竟意味着什么。反过来说，笛卡尔无须**证明**，没有清醒的经验存在。起初，他并不打算说服读者相信，她始终在睡梦中。他只想向读者灌输怀疑，怀疑在任意一种场合，她是否有确定的迹象标志感官的有效性。

如果接受这一论证，那就等于确认，关于一个完整场景或事件是否发生，我们在任何场合都可能弄错。然而，倘若它适用于**任何场合**，那么，现在就能普遍推广。倘若我们无法指明，哪一个经验是清醒的经验，那么，从认知上讲，我们没有任何经验会比睡梦更好。就我们所知，我们的经验绝不能揭示当下的实在。沉思者现在默认，她现在或许不仅没有伸手，没有摇头（因为她只是在梦想），而且很可能，"我甚至根本没有这双手或这个身体"（7: 19）。或许，她始终在做梦。现在，沉思者必须审视一个更激烈的主张：感觉经验的内容与世界的结构之间，存在着普遍差异。

画家类比（7: 19—20）

针对这一激烈主张，沉思者即刻考虑了一个反证。她提问：梦的内容如何能发生？即便我们无法确认，有什么特定经验能够展示现存的对象，但是"必须承认，睡梦中看见的事物，可以说，就好像绘制的形象，只有模仿实在的事物才能制作而成，因此，至少那些一般的东西——譬如眼、头、手以及整个身体等——并非想象出来的东西,而是实在的存在物"(7: 19—20)。正如画家要运用模特,我们的梦,也必须有所依据,即借助先前熟悉的实在对象。即便梦是乱七八糟的,与当下的实在完全脱节,它们的内容也必然来自实在事物的实例(模特)。

通常,画家确实利用模特,描绘想象的景象和不存在的怪物。博斯(Hieronymus Bosch)《尘世乐园》(*Garden of Earthly Delights*, c.1505)[1]中的怪物形状,是由若干动物的部分拼凑而成的——例如,人身鱼头怪或人身啮齿怪。或许,梦也必须借助先前关于头或手的经验。这一阶段,梦的论证瓦解了有关整个世界融贯结构的知识,以及我们所经验的个别场景,却保留一个假定:必须有模特存在,为我们所经验的事物的各部分提供依据。

于是,笛卡尔提出更激进的思想。或许,画家在想象的情景中,并不总是简单地"拼凑不同动物的肢体"或其他事物的各个部分,也会成功地创造出"全然虚构和不真实的"形象。(7: 20)这类形式,通过20世纪艺术家波洛克(Jackson Pollock)和斯蒂尔(Clyfford Still)[2]等人的抽象表现主义绘画,一目了然。它们看上去不像动物、建筑物,甚或不像任何现存的对象。

倘若画家能够创造全然虚构的形式,或许,我们的梦也能,

---

[1] 博斯(约1450—1561),尼德兰中世纪晚期重要画家。其作品《尘世乐园》(又译《天上的乐园》)是其成熟作品。——译者注

[2] 波洛克(1912—1956),美国抽象表现主义画派的主要代表,以在画布上滴溅颜料作画著名。斯蒂尔(1904—1980),美国抽象表现主义运动早期领导人之一,开发一种新的、强大的绘画方法。——译者注

梦的形象无须来源于实在的世界。全然虚构的形象能告诉我们点儿什么吗？在绘画中，至少颜色必须是实在的；用于绘画的颜料是实在的，因此，有颜料存在。或许，我们所经验的形象具有更基本的特征，展示实在的基本方面。这些恐怕（好像）就是"实在的颜色，借以形成我们思维中出现的事物的一切形象，无论这些事物是否实在的"（7：20）。（它们并非物质颜料，因为笛卡尔只是用绘画作类比；梦的形象并非由颜料构成的！）

关于这些"实在的颜色"，沉思者现在具有一些笛卡尔式的想法。她思考形象的基本特征，获得一个清单，列出笛卡尔认为的物质实在的基本特征："一般物体性质和它的广延；广延事物的形状；属于这类东西的量或大小以及数目；还有它们存在的地点，所占的时间，以及诸如此类的东西。"（7：20）形象本身具有空间性，且包括形体（有形的物质事物，不可触入，彼此亦不可穿入）。广延、形状、大小，以及事物的相对位置（深一点说，我们在三维空间中感觉、想象和做梦），都是想象情景的基本方面，不管多么怪诞。时间则反映经验的时间维度。沉思者断言，空间的广延和时间的绵延是任何感觉——想象表象（sensory-imaginal representation）的基本要素。

按照一种可能，这些普遍特征，正是为经验主义者保留的，梦的论证迫使他放弃具体事物的知识，回到经验的最普遍的特征。即便亚里士多德主义者，也会依从这种退却（只要承认，能从这些形象中抽象出这些普遍特征）。然而，对这些保留下来的特征，还有一种明显的笛卡尔式的态度。笛卡尔并没有将颜色纳入形象的"实在颜色"。即便视觉形象和视觉梦幻伴随着时空，始终包含颜色（即便做黑白色的梦，那也是颜色！），但是，笛卡尔将形象分解为空间属性和时间属性。这预示了他后来在第三沉思勾勒的观点，第五沉思和第六沉思予以支持，这个观点一反亚里士多德主义，主张颜色并非形体的基本属性。这里，他将这个结果看作反思形象获得的结论。他没有论证这个结论。倘若沉思者现在接受它，那么她便走上正轨，成为一个笛卡尔主义者。倘若不接受，她还可以进入下一阶段的怀疑。

沉思者否认能够认识具体的对象形式，因此任何科学，只要涉及特定类别的现存事物，其发现都将为沉思者所怀疑。笛卡尔列举出物理学、天文学和医学。至此，还剩下什么不被怀疑？唯有"算学、几何，以及类似性质的其他科学，它们仅处理一些最简单、最普遍的东西，不考虑这些东西是否存在于自然界"（7: 20）。几何学描述形状的性质，不论这类形状是否现实地存在。它描述了一个可能存在的形状范围，却没有告诉我们，哪一个特定的形状是否现实地存在。于是，我们剩余的知识，只涉及事物可能具有的最普遍的形式。而且尚未否定，存在一个具有这些形式的世界。梦的论证加以扩展，达到最极端的程度，将有关具体事物的一切知识统统瓦解，然而，并未怀疑物质世界本身（无论有什么未知结构）的存在。（在7: 28和7: 77，梦的类比致使对物质世界的存在产生怀疑，不过，那些段落的出现，是在依据其他理由引入彻底怀疑之后。）

本段列举两个例子，说明"最简单、最普遍的东西"依然不容怀疑：二加三等于五以及正方形有四个边的事实。"不管我醒着还是睡着"，这些东西都是真的；的确，"这样明显的真理，看来不可能让人怀疑是假的"（7: 20）。这时，沉思者可以认为，她已经获得科学中某些"稳定的、经久不变的"东西,即似乎十分明显的(明澈的)数学真理——尽管重要的是,这种描述没有运用笛卡尔后来的真理标准,也就是说,在这个沉思中,并没有将真理描述为"清楚明白的"。于是,还有什么更确定的东西吗?现在,笛卡尔试图将这些真理置于可疑之地。

骗人的上帝(7:21);可疑的数学(7:21)

沉思者想起一个"长久以来的意见"——"有一个全能的上帝,创造了我,把我创造成现在这个样子"——它提供根据,将简单明澈的数学真理也置于可疑的境地。全能的上帝本身并不提供怀疑的理由,不过,笛卡尔让沉思者作出一个假设:倘若这个全能的上帝图谋欺骗她。面对这种假设,似乎没有哪个人的信念能够逃避怀疑。

骗人的上帝的假设

骗人的上帝的假设在后面的沉思中起着重要作用。它是怀疑的强有力的根据。因此,我们将特别关注:它是如何构造的,它使什么成为可疑的。为此,我们首先考察这一假设的两个不同版本,它们提出怀疑的根据多少有些差异,然后,考察笛卡尔采用哪一个版本。

有两种情形,全能的骗子都能让我们犯错误。首先,假如上帝在具体的场合欺骗我们,那么毫无疑问,他在任何时候,或许在任何事情上,都能获得成功。我们称这个版本为干预假设

(intervention hypothesis):

> 干预假设：上帝进行干预，给予我们虚假的思想。

也就是说，上帝在某一时刻影响我们的心灵，使我们认为某个东西是真的，其实那时它是假的（反之亦然）。倘若这种特殊干预扩展至每一时刻，那么，我们就彻头彻尾永远地被欺骗了。

其次，如果上帝创造我们，那么他在创造时，或许使我们的心灵带有缺陷，产生错误的思想。我们称这个版本为缺陷设计假设（defective design hypothesis）：

> 缺陷设计假设：上帝以某种方式创造我们，使我们产生虚假的思想。

根据这种假设，骗人的上帝在创造并装备我们的心灵时，可以从中做手脚，使我们经常或始终产生错误的思想，无论我们多么小心谨慎。

无论哪个假设，都能用来对付感性知觉和理智（或理性）。根据干预假设，上帝使我们拥有我们今天拥有的一切感觉经验，却根本无须任何世界。18世纪的爱尔兰哲学家贝克莱（George Berkeley），便持这种主张（尽管他否认自己是怀疑论者）。干预假设也类似于新近的"缸中之脑"的假设，即每个人考虑他们是否孤立的大脑，被疯狂的科学家放在装满营养液的缸里，通过导线连接到感觉和运动神经，并且接通计算机，给每一个大脑提供感觉刺激，以与复杂的世界保持一致。(缸中之脑的假设非常不同于骗人的上帝，因为骗人的上帝能够瞬时干预，无论多么复杂，无须物质工具。)

另一方面，干预假设亦使理性成为可疑，我们做加法运算或计量正方形的边时，上帝时常或始终干预我们，使我们犯错误。这类似于疯狂的哲学家运用植入的电极，给大脑震荡，让它推理时犯错误。

缺陷设计假设也能让感觉、理性或两者成为可疑的。上帝可以这样设计我们的感官，使它们产生完全扭曲的世界图景。虽然很难想象，但是，它们可以产生时空世界的经验，其实世界全无这些属性。缺陷设计假设亦将理性置于可疑境地，因为上帝可以这样创造我们：让我们推理时时常或始终犯错误。(这些情形相当于假设：我们每个人都是人工智能的试验品，或者传感器有缺陷，或者逻辑程序有缺陷，或者两者都有缺陷。)

笛卡尔对假设的运用

既然有几种可能，笛卡尔究竟如何运用骗人的上帝这一假设呢？让我们紧接着回顾以往的意见（有全能的上帝）那一段，考察下面两段文字。第一段使有形世界或物质世界成为怀疑的对象：

> 我怎么知道他（全能的上帝）不会这样做：本来就没有地，没有天，没有广延事物，没有形状，没有大小，没有地点，然而却保证我具有这一切东西的感觉，好像它们确实像

现在这个样子存在着？

(7:21)

这一段用干预假设质疑整个感觉世界。上帝确保我们经验我们实际经验到的现象，然而根本就没有广延的宇宙。这里，整个物质世界的存在第一次被明确怀疑。

数学的"明澈真理"又如何呢？骗人的上帝的假设不是以此为目标吗？至少，它们的作用不再是认识世界的"实在颜色"。按照"实在颜色"的观点，算术与几何学描述宇宙可能的特征，那是透过宇宙的具体状态无法认识的。然而，倘若这种宇宙根本不存在（为适用于感觉的干预假设所允许），算术与几何学便不能用于宇宙。但是，没有数学所适用的物质世界这一事实，并不意味数学是虚假的。笛卡尔说过，无论对象是否存在（7:20），几何学与算术都是真的。因此，尽管干预假设可能支持物质世界不存在，但它不能明确质疑数学的明澈真理，只能质疑数学能否适用于物质世界。

可疑的数学

这将我们引入紧接其后的第二段文字：

> 还有，我时常相信，别人在他们自以为知道得最准确的事情上亦会出错，既然如此，我怎么知道上帝不会让这种情况在我身上发生：当我用二加三时，或者，计算正方形的边时，或者，在更简单的事情上（如果人们还能想象出比这更

简单的事情的话）让我出错？

（7:21）

这里，通过骗人的上帝这一假设，直接对数学的明澈真理表示怀疑。以什么形式呢？大概采用缺陷设计的形式，因为笛卡尔前面提到，上帝"把我造成现在这个样子"（7:21）。不过，这里并未提及我们的起源，而是让沉思者回想起，别人甚至在他们自以为知道得最准确的事情上也会出错。（《谈谈方法》提到的一种情形［6:32］，第五沉思用第一人称给以描述［7:70］）

随后，缺陷设计假设逐渐明显。笛卡尔让沉思者推论："或许，上帝并无意愿让我以这种方式受骗，因为据说他是至善的。"这个暗示被搁置一边："如果说把我做成这样，让我总是受骗，与他的善良本性相抵牾，那么，让我偶尔受骗似乎同样不合他的善良本性；然而，这尚无定论。"（7:21）上帝的善良本性与欺骗的可能相一致，在沉思三至沉思五再次提出。目前，重要的一点在于，笛卡尔在这里明确将骗人的上帝的假设与我们的起源联系在一起，声称上帝有可能把我们做成这样，让我们"总是"受骗。缺陷设计假设表示，我们的被造具有缺陷，使我们进行简单的加法或计数时，总是出错。尽管这并未明确拒斥一切推理，但是，它对数学的明澈真理直接提出挑战。

我把第二个论证说成是向"推理"（reasoning）提出挑战，尽管笛卡尔本人没有用这个词儿。而且，在第一沉思中，沉思者关注知识是"从"或"通过"感觉而来的这一原则。这里，笛卡尔是向理性或理智提出挑战吗？

在某种意义上，数学真理可以**通过**感觉而展示。小学生在学校学习加法。他们可以学会简单的算术运算，或者，能够凭借根深蒂固的习惯，数到10。这不要求他们充分运用理性，掌握数的关系或数学真理，具有它们的"清楚明白的"观念。的确，正如笛卡尔后来所说，倘若沉思者具有数学命题的清楚明白的观念，或者，具有计算正方形四边的清楚明白的观念，他就不能同时怀疑那些数学命题。（7: 36）

以为"通过感觉"一语包括来自他人的意见，似乎是非常可疑的，但是，笛卡尔在一些段落，恰恰诉诸这种意见。他引入骗人的上帝这一假设，让沉思者想起"长期存在的意见：有一个上帝，他是全能的"（7: 21）。语言是精心选择的。（见5: 146）假如沉思者直接思想上帝，运用自己的（所谓天赋的）上帝观念（在沉思三首次出现），那么，她就不能认为上帝是骗子。笛卡尔在第二个答辩中说，目前，沉思者的所有观念都是"非常混乱的，与可感事物的观念混杂在一起。（7: 130—131）正如他向布尔丹解释的，沉思者或许还没有任何清楚明白的观念，假如她有清楚明白的上帝观念，她就不能将欺骗归于上帝，也不可能怀疑上帝是否存在。（7: 476—477）沉思者所处理的，只是外来的关于上帝的意见，至于数学，可能也是如此，这一点十分重要。

倘若沉思者这里挑战的，是我们关于简单数学命题的正确推理能力，那么，她所思考的，就不可能是清楚明白的数学命题（理智或理性的充分运用）。当她用万能的上帝的概念向日常的数学推理行为发出挑战时，她诉诸的是来自传统的上帝观念。

神造之外的其他来源

与骗人的上帝这一假设相关，笛卡尔让沉思者考虑人类及其认知能力的另一个可能来源。沉思者考察另一些人，他们"宁愿否认一个强大上帝的存在，而不愿相信其他一切事物都是不确定的"（7: 21）。除了神灵的创造，人类还可能有其他的来源吗？笛卡尔提出两个选择。第一个是"命运或偶然"；人偶然而生，或许有其物质起源。第二个是"事件的连续链条"；人是自然事件长链发展的产物（也许是无限长的嗣子过程）。沉思者推论，无论依据哪个假设，产生我们的最初来源，都比全能上帝的创造"力量弱小"。既然"欺骗和错误似乎是某种不完善"，那么，我们的来源力量越弱小，我们就越可能不完善，以至于"总是受骗"（7: 21）。因为自然原因或偶然事件不如全能的造物主完善，所以，很可能产生永远有缺陷的认知结构。

无论依据骗人的上帝，还是有缺陷的来源，最终结论是：我们可能"总是受骗"。因此，沉思者发现自己"不得不承认，凡是我先前毋庸置疑的信念，现在没有一个不能怀疑"（7: 21）。她的目标是确定性，因而她决定不再信任先前的信念，将其统统当作错误。（7: 22）

用怀疑获得知识（7: 22）

在第一沉思的交谈中，有三个论证参与：梦的论证，向情景和融贯世界的感觉经验提出挑战，还有骗人的上帝的假设以及缺陷来源的假设。后两个假设，第一个挑战物质世界的存在，两者共同瓦解了数学真理，或许，最终瓦解了我们的一切思想和结论——至少，瓦解了沉思者先前的一切信念。

沉思者不认为引发怀疑的这些理由是武断的或软弱的。相反，她将其描述为"强有力的、经过深思熟虑的"（7: 21—22）。笛卡尔引进怀疑，不是简单地为怀疑而怀疑。倘若沉思者一开始只是简单地**同意**怀疑自己的所有信念，笛卡尔恐怕不会满意。他想让沉思者具有怀疑的理由。为什么？

人们需要怀疑的理由，以抗拒沉思者先前意见的力量。笛卡尔承认，沉思者（和他）以前的许多意见都是可信的，它们是"十分可能的"，因而或许"有更多理由去相信它们，而不是否认它们"（7: 22）。举例说明，在沉思之前，沉思者确实相信，巴黎在法国，罗马在意大利，蔬菜可以在市场上找到，还有其他许多真理。现在，笛卡尔却让沉思者现实地逼迫这些信念走投无路。产生和坚持怀疑，需要强有力的理由。

笛卡尔为全盘拒绝人们先前的信念作辩护，卓有成效。这些信念应该予以拒绝，"直至原有成见的影响力被抵消"，致使"恶习不再左右我的判断，偏离认识事物的正路而误入歧途"（7: 22）。事实上，沉思者并没有充分的理由相信，她原有的成见在认知上有害，只是认为它们可疑。但是，笛卡尔为了吸引她参与游戏，一开始便暗示，她犯有系统性错误。作为撰写这部著作的哲学家，他认为，当时的哲学信念是不正确的，误以感性知觉为基础；童年形成的"成见"，"使我们后来获得的其他概念含混模糊，混乱不堪"（7: 518）。可接受的感觉观念与关于事物基本属性的错误信念混杂在一起。笛卡尔并不企图分段筛选，而是希望沉思者全盘拒绝。他没有透露（除了前言和提要）的是，他认为自己能够帮助沉思者发现形而上学认知的新的（非感觉的）源泉。在前引的那段话，他再次要求沉思者追随他的程序，承诺它将通往正确的判断，其确立完全依靠自身。

这些考察提供了怀疑感觉的理由。为什么怀疑数学呢？笛卡尔向沉思者允诺，有机会发现新的基础，以建立绝对不容怀疑的知识。如果她的发现可以免除怀疑，无法对基础数学（那个时代，数学是确定性的样板）构成威胁，她就能确凿无疑地获得坚实的基础。（我们必须等待，看看这个基础多么坚实。）

笛卡尔的目标是获得诸科学（尤其形而上学）的系统而稳定的知识，这使笛卡尔运用的怀疑主义论证不同于古典怀疑主义，诸如恩披里可（Sextue Empiricus，一个"皮浪"怀疑论者）及其他古典哲学家，包括"学园"怀疑派。皮浪怀疑主义者考察知识要求，发现它们漏洞百出，于是，他们悬置判断，以谋求内心的安宁。此时此刻，显象（appearance）是他们行动的指南。学园怀疑论者试图确认知觉能否产生确定性，发现不能，便凭借概然之物指导行为。笛卡尔引导深思者悬置或否认先前的判断，挑战显象和纯粹概念之物的价值，以便发现新的、绝对的确定性。他采用并拓展怀疑主义论证，是为了提要中详述的目的，即摒弃不可信的成见，让心灵撤离感官，获取不容怀疑的真理（也见7: 171—172、476—477）。若用于日常生活，笛卡尔认为，彻底怀疑主义的怀疑是十分可笑的——谁若当真奉其为生活圭臬，恐怕要对他的精神是否正常提出质疑了。（7: 16、350—351）然而，就其改造科学的哲学纲领而言，彻底的怀疑主义是一件锐利工具。

设立恶魔辅助意志（7: 22—23）

笛卡尔期盼沉思者花费精力，避免通常的信念，始终聚焦手边的纲领。即便（如他后来所说）悬置判断是"一种意志活动"，因而也是"我们能力之内的事情"，我们依然不能单凭"意志"将先前的信念排除。（致克莱尔色列的信，9A: 204）我们的注意力离弃怀疑的理由，信念的根深蒂固的习惯便四处盛行。因此，笛卡尔采纳灵修的一般做法，并设计一套程序，训练意志远离以往的信念。

笛卡尔指出，沉思者不仅应该将先前的信念视作可疑的（这是他的论证所要证明的），现在还应该"将意志掉转完全相反的方向"，千方百计"欺骗自己，假装这些先前的成见都是完全错误的、幻想出来的"（7: 22）。沉思者的纯粹可疑的成见，应该假装实际上就是错误，借以抵消习惯的不良影响。沉思者将自己的所有信念都当作错误，并无风险，因为沉思者的目标不是"行为"，而是"获取知识"（7: 22、9A: 204—205、7: 460—461）。沉思者激进的伪装仅限于她的沉思过程，并不适合日常生活。

笛卡尔设计一种颇具戏剧性的手法影响意志，要求沉思者设想：不是上帝，而是"某个极度强大和狡诈的邪恶妖魔"总想欺骗她。（7: 22）从骗人的上帝变成邪恶的骗子，其动机并不明显，经常惹人注意。当有人问起这件事，笛卡尔承认，恶魔的假设似乎是多余的（已有骗人的上帝这一假设），但解释说，这是为了强化怀疑。（Burman, 5: 147）事实上，在六个沉思中，笛卡尔仅有一次重提邪恶的骗子，那是在第二沉思（7: 24—26），将其等同于"强大无比的"欺骗者的假设。他将假设的骗子叫作"邪恶妖魔",很可能是为了充分控制这一怀疑的理由,不让沉思者过分强调,上帝可能是骗子;"上帝可能是骗子"这个命题,他认为是错误的(的确包含矛盾),还有人认为是亵渎神明,后来,他试图予以拒绝。(见5: 7—9)挫败骗人的上帝的假设(沉思三至四)之后,他没有进一步排除恶魔的假设,或许,他认为这一假设源于混乱的上帝观念,将真正的上帝看作骗子。(见4: 64)(然而,布尔丹认为,笛卡尔企图利用上帝性善的证明,说明上帝能够保护我们清楚明白的知觉不受恶魔的侵害[7: 455—456])

邪恶骗子假设鼓励沉思者将"天、空气、地、颜色、形状、声音以及所有外界事物",统统当作"梦的幻想"(7: 22)。她认为,她具有"手,或眼,或肉,或血,或感官"的信念,是错误的。

笛卡尔在列举因邪恶骗子假设而引起怀疑的东西时,仅包含了外界对象和人的形体。(7: 22—23)他没有重复提出对数学的挑战。这是否意味着,实际上他并不怀疑数学?难说。很可能,他在第二沉思开篇聚焦那些怀疑——在那里,沉思者转向新的思想对象,而非基于感觉形象的对象。对于数学的怀疑,第三沉思又一次提起。(7: 35—36)

可疑之物与未怀疑之物

第一沉思致力于"摧毁"沉思者的一切意见。修炼取得了成功,因为沉思者最终断言,她可能"始终受骗",她先前的所有信

念都应该被怀疑。(7: 21)

读者从一开始就心存疑虑：笛卡尔是否真的将沉思者的（或他的）一切信念统统归入怀疑对象？(7: 466—472) 如果没有，是否损害其后的论证？这种担忧有两个方面。首先，怀疑是真的吗？也就是说，笛卡尔想要沉思者实际地怀疑外部世界的存在和数学的明澈真理吗？其次，怀疑是完全彻底的吗？也就是说，笛卡尔实际上指导沉思者怀疑她的所有信念，甚至怀疑她的理性能力吗？

怀疑的实在性

我们已经看到，笛卡尔作为该书作者，构造第一沉思是为了使沉思者的"成见"成为可疑（7: 12、348、465），并非针对他自己先前接受的形而上学信念。他后来向伯曼解释，第一沉思表现的视角，"只是初出茅庐，刚刚接触哲学"的人。(5: 146) 其中设计的怀疑，尤其为了这种人。它们具有训导的功能，是沉思过程的一部分。

不过，笛卡尔也想将怀疑用作筛选，获取坚如磐石的形而上学基础，其确认依靠自身，无须诉诸先前的学说。假如他把先前的学说设为前提，不对它们提出怀疑，就可能被人指责为"以假定为论据"。（以假定为论据，意指将所证事物的真理作为前提。）因此，笛卡尔的方法似乎要求他将沉思者的所有意见置于怀疑中。然而，哪一种怀疑？真实的怀疑，还是纯粹的"夸大其词"(7: 89*) 和"形而上学的"(7: 30、460)？笛卡尔只是要求沉思者伸展着怀疑？

回答这些问题时，我们应该再次考察怀疑的目的。我们看到，怀疑是为了帮助探究，不应当影响日常事务。因此，沉思者撤离了日常生活。但是，我们也看到，即便在第一沉思里，笛卡尔也承认，许多日常信念是概然的，只有略微一点可疑性。为什么怀疑它们呢？我前面指出，因为笛卡尔邀请沉思者参与游戏，践行怀疑的认知过程，其奖励是确定性和经久不衰的知识。

因此，几乎毫无依据地怀疑外部世界的实在性，或者怀疑简单数学，或者怀疑上帝之善，这类实践都是"夸大其词"或"形而上学的"。第一沉思的论证试图至少产生一丁点儿怀疑。但是，怀疑不纯粹是假装的，因为出于一丁点儿理由去怀疑的纲领并非假装的。（7: 350—351）按照日常的标准，这种怀疑被夸张了。但是，沉思者从事的不是日常认知。她接受笛卡尔的纲领，随他一起沉思，为形而上学寻找牢不可破的基础。（9A: 205）唯一的假装在于将邪恶欺骗者的假设用作工具，把纯粹可疑的意见统统归于错误。这种假装是出于方法论的目的，以便拒绝根深蒂固的可疑成见，寻求那些凭借自身而确立的形而上学真理。

更普遍地说，怀疑范围为沉思者的认知条件所限制。在与反驳者讨论第一沉思时，笛卡尔表明，那些已经清楚明白地知觉上帝的人，实际上不可能具有各方面的怀疑。（7: 460）要更充分地理解这一点，我们应当考察笛卡尔的哲学初学者的概念。

哲学的初学者

早期，沉思者承认："我自幼年时起，就把一大堆错误的见解当作真实的接受下来。"（7: 17）在《哲学原理》中，笛卡尔解释了"儿时偏见"的起源。（8A: 32—37）起源在于：儿童的心灵沉溺于形体和感官。儿童不加批判地接受感官似乎显示的一切——例如，形体中具有某种东西，与我们的热、冷、光、颜色，以及其他感觉性质的感觉（第二性质的感觉）"相似"，星星很小，等等。（也见7: 82）我们长大成人后，不再考察这些偏见，从而相信，一切实体（substances）都能为感官所感知，因而是有形的。（8A: 37）怀疑过程试图使这些偏见失效。

笛卡尔将沉思者描述为初学者，必须克服儿时的偏见，然而，他清楚地知道，这些"偏见"包括亚里士多德主义形而上学和认识论的许多信条。正如前面所述，亚里士多德主义主张，一切知识均以感觉为基础。感觉性质的"相似性论题"（沉思三和沉思六有讨论），引出亚里士多德主义的实在性质理论。而且，尽管亚里士多德主义者相信，上帝是非物质实体（因而是无形的），他们依然主张，上帝唯有通过与形体事物——可感事物——的类比才能认识，并凭借形体事物提供的证据加以认识。将心灵与感觉或形体之物相混淆的初学者，同样适应亚里士多德主义的学说，即一切思想都需要想象能力提供的幻象或感觉形象。尽管许多亚里士多德主义者认为，理智本身不需要形体官能，但是，他们教导说，理智只有与想象结合，才能发挥作用，想象则需要形体官能。而且，他们认为，理智是人的形式的力量，形式实质上与物质天然地联系在一起。

因此。第一沉思针对的是儿时的偏见，这种偏见则被纳入亚里士多德主义哲学。在《探求真理》（《第一哲学的沉思》时期写的）中，笛卡尔承认这种双重听众，他的代言人约道克乌斯（Eudoxus）不仅与"经院哲学家"（或亚里士多德主义哲学家）埃皮斯蒂蒙（Epistemon）辩论，亦与从未经过哲学训练然而头脑健全的鲍利安德（Polyander）辩论。

第一沉思为了使心灵脱离感觉的聚焦点，攻击感觉经验的可靠性，甚至攻击物质世界的存在。对数学判断，他也表示彻底怀疑。它的目的是否（应否）向一切推理提出挑战，完全清空心灵中的信念、概念和观念？

未怀疑之物

提要说，第一沉思"有理由让我们普遍怀疑一切，尤其是物质事物，只要我们在科学里，除了迄今为止发现的那些根据，别无其他根据"（7: 12）。这段话最后的转折暗示，怀疑论证的效果是有条件的，取决于沉思者的知识状态。只有那些尚未发现科学的真实基础的人（包括初学者和亚里士多德主义者），才会产生怀疑。（也见 7: 474）

在各种不同场合，笛卡尔一再指出，一些观念、概念，甚至形而上学原理，一旦经过充分考虑，便免受怀疑之累。当布尔丹（第七个反驳）质问，第一沉思的普遍怀疑为什么没有用于"清楚明白的上帝观念"（4: 472），笛卡尔回答说，这一时刻，沉思者对上帝还没有清楚明白的知觉。（7: 476）沉思者力图怀疑一切事物，甚至包容上帝不存在的想法。（7: 21）笛卡尔认为，她能这么做，取决于她的认知条件：她还没有清楚明白的上帝观念。如果她有，那就不能怀疑上帝的存在。清楚明白的上帝观念具有抵抗怀疑主义的免疫力，因为倘若怀疑论者"分明知觉了某物"，他们恐怕就"不再怀疑它，也不再是怀疑论者了"（7: 477）。这意味着，只有那些尚未充分明晰知觉的人，才为第一沉思的论证所吸引。

笛卡尔认为，布尔丹搞不清这些论证，因为他本人没有清楚明白的知觉。(7:477)这个论断有点儿仓促。即便假定，至此，沉思者很少或没有清楚明白的知觉，那也不能免除笛卡尔必须扩展怀疑方法的义务，超越他意中听众的成见，将其用于自己的信念。况且，即便撰写《第一哲学的沉思》之前，笛卡尔已经坚信他现在丝毫无疑的形而上学结果，沉思者（及其他人）则处于不同境况。对她来说，笛卡尔形而上学的认知优势，尚未确认。她希望这部书能够表明，笛卡尔的原则及其证明方法能够避免怀疑。

笛卡尔将自己的形而上学结果搁置一边，更为普遍地主张，怀疑方法不能——也不应期盼——绝对地将所有思想统统纳入可疑之列。在致克莱尔色列的信里，他承认，第一沉思的怀疑绝不可能将心灵完全清空，包括所有的概念和观念（9A:204）；那样也会将思维清理掉。事实上，他主张，思想本身的基本结构，以及推理原则，都不能通过怀疑的过程被否认。它们不仅要用来评估怀疑的理由，而且，也构成心灵之为心灵的永恒结构。

关于这一点，尽管有某些正确的东西，但我们依然可以问：笛卡尔归于心灵的这种基本的特殊结构，是否实在中也是基本的？单凭它们本身，能否现实地提供事物的知识？这些结构，不仅包括"共同概念"（common notion），诸如，"一经做成的东西就不能是没有做成的"（7:145），而且包括天赋观念，如思想的所是或存在的所是。(7:422)关于这些天赋要素，倘若他的说法是正确的，那么，通过进一步考察，当它们持续地向心灵显现时，沉思者应该能够识别。（正如笛卡尔回应布尔丹时所说的，布丁的证明是吃［7:542］）

除了刚才提到的共同概念，笛卡尔在第一沉思中还（至少暗中）依赖因果概念。这种依赖的实例，可以在骗人的上帝和邪恶的欺骗者等论证中发现，它们设定一个强大的存在者，可以引发我们的感觉经验，尽管没有外界的对象。而且，在骗人的上帝以及有缺陷的起源等论证中，笛卡尔考察了人类及其认知能力的几个不同的起因。然而，这些论证并不要求因果原则是真的（像第三沉思［7: 40］以及几何学证明［7: 164—166］那样）；它们仅仅利用这些原则为怀疑提供表面合理的（并非确定的）根据。只要沉思者理解论证，发现它们足以引起怀疑，就足够了。笛卡尔运用了普遍接受的因果概念，瓦解为人所普遍坚持的其他信念。这些论证并未将其形而上学的因果原则当作前提，但也没有质疑这些原则。

明晰的真理与骗人的上帝

在第二个答辩中，笛卡尔明确提出各类简单观念和明晰的真理究竟能否引起怀疑、如何引起怀疑等问题。他认为，一些知觉"如此清晰，同时又如此简单，以至于我们思想它们时，不能不相信它们是真的"；因为"除非我们思想它们，否则不可能怀疑它们"，所以，"我们决不能怀疑它们"（7: 145—146）。倘若这个论证是正确的，那就似乎意味着，2+3＝5这类简单的数学命题，绝不能被怀疑。（也见7: 36）然而，笛卡尔在第一沉思里，要求对这类命题提出质疑。那么，他究竟认为数学之类的"明晰真理"（7: 20）能够怀疑，还是不能怀疑呢？

同样在第二个答辩中，他处理了这一难题：区分我们对待明晰真理的两种认知关系。首先，当我们直接思想这类真理时，它们似乎是清晰可见的，我们无法怀疑它们。然而其次，我们不直接思想这些真理，只是记得曾经思考过它们，那么，骗人的上帝的假设便足以使它们成为可疑的。(7: 146；也见7: 246、460, 9A: 205) 这种精细的区分，即纯粹回忆明晰的真理与直接思考它们，直至第三沉思才明确提出，到第五沉思才有详细讨论。

这个例子再度提出问题：有多少东西能够或应当受到笛卡尔的怀疑？问题的答案取决于更大的问题，涉及笛卡尔的纲领。下面两节考察笛卡尔纲领的两个构想，说明它们对怀疑的作用意味着什么。第一个构想表明，他的《第一哲学的沉思》的目标是一般地维护理性。怀疑的作用是对理性获取知识的要求进行严格的检验，因此，怀疑必须尽可能地彻底。按照第二个构想，笛卡尔并不打算维护理性，而是要改造形而上学。改造形而上学的关键一步，是展现新的形而上学认识论，这种认识论诉诸纯粹的理智，完全独立于感觉。怀疑的作用是为了揭示这种迄今尚未为人所知的认知资源（见第二章认知的和形而上学的阅读）。

维护理性

假定笛卡尔《第一哲学的沉思》的纲领是一般地维护人的理性（或纯粹理智）。因此，在第一沉思（或许，第一沉思和第三沉思）中，他为怀疑提供最强硬的根据，看看能否满足它们。这种维护采取两个形式。第一个是弱维护，当理性考察了怀疑的一切合理根据，发现内部前后不一，或者具有逻辑缺陷时，便登台亮相。维护理性，是通过确认没有充分理由怀疑理性的效用。第二个形式称作强证实，证明理性足以确立形而上学真理，展示事物实际存在的方式（the way things really are）。它必须表明，不仅对理性没有构成真正的挑战，而且，也能揭示实在结构的深刻真理。这两种策略，都需要理性本身评价怀疑主义的挑战及其他论证，因为没有其他手段。

强证实的策略从外表看，似乎毫无希望。倘若理性的信任值受到挑战，被击中要害（例如，由骗人的上帝假设提出的挑战），它将如何恢复呢？既然它孤身奋战，独立捍卫自己，举证的责任恐怕难以承担。然而，更重要的是，即便理性能够死里逃生，摆脱怀疑主义的挑战，那也不够。要获得强证实，理性必须**证明**自己安全可靠，足以胜任有关基本实在结构的知识源泉。倘若这种可靠性尚有疑问，它又如何做呢？我们已经承认，理性能够监测矛盾，评估前提与结论的关系。（这个假定受到挑战，不过，我们暂且承认它）。倘若人们发现，怀疑理性是否可靠的所有论证都有缺陷，那么在，理性的可靠性便没有被否证。举证的责任始终在理性，不在怀疑者。

弱维护的方式利用目前的情境。一旦发现，已知的一切挑战都有缺陷，便能维护理性的正当性，使其摆脱最强烈的攻击，幸免于难。从外表看，弱维护似乎比强证实更易成功，但也有缺陷，即简单将理性划入毫无挑战的领域，却没有积极的论证加以支持。

我们必须等待后面的沉思更全面地考察这两个策略（及其相近的策略）。现在，我们来考虑对笛卡尔纲领的另一种读法。

理智的发现

设想笛卡尔《第一哲学的沉思》运用怀疑主义的第二个途径，

关注它的方法论功能：如何用来改造沉思者的形而上学认识论。相应地，笛卡尔作为作者，早已知道，纯粹理智能够获取某些结果，因为他本人已经获得它们。（见7: 542）他相信，人人都有纯粹理智，只要他们运用自己的理智，都会信服他的形而上学原则。然而，他也相信，沉溺于感官遮掩了纯粹理智。他的问题不是证实理性或理智有效（一旦看到它们，其结果将被接受），而是引导他的读者意识到，纯粹理智的认知是可能的。

从这个视角出发，我们可以看到，为什么在前言中，笛卡尔仅邀请那些"愿意并能够与我一起认真沉思，完全使心灵脱离感官的人"阅读他的著作。（7: 9*）我们也可以理解，他为什么在第二答辩中说，尽管第一沉思的怀疑论证是将古人的"残"羹"剩"饭拿来"重新加热"，读者却依然应该花"几个月，或者至少几个星期"的时间，特别怀疑有形事物。（7: 130—131）他在第七答辩中承认，彻底怀疑"仅适用于那些从未清楚明白地知觉过任何东西的人"，不过，他坚持认为："尚未做出这种（对先前信念的）弃绝之前，几乎无人清晰地知觉过任何东西。"（7: 476）即便他的读者在生活中，不同程度地运用理智，也不曾获得这种理智的清晰性，完全脱离感官。正是这种纯粹理智的明晰性（任何感官形象所没有的），为形而上学所需要。

依照这种读法，前两个沉思的构建，是为了使沉思者能够发现理智的纯粹用法，在一定程度上需要搁置物质的事物。沉思者必将发现，无形象的思想（不以感觉为基础的思想）是可能的。笛卡尔预见，他的读者或者不知道这一点（就初学者而言），或者竭力否认这一点（就亚里士多德主义者而言）。

因此，如果笛卡尔构造《第一哲学的沉思》时假定，纯粹理智存在，恐怕并非"以假定为论据"。假如他期盼读者接受他关于纯粹理智的说法，本身却无法体验理智获得拯救，那才是以假定为论据。他的首要目标就是为读者提供从来没有过（或从来没有反思过）的理智经验。如果他成功了，读者将豁然开朗，为其论证所折服，并且——如果他关于理智力量的说法是正确的——具有一种真正的形而上学。倘若读者没有体验到这些理智经验，那么，或者因为他们没有给以充分的注意，或者因为笛卡尔的纯粹理智的理论是错误的，他的形而上学并非像他认为的那样基础深厚。（关注却不信服的读者，最终将失去耐心，无法忍受用读者的疏忽作辩解。）

这种读法接受上文所述的提议，即对数学提出挑战意味着为拒斥怀疑设立更高的标准。笛卡尔试图表明，形而上学的第一概念（primary notion）"就其本性而言，同几何学家研究的第一概念一样是可知的，甚至比它们更容易认知"（7: 157）。倘若支撑形而上学的理智知觉等于或者优于数学的知觉，那将是一种坚强的支持，因为在那个时代，欧几里得几何学是完善推理的典范。

围绕笛卡尔的目的形成不同想法，结果产生一些有趣而困难的问题，第五章将详细阐述。目前，我们继续深入探讨时，应该牢记"维护"与"发现"的策略。这样做时，我们试图发现笛卡尔打算提供什么论证，要确立他的形而上学结论，实际上还需要什么论证或前提条件（如果需要的话）。

文献与其他阅读书目

在所有沉思中，第一沉思得到的分析最为广泛。围绕许多论题，解释者众说纷纭，莫衷一是，包括：怀疑与日常信念的关系；笛卡尔的论证与古代怀疑主义的区别；笛卡尔是否真让沉思者假设，上帝是个骗子；以及怀疑的实在性。

Frankfurt 的 *Demons, Dreamers, and Madmen*（Indianapolis: Bobbs-Merrill, 1970），将近一半篇幅讨论第一沉思，支持维护理性（但不是强证实），保持内在的一致性。B. Williams, *Descartes*, ch.2，认为怀疑的方法鼓励"纯粹的理性探索"，倾向于强证实。Ronald Rubin, *Silencing the Demon's Advocate: The Strategy of Descartes' Meditations*（Stanford: Stanford University Press, 2008），联系着弱维护考察整个第一沉思。Flage and Bonnen, *Descartes and Method*, ch.4，联系笛卡尔运用的分析方法考察第一沉思。Secada 认为，笛卡尔用怀疑主义作为工具，建立他的形而上学。

Barry Stroud, *The Significance of Philosophical Skepticism*（Oxford: Clarendon Press, 1984），独立阅读第一沉思，将其看作对物质世界日常知识的挑战（类似于目前认识论的"外部世界问题"），把所谓的认知者置于"知觉幕布"背后。Michael Williams, "Descartes and the Metaphysics of Doubt," in A. Rorty, 117—139，也联系感觉材料的认识论批判笛卡尔。我的阅读认为，笛卡尔的怀疑主义论证是为他的形而上学认识论服务的，不考虑涉及日常信念的外部世界问题。（当然，读者可以调整笛卡尔的论证，让其适应其他目的，而非他的目的。）

Broughton的著作有一半讨论第一沉思，包括对笛卡尔和古代怀疑主义的广泛讨论。她设想笛卡尔邀请沉思者参与怀疑游戏（pp. 49—51）。按照她的描述，笛卡尔的怀疑方法是人为的，方法的需求，并非产生于日常的认知实践。

梅尔森（Mersenne）讨论怀疑主义的著作，*La vérité des sciences: Contre les sceptiques ou Pyrrhoniens*（Paris: Toussainct du Bray, 1625; reprint, Stuttgart-Bad Cannstatt: Frommann, 1969），捍卫亚里士多德及其他类型的哲学，抗拒怀疑主义的攻击；发现数学最安全可靠，对怀疑主义有免疫力；主张感觉在严格条件下不会受骗；并坚持，现象的科学是可能的，或许，是关于本质的科学。

关于笛卡尔时代的怀疑主义，见Richard H. Popkin, *History of Scepticism from Savonarola to Bayle*, rev. ed.（Oxford: Oxford University Press, 2003），作者认为，挫败怀疑主义对笛卡尔来说至为重要。也见Lennon, *Plain Truth*，该书认为笛卡尔鄙视怀疑主义，寻求弱维护。关于古代怀疑主义及其复兴，见Richard Bett（ed.），*Cambridge Companion to Ancient Scepticism*（Cambridge: Cambridge University Press, 2010）。关于笛卡尔与古代怀疑主义，见Gail Fine, "Subjectivity, Ancient and Modern: The Cyrenaics, Sextus, and Descartes," in Jon Miller and Brad Inwood（eds.）, *Hellenistic and Early Modern Philosophy*（Cambridge: Cambridge University Press, 2003），pp. 192—231。关于怀疑主义延续的历史，见Walter Sinnott Armstrong（ed.），*Pyrrhonian Skepticism*（Oxford: Oxford University Press, 2004）。

关于笛卡尔眼中亚里士多德主义认知理论的背景，见Hatfield, "The Cognitive Faculties", in Ayers and Garber（eds.）, *Cambridge*

History of Seventeenth Century Philosophy, pp. 953—1002，该论文指出，大阿尔伯特（Albert the Great）及其他人，与笛卡尔引用的亚里士多德主义哲学家截然不同，认为自然的知识来源于可感物，却允许对于上帝和灵魂，可以有直观的理智知识，无须幻象（p. 961, n. 43）。关于认知能力在近代早期哲学中的一般作用，见 Patricia Easton（ed.），*Logic and the Workings of the Mind: The Logic of Ideas and Faculty Psychology in Early Modern Philosophy*（Atascadero, Calif.: Ridgeview Publishing, 1997）中的前言及前两篇论文，以及 David Owen, *Hume's Reason*（Oxford: Oxford University Press, 1999）。

第四章　发现心灵的本性

沉思二：人的心灵的本性；心灵何以比物体更容易认识

第二沉思包含著名的我思（cogito）推理。这个最初结果，即沉思者意识到自己的存在，很早便出现了。然后，真正的工作才开始。第二沉思的主题不是沉思者的存在，而是她的本性。

尽管第二沉思的标题承诺，要发现人的心灵的本性，但是，提要警告说，充分认识心灵的本质，即一个不同于形体的非物质实体，则必须等到第六沉思。第二沉思关于心灵本性所能提供的一切，并未证明它的非物质性。沉思者通过思索她如何认识自己的存在，逐步发现自己作为一个事物，其本性是思，她同时也考察思想本身的性质。然而，开始这些考察之前，她回顾了实施中的宏大纲领。

阿基米德点（7: 23—24）

篇首一段发现，沉思者陷入"昨日沉思"的怀疑中，惊惶失措。(7: 23)这种深刻的怀疑无论让人多么眼花缭乱，晕头转向，沉思者决心"努力沿着昨天已经走上的道路继续前进"(7: 24)。她回想起已经采用的策略：

> 凡有一丁点儿可疑的东西，我都搁置一边，好像我知道它是绝对错误的一样。我还要在这条道路上一直走下去，直至发现某个确定的东西，或者，假如我做不到别的，至少直至我能确认，世上根本没有什么确定性。

（7: 24）

沉思者的直接目的，是将怀疑用作工具，以获取确定性，即便只是"确实"发现，我们根本无法获得确定性。

沉思者暂时搁置预期的结果，不过，紧接的下一句则预示了伟大的成就：

> 阿基米德只要求一个坚实的、固定的点，以便移动整个地球。同样，如果我有幸找到哪怕一丁点儿确定无疑的事物，那么，我也有权怀抱远大的希望。

（7: 24）

古代数学家阿基米德说，若给他一根足够长的杠杆，一个地球之外的固定支点，他就能移动整个地球。同样，笛卡尔承诺，一个坚定不移的真理，就能产生伟大的事物——或许，产生大量的确定知识。

单一的确定性，为什么要超越自身，这一点并不十分清楚。假定你仅确切地知道一件事情，譬如，你姐姐现在在家（你和她在一起），或者，2+3＝5（用一些中性例子，它们已经被怀疑）。这样一项知识，为什么产生出更多的知识呢？有三种可能。第一，一项既定的知识，或许提供了一个第一原则，其作用好像是公理或公设，依据综合的方法推演出其他知识（见第二章的讨论）。第一原则通过自身的繁衍力，产生大量知识。（所谓"基础主义的回答"）第二，或许，某项知识的出现，联系着其他"不可分离的"知识。例如，某项知识，诸如2+3＝5，只不过是某个知识体系的一部分，认识这一事物而不同时隐含地认识其他相关事物，根本就不可能。或许，人们不知道1+1+3=5，也根本无法真正知道2+3＝5。在这种情况下，发现任何一个真理都只不过是冰山的一角。最初一项知识的内在联系，将产生整个知识体系。（所谓"体系的回答"）第三，沉思者或许希望，通过获得一项确定的知识，她将发现**如何**找到确定性。也就是说，第一项知识揭示了正确的认识**方法**，通过再次运用这种方法，可以产生其他确定性。（所谓"方法论的回答"，与第二章所说的认知阅读法一致。）请记住这三种可能，我们下面将考察笛卡尔的"阿基米德点"，并用它赢得"伟大事物"。

回顾怀疑（7: 24）"我思"的推理（7: 24—25）

笛卡尔让沉思者回顾怀疑状态。沉思者采用将可疑之物当作错误的策略，坚持认为"我的记忆向我撒谎"，"它提供给我的东西，连一个也没有存在过"（7: 24）。沉思者怀疑自己的记忆，是否认自己先前关于外界事物的信念（现在被当作纯粹的记忆），并非针对她的这样一些记忆：她在进行沉思，她已经为某些怀疑论证所折服，等等。（见 Burman, 5: 148）感觉对象也是可疑的："形体、形状、广延、运动和地点都是虚构的"（7: 24）；"世界上绝对什么都没有，没有天，没有地，没有心灵，没有形体"（7: 25）。这里，她甚至将心灵看作一类事物，无视它的存在，尽管不是她自己思想的存在（这一点很快就会清楚）。

回顾怀疑时，沉思者询问：从她有思想这一事实，能否推论出她存在？如果她是自己思想的"创造者"（7: 24），那么"至少我，难道不是什么东西吗"？然而，她正在怀疑形体与心灵的存在。这难道意味着她本身不存在？不！"如果我曾说服自己相信什么东西，那么毫无疑问，我是存在的。"（7: 25）即便有一个骗子始终在欺骗她，"如果他骗我，那么毫无疑问我也是存在的"。的确，

> 让他想怎么骗我就怎么骗我，只要我想到我是某个东西，他就总不会使我成为什么都不是。所以，对上面的一切事物仔细思考之后，我最终必须得出结论：**有我（I am），我存在（I exist）**这个命题，每当我说出它，或在心里设想它时，必

然是真的。

（7: 25）

在《谈谈方法》中，这个结论表述为一个著名命题："我思故我在。"（6: 32˙）这个表述称之为"我思"（Cogito），因为拉丁语这样表示"cogito, ergo sum"——尽管这个精确的用语并未在第二沉思出现。（这个短语出现在第二个答辩转述第二沉思的文字中［7: 140］）

人们花了很大精力解释"我思"及其意义。围绕它的结论究竟是什么，如何得出这一结论，以及有什么哲学意味，提出许多不同观点。因此，我们的研究将以三类问题为线索：（1）确切的结论是什么？也就是说，究竟确认了什么？沉思者的单纯存在？心灵的存在？还是非物质实体的存在？（2）第二沉思表述为"有我，我存在"（拉丁语为：Ego sum, ego existo）的结论是如何得出的？是通过演绎论证（也许运用了某些隐蔽的前提），还是采用其他方式？（3）这个结论在笛卡尔的哲学中起什么作用？它如何产生其他知识？我们寻求答案时，不仅考察第二沉思，也要考察其他文本关于"我思"推理的各种表述。

结论是什么？

《第一哲学的沉思》得出的**最初结论**是："我存在。"在这个结论中，"我"尚未得到分析。结论似乎仅限于沉思者的存在。但是，确认这种存在，需要沉思者反思这一事实，即她怀疑，或受欺骗，或有各类思想。而且，沉思者刚刚相信，她没有形体，没有感官。

存在的"我"不被认作形体。那么，这是如何认识的呢？因为它在怀疑，在受骗，或者，断言"我存在"。进一步说，我们需要考察这种语境是否进入这第一个结论的内容。

一旦得到最初结论，笛卡尔便让沉思者考察"这个必然存在的'我'到底是什么"（7: 25），第二沉思的剩余篇幅，都在做这项工作。沉思者很快获得一个**扩展结论**：她作为"一个思想物"存在。（7: 27）这个新结论，将存在物描述为某一类事物——一个思想物。

最初的以及扩展的结论立即引起反对者的质疑，从那时起，便不断被人讨论。然而，它们并未终结"我思"的推理。对"我"的考察，贯穿整个第二沉思，并针对其本性得出进一步的结论。

最初结论"我存在"要求进一步详细的审视。作为形而上学家，笛卡尔主张，本质先于存在（至少一起）而被认识。他在第一个答辩中断言，"根据真正的逻辑的法则，决不要问**什么东西是否存在**，如果首先不知道**它是什么**的话"（7: 107—108˙）。他在第五个答辩中解释说，任何人倘若不知道他是什么，即他的本质或本性，就不可能知道他存在（7: 359）——明显背离亚里士多德主义的通常学说，后者认为，感知事物的存在先于认识事物的本质。这些考察引发一些问题：笛卡尔是否相信，最初的"我存在"是否潜在地承认人的本性是思想物；不然的话，他将迫使沉思者违背真正的逻辑。

"我存在"这一赤裸的结论本身屡屡受到挑战，最著名的挑战来自18世纪德国思想家李希腾伯格（Georg Lichtenberg）。他认为，沉思者从她有思想（在怀疑，受骗，或者，随你怎么说的任何思想)这一事实,无权得出"我存在"的结论,只能得出"有思想在运作"或者"有思想"的结论。(无论李希腾伯格还是笛卡尔,都从广义理解"思想",包括所有有意识的心灵状态。)设定一个"我",便不正当地超越了单纯的思想显现。李希腾伯格主张,沉思者确认的应该是思想,并非具有思想的"我"。

针对这个诘难,我们首先可以考虑:关于"我存在"中的"我",还有什么可能的解释?它们如何与李希腾伯格的指责相关联?一种可能是:"我"指的是一个活生生的、有呼吸的人,或许就是指笛卡尔,1596年生于法兰西的人,在拉弗莱什接受教育,生活在尼德兰。但是,笛卡尔并不认为自己表明,有一个具有形体的个人存在,一个背负各种地理—历史事实的主体。沉思者现在承认:没有物质世界,或者,超越单独的"我",没有任何东西,能够确认的只是"我"的存在。很可能,李希腾伯格追求的,并非这个不着边际的目标,这种解释可以搁置一边。

李希腾伯格的反驳更适合我们所说的扩展结论,即断言:沉思者是"一个思想物"(7: 27)。李希腾伯格关注的是,思想的纯粹意识能否确认一个"东西"存在,即设想为一个具有那些思想的持存的主体(persisting subject),或者,确实的一个实体。("持存的主体"意味着,一个事物的存在跨越时间,此时这个思想,彼时那个思想,如此等等。)或者,甚至可以这样理解:李希腾伯格(作为其他读者,不顾笛卡尔的警示)相信,笛卡尔的第二沉思在这里想要证明,"我"作为非物质的实体而存在,完全不同于形体。倘若如此,李希腾伯格的诘难恐怕是无的放矢。

即便将"我"理解为思想物,我们依然不清楚,笛卡尔对它有多大程度的要求，李希腾伯格的诘难又有多大程度的适用性。最初谈论"我思"的原文断言："有我、我存在这个命题，每次当我说出它来，或者在我心里想到它的时候，必然是真的。"（7: 25）"我"似乎并未超出当下的思想。根据这种"浅显的阅读"（thin reading），思想物完全由沉思者当下的思想构成。也就是说，当沉思者断定自己作为一个思想物存在时，只不过扩展至她在考察"我思"过程中呈现的思想流，不包括潜在的主体。李希腾伯格的批评肯定这些思想存在，却不认为它们是"我"。用浅显阅读的方式解释"我"，则将一系列思想看作"我"。

浅显阅读具有吸引力，因为它避开李希腾伯格的诘难，即沉思者的扩展结论超出当下的思想。然而，作为对思想物的一种解释，它似乎与第三答辩和第五答辩相矛盾。在答复霍布斯时，笛卡尔将"思想物"解释为一个"东西或实体"（7: 174），并主张，"没有一个思想的东西，就不能设想思想"（7: 175），而且，"无疑，思想的存在不能没有进行思想的东西，一般说来，任何行为或偶性的存在，都不能没有一个它所从属的实体"（7: 175—176）。换句话说，个别思想必须看作一个持存之物的行为，这个持存物能够这时具有一个思想，那时具有另一个思想，如此等等。笛卡尔回复伽桑狄时，重申第二沉思的结论："我是一个思维的实体"，再次将其等同于"我是一个思想物"（7: 355）。在答辩中，这些陈述白纸黑字，清晰可见，那个时候，笛卡尔已经充分认识到《第一哲学的沉思》的全部结果。况且，我们还必须认真对待这一事实：他将"具有属性的事物"解释为"实体"，暗示当他肯定思想物时，试图设定一个实体。（也见8A: 24—25）

倘若沉思者已经得出结论：思想物是一个实体，那么，她是否清楚知道是哪一种实体？她现在所知的一切是她的思想，她只能断言：她是一个思想物或实体。这难道意味着，她知道她不是一个形体，或者，她是非物质的？笛卡尔几次（7: 13、13l、175）要求为第六沉思保留这个结论。所以，即便第二沉思得出结论：思想物是实体，其性质是思维，那依然没有确定，这个思想物是否非物质的实体（7: 27），因此，我们必须将思想实体（被看作非物质存在）与不确定的思想物的概念——其进一步的属性尚未知晓，诸如它是否与形体状态同一，是不是非物质的，或者，是不是分散之物的混合实体，等等——加以区分。

关于第二沉思所说的"思想物"（7: 27），我们的反思发现三种解释：

（1）**浅显阅读**："思想物"仅指思想流。

（2）**思想物，其他方面则是未知类型**：不论它与形体同一还是不同一。

（3）**思想实体，非物质的**：一种不同于形体的非物质实体。

我们至此考察的最初结论和扩展结论，使解释（1）和解释（2）成为可能。第三答辩和第五答辩支持解释（2）。解释（3）在几个地方被拒斥，尽管笛卡尔相信，第二沉思为表达这个结论做了有益的铺垫。

结论如何得出？

首先考察最初的结论："有我，我存在。"沉思者宣称：这个命题，"每次当我说出它来，或者在我心里想到它的时候，必然是真的"（7: 25）。的确，这个结论似乎很有力量。它似乎迫使人们相信，当我们思维时（不论怀疑，还是具有其他思想），绝不能否认我们自己的存在。（如果你不相信这一点，就请试着说服自己，你——作为一个思想者，并放弃身体的存在——不存在）然而，这个结论从哪儿获得力量？难道来自逻辑的论证，即从前提"我思"，或许与其他前提一起，进行演绎推理？或者，通过单纯意识到某些思想而直接认识的？或者，它是怀疑行为的前提？

倘若来自逻辑论证，我们至少还需要另一个辅助前提。然而，《第一哲学的沉思》在这里，除了对思想本身的意识之外，"我存在"的结论是唯一的正面论断。其他前提来自何方，并不明显。因此，让我们首先考察这样一种可能，即结论是直接认识的，无须论证。

或许，结论的确认无须论证，而是仅仅依据简单的理由，即否定自己的存在必将导致荒谬。可以将这种情况比作课堂点名时回答"不在"。这样的回答毫无意义，因为回答瓦解了自身。人人都清楚，你也应该清楚，当你说"不在"的时候，你就在现场。你对点名的应答，与其说让人推论出你在现场，倒不如说是看见你在现场。同样，肯定你不存在，反而给了你存在的证据。

的确，你说你不在，或者，试图怀疑或否认你存在，提供的恰恰是相反的证据。这是否表明，你不需要任何论证来甄别这一证据？并非如此。或许，要确切地知道你在现场，你的同学必须确认，不会有人播放你说"不在"的录音带。他们大概会列举证据的某些方面，证明你在现场。同样，在评估心灵肯定"我存在"的力量时，或许需要进一步的证据。

支持你存在这一结论，还有另一条途径，就是指出，它是第一沉思所得结论的前提。也许很明显，除非你存在，否则，你无法从事怀疑之类的活动。或者，如果有什么事在你身上发生，例如你被欺骗，你必须存在。问题再次出现：从"我在怀疑"或"我被欺骗"推移到"我存在"，什么东西在起作用？这种推移是自明的吗？

决定是否需要论证，一定程度上取决于什么是推理论证，什么是非推理的知识。我们暂且将笛卡尔的怀疑搁置一边，考虑一下日常情形：你坐在餐桌旁，桌上有一杯水。你需要什么论证证明你坐在餐桌旁，或者，证明你面前有一杯水吗？通常，认识这类事物似乎不需要论证，只要看见就行了。当然，你必须知道桌子是什么，杯子是什么，这样，才能一眼看去，便知道那些东西在那儿。然而，似乎并不需要什么论证。况且，倘若你需要前提和论证才能得出结论，有张桌子在那儿，那么，它们不是也得诉诸知觉证据吗？但是，假如一个前提是：除非我在桌子旁，否则"事情看上去不会那么离谱"，那将怎么样？在《第一哲学的沉思》中，仅凭看而被认识的对应物，或许是指，我思的结论仅凭凝思自己的思想而得到支持（"我思"的再现）。因此，人们便通过思想的意识知觉他或她的存在。不需要其他东西吗？

为了帮助展示笛卡尔的立场，让我们考察一下笛卡尔的几段文字，它们直接涉及是否需要推理的问题。这些文字散见于答辩、

《哲学原理》、《探求真理》，以及与伯曼的谈话中。碰巧，这几段文字包含明显的矛盾。有的文字似乎肯定我思是逻辑论证，除了"我思"，还要求其他的前提，另一些则否认这一点。尽管有可能，笛卡尔改变了自己的想法，或者，他的确自相矛盾，但是，我思在其哲学中举足轻重，要求我们细致考察这几段文字。

这几段文字至少有一点是一致的，即为了通过对人的思想的觉知来认识人的存在，他必须知道"思想是什么"以及"存在是什么"（7: 422、8A: 8、10: 522—524）。笛卡尔坚持，他有权使用这些概念（甚至在其彻底怀疑的过程中）。他在给克莱尔色列的信中指出："我仅否认先前的偏见——并非这些概念，认识它们无须肯定或否定。"（9A: 206）这些观念或概念类似思想的要素，没有它们便无法构成任何思想（甚至没有怀疑的依据）。因此，运用"思想"和"存在"这类概念不要求为其正当性辩护，就像知觉认识可以预设"桌子"或"杯子"的概念一样。（两类前提都可能遇到挑战，见第七章和第十章。）但是，这些概念并非表达为逻辑论证的前提。因此，我们需要做进一步考察。

看看第二答辩，它明确表示，没有推理：

> 当有人说"我思想，所以我是，或者，我存在"时，并非凭借三段式，从思想推论出存在，而是凭借心灵的单纯直观，将其认作自明的事情。从以下事实看，事情很清楚，假如他是从三段式推论出来的，就必须事先认识这个大前提："凡是在思想的东西都是，或者，存在"；然而，事实上，他

得知这一点，是因为他体验到，他不存在便不可能思维。

（7: 140）

从"我思"推导"我存在"的三段式推理，需要另一个前提，"凡是在思想的东西都存在"。然而，笛卡尔否认需要这种前提，断言存在的结论是通过"心灵的单纯直观"，从对思想的觉知获得的，是某种"自明的"（拉丁文：per se notum）东西。我们从《规则》得知，"单纯直观"可以看作某种"瞬间"（all at once）之物，或者，属于单一的思想活动。（10: 407、5: 136—138）

围绕这个观点，我们可以询问，对思想的直观意识如何确认"我"或一个"思想物"的存在？浅显阅读助我们一臂之力。倘若"我"或"思想物"等同于思想本身，那么，通过单一的思想活动，直观地意识到它们，就已经觉知思想物的存在了。不需要任何推理。

然而，倘若笛卡尔并非遵从"浅显阅读"，而是将"我"理解为持存物或实体（上述第二种观点），"非推理直观足矣"的观点便遇上麻烦。确认有一个支撑思想的东西存在，笛卡尔有两种选择。他可以宣称，在觉知自己的思想时，他直接意识到它们所从属的实体。或者声称自己知道，思想——或者，任何属性或活动——只能存在于实体之中。他摒弃了第一种选择，其依据是：我们无法直接认识实体，只能通过实体的活动或属性加以认识。（7: 176、222）第二个选择等于增加一个前提：思想，作为活动的实例，必然隶属于实体。事实上，笛卡尔赞成这种观点。（7: 175—176、222—223）然而，它至少与上引第二答辩的那段文字互不相容。因此，我们需要进一步考察主张附加前提的几段文字。

致克莱尔色列的信（回应伽桑狄的反驳）允许预设这种大前提：

> 作者……坚持，当我说"我思想，所以我存在"时，预设了大前提"凡是在思想的东西都存在"，因此，我已经采取了先前的偏见。这里，他再次误用"先前的偏见"一词。因为，虽然我们可以用它指涉所讨论的命题，即不经意提出的命题，仅仅因为我们记得以前曾判定它是真的便相信它是真的，但不能说，它始终是先前的偏见。因为当我们考察它时，它似乎向理智证明，我们不能不相信它，即便这可能是我们人生中第一次思考它。
>
> （9A: 205）

笛卡尔并未对需要附加前提提出质疑，只是质疑将其看作先前的偏见。况且，他的《哲学原理》重述这一论证时，承认需要这种前提（或者，按照他的说法，"简单概念"）：

> 任何依照秩序从事哲学思维的人，首先认识的，而且最为确定的，就是"我思想，所以我存在"这一命题。我说这个话的时候，并未否认人们必须首先知道什么是思想、什么是存在、什么是确定性，也没有否认思想者不能不存在，诸

如此类。

（8A: 8）

为"我思"增加另一个前提"凡思想者都存在"，允许一个逻辑上有效的推论引出"我存在"。如果进一步考虑到，笛卡尔也肯定"我作为一个思想物存在"这一结论，那么，他还需要增补另一个前提，引入物性（thinghood）或实体。第三答辩呈现这样的前提："没有一个它所从属的实体，任何偶性或行为都不可能存在。"（7: 175—176）（这里，"行为"指思想活动，"偶性"指某物具有但并非必然具有的属性，诸如某个特定的时刻具有某个思想。笛卡尔诉诸实体的标准定义，属性的基底。）

运用这种附加的前提，有以下论证：

（1）我思想。
（2）凡思想者都存在。
（3）没有一个它所从属的实体，任何偶性或行为都不可能存在。
（4）所以，我，作为一个思想的实体（或一个思想物），存在。

前提（2）和前提（3）暗中襄助，与《哲学原理》和答辩相一致。（我们要使论证清晰可见，或许还应该补充另一个前提：思想是一种行为或偶性。）前提（2）支持关于存在的最初结论，前提（3）则支持关于思想之物的扩展结论。我们从笛卡尔对我思的阐述中，引申出一个推理论证。

增补这些前提招致他人的反驳：沉思者不可能坚持这一主张，因为她相信，自己是一无所知的。（9A: 205）据说，"我存在"是她获得的第一项知识。倘若她真的从心灵中清除所有其他判断，那么，这些前提来自何方呢？引自信的那段文字，笛卡尔断言，"凡思想者存在……似乎向理智证明，我们不能不相信它"。然而，在第二沉思，他并未证实这个前提，甚至没有表达过，他并没有确认，沉思者应该相信在她面前显现的证据。实际上，他甚至驱使沉思者质疑十分明显的数学真理。倘若他的我思推理需要这个前提，这个推理似乎注定惨遭厄运。

不过，我们相信我思的最初结果。因此，或者它不是推论，或者必须信赖其他可以合法预设的前提，或者必须利用某种方式，将前面列举的前提合法地纳入论证。

笛卡尔在回应各种质疑时（9A: 205；Burman, 5: 147），将思想的（默认的）推理结构与作为综合方法的明显的三段式推理加以区分。实质上，他认为，"我思想，所以我存在"的判断具有直观的显明性，但是，从推理角度看，这种直观十分复杂，隐含着一个大前提。（请回想一下，在《规则》中，笛卡尔允许思想的直观活动包含推理结构［10: 408］）结论"我存在"是这种直观方式首先认知的，随后以分析的方式进行反思，我们才意识到判断中隐含着前提（2）。进一步的分析揭示扩展的结论，并发现它依赖于前提（3）。

笛卡尔对这些问题的解释，其清晰程度不尽相同。最简明扼要的解释，或许是伯曼的记录（5: 147），他指出，第二答辩（没有三段式）与上引《哲学原理》的那一段（8A: 8）存在明显的矛盾。笛卡尔回答说：

> 在"我思想，所以我存在"这个推理之前，大前提"凡思想者都存在"可能已经为人知晓；因为实际上，大前提先于我的推理，我的推理依赖于它。这就是作者在《原理》中说大前提首先出现的原因，即因为始终隐含地预设了它，它始终是在先的。然而，不能由此得出，我始终清楚明白地意识到它在先，或者，在我推理之前就知道它。这是因为我现在关注的只是内心经验到的东西——例如，"我思想，所以我存在"。我并未同时注意一般的概念"凡思想者都存在"。按照我前面的解释，我们没有将这些普遍命题与特定实例分离开，相反，正是通过这些特定实例，我们思考普遍命题。
>
> （5: 147）

笛卡尔的意思是，人们接受结论时，具有某种程度的清晰意识。反思之前，推理者可以接受结论，却没有充分意识到它的依据，不清楚它已经包含在他们的思想中。因此，大前提"凡思想者都存在"，是在逻辑上"首先出现"的，但是，按照意识的秩序或合法论证的秩序，它并非首先出现。直观的然而非分析的论证，有可能是合法的，因为笛卡尔并不要求合法论证的逻辑结构清晰可见（只要求转换是可靠的）。在反思我思的过程中，我们发现预设的大前提，并经过考察这一前提，接受了它。的确，倘若我们看到，它是我思推理预设的，那就应该接受它，因为推理本身是强有力的,不容置疑的(笛卡尔的主张)。事实上,笛卡尔是在描述,事物如何按照分析的方法而展开。

现在,我们可以解释从第二答辩摘录的那段文字,即说,我思的结论不是从三段式推论出来的,因为那需要"事先认识大前提"。它继续解释说:"事实上,他是通过经验自己的情况认识[这个大前提]的,因为如果他不存在,他就不可能思维。"(7:140)

让我们首先考察一下,通过我们自身的情况,究竟如何认识"凡思想者都存在"这个大前提。一种可能是:我们的情况提供一个证据,通过归纳枚举支持全称的大前提,如同观察者看见过许多兔子,每次看见一只,便试图进行概括,用于所有兔子(例如,兔子吃东西之前总要抽动鼻子)。这或许是亚里士多德主义者形成一般三段式大前提的常规方式。请注意,在这种情况下,三段式的大前提承认一个事实,且作为一种逻辑形式,即它要求兔子存在。

笛卡尔恐怕不会认为,将我们自己的情况当作枚举的一例,可以认识普遍命题。这样做必定徒劳无功,因为通过枚举归纳出三段式大前提,需要思考者存在,而这恰恰是可疑之物。很可能,按照笛卡尔的设想,大前提表达思维与存在之间的概念关系。可以说,只要有什么东西在思想,或者,在做出什么行为,它必然存在,而且,无论它是否现实地思想或行为,同样有效。因此,笛卡尔称这种前提为"普遍的"(或"简单的")"概念",并说,这种概念本身"并不提供存在者的知识"(8A: 8)。沉思者通过自身的情况认识这一前提,将其看作隐含在我思推论中的概念真理。(关于这类前提与三段式大前提的区别,见附录。)

在致克莱尔色列的信中，笛卡尔联系学习的秩序和方法讨论这个问题。该信指责伽桑狄将我思同化于一种逻辑模式，即以为"认识特定的命题，必须从普遍命题推论出来，始终遵循辩证法中三段式的秩序"（9A: 205）。这种秩序是综合方法的秩序：从明确陈述的普遍前提出发，通过演绎抵达特殊事物。该信继续批评伽桑狄：

> 他在这里表明，他对我们探求真理的途径是多么无知。毫无疑问，我们发现真理，必须始终从具体观念出发，以便往后获得普遍观念（尽管我们可以采取相反的顺序，一旦发现普遍观念，便推论出其他具体观念）。因此，当我们教授儿童几何原理时，必须向他们演示具体的实例，否则，根本无法让他们理解普遍命题，诸如"等量减等量，结果依然相等"，或者，"整体大于部分"。

（9A: 205—206）

我们知道，在笛卡尔那里，这类公理——在欧几里得几何学中发现，并为所有人所接受——无须借助感觉经验便可认识。他并不认为，儿童认识它们，必须采取归纳的方式，搜集许多个别案例。相反，实例只是普遍命题的例证，通过这些实例，儿童逐渐看到普遍命题在具体情形中得到证明。我们也知道（通过第五沉思），笛卡尔相信，数学的普遍陈述是概念真理，独立于数学对象的存在。儿童一旦看见普遍命题，就知道它具有自明的真理性。这表明"凡存在者都存在"这一普遍前提是如何被认识的："它似乎向理智证明，我们不能不相信它，即便这可能是我们人生中第一次思考它。"（9A: 205）或许，这种概念关联是思想结构的一部分，所以，我思推理没有怀疑它们，亦没能运用它们。

以上的阅读法通过一种直观活动，合法地接受我思推理，然后加以分析，发现其逻辑结构。这种方法帮助我们解答上面的两个问题。首先，我们指出，笛卡尔接受结论"我存在"，肯定沉思者的单纯存在，却完全与她作为思想物的性质相分离，是很奇怪的事情。但是，我们也注意到，在为"我存在"的结论做准备时，沉思者承认，她的形体和感官不存在，并且考察她有思想、有怀疑、被欺骗等实例（7: 24—25），即笛卡尔一般意义的"思"的所有实例。于是，我们现在可以相信，运用这些思想推理出"我存在"，为结论增添色彩，朦胧地觉知（意识）到沉思者是思想物。随着继续反思思想在我思推理中的作用（见7: 174、352），并通过考察"我"，这种觉知愈益强烈。这种解释将第二沉思及其答辩对我思论证的展开，视作分析方法的一例，与现代意义的哲学分析颇为相似，即用清晰的思想取代模糊的思想。

其次，回应了将论证简单化的那些人，他们认为，沉思者可以直截了当发现自己的存在，以此为前提，她才能接受她在怀疑和她受欺骗。任何行动或受动的案例，都足以蕴含存在。非常正确，但是，忽略了我思推理中思想的特殊作用。沉思者承认，她行动或受动都是"我思"的实例；怀疑和受骗都要求思想活动。（见10: 523）进行我思推理的沉思者也已承认，她"没有感官，没有形体"。因此，正如笛卡尔向伽桑狄解释的，"我走路，所以我存在"的推理是无效的。唯有**觉知（意识）**到走路（或似乎在走路），才能达到目的，因为只有它才是思想。思维在断言"我存在"中具有特殊的作用，因为这里，沉思者仅考察她自己的思想。

"我思"论证的意图是什么？

我思的最初结论，为沉思者提供第一个确知的事物，即她自己的存在（至少当她思维的时候）。这种确定性本身并不重要。其功能并非让沉思者确信，她存在，好像存在成为一个严重问题。相反，它要导向其他真理，导向"伟大的事物"。

这些伟大事物，第二沉思的标题有所预示："人的心灵的本性；心灵何以比物体更容易认识。"（7: 23）我思推理的一个意图，就是协助获得这里承诺的知识。提要指出，"实行"彻底的怀疑，将自我看作思想物"大有裨益，因为它使心灵能够轻而易举地将属于它的东西，即属于理智性的东西，与属于形体的东西加以区分"（7: 12）。由于我思的刺激，对心灵性质的考察通过第二沉思的其余部分而展开。

然而，我思的阿基米德点不限于此。笛卡尔在其他地方，将其描写为他的哲学的第一原则（6: 32、8A: 6—7），由此，生发出所有其他的知识。（10: 526）他的解释者颇感困惑，全部知识体系如何从这一有限的开端发展出来。这取决于我思与笛卡尔往后的结论如何相关联。前面勾勒了这一关系的三种类型：基础主义的、体系化的与方法论的。

按照基础主义的设想，我思是第一原则，笛卡尔形而上学的其余部分由此推导出来。这种观点的最简单形式主张，我思的结论可成为一个前提，从中推演出所有其他知识。很难看出，我思将如何满足这个预期。基础主义的另一种回答，并不重视自我的存在，反而倾向于沉思者直接觉知（意识）自己的思想，这种觉知（意识）是所有其他知识的基础。沉思者对自己心灵状态的知识绝对正确，或许，笛卡尔让沉思者由此出发，获取世界的其他知识。这种情景类似于20世纪初的感觉材料基础主义（sense-data foundationalism），该学说主张，关于外部世界的一切知识，必须从感觉经验直接认知的对象推论（或建构）出来。用这种方式阅读笛卡尔，就必须理解，觉知（意识）自己的思想，如何不依赖其他原则就能增加额外的知识？

根据体系化的观点，我思的结论出现，已经暗中与其他知识相联系。按照上面的解释，人们发现，隐含前提隐藏在对沉思者自身存在的直观确定性背后。体系化知识包括知道"思想和存在是什么"，知道"凡思想者必然存在"。至于其他结论（并非我思结论所需），或许通过考察思想人的心灵时的先决条件就能发现。第三沉思关于上帝存在的一个论证，从有限心灵的意识（觉知）出发（如同《谈谈方法》），大概就属于这种情况。

最后，根据方法论的回答，我们发现，我思的结果，因为提供了确定知识的范例，揭示获取知识的正确方法。依照这种回答，说明从我思的发现如何能够产生"伟大的事物"，（原则上）没有任何困难。一旦从我思得出认识的普遍方法，就能将其用于其他主题，获得各种形而上学原则。在第三沉思开篇，我们将看到笛卡尔利用我思提炼这种方法。

"我"作为思想物的本性（7: 25—27）

笛卡尔获得我思的最初结论"我存在"之后，紧接着，便让沉思者说：

> 我还不太清楚，现在这个必然存在的"我"到底是什么。所以，我必须小心从事，不要冒冒失失地把别的东西当成这个"我"，也不要在我具有的最确定、最明显的知识上犯错误。
>
> （7: 25）

沉思者决定"重新考虑我从前认为自己是什么"。她原先认为自己是人。现在，他考察了亚里士多德的定义，人是"理性的动物"，并予以摈弃，其理由是：需要理解"理性的"和"动物"，这必须深入考察，涉及"微妙之处"。（"动物"的概念迫使沉思者思考现在已被摈弃的物质世界）随后，沉思者描述了对人的"自然的"或"自发的"构想，即具有身体的人，能够吃饭、走动、感觉和思维。在这种自然的或普通的构想中，灵魂被看作物质事物，如"一阵风、一团火，或一丝气（以太 [aether]）"（7: 26，请回顾笛卡尔早期的灵魂概念 [10: 217]）。由于彻底怀疑，身体、营养、四肢运动、感觉活动——与形体相关的一切——统统被舍弃。

还留下什么？唯独思想。只有思想"不能与我分开"（7: 27）。笛卡尔引导沉思者超越最初结论，进入我思的扩展结论：

> 目前，除了必然真实的东西，我不承认任何东西。因此，严格地说，我只是一个在思维的东西，也就是说，一个心灵，一个智力，一个理智，或者一个理性——这些词的意义在此之前我并不知道。于是，我是一个实在物，一个真正存在的东西。然而，是什么东西呢？我刚才说了，一个思想物。
>
> （7: 27）

"我"是一个思想物，这里，等同于"一个心灵，一个智力，一个理智，或者一个理性"。这个扩展结论清楚洞见心灵的本性。沉思者得出这个结论的过程，成就了两件事。第一，将任何关于形体或形体过程（bodily processes）的考察，与她对自我的构想加以分离。第一沉思怀疑一切形体事物，允许她从自我的概念（确实存在的东西）中，祛除身体的营养、感官刺激、肌肉运动这类活动。然而第二，这也允许她发现，她无法怀疑的东西，即自己的当下思想，以某种方式获得统一。她发现，通过怀疑过程分离出来的思想，可以统一在思维（或心灵）的名下。

这个发现，在笛卡尔的学术背景下，绝非无足轻重。它标志着亚里士多德主义的灵魂概念——包括生长、感觉和理智能力——向笛卡尔的心灵概念转化。根据亚里士多德主义的灵魂概念，心灵的功能只构成灵魂的部分性质。即便通过理性力量加以界定的人类灵魂，也具有营养、繁殖、肌肉运动、感觉刺激的神经传导等能力。现在，笛卡尔试图发现一个统一的心灵或概念，排除一切形体活动，仅聚焦于思想。（我们将看到，因为感觉是经验，思想也包含感觉，但排除感官的神经活动。）由于这个缘故，他将**灵魂**等同

于**心灵**，不过，他宁愿使用"心灵"一词，以避免混乱。(7: 356)

我们必须确切地指出，笛卡尔关于心灵性质的发现，究竟主张什么，不主张什么。他主张，沉思者对自身的认识现在仅局限于思想，而且，不涉及任何形体亦能设想思想。如前所述（下面有进一步讨论），他不主张，沉思者知道人的思想或人的心灵能否摆脱形体而独立存在，与此相应，这时的沉思者或许无法知道，心灵实际上是否指导消化过程，或者，是否提供积极的力量驱动肌肉。这些问题超出第二沉思的范围。

笛卡尔指出，沉思者聚焦自己的思想，摆脱一切形体的指涉，使她能够重新洞见心灵或理智，因为她说，"这些名称的意义我以前一无所知"（7: 27）。在一定程度上，这确实意味着，她对心灵一无所知，因为她始终认为心灵涉及形体。现在她终于明白了：认知中无须借助形体，亦能思索思想。并进一步提出问题：究竟如何认识心灵？关于心灵与形体的关系，知道些什么？

心灵与形体的关系不详（7: 27）；
心灵本身无法想象（7: 27—28）

笛卡尔继续考察"我"，要求沉思者探究认知能力，"我"得以被认识，正是凭借这种能力。首先，他让沉思者试着将"我"想象为一个思想物。开始，她清除自己先前所设想的思想物的各种形象："风、火、水汽、气息。"（7: 27）于是，她认为，根本没有形体存在，甚至没有气或精细的物质，不过，她仍然认为自己是一个思想物。这个事实表明，她无法通过想象认识自己，严格说，想象

125　即拥有形象的能力；笛卡尔让沉思者回想起，"想象就是去想一个有形事物的形状或形象"（7: 28）。她不能用想象力形成"我"的形象，因为按照定义，能够描述形象的事物是形体，也就是说，具有"一定形状，占据确定位置的"东西。（7: 26）她断定：

> 因此，我意识到，凡是我能用想象理解的东西，都不属于我对自我的认识，如果让心灵把自身的性质认识得十分清楚，就必须小心翼翼地避开这些东西。
>
> （7: 28）

心灵逐渐意识到自己或自己的状态，但是，描画这些状态恐怕无济于事。

笛卡尔并没有说，想象的个别行为作为经验，不适于把握心灵的性质。想象的经验，譬如，在梦中或现实中想象一只睡觉的猫，便属于思维的一例，因此，属于心灵（作为"思想物"）的活动。然而目前，沉思者企图表象（representing）思想物本身（似乎与从内部经验自身的思想相对立），以发现"我"是什么。（7: 25、27）她企图采取第三者或观察者的视角审视思想物，而到目前为止，她只是从第一人称的思维经验（有思想）认识思想物。这种企图从第三者视角想象或描绘"我"的尝试失败了。在这种情况下，运用想象（以及感觉），恐怕不适合认识思想物的性质。

如前所述，笛卡尔认为，沉思者这时并不知道心灵是否与形体相等同。沉思者无须思想形体亦能**思想**心灵，这个假定的事实不足以揭示心灵与形体实际上**是**如何关联的。沉思者追问："或许，能不能是这样：由于我不认识而假定不存在的那些东西，实际上与我认识的'我'并没有什么不同？"对此，她回答说："我不知道。关于这一点，我现在不讨论，因为我只能针对我认识的东西做出判断。"（7: 27*）

思想的多样与统一（7: 28—29）

确定了"我"是一个思想物之后，沉思者开始考察这个"思想物"是什么。（7: 28）答案列出思想物的一系列活动：它是"一个在怀疑，在理解，在肯定，在否定，在愿意，在不愿意，也在想象，在感觉的东西"（7: 28）。思想包括各类活动，有理解、意志、想象、感知等。（如前所述，笛卡尔广义地运用"思想"和"思维"，泛指任何心灵状态或心灵活动。）

有什么东西统一所列活动吗？是否有什么东西为所有思想所共有？众所周知，笛卡尔主张，一切思想都能被意识到，于是，人们认为他将思想的本质等同于意识。然而至此，他在描述思想的性质时，从未诉诸意识，第二沉思并没有用"意识"一词。六个沉思中，只有第三沉思出现"意识"（7: 49），而且，并非为了界定思想。

不过，依照上述清单，意识的介入提供一种手段，可以为思想领域划界。请考虑一下：清单中包括感知，而先前，感知始终被拒斥，不属于沉思者的认识范围。（7: 27）这里，考察感知如同考察想象，无须涉及形体方面或神经活动。感知仅仅被看作沉思者具有的一类经验。即便沉思者假定，她没有身体或感官，没有任何想象的对象存在,她依然具有感觉和想象这类有意识的经验,她将其纳入思想的范围。

意识的介入还提供依据,将所有各类思想看作同一思想物的诸多活动:

> 难道不是同一个"我"几乎怀疑一切事物,然而却理解某种东西,肯定这个东西是真的,否认其他一切事物,希望知道得多一些,不愿意受骗,甚至不由得想象很多东西,发现许多东西明显地来源于感觉吗?所有这一切,难道不正是像我存在一样真实吗,即便我总是睡觉,即便创造我的人尽其所能地欺骗我?所有这些活动,哪个与我的思维有分别?哪个能够与我分离?是我在怀疑,在理解,在意愿,这个事实再明显不过了。
>
> (7: 28—29)

各类活动隶属于一个思想领域,隶属于一个思想者,是再明显不过了,因而,它们统统属于她。什么使它们属于她?显然在于这一事实:她直接觉知(意识)到各类思想。

各类思想统一于一个心灵,是考察我思得出的一个新的扩展结果。它触及前面"浅显阅读"提出的问题。需要弄清的是,根据浅显阅读,我们如何能从"连续思想"的个别情形,进而谈论"我"呢?据说,觉知(意识)到思想彼此联系在一起,或者,在同一意识中先后出现,可以支持最低主张,即整个思想流都属于"我",构成"我存在"中的"我"。现在,我们使这种统一的主张取得明显进展，其显著的根据是诉诸意识流。这里，笛卡尔同样将"我"描述为更实质的东西，描述为活动（思维活动）的主体。因此，尽管浅显阅读可以坚持与思想统一性的联系，但是，并不能把握笛卡尔对"我"的构想。

我们姑且认为，沉思者承认各类思想状态隶属于她的一个意识。然而，我们是否有理由相信，她接触到自己的一切思想？似乎没有。也就是说，现在她充其量只接触到在意识中发现的那些思想。这可能包括所有思想，也可能不包括。更为普遍的是，我们没有理由（到目前为止）相信，沉思者的思想类型清单是完整的。也就是说，我们不知道这个清单是否仅以沉思者的经验为依据，仅仅罗列了沉思者迄今在自身中发现的思想类型，或者，是否在深入洞见思想本性的基础上，预测一种理论的分类方法。这些问题有待进一步阐发。

尽管沉思者清楚地发现，各类思维及具体的思想状态统统是她的，但这个发现未必表明，是什么使所有这些活动成为不同类型的思想，因而，都是心灵的。的确，我们可以提出追问：除了隶属于一个思想者，所有思想是否还有某种共同的特征？

几何学论证包含一个为人所频繁引用的定义，联系意识来界定"思想"一词：

> 思想，我用这个词指存在于我内心，并使我能够直接意识到它的一切事物。因此，凡意志活动、理智活动、想象活

动以及感觉活动,都是思想。

(7: 160*)

如果我们认为笛卡尔这里界定了思想的本质,即意识,那么我们将发现,这个本质——还有思想物的本质——通过与思想统一性的联系,被悄悄地引进第二沉思。然而,我们必须小心谨慎。这一段只是说,他如何界定"思想"一词,并没有说,思想的本质是什么。"定义"有一个众所周知的意义,即设定一个词的应用范围(可以说"外延"),而不是描述被界定者的本质。这种"定义"的作用,不过就是第二沉思从认知上孤立思想所获取的结果。也就是说,简单地凭借一个事实,即我们"直接意识(觉知)到"一切独特的心灵活动(意志、理智等),就可以设立它们的范围。

假定通过意识获取的思想,就是沉思者所知的一切,我们依然可以追问,什么使它们统统成为思想的具体状态?就是因为这个赤裸裸的事实,即它们都是思想?意识提供统一的本质吗?或者,有其他某个或某些属性构成思想的本质?

思考这些问题的一个途径,是考察(后来哲学家提出的)一个指控:笛卡尔简单地把乱七八糟的活动堆在一起,冠以"思想"或"心灵"的名称,将意识作为任意的标准。依照这种批评,感觉、想象、理解以及意志,实际上并不具有共同的性质。它们不过是人们直接意识(觉知)到的四类活动。

然而,笛卡尔曾经承诺,要揭示人的心灵或思想物的"本质"。第二沉思前面,他将"思想之物"等同于"心灵,或理智,或智力,或理性"(7: 27)。这暗示一个新的答案。理智(或理性)

是思想物的本质特征,它为我们提供思想的本质。的确,笛卡尔在第六沉思,将"我"等同于"理智实体"(7: 78)。这种等同并非没有问题,因为在第四沉思(7: 57—58)中,区分了理智与意志,将其作为心灵能力的不同类型(也见8A: 17),而且,很难设想,意志对于笛卡尔的心灵无关紧要。下面继续考察时,我们应该记住这样一种可能:对笛卡尔来说,理智,而非意识,才是心灵的最基本的属性。

蜂蜡论证——形体的知识(7: 29—33)

笛卡尔获得思想物的扩展概念,便让沉思者暂停,变换场景。此时,沉思者承认,能够认识心灵的状态,然而,形体的存在依然被怀疑。她承认,思想物的**存在**比形体的存在更清晰地为人所认识,不过,笛卡尔承诺,他要表明心灵的**性质**比形体的性质更清晰地为人所认识。

为了让沉思者集中精力关注心灵和形体的性质,笛卡尔为她设计一个假定的难题:

> 然而,我不能不这样想,那些有形体的事物——其形象在我的思维中形成,并为我的感觉所觉察——似乎比我的那个部分更分明,我不知道那个部分是什么,它根本不能用想象描绘。

> (7: 29)

事实上，在沉思过程中，沉思者并未从形体的立场出发提出质疑，而始终尽职尽责，怀疑形体的存在。这种新生的烦恼——承认读者现实中可能做出的保留——有两个功能。第一，对心灵性质与形体性质的比较认识提出质疑。第二，联系认知能力（借以认识心灵与形体）编制这个问题。

前面，笛卡尔试图说服沉思者相信，不能通过形象或想象认识心灵。现在则提出小小的反驳，将自我的不可想象的部分，即"我"，描述为未知的。请回想一下，沉思者，无论亚里士多德主义者，还是心智健全的粗人，先前思考心灵与形体都是用想象。一般说来，沉思者认为感觉和想象是一切知识的本要素。现在，笛卡尔试图完全消除这种偏见。

笛卡尔返回第一沉思的一个论题：关于"我们摸到、看见的形体"的知识。现在，沉思者不需要重新考察这类形体是否存在，而是考察自己如何（或是否）"理解"它们。这里，理解一个形体就是知道它是什么。笛卡尔指出，单个物体是"人们通常认为了解得最清楚的东西"（7: 30）。诚然，按照第一沉思的结果，沉思者现在认为形体是"可疑的，不为我所知，外在于我"（7: 29）。但是，为了新的考察目标，这里允许沉思者返回原先的信念，即相信对形体的认识最清晰，并允许她假定自己看见并摸到现实的形体。

允许沉思者假定看见并摸到形体，没有矛盾，亦无损害。问题的关键并非考察形体的存在。相反，沉思者正在进行的思想实验，目的是考察形体的性质。

论证试图表明，心灵的性质比形体的性质更清晰地为人所理解，这个论证是间接证明。笛卡尔让沉思者暂且承认相反的假设，即对形体的理解比对心灵更清楚("更分明"),因为我们具有形体的形象。然后,他试图表明两件事:第一,即便形体的性质,或者,形体的所是(what a body is),也不能通过形象加以认识。第二,这一发现说明,心灵的性质比形体的性质更清晰地为人所认识。

感知蜂蜡

为了确定在形体中能够清晰地理解什么,考察集中关注一个特定的形体,一块刚从蜂窝里取出的蜂蜡。(尽管笛卡尔让沉思者关注一块蜂蜡,沉思者的任务则是更一般地考察形体。蜂蜡只是一个例子。)蜂蜡还带有蜜的甜味,花的香气,又凉又硬,敲上去发出一种声音,具有特定的颜色、形状、大小。(7:30)然而,把它拿到火旁边,所有这些性质都变了:甜味和香气消失了,颜色改变了,它变成了液体,发热,形状和大小与原来不一样,熔化成一小坨蜡油。

经过所有这些变化,我们认为自己感知的仍是同一块蜡。

> 这还是原来的那块蜡吗?必须承认,它是,没有人会否认这一点。那么,在这块蜡上,我原先如此清晰理解的是什么?显然,不是我通过感官感受到的东西,因为凡是落入味觉、嗅觉、视觉、触觉、听觉的东西,现在都改变了,不过,蜡还继续存在。

(7:30)

无论我们在蜡块中理解到什么，它们必然在熔化前与熔化后都存在其中。即便蜂蜡改变了我们所感知的一切属性，我们仍然知道它是同样的质料。于是，沉思者试图发现，不管这些变化如何，在这块蜂蜡中究竟能够认识什么。

发现在蜂蜡中所理解的东西

沉思者细致考察，研究蜡块变化中有什么东西持存不变：

或许，我清晰理解的是我现在思想的东西，即这块蜡根本不是蜜的甜味，也不是花的香味，也不是白的颜色，也不是这种形状，也不是这样的声音，而仅仅是刚才以那些形式表现，现在则以这些形式表现的一个形体。然而，确切地说，我现在想象的是什么呢？让我们仔细考虑一下，将不属于蜂蜡的东西统统去掉，看一看还剩下什么，剩下的只是具有广延、可伸缩、可变化的东西。

（7: 30—31）

蜂蜡的所是——其本质——是它始终具有的东西，绝非加热或加工就会消失。的确，尽管蜂蜡的感觉属性发生变化，但它自始至终是一个"形体"。也许，在形体中理解的东西，比任何感觉属性更基本。沉思者试图将所理解的东西从变化过程分离出来，发现蜂蜡始终是"具有广延、可伸缩、可变化的东西"。"广延"仅仅意味着，蜂蜡具有空间维度。"可伸缩"和"可变化"意味着具有改变形状、大小及其他属性（笛卡尔仅关注形状与大小，这里，大小意味着形体外缘的表面尺度）的能力。

详细考察蜂蜡，其目的是要表明，蜂蜡可确定的空间属性——广延，以及具有大小和形状的能力——始终不变，即使其他属性（包括广延的方式，例如，确定的形状，或者确定的硬度）发生变化。（我们用"可确定的"一词表明一个事实：一个属性可以有许多情形，但这里不指涉任何一种情形；"确定的"一词则表明，这里指涉某种特定的情形，例如，一个特定的尺寸或形状。）

毫无疑问，正如我们所说的，蜂蜡确实具有时空的连续性。它具有空间的广度，随着时间的变化，其位置、大小、形状发生变化。当笛卡尔说它具有"广延、可伸缩、可变化"的时候，后两个词暗示，它，蜂蜡，能够有许多形状变化，经历这些变化之后，它依然如旧。然而，亚里士多德主义者或心智健全的粗人或许看到，蜂蜡也有能力承受各种各样的颜色、气味和温度。当它熔化时，并未完全丧失一切颜色和气味，而是变成一种半透明、微白色、散发着蜡香的物质。笛卡尔为什么没有发现，就颜色、气味、温度等而言，它也是"可变的"？为什么特别关注赤裸裸的空间属性，将其看作在形体中所理解的东西呢？

请你自己思考一下笛卡尔的思想实验。这样做时，必须忽略笛卡尔之后发生的科学知识：质量是物质的基本属性；不同种类的物质，区别在于比重和化学结构的不同；蜂蜡是一种复杂的碳氢化合物，其中悬留着一些其他的合成物；等等。现在，请考虑这块蜂蜡熔化时的变化。不错，我们在蜂蜡的变化中，清晰地将其理解为改变形状和大小的有限部位。笛卡尔的这部分积极成果得到了证实。然而，我们看到，就颜色和温度而言，它不也是可确定的吗？

133

这一点不容否认。不过，这些属性是"清晰地"被理解吗？（7：30）我们就颜色的可确定性理解的蜂蜡属性，与就整个形状理解的可变性，是否同样清晰？

思想实验最终没有回答这个问题。因此，至此仍然悬而不决。不过，我应该记得，笛卡尔的听众——无论亚里士多德主义者，还是心智健全的有教养者——恐怕都熟悉欧几里得几何学。欧几里得几何学是数学教育的核心部分，被看作智慧的典范。或许，笛卡尔依赖的是直观的清晰性，可以在"形状变化的能力"这一概念中发现，却并不认为能在"颜色变化的能力"中发现。这大概会暂时平息反对者的鼓噪。不过，事实上，笛卡尔继续提出一个更具潜在威力的论证。按照这个论证，蜂蜡的感觉形象——据说，这样能够清晰地认识蜂蜡——根本不允许我们把握蜂蜡的本质。

发现蜂蜡如何被理解

沉思者在思索蜂蜡时断言，蜂蜡的本质在于可确定的广延（随着时间的变化，可以改变确定的空间属性）。这种属性，即蜂蜡可变的广延，究竟如何为我们所知觉呢？通过视觉，还是触觉？难道通过想象，描绘形状可能发生的各种变化？笛卡尔在两处说"不"，目的是重新洞见蜂蜡是如何被认识的，也重新洞见认识蜂蜡的心灵。

他给沉思者提供一个排除论证，试图清除想象，不承认这种能力能够把握蜂蜡广延的可变性。这个论证进一步考察蜂蜡的可变形状：

> 然而，这里的"可伸缩"和"可变化"意味着什么？是不是我的想象描绘的东西：这块圆形的蜡可以变成方的，或者可以从方形变成三角形的？当然不是，因为我知道，这块蜡能够发生无数这类变化，而我却不能逐个想象这些无数的变化，因此，我将蜂蜡理解为可伸缩、可变化的，并非凭借想象能力。
>
> （7:31）

有一个重要前提："我知道，这块蜂蜡能够发生无数这类变化。"这表明，沉思者通过自己对蜂蜡的理解，发现了这一前提——可伸缩的广延事物能够呈现无限多样的形状。第二个重要前提是，想象不能"逐一"设想（分别想象）全部系列的每一个形状。还有一个隐含的前提：想象（产生形象的能力）允许我们把握这一系列形状的唯一方式，就是单独描述每一个形状。但这是不可能的。因此，想象力不能让我们理解蜂蜡（现在仅考虑可变形体）的本质。

至此，论证排除了凭借想象力理解蜂蜡的途径。还剩下什么呢？现在，排除论证登场了。想象无法表象种种变化。感觉表象的形状更少（只是蜂蜡实际呈现的形状）。然而，我们依然知道蜂蜡能够经历无数的变化。如何知道的？答案是："只能凭借心灵。"（7:31）

这个答案需要解释，以便我们看到，笛卡尔与亚里士多德主义者在如何设想理智（超越想象的能力）方面，有什么不同。为此，我们设想论证为一个亚里士多德主义者所考量。该论证结构如下：

（1）我能够理解，这块熔化的蜂蜡是可伸缩、可变化的，因而，能发生无数种形状的变化。

（2）想象只允许我凭借表象变化来把握这一事实，表象（representing）这些变化则要形成每一个可能形状的形象。

（3）我的想象无法表现所要求的无数形状。

（4）想象不允许我把握蜂蜡的这种性能。

（5）但是，我确实把握了这种性能，因此，那必定凭借（感觉或）想象之外的能力：我们叫它心灵。

沉思者通过对熔化事件的反思，接受了前提（1），不过，这一事件为感官所感知，绝非唯一的支持。第二沉思并未阐明，（1）究竟是以蜂蜡或其他形体的诸多观察为基础，还是必然产生于纯粹的理智，将形体知觉为广延。亚里士多德主义者或许主张，（1）以先前的经验为基础，先前的经验允许理智把握蜂蜡的可变性。他或许也承认前提（2）到前提（4），但坚持认为，有限的连续形象为理智提供充分的依据，可以抽象出蜂蜡的广延性，为理智所理解。他恐怕还会补充自己（关于一切思想都要求形象）的一些前提，并重新表述结论（5）："我通过理解把握这种性能，而理智必须在想象过程运用形象。"

亚里士多德主义者或许发现，在围绕蜡块的更大范围的讨论中，其他一些方面被误导。根据亚里士多德主义的论述，要把握蜂蜡的性质，必须把握它的实体形式，其中甚至不包括广延、伸缩性与可变性（因为亚里士多德主义者认为，广延是物体普遍具有的偶性，但并非本质部分），却包括蜂蜡的若干质（元素的热、冷、湿、干等，或许还有其他质）。而且，他预期在蜂蜡中把握一种性质，在其他类的形体中把握另一种性质。然而，笛卡尔则明确勾勒这块蜂蜡的特征，将其看作如何认识或理解任何形体的范例。（7: 30）蜂蜡论证支持一个论断：在蜂蜡中清晰认知的东西，就是广延的形体，就此而言，它引出了笛卡尔的论证：广延是一切物质实体的本质，因而，也是一切形体的本质。不过，蜂蜡论证本身并未得出这一结论，笛卡尔亦未声称它得出这一结论。（7: 175）

返回论证的结论，首先，"唯独心灵"把握蜂蜡本质的论断令人困惑。笛卡尔的阐述直接针对它，他说，我们知觉蜂蜡的本质，"不是看，也不是摸，也不是想象——从来不是，尽管以前好像是——而纯粹是心灵的审视"（7: 31）。这种审视可能是"片面的、混乱的，像以前那样"——或许，当心灵企图用感觉和想象理解蜂蜡的本质时——"或者是清楚的、分明的，像现在这样，这完全取决于我关注蜂蜡本质的细致程度"（7: 31）。亚里士多德主义者和心智健全的粗人都相信，关于形体的思想，始终包含着感觉和想象，对他们来说，这的确是一个惊人发现。正如笛卡尔所说，即便当我们用感官观看蜂蜡时，我们也仅仅是通过心灵把握"蜂蜡的本质"。

第二沉思接近结束之处，笛卡尔告诉沉思者产生这种心灵审视能力的名称，即理智（7: 34），也就是所谓的"单独心灵"之意。然而同时，他考虑到人们的一个责难，产生于我们如何谈论感知与判断活动（涉及理智）之间的关系。

对知觉判断的分析（7: 32）

我们通常认为，哲学凭借语言而存在，无论书写的还是言说的。最近，一些哲学家和思想家主张，思维（至少在科学和形而上学中发现的理论思维）只能凭借语言发生。不论人们是否接受这个观点，笛卡尔决不赞成。他同意，语言可以用来表达思想，但是，他认为，思维具有自己的立足之地，独立于语言。他指出，凝思或沉思活动"不言不语地在我内心"中运行。(7: 31—32')

不过，至于通常如何用语言讨论感知的论题，笛卡尔看出一个问题："言辞本身限制了我，我几乎为言语的应用所哄骗。"(7: 32) 产生这个问题，是因为尽管沉思者断言，看见蜂蜡与把握它的本质并非由眼睛完成，而是由"心灵独立"完成的，然而，这与我们所说的并不完全一致：

> 我们说，如果把蜂蜡放在我们面前，我们看见那块蜂蜡本身，而不说，我们通过蜂蜡的颜色和形状判断它在那儿。这使我无须赘言，径直断定，认识蜂蜡是用眼睛看，而不是光用心灵审视。
>
> (7: 32)

也就是说，我们通常说，通过看（或者其他感觉），我们直接意识到周围的各种对象，无论是蜂蜡、桌子，还是刚才把我们从沉思中唤醒的朋友。我们经验到它们是蜂蜡、桌子或朋友。这不是纯粹的感觉问题吗？

笛卡尔说，不是。要意识到某物是蜂蜡、桌子或朋友，除了经验纯粹的感觉形象，还需要其他心灵活动。他说：

> 假如我偶尔向窗外看去，看见一些过路人，通常会说，我看见一些人，就像说我看见蜂蜡一样。然而，我所看见的，除了帽子和大衣遮盖的自动机，还有什么呢？我断定他们是人。因此，我认为我用眼睛看见的东西，事实上不过是我心灵的判断能力所把握的东西。

（7: 32）

很可能，在寒冷的冬天，当我们看见一些人走过时，只看见他们的衣服：帽子和大衣。然而我们却说，我们"看见"了那些人。我们具有的感知形象，与看见的机械装置相一致，即我们今天所说的机器人，穿着衣服，走起路来像人一样。既然两种情况，感觉形象却相同，那么，什么使我们目前的感觉经验（正确的或错误的）具有"他们是人"的内容？笛卡尔在判断中增加了内容，超出单纯的形象。我们（似乎默然地）判定，我们面前的是人。的确，笛卡尔相信，我们通常归于纯粹感知的大部分内容，都来源于我们默然做出的判断（第八章至第九章）。

这个例子同蜂蜡一样，笛卡尔借以说明，"只能凭借判断能力"把握知觉对象，这与用眼睛看针锋相对。因此，笛卡尔似乎说，即便看见一块特定的蜂蜡或街市上的人，眼睛（或视觉经验，仅就所经验的形象而言）也不起什么作用。这恐怕是一个古怪的观点，因为它似乎断言，无须感觉信息，我们亦能感知特定的蜂蜡或街市的人！这并非笛卡尔的观点。笛卡尔是说，知觉的纯感觉要素——这里等同于事物的感觉形象（我们在一个场景中所经验的有空间组织的色彩系列）——无法知觉那块蜂蜡的本质，亦无法知觉面前的是人这一事实。要获得这些更为丰富的知觉结果，需要进行判断的心灵或理智超越单纯的形象。（第六章的讨论将表明，判断的发生也需要意志，但这并不影响目前所说的理智的必要作用。）

笛卡尔还告诉我们，正是这种理智能力，使人与动物区分开来。他将纯粹的感觉和想象表象，置于非人的动物水平；知觉不同于"其外部形式"的蜂蜡的本质，需要人的心灵。（7: 32）这种对照不会对其听众毫无影响。标准的观点是，人与动物的区别，恰恰在于人具有理智或理性。我们后面（第九章）将看到，笛卡尔否认动物有感觉意识。根据他的理论，感觉意识仅仅发生在具有理智的动物身上。感觉与理智之间的关系，第六沉思将进一步考察。

认识心灵比认识形体更清晰（7: 33—34）

现在，笛卡尔将这些考虑用于认识"我"的纲领。对蜂蜡知觉的分析表明，至少有两种方式，认识心灵比认识形体更清晰。首先，对心灵存在的认识更坚实："如果因为我看见蜂蜡而判断蜂蜡存在，那么毫无疑问，同样的事实更明确地证明，我也存在。"（7: 33）任何知觉形体的活动，都提供心灵存在的证据，因为知觉需要心灵。（在这里，我们还不知道心灵是否不同于形体；然而，要认识蜂蜡，始终需要心灵，因而，知道心灵的存在。）不过很难看到，为什么需要蜂蜡论证证明这一点，因为他先前已经证实，假定的看为心灵的存在提供证据。(7: 28—29, 也见伽桑狄的反驳, 7: 273—277, 以及笛卡尔的反驳, 7: 359—361)

然而,观看(或许只是似乎在看)蜂蜡以及街上的行人涉及判断,这一事实指向第二种方式,一个更深刻的观点,超越心灵的存在,进而揭示心灵的重要方面。新的发现出现在相继的两个段落,它们总结了蜂蜡的例子与第二沉思对"我"的全部考察。第一段继续论证:心灵的存在为任何知觉活动所证明,包括触摸蜂蜡,或者想象蜂蜡。无论哪种情况,都能得出:"现在思想着的我"存在。笛卡尔指出,这种结果也揭示了心灵的本质:

> 还有,如果说,不仅经过视觉和触觉,而且出于许多其他原因,蜂蜡逐渐为我所认识之后,我对它的知觉似乎更加清晰,那就必须承认,我对自己的认识也更加清晰。这是因为任何考察,只要用于我对蜂蜡的知觉,或别的形体,都必然更有效地确认我自己心灵的本质。然而,除此之外,心灵本身还有许多其他东西,使我对它的认识更加清晰,因此,对形体事物的考察,似乎就不值得一提了。
>
> (7: 33)

这里提出两个重要观点。第一,笛卡尔说,知觉蜂蜡的每一种情况,无论采取什么方式——他曾提及视觉、触觉、想象——都能"更有效地确认我自己心灵的本质"。各个情况如何产生这种效果,并不清楚。或许,心灵的本质得以揭示,是因为具有蜂蜡的诸多感觉经验和想象,而这些具体情况分享了某种共同的东西。

最终，沉思者并非首先意识到形形色色的思想类型（她已经探索过这种多样性）；相反，她现在寻求的是心灵的本质。究竟是什么共同之物，为知觉蜂蜡的各种具体情况所具有，无论是凭借视觉、触觉、想象，还是凭借"单纯的心灵"？意识恐怕是一种选择，然而，笛卡尔根本没有提及意识。他只是提到，理智的判断必然参与每一种知觉活动。的确，他曾有过长篇论证：知觉蜂蜡的任何活动均展示心灵的本质属性，那就是（理智的）判断。

第二个重要观点是："心灵本身还有许多其他东西"，超越感知和想象，使心灵能够更清晰地被认识。感知和想象将形体作为对象。或许，"心灵本身"的东西超越感知形体时所经验的形象。在第二沉思末尾，我们试图寻求解释，说明虽然不能形象地描绘心灵，认识心灵如何依然比认识形体更清晰。（7: 29—30）而且，在"心灵本身"认识的原初事物，是任何一种知觉活动所包含的理智的判断，无论是否涉及感觉形象，还是关注各类思想（包括怀疑、意愿、肯定、否定等）。我们关于这种判断的知识，关于进行判断的心灵的知识，必然高于或超越形象，或排除形象。

第二段概括了对"我"考察的结果：

> 我发现，最后，我不知不觉地回到我原想回到的地方。我现在认识到，严格地说，甚至形体，也不是凭借感觉和想象力，而只是凭借理智知觉的，而且，我知觉到它，不是因为我看见它、触摸它，而只是因为我理解它；由此出发，我明显地认识到，我对自己心灵的知觉比对任何其他事物都更

容易、更明晰。

(7: 34)

任何对形体的真正认识，都依赖于"单纯的理智"，这个事实使"知觉"自身的心灵成为可能。哪种知觉？它存在，对吗？这是第二沉思前面所要确认的，而且，其标题允诺我们洞见"人的心灵的本性"。尽管笛卡尔并未完全澄清这种心灵的知觉揭示了什么，不过，我们的考察表明，它揭示出判断和理智是心灵的本质属性，或者是人的心灵所必需的东西。在提要中（7: 12），笛卡尔承诺，第二沉思能使心灵将自己"理智的本质"与形体事物加以区分（即便尚未确认，理智的本质能否也是物质的）。随着《第一哲学的沉思》的继续展开，我们将看到，笛卡尔相信自己在人类认知普遍具有的理智功能中，发现了人类心灵的本质特征，即心灵本质的共同因素。

"我思"的考察

可以将第二沉思看作对"我"的本质的一个长篇考察。考察于确认"我存在"的方式（否认形体，逐渐意识到，思想依然存在）。它不仅考察"我"本身，也考察了如何认识"我"。最初结果是，认识"我"无须思考形体过程（诸如消化、运动，或感官的活动）。于是，考察转向认识心灵和形体事物所凭借的能力。沉思末尾，第二类考察与第一类考察合为一体，发现借以把握"我"，并隐含在每一感知活动中的理智，是迄今所认识的"我"的基本特征。

"我思"的考察自始至终，可以概括为四个结论。每一个结论从先前的结果开始，并加以扩展。最初的结论始于对沉思者自身思想的意识（觉知）：

最初结论：我存在。

扩展结论：我作为一个思想物存在。

增生结论：思想物是进行怀疑、理解、肯定、否定、意愿、不愿、想象以及感知的事物。

最后结论：理智是自我（心灵）的本质特征，亦是一切心灵活动的本质特征。

"我思"推理以这个最后结论而告终。

笛卡尔相信，这个最后结果，即意识（觉知）到理智能力——它无须形象就能认识事物——让读者难以理解。他在第二答辩中解释说："需要长时间的反复研究，才能祛除伴随一生的恶习，不再将理智的事物与形体的事物混为一谈，而是养成分清两者的良好习惯。"为此努力，至少需要"几天时间"的锻炼，且很有价值，因为这需要"将心灵的属性或性质"与"形体的性质"加以区分。（7:131）后一种区别——产生于第二沉思，通过怀疑形体，同时肯定心灵，并进而看到，如何理解心灵与形体的本质——后来成为实际区分心灵与形体的根据。第二沉思没有走那么远。它只是竭力引导沉思者意识到，无须思考形体的属性或过程，亦能认识心灵；理智是一种能力，无须凭借形象，亦能辨认"理智的事物"。在第三沉思中，笛卡尔试图主张，通过纯粹理智，不仅能够认识心灵或灵魂，而且可以认识上帝。在第六沉思中，他论证说，广延，或物质的本质，也可以用这种方式认识，同样，亦可通过感知力或想象力之形象加以认识。

文献与其他阅读书目

"我思"推理，通常限于上面所说的最初结论和扩展结论，得到广泛的分析，如同"思想物"和蜂蜡论证；见 Carriero、Curley、Dicker、Wilson 等人的注释。Rubin, ch. 4，有效地考察了围绕我思的新近研究，以支持弱证实。Peter Markie, "The Cogito and Its Importance", in Cottingham（ed.）, *Cambridge Companion to Descartes*（Cambridge: Cambridge University Press, 1992）, 140—173，考察了一些主要解释。

Broughton, ch. 7，探讨第一沉思假设的怀疑和受骗行为，以确立沉思者的存在。Secada, ch. 1，强调笛卡尔的本质主义（给予本质的知识以优先地位）及其与我思的关系。

B. Williams, ch.3，按照哲学传统的理解（我也遵循传统的理解），考察了李希腾伯格的挑战，而且，将笛卡尔的普遍前提与三段论的大前提区别开来。至于李希腾伯格格言的讨论，见 J. P. Stern, *Lichtenberg: A Doctrine of Scattered Occasions Reconstructed from His Aphorisms and Reflections*（Bloomington: Indiana University Press, 1959）, 270、314。

一些注释者（例如，Carriero, 75）错误地断言，在《第一哲学的沉思》中没有发现拉丁短语 *cogito, ergo sum*；在第二答辩中（7:

140），笛卡尔将第二沉思推理为 *ego cogito, ergo sum, sive existo*（"我思想，所以我在，或者我存在"）。

关于"定义"（definition）作为限定应用范围的含义（若干含义之一），见J.J.E. Gracia翻译的Francisco Suárez, *On lndividuation*（Milwaukee: Marquette University Press, 1982），175—279，后面附"术语解释"，200—201。这个"术语解释"搜集经院哲学的亚里士多德主义词语，其中不少为笛卡尔熟悉，并按需选用。例如，在亚里士多德主义哲学中，"nature"一词可能意味着运动或活动的本原，在其他语境中，则可能意味着本质或共同性质。在第二沉思中，笛卡尔很可能利用这两层含义，揭示心灵的"本性"（nature）（独特的活动），尽管直到第六沉思，他才完全揭示心灵的本质，将其看作实体。（笛卡尔经常互换使用"本质"[essence]与"本性"[nature]，诸如第五沉思。）

研究意识在笛卡尔哲学中的地位，对阅读英文译本的读者来说比较困难。Anscombe和Geach在其 *Descartes: Philosophical Writings*（Indianapolis: Bobbs-Merrill, 1971）中，将拉丁文 *"cogitatio"*（thinking, a thought）及相关词翻译成"意识"（consciousness）或"经验"（experience）。CSM则根本没有用"consciousness"（意识）对译拉丁文的 *"conscius"*，而用了"aware"（觉知、意识）一词（7: 49），只是有时，用"consciousness"翻译拉丁文 *"conscientia"*（7: 176），其他地方则用"awareness"，并用它翻译文本中更经常出现的其他一些词，如 *"animadvertere"*（to notice, to attend to）或 *"cognoscere"*（to cognize, to know）。我的翻译更接近拉丁文本。无论如何，研究词语的习惯用法，解决不了笛卡尔的意识问题和思想本

质问题；读者应该根据笛卡尔对其形而上学的系统表述思考这个问题，应该避免不顾及原文文本、死抠单个术语的倾向。

M. Williams 的"Descartes and Doubt"，认为笛卡尔将（感觉）意识不容改变的已知内容当作建筑材料，用以构建知识的大厦，如同20世纪早期哲学中的感觉材料（sense data）。事实上，古典的感觉材料理论，在两个方向上不同于笛卡尔的感觉知识构想。首先，笛卡尔揭示事物的基本属性，并不特别依赖感知。其次，对笛卡尔来说，感知的内容是心灵的，但是，G. E. Moore、Bertrand Russell、C. D. Broadr 等人的感觉材料则是心灵外的。关于这一点，见G. Hatfield, "Perception and Sense-Data", in Michael Beaney（ed.）, *Oxford Handbook of the History of Analytical Philosophy*（Oxford: Oxford University Press, 2013）, 948—974。

第五章　真理、上帝与循环

沉思三：上帝的存在

第三沉思承诺确认一个形而上学结果："上帝存在。"它提供两个证明，都是从结果出发。每一证明均论证，唯独最高的存在者存在，已知结果才得以解释。结果是沉思者的上帝观念，以及沉思者作为有限物的存在。

然而，第三沉思并不局限于上帝的存在。开始，它重新考察"我思"的推理，希望从首次成功中提炼一种方法，能够同样确定地认识其他真理。它重新考察骗人的上帝假设，并最终在沉思的结尾摈弃这一假设，原因是：上帝的完满性排除这种欺骗。为了准备从结果出发进行论证，它分析了"观念"的概念，提出一种观念及其内容的理论。它还提出"自然教诲"与"自然之光"的重要区别。这个区分用来评价沉思者观念的来源，后来（在第六沉思）用以重新安置感觉在人类认知中的地位。

这一章侧重讨论如何提炼认识真理的规则，这一规则与自然之光的关系，以及在上帝存在的证明过程中所阐发的观念理论。围绕这些事项，有人指责笛卡尔陷入循环：用清楚明白的知觉证明上帝的存在，然后，诉诸上帝的存在和完善证明清楚明白的知觉有效。我们在本章和第七章考察这一严重挑战。

回顾：怀疑形体，认识心灵（7: 34—35）

每个新的沉思开篇都有一个回顾，为了从先前的结果出发，重新展开研究。目前的回顾重申沉思者现有的知识：她的思想及存在，并再次确认，她试图"摆脱"感官，"将一切形体之物的形象从我的思想中清除出去"（7: 34）。这种清除"几乎不可能"（感觉形象总是不断返回），所以，她将形象看作"空洞的、无价值的"。她重复这一发现，"我是一个在思想的东西"，并再现她经验到的各种思维。（7: 34—35）列举"我真正知道的一切东西"（7: 35）——或者，"注意到"她知道的东西——她开始探求其他可能被忽略的知识。她的首先发现是进一步获取知识的方法。

提炼真理的规则，清楚明白的知觉（7: 35）

沉思者询问，我思的结果是否已经表明，"需要具备什么，我才能确实知道什么事情"。或许，它掌握着开放其他确定知识的钥匙。沉思者探究"确定地知道我是一个在思想的事物"究竟意味着什么，借以获得发现真理的规则或方法。这个通常被忽略的段落十分重要，因为如果笛卡尔能够通过审视我思，提炼出一种获取确定知识的方法，那么，第一个结果的确是他的阿基米德点。倘若能够表明如何获得其他真理，或许就能实现第一沉思开篇的预见，获得"坚实可靠"和"经久不变的"科学知识。

因此，我们应该细致地考察这一段：

> 我确定地知道我是一个在思想的事物。然而，我不是因此也知道，我确定地知道某物，究竟需要什么吗？在最初的认知中，对我认可的东西只有清楚明白的知觉。假如我如此清楚明白地知觉的东西居然是假的，那么这个知觉就不足以使我确定地知道事物的真理。于是现在，我似乎可以设立一条总则：凡我十分清楚、十分明白知觉的东西，都是真的。

（7:35）

这里，沉思者重述一段知识，并询问它是如何被认识的。她寻求的是获得这一结果的认知手段，将其作为典范，说明获取真理的一般规则。该规则，即"凡我十分清楚明白地知觉的东西，都是真的"，将指导后面的研究，探寻形而上学的第一原则。然而在这里，沉思者只是断言，她"似乎"可以设立这个规则。因此，我们需要评估其论证，然后（下一节）考察沉思者止步停顿的理由。

这个**提炼论证**可概括为三个前提。这个概括假定，当笛卡尔谈及我思的结论是"确定的"，暗示知道它是真的：

（1）我确定地知道我是一个在思想的事物。
（2）获得这种知识的唯一途径，是清楚明白的知觉。

（3）假如它以某种方式可错，那么，清楚明白的知觉不足以产生这种知识。

（4）因此，清楚明白的知觉为知识提供充分的根据；凡我如此知觉的东西都是真的。

有些前提比其他前提更直截了当。沉思者接受我思的推理，便已经承认前提（1）了。前提（3）表示绝对不错的知识的标准，这是第一沉思确立的，因而在这个语境中不成问题。人们心存疑虑的是，仅考虑知识的一例（如前提［1］的报告和前提［2］的描述），能否建立清楚明白知觉的普遍可靠性，将其作为认识方法。这个程序没有错，只要前提（1）的范例实际上只能通过前提（2）表述的方法获得。前提（2）有实际的作用，因而需要详细考察。

前提（2）为前提（1）的论述提供了认知手段。它不考虑支持结论"我是一个在思想的事物"的前提——诸如，"我有这样那样的思想"——而是关注方法，借以发现这些前提是真的，并得出结论。据说，这一方法是"清楚明白的知觉"。前提（2）断言，我思的结果仅仅取决于清楚明白的知觉。沉思者评价这一论断，只能将我思推理过程导致其确定性的方面独立出来，看看它们是否归属清楚明白的知觉。

这个论证逻辑上有效。论证要合理，前提（2）必须报告沉思者运用什么现实方法，以确认扩展的我思。假如关于我思推理，沉思者上当受骗，其实并不依赖于清楚明白的知觉，或者并不仅仅依赖于清楚明白的知觉，那么论证便不可靠（因为前提是错的）。然而，倘若前提（2）确切报告确立前提（1）的真理的方法，那么有前提（3），结论（4）便得以确认。

论证的结论是：清楚明白的知觉产生真理。不过，上面的引文只是说，我思的结论是确定的。确定性与真理有分别吗？一般说，有。我们可以确认某种东西（例如，我们的朋友将赢得象棋比赛），然而是错误的。通常认为，信念的确定性与信念的错误相互兼容。不过在理解笛卡尔时，我们认为他所用的"确定性"一词，意味着"确知真理"，因而他的著作不支持"确定性"与"真理"两个术语有差别。（他依然需要表明，他的方法产生真理的确定知识，而不只是通常意义上的确定性。）

即便我们承认，这个论证确立发现真理的方法，问题依然存在。当我们的知觉是清楚明白的时候，如何辨认它？或许，我们统统为我思所折服。不过，我们难道发现了折服的心灵具有什么品质，可以作为真理的标志用于其他场合？伽桑狄提出这个疑问（7: 318），还提出其他疑问。如果我们无法辨别清楚明白的知觉，将它们与不清楚明白的知觉加以区分，这里设定的真理规则便毫无意义。

在全部六个沉思中，笛卡尔没有给清楚明白的知觉提供定义。人们或许期盼通过几何学论证（第二组答辩）发现定义，因为该论证试图直接而简要地证明《第一哲学的沉思》的主要形而上学结论。然而，在论证过程中，"清楚明白的知觉"这一短语出现相对较晚，而且始终未加界定。（7: 164）不过，笛卡尔确实做出指导，启发读者关注（据说）能够被清楚明白知觉的东西。他首先指导读者避开感官，思考自己的心灵，直至"习惯于清晰地知觉它"（7: 162）。然后，他让读者考察"自明的命题"（拉丁文 per se notum），以训练"理智视力"或"明白性"（7: 162—163*）。读者需要考察各类事物（包括上帝）的本性或本质的观念，然后反思各个沉思提供的各类实例，包括清楚明白的知觉，以及含混模糊的知觉。（7: 164）事实上，他要依靠读者透过实例识别清楚明白的知觉。（他在《哲学原理》中界定了"清楚"与"明白"[8A: 21—22]，尽管其方式依然不能不诉诸读者自己的能力，需要他们辨认具体情况。）

《第一哲学的沉思》的其余部分，不时地提供新的实例，说明清楚明白的观念或知觉，也包括（很快）"最清楚、最明白的"上帝观念。（7: 46）因此，几何学论证模仿了正文的程序。然而，第四沉思为辨认清楚明白的知觉提供一个标准，来源于趋于被肯定的认知力（将在第六章考察）。

怀疑的辩证法（7: 35—36）

沉思者直接考察停下来思考所谓真理规则的几个理由。她发现，自己以前接受的许多"非常确定、非常明显的"东西（7: 35）现在都成为可疑的。其中包括所有感觉对象。现在，她开始怀疑自己先前的习惯信念，即"有些东西在我之外，是我的观念的来源，且与观念完全相似"（7: 35）。这种"相似性命题"，第六沉思有进一步的考察，并加以拒绝。目前，这个命题不过是一个"成见"，沉思者原先以为自己的感知十分明晰，现在（通过与"我思"加以比照）却发现，并非如此。她曾经顽固地坚守这个成见，这一事实实际上并未对新的标准提出挑战。毋宁说，与新的清晰性标准加以比照，使她更加坚定对先前信念的怀疑态度。

151

173

对真理规则的最严重挑战，是悬而未决的骗人上帝的假设。第一沉思运用这个假设，甚至对明澈的数学真理表示怀疑，诸如 2+3＝5。不过，现在描述为"简单而容易的"那些真理（7: 35），必须面对新的清楚明白的标准。沉思者在这里反思：

> 至少，我不是清清楚楚地领会这些东西，确实地知道它们是真的吗？的确，假如我后来判断，它们是可疑的，那么唯一的理由在于，我生出一种想法，认为或许有某一个上帝，他给了我这样的本性，让我甚至在看似最明显的事情上也会上当受骗。每当上帝有至高无上的力量这种先入信念在我脑海里出现，便不得不承认，如果上帝愿意，他很容易让我甚至在我认为心灵之眼看得非常清楚的事情上上当受骗。
>
> （7: 36）

这一段设置了一种对立："简单的""明白的""最明显的"数学真理与后来的"可疑的"判断。有趣的是，怀疑的理由现在描述为对全能上帝的"先入信念"。沉思者对清晰的知觉有了新的评价，该段用这种知觉对付以纯粹成见为基础的怀疑理由。

于是，笛卡尔让沉思者卷入怀疑与确定之间的一种辩证的互动。正如前面所说，"每当上帝至高无上的力量这种先入信念在我脑海里出现"，数学真理就成为可疑的。然而，还有另一面：

> 反过来，每当我转向我以为领会得十分清楚的东西本身，便为它们所折服，以至于我不由自主地宣称：无论是谁，让

> 他能怎么骗我就怎么骗我吧，只要我继续思想我是什么东西，他就绝不能使我什么都不是；或者，既然我存在这件事现在是真的，他就绝不能在未来某个时刻，使我从未存在过这件事成为真的；或者，他绝不能使二加三之和大于或小于五，也绝不能让我在诸如此类的事情上看见明显的矛盾。
>
> （7: 36）

在这一段里，数学等式 $2+3=5$ 与我思结论平起平坐。而且，字里行间暗示，当人们直接思索这类真理时，根本无法产生怀疑。只有当人们转向骗人的上帝的假设，才可能发生怀疑。（笛卡尔在第二组答辩中［7: 144—146］，重申这种对照。）这意味着，只有当人们不再直接涉及某个特定真理的清楚明白的知觉时，骗人的上帝的假设才有效力。而且——这个含义有点儿令人惊讶——当人们考虑这个假设时，似乎有可能中伤所有一般认为的清楚明白的知觉（也默然包括"我思"的结论）。因此，沉思者懂得：当思考某些信念时，她必然要肯定其真理。然而，当涉及骗人上帝的假设时，她显然可以怀疑一切。（不过，既然这个怀疑行为——或者，任何思想行为——为重新确认我思提供依据，那么包括对"我思"结论在内的全面怀疑便为摧毁自身提供依据，在某种程度上，包括对数学真理的全面怀疑则不能；因此，我思始终具有特殊地位［7: 145—146］。）

然而，单纯地关注清楚明白的知觉，无法动摇骗人的上帝的假设。有两个理由，一个是实践的，另一个是理论的。首先，正如笛卡尔在其他地方阐述的，人们根本不可能始终聚焦清楚明白的知觉，因为从心理学看我们不能这样做。(7: 62，也见4: 116）其次，沉思者追求稳定的真理。只要骗人的上帝的假设还起作用，它便是一个顽固的障碍，阻挡沉思者的清楚明白的知觉。倘若沉思者的目标是某种"稳定"而"持久"的真理，那么，即便事实上，当她具有清楚明白的知觉时，这种障碍对于她的赞同并不产生什么效力，那也是不充分的。很可能，她要的不只是暂时摆脱怀疑，而是一劳永逸地消除怀疑。

事实上，笛卡尔正是以这种方式应对这一局面的。紧接着上引段落，他说明为什么必须完全消解（如果可能的话）骗人的上帝的假设：

> 既然我没有理由相信有什么骗人的上帝，甚至还无法确切地知道是否有上帝存在，那么仅仅建筑在这个假设之上的怀疑理由当然是非常轻率的，而且可以说是形而上学的。但是，为了消除这种轻率的怀疑理由，一旦有机会，我必须考察是否有一个上帝，倘若有，必须弄清他是否一个骗子。因为如果我不知道这两点，似乎就不能确定其他任何事物。
>
> (7: 36)

在这里，笛卡尔将骗人的上帝的假设表述为"轻率的""形而上学的"，并指出，它至少"似乎"使其他任何事物都成为可疑的。(他称之为"形而上学的"，是为了强调它脱离日常的考虑，**脱离足够确定**的日常标准——以"实际行动的"[moral]确定性而著称的标准，与"形而上学的"确定性相对照 [见6: 37—38]。)

176

尽管如此，这个假设瓦解了沉思者寻求的那种知识，因为这种知识必然符合毋庸置疑的高标准——并非摆脱任意的或武断的怀疑，而是摆脱合理的怀疑。因此，骗人的上帝的假设提供的怀疑理由，无论多么轻率，必须全面加以考察。这种考察占据了第三沉思的其余篇幅。

回顾观念之源（7: 36—40）

为了准备考察骗人的上帝的假设，笛卡尔要求沉思者探索思想的结构，集中关注观念与判断。目的是找出哪类思想"真正称得上真理和错误的承担者"（7: 37）。这个探索是广泛探索任何假设（包括骗人的上帝的假设）之真假的一个组成部分。其基础局限于沉思者自己心灵的内容及活动，笛卡尔期盼她从中找到充分的依据，阐明观念理论及观念在思想中的作用，从而证明上帝的存在。

观念、意志、判断

观念这一概念在笛卡尔分析思想结构时起核心作用。第三沉思对观念的论述错综复杂，最好联系笛卡尔的其他著作，包括答辩和《哲学原理》来理解。在第三沉思中，笛卡尔再次（如同蜂蜡的情形）将物质对象的观念用作实例，即便这种对象的存在依旧存疑。

如前所述，笛卡尔运用"思想"一词是广义的，意指心灵的任何状态，包括知觉、意愿、怀疑、恐惧、认识等。他用"观念"一词表示思想的内容，为思想所思或所说的东西。这样做时，他改造了当时这一哲学术语的标准用法,即用来描述神灵心中的形式或观念。(7: 181)笛卡尔挪用这个词,描述人思想"中"的东西(3: 383)或为人的心灵所"感知"的东西。(7: 181)用他的话说,严格意义的观念描绘个别事物及其属性。这种观念可以是复杂的,诸如这一观念:街市上有一个人,戴着帽子,穿着外套在行走。从宽泛松散的意义说,人们可以谈论一般概念(notions)的观念,诸如等量加等量仍然是等量(8A: 9、5: 153),这并非描述特殊的存在,而是描述抽象的关系。或许,简单概念,如**存在**或**思想**,描述事物的属性,却无须肯定有任何事物存在(8A: 8),也属于一种宽泛意义的观念。

在前言中,笛卡尔解释说,"观念"可以"质料地"(materially)理解,作为心灵的活动或状态;亦可以客观地(objectively)地理解,作为"这种[心灵]活动所表象的事物"(7: 8),二者大相径庭,且意义重大。在第三沉思中,他诉诸同样的区分,术语多少有点儿不同。他区分了从"形式上"理解的观念与从"客观上"理解的观念,前者简单说即思想的样态;后者则意味着,"一个[观念]表象这个事物,另一个表象那个事物"(7: 40—41)。(两套术语都是从经院哲学改造而来的。)这个重要区别需要仔细研究。它容许我们以两种方式谈论观念,谈论观念与所表象的对象之间的关系。我们可以说观念是心灵的变体(它们形式的实在性),不考虑它们的内容。我们也可以说观念是表象("客观地"理解),是"关于"(of)或描绘各种各样的对象(存在的或不存在的)。考察作为表象的观念如何与所表象的事物相符合时,我们可以谈论脱离观念而存在的对象,询问作为表象的观念,是否精确地描述那个对象。让我们像笛卡尔在第三沉思那样，开始考察作为表象的观念。

笛卡尔一开始便指出，严格说来，观念"好像事物的形象"。并举例说明，包括"一个人，或者一个怪物，或者天，或者一个天使，或者上帝"（7: 37）之类的思想。沉思者还重新想起街市上的行人的例子（第二沉思）。关于那些人的**观念**，至少将某种视觉经验当作内容，即一定的形状或颜色以一定的方式移动。说观念"好像事物的形象"，（在一定程度上）是说我们的经验向我们展示种种个别事物，就视觉经验而言，展示的东西具有空间结构和斑驳色彩。

不过，严格地说，罗列的观念并非都能有形象，因此，并非所有观念都是真正的形象。同他的亚里士多德主义前辈一样，笛卡尔主张，上帝之类的非物质存在没有感觉形象。（7: 136—138、181）不过，他的"类似形象"的观念清单，将上帝及其他非物质存在（天使）囊括进来，意味着，即便不具备空间结构的（因而严格说，并非形象的）观念，依然能以某种方式与形象媲美。比较有两点满足这个条件。观念类似于形象，**表象**（represent）事物（7: 372—373）；清单中的观念类似于形象，表象**个体**（individuals）。观念表象或描绘个体具有各种属性，如同一个人的形象表明他具有一个头、两只胳臂、两条腿、坐着或站着，等等。上帝的观念，尽管严格地说不是形象的，依然表象为具有各种属性（我们很快将看到）。

将观念比作绘画，可以更好地理解笛卡尔关于"形式上的"观念与"客观上的"观念的区分。形式的实在性好像画布和颜料的实在性。假定我们有许多相同的画布，用相同的套色颜料在上面描绘各种各样的个别事物。这些画作的成分（画布和颜料）是相同的，但是，它们描绘或表象的对象不同：一幅描写街市上的人，另一幅则表现喷火女怪（神话中的怪物，有狮头羊身蛇尾）。每幅画所描绘的，是它的"对象"。这里，"对象"意味着绘画的题材。笛卡尔借助"观念"一词的这层含义，表述"客观地"（或者，根据所"表象"的东西）理解的观念。（应该指出，"形式地"理解的观念，被看作思想物的样态，并不具有形体的属性。就这方面而言，观念并不真的像画布和颜料。不过，这种类比有助于表示，形式地理解的观念是原有的存在，无须关注作为观念的内容。）

绘画类比还有助于理解另一点。即便对象是虚构的，如喷火女怪，绘画（或观念）依然可以存在。因此，围绕一个观念，我们需要区分三种事物：观念作为心灵状态的存在、观念的表象内容，以及个别事物，如果内容描述的是一个现存事物，它将会存在。绘画的内容决定它关于什么——尽管如何运作，仍有争议。为了我们的目的，可以假定，如前所说，绘画或相片是个别物的摹本，可将其看作是"关于"那个个别物的，因而通过考察一个观念描述什么（该观念的内容是什么），我们也能确认它表现什么对象。如果绘画（观念）明显包含马的外形，那它就是关于一匹马（客观地）。如果这匹马被认出是三王冠"秘书"（Secretariat）[1]，它便关于这一个别物。但是，绘画不必关于一匹现存的马，依然可以表象（描绘）

---

[1] "秘书"（Secretariat）是一匹美国竞赛马的名字。他在1973年美国"三冠大赛"中夺冠，被评为该年度马王。——译者注

一匹马(世上根本没有与此相配的马)。(这个讨论提出一个问题,即,倘若我们仅仅觉知[意识]自己的思想——正如沉思者现在认为的——那么,如何核查我们的观念与世上的个别物之间是否相配呢?我们将在第8、10章返回这个问题。)

在第三沉思,笛卡尔转向观念与其他思想活动之间的关系,以便探求观念与活动的结合,哪一个有真假评价,哪一个没有。沉思者发现,有些思想除了内容,"还有另外一些形式:因此,每当我意愿或害怕时,总有某种特定的东西,我把它看作思想的对象,不过,我的思想还包括更多的东西,不完全是与那物的相似性"(7: 37)。有些思想,不仅包含描绘对象(例如,一头狮子)的观念,也具有其他因素(例如,害怕狮子)。这些附加因素包括意志、情感、判断等。情感将感情加于观念,意志和判断则是心灵针对观念施加的一种行为。例如,欲望一只苹果(情感),欲望感(附加的"形式")与苹果的观念一起被感觉,观念决定欲望的内容或对象。决定吃掉这只苹果,是意志或意愿行为。欲望或意愿的对象无须存在。观念能够表象乌有之物,好像它正存在着。一个人可以欲望吃掉食橱里的一只苹果,尽管食橱里这时已经没有苹果了。这里,苹果为我们的观念所表象,是意愿的对象。肯定(或否定)有苹果存在,是判断活动。

现在,沉思者筛选整理一些观念及其配加的因素。尽管起初,她问哪个思想可能是真或是假,现在则全力关注可能假的观念。(7: 37)关于焦点转移的意义——它是毫无意义的,还是揭示了笛卡尔观念理论的某个重要方面——解释者意见不一。倘若是后者,那将意味着,沉思者筛选的各种结合,有些可以真,但绝不能假。

158

（相反，许多解释者认为，笛卡尔必然主张，任何可真的思想类型，也必定可能假。）让我们跟随沉思者，深入内心一探究竟。

沉思者没有将欲求非存在物的情形，划归可能的错误。按照她的解释，"即便我可以欲望的东西是坏的，或者根本不存在，那也不能因此就说，我对它们的欲望是假的"。同样，喷火女怪的观念并不产生虚假认知，"不管我想象的是一只山羊还是一个怪物，在想象上都是真实的，我想象的是这一个，不是那一个"。欲望与观念的结合，或者，赤裸的观念本身（即便是关于喷火女怪），都不可能是虚假的。至于观念本身，"如果只就其本身单独考虑，不牵涉到别的事物，它们不可能是假的"（7: 37）。欲望、情感、意愿不可能是假的，因为它们不要求推及其他事物。各类附加因素，唯独判断可能是虚假的（7: 37、43），它们掌握的观念内容指涉其他事物。也就是说，将上述清单列举的观念用于判断的范例，判断肯定（或否定）观念的内容描述一个特殊的现存个别物。我欲望一只苹果（而并无苹果）的片断，只要我也**判断**有苹果存在——通常，我的做法可能是走向食橱，不过，这仍然是独立于欲望的行为——就会产生错误（假）。

到目前为止，一切尚好。但是，观念难道不是具有客观实在的心灵状态，即一个描述事物以某种方式存在的内容，我们可以思考它而不做判断？如果不下判断，我们考虑的难道是没有内容的观念？倘若如此，喷火女怪的观念就如同这样的画面：只有单纯的颜色图案，却不表象任何主题。这样解释笛卡尔的观念理论，让人难以置信。因为笛卡尔随后解释说，一切观念（严格意义的）都"好像是关于什么东西的"（7: 44）。的确，我们始终将观念的对象，理解为"好像是现存的事物"（7: 717），即便它们实际上是虚构的（7: 119），诸如喷火女怪。（不过，请对照7: 383）喷火女怪的观念似乎内在地充满内容：**好像指涉**一头现存的野兽。而且，由于这个内容将这头野兽描绘为存在的，因而似乎可真可假。然而，赤裸的观念"严格说来"，并非假的。要说明思想犯了错误，需要什么理由呢？

　　回答取决于我们对观念所描绘的喷火女怪所持的态度。只要我们现实地对喷火女怪的存在下判断，思想活动就可能犯错误。**典型的判断表明一种立场**，决定一个观念的内容是否符合现存的事物。进行判断时，我们或者肯定观念所表象的东西是事实（肯定），或者断言不是事实（否定）。假设我们的观念是桌上有一只苹果。判断活动只是肯定或否定观念的内容——观念具有的内容先于判断。如果我们肯定苹果的存在，而且，苹果确实在那儿，该判断就是真的；如果没有，判断是假的。相反的判断否定桌上有一只苹果，如果那儿有一只苹果，它就是假的。（观念及真假论题，第六章至第七章将再次讨论。）

判断与作为形象的观念

　　《第一哲学的沉思》试图指出通往真判断的道路，因此，我们有理由讨论一下判断内容理论。倘若我们假定（至少，有些情况下），真正的形象观念独自为判断提供一切内容，便由此产生一个问题。我们通常认为，判断通过语句加以表达，如"桌上有一只苹果"。从某些方面看，这种语句似乎比形象的观念更抽象，从另一些方面看，则似乎更具体。桌上有一只苹果的视觉形象每每表明，这只苹果是红的、黄的或绿的，桌上覆盖桌布或没有覆盖桌布，桌布有花格或没有花格，如此等等。形象包含的信息比语句（语句"剥离"掉这些细节）更丰富。而且，当我们面对赤裸裸的形象，譬如，展现各种细节的一个男孩儿形象（他在花园里，有黑色的头发，等等），并受命肯定"形象表象的东西"时，处境恐怕十分尴尬，不知道究竟要肯定什么。难道我们仅仅说，"这就是事物如何这般"，心灵表明了整个形象，因而断言男孩儿在花园里，穿着这些衣服，跑向后院，如此等等？倘若男孩儿是我们的表弟，那会怎么样？形象表示这一点吗？似乎并不表示（以任何明显的方式）。然而，我们可以确切地断言，花园里的男孩儿是我们的表弟——倘若判断的内容限于单纯的形象，恐怕很难解释这种能力。

然而，笛卡尔并不认为，他能够或应当将判断内容归于图像或形象。绝非如此。前面已经提及，并非所有观念都是真正的形象——上帝的观念就不是。况且，在感知穿外套的人时（第二沉思），有些观念充当事物的概念，认识事物时，它们的作用是特定的类，诸如人类。（这是上面所说的广义的"观念"，确实可以归属于思想的内容。）这种概念进入将事物分门别类的判断。再者，观念可以是复杂的，包含多个比较简单的观念。或许在思想中，非形象的观念可以与形象观念的内容结合起来。在形象观念内部，笛卡尔允许只关注一个角色。当思索一个形象观念时，譬如一个特殊形状，我们可以关注它的多个特殊方面。（7: 72）

在上述花园里的表弟的例子中，所有这些方面合为一体。看见花园里的男孩儿，知道他是我们的表弟，便可以据此判断，我们的表弟是黑头发。**表弟**的非形象观念，附加到我们看到的那个男孩儿的视觉形象上。我们注意到头发（或许，也激活**头发**和**黑色**的概念化观念），并肯定由此引发的复杂观念：我们的表弟是黑头发。

笛卡尔并未详细建立一个理论，说明观念是如何结合在一起，产生判断的内容的。不过，目前的讨论应该能够满足我们解释的需要，下面第四、五沉思，我们还将考察笛卡尔关于判断的进一步论述。

观念之源

沉思者现在发现，根据不同的来源，观念似乎分三类：一些是"天赋的"，一些是"外来的"，还有一些是"虚构的"。（7: 38）天赋的观念包括"我对什么是事物、真理以及思想的理解"。这里，笛卡尔确认了我们在我思推理中发现的先决条件，即心灵天生具有各类观念。外来的观念是自行产生的观念，沉思者始终将其归于外部原因。例子包括听见噪音，或者火炉旁感觉到温暖。虚构的观念犹如"塞壬"（siren，神秘的女海妖）或"骏鹰"（hippogryph，神秘的怪物，鹰头双翼马身），都是我们利用已有的观念结合而成的。

尽管沉思者接受这种三分只是临时的，但是最终，笛卡尔采用这种划分，并进一步详细阐述（例如，包括想象唤起的观念，既不是外来的，亦无须虚构［7: 72，也见 11: 343—348］）。笛卡尔向霍布斯解释："当我们说，某个观念是与我们俱生的，并不意味着，它始终出现在我们面前。"（7: 189）相反，说我们具有天赋观念，不过是说在我们内心，即我们理智的结构中，发现"召唤"观念的能力。这种召唤观念的能力不同于具有感觉观念的赤裸能力，后者也可看作是一种天赋能力。(8B: 357—359)也就是说,笛卡尔对于观念的最终思考,承认感觉观念产生于我们内心,因为心灵具有为形体所影响的能力,其方式将在第六沉思讨论。

外部对象与相似性命题

沉思者继续进行考察,更普遍地探讨观念的内容,她从"外来的"感觉观念开始,检视自己相信它们与外界对象"相似"的最初理由。(作为亚里士多德主义者或心智健全的粗人)(7: 38)人们记得,早先的相似性命题主张,"有些东西在我之外,是我的观念的来源,且与观念完全相似"(7: 35)。也就是说,外界对象引发我们的感觉观念,而感觉观念展示对象的所是(本来面貌)。沉思者原来以为,她"清楚地"感知这一点,现在却承认,并非如此。她考察了最初产生这一信念的三个理由:自然"教导我这么想";感觉观念不请自来,因此"不以我的意志为转移";显而易见的是,"该事物不是把别的,而是把自己的形象印到我的心灵"(7: 38)。她发现,这些理由不支撑相似性命题。

第一个理由,即自然教授这个信念,意味着"一种自发的冲动使我相信它"(7: 38)。我们经验到对象具有各种属性,包括颜色。我们"自然地"相信,对象在某种特定的意义上具有颜色:对象的颜色与我们的颜色经验"相似",你所看见的,正是那里具有的(与其他对象颜色理论相对立,例如,颜色是物理微观结构,影响光的反射)。在第六沉思,沉思者回想起,当她形成相似性命题时,她关于外界对象的信念,只能来源于感觉观念,因此,"除了事物与观念相似的想法,心中绝不会生出其他想法"(7: 75)。她天真地以为，她的感觉观念展示事物的性质，呈现其本来面貌。倘若沉思者回想起，自然的冲动曾使她误入歧途，因而将其搁置一边，那么，她便没有理由再相信它。们（7: 79）（水肿病人渴望喝水，就是一种误导性自然冲动［7: 143］。）

第二个理由将感觉观念归于外部原因，因为它们是自行进入心灵的。现在，沉思者则考虑，尽管这些观念不以意志为转移，但是，它们或许源于自己内心的未知能力，而不是外部原因。梦中产生的自行进入的观念，"无须外界事物襄助"（7: 39）。此类感觉观念可能产生于内心，所以感觉观念的出现，无法证明沉思者心灵之外有什么东西存在。

至于"显而易见的判断"，即我们观念的内容与外部对象完全相似，沉思者断言，"即便这些观念来源于我之外的事物，那也不能因此就说，它们必然与那些事物相似"（7: 39）。为了支持这个论断，她考察了太阳的两个观念。我们的感觉观念，使太阳在天空中显得很小。另一个观念则来源于天文学的推理，表象的太阳比地球大得多。沉思者得出结论："显然，这两个观念都不可能与存在于我之外的同一个太阳相似，理性使我相信，似乎直接来自太阳的那个观念，与它截然不同。"（7: 39'）即便我们的感觉为外界对象所引发，那些观念也不会直接揭示对象的真正属性。

自然之光（7: 38—39）

笛卡尔讨论相似性命题时，将产生于"自发冲动"的信念与"某种自然之光"的展示加以区分。他指出：

> 二者之间有很大不同。凡自然之光向我展示的——例如，从我怀疑这个事实，推论出我存在，如此等等——我一点儿都不能怀疑。这是因为，我没有任何别的能力，像自然之光那样值得依赖，也没有任何别的能力，能够告诉我自然之光向我展示的东西不是真的。
>
> （7: 38—39）

在17世纪，"自然之光"与恩典之光，或者，与直接来自上帝的超自然的光芒相对照。（7: 148）自然之光是在所有人心中发现的自然的或内在的认知能力。这一段，插入自然冲动的讨论，围绕自然之光提出两个重要论断。第一，它将我思结论归因于自然之光；第二，它断言，自然之光"一点儿"都不能怀疑。这是否意味着，自然之光本身就能消除一切怀疑，无须挫败骗人的上帝的假设？

倘若我们认为，沉思者追求稳固而长久的知识，那么就必须在现实中挫败骗人的上帝；简单地表明自然之光不容置疑，不足以消除怀疑。关于清楚明白的知觉（当我们具有它们时），前面已经确认了同样的性质。

上引段落引入"自然之光"，作为值得依赖的知识之源，帮助沉思者继续考察。的确，她在随后几页，每每提及自然之光。（7: 40、42、44、47、49、52）笛卡尔并未直接阐述，自然之光如何与真理规则相关联，所谓真理规则，即清楚明白的（理智）知觉是真的。上段文字说，自然之光照亮了我思推理。更前面，我思推理则归因于清楚明白的知觉。两种认识方式，看来至少必定有部分重叠。

有一种可能，笛卡尔将"自然之光"等同于清楚明白的知觉的子集，第二答辩将其描述为"那么明澈清晰，同时又那么简单，以致我们不可能想到它们而不相信它们是真的"（7: 145）。这里包括不可怀疑的我思推理，因为我们怀疑它的时候，便在思想它，并不由自主地感知它的真理。（7: 146）或者，甚至可以将自然之光限制于几何学证明所肯定的"自明命题"，例如，无（nothingness）不可能是动力因（7: 162—163），也包括凡思想者存在，以及作为公理的那些命题，它们重申第三沉思证明上帝存在所运用的形而上学原则。（7: 164—165）我们很快会看到，可以提出疑问：所有这些命题是否明澈而简单的。或许，笛卡尔预见了这个问题，在附近一段，他解释说，个人发现的自明之物，因人而异，并且暗示，通过集中凝思，形而上学真理可以成为自明的，就像"二是双数，三是单数"的事实一样。（7: 164）当这些形而上学原则在第三沉思出现时，应该回顾这一论断。

无论如何，上述那段引文掺进了某种新东西，因为它说，自然之光"一点儿都不能怀疑"，这是因为"没有任何别的能力，像自然之光那样值得依赖，也没有任何别的能力，能够告诉我自然之光向我展示的东西不是真的"（7: 38—39）。这个说法，让我们超越清楚明白的知觉（当我们具有时）的不容置疑性；它暗示，自然之光是我们不知以何种方式所具有的一切，这个事实使它成为无懈可击的真理之源。下面，还将返回这个论题。

现在，沉思者继续准备工作，考察骗人的上帝的假设，检查各种观念，寻找有什么东西要求超越她的思想而存在，允许她挣脱自己的思想世界。这种考察将她带入观念及其因果来源的形而上学。

观念的实在性等级（客观的与形式的存在）（7: 40）

笛卡尔要求沉思者从两个视角考察自己的观念：首先，单纯将其看作自己心灵的个别状态，无须注意它们的内容；其次，将其看作自己表象（至少，似乎是表象）事物的心灵状态。然后，他提出另一个概念，即，观念的每个方面都有独特类型的实在性或存在（being），并有等级差别。沉思者承认，不容争辩，她自己的观念，单独考虑，不涉及内容，具有实在性：它们平实而简单地存在着，这意味着它们有"形式的存在"或"形式的实在性"。单纯理解为心灵状态，它们在实在等级上似乎是等价的。但是，就其表象而言，它们彼此有别。有些观念似乎向她展现马，具有特定的大小、形状和颜色，其他观念则向她展现人、上帝或天使。这种表象内容具有"客观的实在性"，她很快发现，它们有等级差别。

沉思者当下的目的是要确定，在她之外是否存在着什么东西，包括上帝（7: 40），因此她问：自己是否有什么观念，其内容必须为内容所表象的事物引起，否则根本无法存在。换句话说，必须有马存在，我才具有马的观念吗？必须有上帝存在，我才具有上帝的观念吗？或者，我自己能够捏造或创造这些观念吗？当沉思者反省自己的观念时，便产生这些问题：

166   观念只是思想的样态，就此而言，它们之间看不出有什么不同：似乎都是以相同的方式在我内心产生的。然而，不同的观念表象不同的事物，就此而言，它们显然大相径庭。向我表象实体的观念，无疑比仅仅向我表象样态或偶性的观念多点儿什么东西，也就是说，本身包含更多的客观实在性。再说，使我理解至高无上、永恒、无限、全知、全能的上帝，理解创造他以外一切事物的创造者的那个观念，确实比表象有限实体的观念具有更多的客观实在性。

(7: 40)

这段引文可以（或不可以）做出合理的区分，发现观念的内容有不同的实在性等级——我们将立即考察这一点。首先，我们必须理解笛卡尔借沉思者之口说出的技术语言。在六个沉思的正文，实体和样态之类的技术概念，首次在这里出现（然而，见7: 13），尽管没有更多解释。几页之后（7: 44），几乎作为旁白，他将实体解释为"适合通过自身而存在"（除了有神的维护之外，下面讨论）的东西。例子有石头、马，或思想物。几何学证明表明，一切属性寓居实体中，将其作为它们的主体。(7: 161)上一段谈及的"样态"一词，在《第一哲学的沉思》里的使用却十分贫乏（例如，7: 78、165），与其他相关词，诸如属性、性质、偶性等，并无明显区分（7: 161、176）——《哲学原理》更详细地区分和界定了这些术语。(8A: 25—28)就我们的目的而言，可以将"样态"理解为实体的"**变体**"（马的形状或大小，心灵中的思想或观念）。

上面一段也引入"客观的实在性"（objective reality）的概念。笛卡尔从经院作家那儿借用了"客观的"和"形式的"等术语，承认形式的实在性是某物仅仅因为存在而具有的。(7:41、161)再重复一遍,心灵中的一切观念,作为心灵的状态或样态,都具有形式的实在性,如同我们绘画类比中画布和颜料的实在性。"客观的实在性"则表示另一类实在性,属于观念的表象内容。在绘画类比中,这类实在性考虑如何配置颜料,使一块画布成为一匹马的绘画,使另一块画布成为一个怪物的绘画。在心灵中,马的观念的客观实在性,传递给观念中的某个因素,是它使观念成为马的观念,而不是怪物的观念。这个因素是什么?笛卡尔并不清楚,但是,他期待我们同意,观念确实具有内容,而且,即便内容必须在心灵中存在,它们依然是实在的存在,因此具有一类实在性。

现在,我们可以进一步考察实在性的等级(degrees of freality)或存在的等级(degrees of being)。人的一切观念,作为有限心灵的状态,具有同等程度的形式的实在性。形状的观念、诸如一匹马之类的有限实体的观念,以及无限存在(上帝)的观念,具有同等程度的形式的实在性。然而,观念的客观的实在性,则根据所表象的对象具有或多或少形式的实在性,其程度也随之不同。笛卡尔根据实体—样态的本体论,提出实在或存在的三个等级。按照这种划分,样态具有的形式的实在性比有限实体少(样态,即实体的变体,其存在依赖于实体),有限实体的形式的实在性比无限实体少。因此,样态的观念,诸如一个形状的观念,其客观的实在性要比有限实体的观念少(被表象的内容较少实在性),有限实体的观念,其客观的实在性要比无限实体的观念少。

这种关于客观实在性等级的形而上学,是沉思者思索自己的观念获得的重要成果,令人振奋。然而,到目前为止,这种形而上学仅用于观念及其内容;并未事先设定,必须有一个无限实体存在,或者,除了沉思者本身以及她的思想,必须有其他什么有限事物或有限实体。我们倘若联系另一个形而上学论题,即因果论题,就能更全面地考察客观实在性的等级问题。

因果原则(7:40—42)

现在,沉思者开始考察自然之光展示的因果原则:"凭借自然之光,显然可以看出,在动力因的、总的原因里,实在性一定至少与结果里的一样多。"(7:40)"动力因"一词,意味着现实地产生结果的东西。"总的原因"必然包括产生结果所必需的一切。这里所谓的因果原则主张,原因的存在(或实在性)等级,必然等于或高于结果的存在等级。粗略地说,你不能从无中获取什么。按照存在等级的概念,较少存在的东西不能产生较多存在的东西。

关于因果原则如何用于具体情境,我们或许有怀疑,然而,你不能从无中获取什么的原则,似乎并未遭到特别的反对(就形而上学原则而言)。笛卡尔将其看作公理性质的:"没有任何一个现存事物我们不能追问:是什么原因使它存在的。"(7:164)而且,我们可以将这一原则推及事物的属性,以及事物的任何变化。这个原则为哲学家所广泛接受。没有任何反驳者挑战这个普遍原则;仅有一人挑战等级原则(7:123),另外两个人反对将其用于客观的实在性。(7:92—94、288—289)(18世纪苏格兰哲学家休谟针对"凡事件必有原因"的原则提出著名的挑战。)

笛卡尔不仅将因果原则用于观念的形式的实在性,也用于客观的实在性：

> 一个观念包含这样或那样的客观实在性，无疑是来自什么原因，这个原因包含的形式的实在性，至少同这个观念具有的客观实在性一样多。因为，如果我们设想，这个观念具有它的原因所没有的东西，那么，这个东西就一定是从无中来的。然而，一个事物以观念的方式客观地存在于理智中，其存在样态无论多么不完满，总不能是无，因而，它也不能来源于无。
>
> （7: 41）

用笛卡尔的术语说，一个"事物"存在于理智中，就是说我们具有那个事物的观念，将其作为观念的内容。他在这里的意思是说，观念的内容需要一个原因，其存在的等级同所表象事物的一样。内容需要原因，该原因可以是独立于观念（单纯的心灵状态）的形式实在性的原因。

在绘画类比中，笛卡尔或许是说，颜料构图的原因具有实在等级，其程度同形象的错综复杂性的等级一样。绘制单一色彩的画，大概比绘制再现（看上去像）多彩山坡的画要容易。在第一答辩中，笛卡尔解释说，倘若观念描绘的是一台错综复杂的机器，那么，必然有一个原因与这种错综复杂性相等——例如，高级智能，比简单设计的观念所要求的智能更高。（7: 103—104）同样，描绘复杂的设计图，譬如，一台数字计算机，所要求的能力（原因），远比描绘简单照明开关的设计图要强大得多。（笛卡尔似乎排除，任意的涂鸦可以制作出设计图。）观念的内容所要求的原因，与其错综复杂性相等，笛卡尔正是从这个概念出发，建构论证上帝存在的证明。

上帝存在的第一个证明：从上帝观念出发（7: 42—47）

沉思者的上帝观念，是笛卡尔从结果出发进行第一个证明的基础。这个证明主张，这个观念的内容之所以能够存在，唯有上帝本人使然。论证策略如下：

> 如果我的一个观念，其客观实在性如此巨大，以至于我断定，同样的实在性既不是形式地也不是卓越地存在于我。因此，我自己不可能是它的原因，那么，结果必然是，世界上并非只有我一个人，还有某种其他事物存在，它是这个观念的原因。然而，倘若在我心中没有发现这种观念，那将没有任何论据让我相信，除了我之外还有任何其他事物存在。
>
> （7: 42）

一种"实在性"在沉思者心中"卓越地"（eminently）存在，是指沉思者本人即便没有形式地或现实地具有这种实在性，依然能够产生它。例如，如果上帝存在，他就能创造物质，即便上帝本身不是物质的；物质的实在性卓越地存在于上帝之中，尽管不是形式地存在其中。沉思者梳理自己的观念，试图寻求一种观念，它具有一定程度的客观实在性，但沉思者既未形式地具有它，亦未卓越地具有它。沉思者将自己的观念分为几类：无生命的物体（及其样态）观念、自我的观念、动物及其他人的观念、天使的观念以及上帝的观念。

沉思者指出，物体观念可以从她关于自身的观念形成，尽管她认为自己只是一个心灵。她认为心灵（现在被看作一个思想物，没有广延）和形体（被看作一个具有广延的非思想之物）都是有限实体。（7: 44—45）有限实体是等价的，因此，形体观念并不比心灵观念包含更大的客观实在性。因此，她自己就能产生它。

论证过程中，沉思者将自己"清楚明白地"知觉的形体属性，诸如大小、形状、位置、实体、持续、数等，与她思想中"模糊不清的"性质区分开来。（7: 43）后者包括颜色、声音、气味、味道、冷、热，以及其他触觉的性质。这个区别以经验的方式向她展示：第二组的观念似乎是模糊不清的。为了解释这一（假定的）事实，笛卡尔引入了**"质料的假"**（material falsity）这一概念。（7: 43）这是一个复杂概念，引发笛卡尔与阿尔诺的长篇交流。（7: 206—207、231—235）就当下目的而言，这段文字（7: 43—44）提供如下实质性信息。观念作为观念，不可能有"严格意义上的"假，因这种虚假仅属于判断（上面已经讨论）；但是，观念可以提供导致错误的质料，倘若它们的模糊性允许或造成人们的误解，使其堕入错误判断的话。笛卡尔描述感觉性质的观念可能如此的两种方式。或者，观念歪曲感觉性质，事物本来不存在，观念却表象其存在，例如，冷的观念即如此，冷实际上并不存在（热的缺乏而已），我们的感觉观念却将冷展示为某种实在的东西。或者，感觉性质的观念确实表象事物的现实属性，但是，其表象太模糊，我们根本无法讲述属性是什么。(7: 44)关于后一种情况,笛卡尔说,观念有最低限度的"真",再次暗示,观念就某种方式而言可以是真的,尽管严格地说,唯有判断才可能是假的。(我们将在第七章返回真观念,在第九章返回质料的假。)以上两种情况,也都有清楚认知的属性(大小及其他属性),沉思者发现,这些观念无论具有什么客观实在性,她都有能力产生。

沉思者可以产生其内心中形体及其属性观念的客观实在性,这个论断尽管符合因果原则,但并不充分。假如实际上根本没有形体存在,那么,她从哪儿(用今天的话说)"获得观念",诸如形状、大小及其他?这里,她没有给予答复。不过,她只需确认,形体的观念并不能清楚地证明,必须有外部原因产生这一观念。此时,最糟糕的也只不过是她无法确定她能否产生这个观念,因此,她继续前进。

其他人和天使的观念,也都是关涉有限实体的,因而,可以模仿沉思者觉知自己的情况(或者,如果天使是更高级的有限实体,那个观念可能依赖于她的上帝观念)。但是,她发现,上帝的观念要求无限的原因。上帝观念表象无限的存在,因此,具有无限的客观实在性。沉思者是有限的,所以,不具备这种无限的实在性,无论形式的还是卓越的。于是,这个观念提供证据,表明在她之外有某物存在。她无须考虑,这个观念质料上是假的,在愚弄她;因为"它是非常清楚、非常明白的,本身比任何别的观念都包含更多的客观实在性,所以没有一个观念比它更真实,更少被人怀疑为虚假的了"。这个观念要求上帝是原因,因为它有无限的客观实在性,将上帝表象为"无上完满的、无限的存在者"(7: 46)。

该观念的内容表象一个外部存在者，其表象证明，存在者是存在的（或者，论证这样展开）。

笛卡尔的论证要求沉思者在自己内心发现上帝的观念，或者，发现"一个实体存在，它是无限的、独立的，无所不知，无所不能，不仅创造我自己，也创造其他一切存在物（假如真有东西存在的话）"（7: 45）。固执的沉思者针对这个要求，可以从两方面提出挑战。首先，她可以宣称，她没有这种观念。其次，即便承认有这种观念，也可以提出怀疑，它是否真的要求无限的原因，或许，无限实体的观念可以建构而成：从一个有限实体的观念出发，思想上清除其所有局限。（7: 186）

笛卡尔让沉思者考察有限与无限的关系，试图应对这两个挑战。她承认，"我关于无限的知觉，以某种方式首先存在，先于有限的知觉，即是说，上帝的观念首先存在，先于自我的观念"（7: 45）。沉思者的有限概念，以肯定性的无限概念为先决条件，因为她的有限观念，产生于对这种无限施加限制。（也见3: 427、5: 355—356）这种情况可以与有限和无限空间域相比照。设定一个具有确定边界的有形区域。设想超越边界就是在思想中取消边界。然而，人们可以论证，边界的存在只是将这个有限的区域与周围区域分割开。无论分割出来的区域有多大，它以周围的区域为先决条件。概括地说，当思想有限地存在时，其中暗含着无限或无界限的存在，有限产生于对在先的无限概念施加种种限制。

我们的两个挑战仍未得到充分的回应。即便假定，有限观念以无限观念为先决条件，难道它就必须以上帝（某种无所不知、无所不能，并创造其他一切事物的东西）的观念为先决条件？任何一个无限存在的观念，难道不都是有限存在观念的背景吗？如果有限心灵能为有限形体的观念充当原型，那么，无限形体的观念或许也能为上帝的观念提供原型呢。

笛卡尔的回应，诉诸真正的无限存在者各个属性间的特殊统一（当时神学流行的概念）。他将上帝的观念解释为**完满存在者**的观念。（7: 46）根据当时的哲学术语，完满包含了实在性或存在的完整无缺。（见7: 165）或许，凡真正的无限存在者，都包含所有的完满性，因而，必然是上帝。这个意蕴，在第二个证明得以阐发。

第二个证明：从保存出发（7: 47—51）

在第一个证明即将结束时，沉思者注意到，她的知识逐渐增加，于是询问，她的内心能否包含（至少潜在的）上帝的一切完满性。倘若果然如此，她本人就（不知不觉地）成为自己上帝观念的无限原因。然而，笛卡尔让沉思者意识到，上帝观念所指涉的存在，并非逐渐发展成无限的完满性，而是永恒的、至高无上的存在者。上帝不会生长和发展。沉思者经验到自己的知识贫乏与增长，这个事实足以表明，她不像是上帝。（7: 46—47）

沉思者现在考虑："具有这个（上帝）观念的我自己，倘若没有这种（完满的）东西存在，能否存在。"（7: 48）这个问题引出第二个证明：任何有限者的存在，只有当存在一个无限的创造力量时，才能给以解释。

第二个证明是一个排除过程。笛卡尔将沉思者存在的可能原因分为四类：她自己；她的父母；不如上帝完满的其他存在者；或者上帝。然后，他排除了前三类，只留下上帝。沉思者不是自己存在的原因，因为，假如她能从无中创造自己，她就是上帝——假设，无限力量是指从先前一无所有之处创造出某物。假如她具有这种创造能力，便无法否认具有其他（更容易创造的）属性，诸如无所不知，那样，她就应该知道自己就是上帝。(7: 48)

以为凡能够创造某物的东西就是上帝，这种想法在其后的情形中发挥主要作用。然而，笛卡尔首先补充一个新的途径。他让沉思者考虑一个假设：并非她创造自己，而是她始终像现在这样存在着（或者，像她现在认为的那样，她是一个思想物）。这种可能性为一个形而上学命题所驱逐。沉思者的寿命（即便无限长）

> 可以分为无数部分，每一部分完全独立于其他部分，因此，从我曾经某个时刻存在过这一事实，无法推出我现在必定存在这个结论，除非有什么原因，好像这个时候在重新创造我——也就是说，在保存我。
>
> (7: 49)

这个命题假定，时间可以分为片断或瞬间，然后断言，有限实体在任一时刻的存在都没有能力让它在后来继续存在。换句话说，每一时刻保持事物存在的力量，与最初创造事物的力量是相同的。沉思者断言，"保存与创造的区别，只是理性的一种区分，这也是自然之光让我明显看到的"(7: 49)。

这种保存的观点，如果与"唯独无限存在者能够创造"的论断相结合，就足以排除沉思者存在的其他原因。其中包括她的父母，以及其他不如上帝完满的存在者。即便她的父母（像她以前相信的那样）通过生育成为她的形体的原因，依然需要上帝不断保存物质实体（她及其父母的身体由此构成）的存在。任何原因，只要力量不及上帝，其存在都必须依赖上帝的无限力量。因此，唯独上帝的力量，才能解释一切有限者的持续存在。

第二个证明提供一种方式，回应骗人的上帝的假设，至少，可以回应缺陷设计的版本。论证试图表明，沉思者的起源和持续存在，只能由无限的（完满的）存在者作为原因，笛卡尔随后指出，这个存在者不可能是骗子，因此，不可能创造具有心灵缺陷的沉思者。

这个论证特别强调沉思者心灵中的完满、无限、上帝等观念。因此，让我们看看笛卡尔如何解释这些观念的起源。

上帝观念是天赋的（7:51—52）

第二个证明最初提出的问题，不仅涉及沉思者存在的源泉，也涉及她的上帝观念的来源。沉思者考察这个沉思先前列举的各种来源：外来的（来自感官的）、虚构的，或天赋的。

沉思者排除了感觉，指出这种观念"从来不会是我不期而遇的，好像感官提供可感知事物的观念那样"（7:51）。树、房子、桌子、椅子等感觉观念，可以自行出现。而上帝的观念，显而易见，需要我们自己去经验（或者，清楚地经验到）。原先形成的对上帝的信念，很可能是通过感觉向他人学到的。

第一个证明指出，唯独无限者，才是上帝观念的原因。这个论证本身并未表明，无限的形体不能是沉思者的上帝观念的原因，或为其提供原型。在第三答辩中，笛卡尔指出，"上帝没有什么与外界的形体事物相似"（7: 188），似乎拒斥无限形体作为上帝观念的原型。然而，人们或许反驳，既然宇宙是无限的，难道在这方面与上帝没有相似？但是，笛卡尔认为，在上帝观念中发现的无限，是能力和完满性方面的特殊无限，因而，不同于（或许，根本无法比拟）广延的无限。（确实，笛卡尔在第一答辩中宣称，宇宙并非"每个方面都是无界限的"，因而，它的无界性应该叫作"不定"［indefinite］，并非"无限"［infinite］。［7: 113］）上帝观念展示其属性（无限的、无所不能的、无所不知的，等等）的特殊统一性；不仅每一属性的观念需要原因，沉思者对这种统一的"理解"也需要原因。（7: 50）这后一种原因（根据第一个证明，必然是无限的）必然也给沉思者提供其他无限属性的观念。那个为他提供无限属性统一性观念的存在，必然也具有统一性吗？按照我们上面回顾的论证，是这样。倘若无限的原因——也就是说，足以产生沉思者的上帝观念，创造沉思者本人的那个原因——能够给予自身一切完满性，那么任何无限的原因都可能是上帝，因而，都可能具有笛卡尔试图在上帝观念中发现的一套统一属性。（假定属性能够和谐地结合在一个存在物中。）

沉思者接着否认上帝的观念是虚构的，证明"我根本没有能力在上面加减任何东西"（7: 51）。或许，我们能够随意摆弄自己虚构的观念，任意地增补或删减。但是，天赋观念的内容是稳定的、一劳永逸。因此，这个（不能改变）的观念是天赋的。在其他地方，笛卡尔解释说，天赋观念无须在心灵中全面展示，而是潜伏在"思维的能力"中。（8B: 358）思维的能力或理智力，具有稳固的结构。这意味着，我们能够发现理智潜在内容的新方面，但不能增补或删减各个因素。（7: 371）然而，上帝观念要求特殊的来源。它不像其他天赋观念，其内容不可能产生于我们自然的、有限的思维能力（根据第一个证明），因此，必须经上帝特许，使理智能够形成一个无限完满者的观念。这个天赋的（潜在的）上帝观念，就像"工匠把标记刻印在自己的作品上"（7: 51）。

我思推理依赖于一些天赋观念，同样，笛卡尔关于上帝存在的论证，除了要求上帝的观念（或许，脱离上帝的观念），亦要求一些天赋观念。其中包括肯定性的无限观念，统一、单纯、完满、实体、非物质性等观念，还有因果原则所需要的那些观念。这些观念必须是天赋的，因为它们隶属的事物不能为感觉或想象所表象（如同上帝及其属性）。因此，笛卡尔竭力主张，上帝的无限性不能以任何低级的存在为模型。

在笛卡尔运用沉思方法的过程中，始终假设有天赋观念存在。倘若没有独立于感觉和想象的认知源泉，摆脱感觉和想象便行不通。但是，笛卡尔不允许形而上学的观念有其他来源。这种限制给他的论证增加重负。论证不仅在逻辑上必须完美无缺，而且，还必须让每个读者心悦诚服，自己追随"自然之光"揭示的形而上学原则，到内心发现各种天赋观念。倘若有人小心翼翼地紧跟笛卡尔的著作，却不能发现其中描述的上帝的天赋观念，那么，论证便陷入困境。一些反对者，包括与笛卡尔持共同宗教信仰的一些人，否认自己具有上帝的天赋观念，诸如沉思者期盼在自己内心发现的那种

观念。(7: 96—97、123—124、186—187、307)

上帝不是骗子；神圣之光（7: 52）

最后，沉思者回到骗人的上帝的假设。从无限的、完满的上帝观念，她得出结论，上帝"没有任何缺陷"。由此推论，"他不可能是骗子，因为自然之光清楚地告诉我们，所有欺诈和欺骗在于有某种缺陷"（7: 52）。欺骗源于缺陷，因此，上帝的完满性蕴含着：他不是骗子。

现在，沉思者停下来深思上帝，"用我的神眩目夺的心灵之眼，竭尽全力去注视、赞叹、崇爱这个灿烂光芒的无限壮丽"，借以体验此生此世的"最大快乐"。这个沉思是灵修的一部分，特别具有奥古斯丁会士的趣味，要求深思非物质的上帝。在笛卡尔的认知修炼中，通过深思上帝以经验理智之光，可以强化新发现的非感觉的经验，即纯粹的理智思想。

如果上帝不是骗子，那么，那些"轻率的"和"形而上学的"怀疑，其根据就可以被清除。第四沉思探讨无欺的上帝对于我们的知识究竟意味着什么。在此之前，让我们考察一下《第一哲学的沉思》的最初读者曾经提出的一个问题。

笛卡尔的循环

在第三沉思，笛卡尔诉诸自然之光或者清楚明白的知觉能力，借以证明上帝的存在以及上帝不是骗子。(7: 40—50) 而上帝存在，

上帝不是骗子这个事实，则使沉思者不再怀疑清楚明白的知觉是否可靠。(7: 35、52)

这一过程有循环论证之嫌。为确认真理的特定方法（清楚明白的知觉）辩护，需要证明上帝存在，证明上帝不是骗子；但是，这种证明却依靠这个特定方法。（注意，无论笛卡尔如何证实清楚明白的知觉有效，都会产生类似问题。笛卡尔循环涉及一个普遍问题：人们如何知道自己的认识方法是可靠的。）

阿尔诺（Arnauld）在第四反驳指责这种循环：

> 我还有一个担忧，那就是，当作者说，只是由于上帝存在，我们才能确认我们具有清楚明白的知觉时，如何避免陷入循环论证。然而，我们之所以能够确认上帝存在，只是因为我们清楚明白地知觉到这一点。因此，我们确定上帝存在之前，应该已经能够确认，我们清楚明白知觉的一切都是真的。
>
> (7: 214)

第一句话是第五沉思一段文字的意译，在那里，沉思者明确地根据自己的知觉，即"上帝存在""其他的一切都依赖于上帝""上帝不是骗子"，得出结论："我清楚明白知觉的一切必然是真的。"(7: 70)这句话描述了第三沉思的顺序：清楚明白的知觉是否值得依赖，取决于对上帝存在的考察。第二句话实际上说，第三沉思的证明诉诸"自然之光"，等同于诉诸清楚明白的知觉。第三句话指出，如果我们确信，清楚明白的知觉要求我们首先证明上帝存在和上帝善良,那么,借助清楚明白的知觉以证明上帝的存在,便毫无依靠。

笛卡尔的第四答辩(引用第二答辩)回应了这种循环论证的责难:

> 关于这个问题,我在对第二组反驳进行答辩的第三点和第四点,已经给予充分的解释,在那里,我将事实上清楚明白知觉的东西,与我记得以前曾经清楚明白知觉的东西加以区分。开始,我们确认上帝存在,那是因为我们注意到证明上帝存在的那一论证;但是以后,我们要确认某物是真的,记得我们曾经清晰地知觉过它就足够了。假如我们不知道上帝存在,不知道上帝不是骗子,那恐怕不行。
>
> (7:246)

在这个答辩中,笛卡尔似乎说,清楚明白的知觉,其可靠性实际上毋庸置疑,值得怀疑的,只是我们眼下没有这种知觉,却相信它是可靠的。这里没有什么循环论证,因为上帝存在的证明(依赖于清楚明白的知觉)只是使沉思者获准,当她没有清楚明白的知觉时,相信其记忆结果——或许,是因为拒绝骗人的上帝的假设,从而消除了"轻率的"和"形而上学的"怀疑。因此,无须为清楚明白的知觉本身辩护,即使它作为一种力量,用以考察怀疑的理由。

这个回应似乎南辕北辙。阿尔诺直接怀疑的,是相信清楚明白的知觉为真,根据何在。当我们具有清楚明白的知觉时,便无法怀疑它们，这个事实似乎文不对题，无济于事。阿尔诺关注的，不是当我们面对清楚明白的知觉时，心理上能否产生怀疑，而是询问，清楚明白的知觉事实上是否真实。无论我们能否怀疑，它们都可能出错。因此，我们需要证明其有效性，这种证明则不依赖清楚明白的知觉——阿尔诺正确地指出，笛卡尔没有提供这种证明。

这种对阿尔诺反驳的分析，将纯粹心理的确定性与真理加以区分。早先，我们曾经指出，笛卡尔对纯粹心理的确定性不感兴趣，而是将确定性等同于真理。然而，阿尔诺或许反驳说，即便笛卡尔相信，确定性产生真理，那他依然必须提供理由，说明人的确定性（那种正确的：清楚明白的知觉）何以是真理的充分标准。因此，笛卡尔的回应并未消解阿尔诺对循环论证的指责。

评估这种循环，取决于笛卡尔的《第一哲学的沉思》希望获得什么。前几章，我们将维护理性（或者现在，维护清楚明白的理智知觉）的目标与改革形而上学的（更为局限的）目标加以区分。而且，我们将发现理智的纲领与证明理智是可靠的加以区分。究竟选择哪个目标，究竟如何解读笛卡尔的论证，决定我们对循环论证的指责如何回应，决定我们如何判断笛卡尔纲领是否成功。结论可能不同，这取决于我们究竟是询问：笛卡尔试图证明什么，还是相反，询问他要达到自己的结果，必须证明什么（这是阿尔诺的询问，最终，我们也应该提出同样的询问）。

解释笛卡尔对循环指责的回应，必须考虑多种因素，包括真理规则的提炼、诉诸自然之光，以及上帝存在与上帝不是骗子的证明。为了引导进一步的讨论，我们考察四个不同的解释。

确定性，并非真理

我们假定，笛卡尔《第一哲学的沉思》的目的不纯粹是发现一种形而上学，以便读者接受，而是要向他们证明，他的形而上学是真实的。然而，第二答辩有些段落，显然暗示，笛卡尔不想表明自己占有真理。按照一种读法，这些段落揭示，笛卡尔只是试图为他的形而上学，获取人类最大的确定性。主要论述如下：

> 我们一旦认为，我们正确地知觉到某物，便自然相信它是真的。倘若这个信念十分牢固，根本没有理由怀疑我们相信的东西，那么，我们便无须进一步追问。我们得到了能够合理要求的一切。如果某人指出，我们强烈相信其真实性的知觉，在上帝或天使眼里是错误的，即绝对说来，是错误的，那怎么办？既然我们不相信所谓"绝对的错误"，甚至没有丝毫的疑虑，何必为它烦恼呢？因为，我们这里的信念如此坚定不移，根本无法摧毁。很清楚，这种信念如同最完满的确定性。

（7: 144—145）

坚定不移的信念等同于"完满的确定性"，而"完满的确定性"（看来）不同于"绝对的"真理或错误。

倘若我们暂且接受这种区别，那么笛卡尔对阿尔诺的回应便可以采取下列策略避免循环论证。我们假设，笛卡尔的目标是获得完满的或坚定不移的确定性（与真理相区别）。当我们具有清楚明白的知觉时，它们便提供这种确定性。我们没有时，骗人的上帝的假设便瓦解这种确定性，因为它对这种知觉是可靠的提出普遍的怀疑。证明存在一个不骗人的上帝，运用了清楚明白的知觉。我们完全为这些证明所说服（我们研究它们，直至它们看来是显而易见的），因此，不再为骗人的上帝的假设所驱使。我们没有表明清楚明白的知觉是真的，因而没有表明上帝的证明是真的。但是，我们已经表明，它们是最确定的，由此通达我们的目标，即获取坚定不移的信念。

根据这种读法，笛卡尔实际上是引导读者寻求一种心理的平静，坦然接受他的新形而上学。这种方法很像古代的怀疑论者，试图寻求心灵的宁静。然而，与真正的怀疑主义相反，这种心灵的宁静产生于坚定地接受其形而上学原则（而不是悬置判断）。如果烦人的怀疑发生，灵丹妙药就是第三沉思提出的清楚明白的知觉。

"确定性，并非真理"的读法，提供了一种摆脱循环的途径，却让笛卡尔放弃自己公示的真理目标。（7: 69—70、577—578）倘若以此为代价，人们或许提出疑问，上段引文是否真的要求区分确定性与真理？请注意，笛卡尔并没有说，我们的结果即便是"绝对错误"，那也无关紧要。相反，他问道："既然我们不相信所谓'绝对的错误'，甚至没有丝毫的疑虑"，为什么还那么介意呢?（7: 145）几段之后，他坚持说，我们知觉的清晰性，"不允许我们听从那些编造这类故事的人"，那些人"指出，这种真理在上帝或天使眼里可能是错误的"（7: 146）。紧接着，在回应所谓人的概念实际上是否与实在相符合时，笛卡尔指出，否认它们彼此符合，必将摧毁人类的一切知识，"因为它们没有丝毫理由"（7: 151）。或许，笛卡尔的确追求真正的真理，却拒绝未经证实的所谓可能"绝对错误"的警示,将其看作武断的、毫无根据的。

倘若假设,笛卡尔追求的是形而上学真理,那么"确定性,并非真理"的途径既不符合他的意图,亦不能揭示实现其目标的必需之物。第二种途径可以从他的这一主张开始:我们没有理由料想绝对的错误。他或许借助第一沉思的观点:任意地决定怀疑并非充分的理由。这暗示避免循环的第二种策略。

消除怀疑

按照"消除怀疑"的策略,笛卡尔的目的并非**证明**清楚明白的知觉是真的,而仅仅是要表明,怀疑这种知觉的根据经不起推敲。当笛卡尔说,细致地将具有清楚明白的知觉,与回忆具有这种知觉加以区分,就能避免循环论证,他提醒阿尔诺注意,骗人的上帝的假设最初颇有威力,是因为回忆起(与直接经验相反)推理的个例。(也见7: 473—474)在尚未充分考察骗人的上帝的假设这种情况下,这一假设似乎为怀疑提供"深思熟虑的"理由,甚至能够怀疑明晰的知觉。(7: 21)然而,一旦考察这个假设,便发现内在的矛盾:设想的完满上帝不可能是骗子。所谓的怀疑理由被清除,无须用清楚明白的知觉去证明上帝存在,只是表明,欺骗与至高无上的存在者的完满性格格不入。因此,(据说)避免了循环论证。我们没有任何理由怀疑清楚明白的知觉,却获得确定性,将其看作与真理相一致。(用第三章的术语说,这个结果为理由提供"弱维护"。)

"消除怀疑"的策略符合笛卡尔在回应阿尔诺时表现出的意图。不过,它也有自身的问题。姑且承认,笛卡尔不允许随意的怀疑理由。然而，骗人的上帝的假设——或者其他的怀疑根据，如有缺陷的来源——一旦设立，人们便可提出怀疑：清楚明白地知觉上帝的观念是否足以消除这种怀疑。这个论证试图排除骗人的上帝的假设，其依据是它逻辑上有缺陷，将欺骗归于完满的（经过细致考察便会发现）存在者。这种对上帝的思考无须证明上帝存在，只须证明，**如果**上帝存在，他是完满的。然而，我们如何确定，我们的上帝观念确切地表象了上帝的属性？又如何确定，欺骗与完满互不相容？

更一般地说，我们可以怀疑，简单地发现骗人的上帝的假设本身有问题，能否清除第一沉思提出的其他怀疑理由。要消解有缺陷来源的假设，我们似乎必须诉诸清楚明白的知觉，证明上帝（他不是骗子）是现实的存在者，并创造了我们，我们的自然来源不可能有缺陷。人们运用形而上学的主要原则证明无欺的上帝存在，而这些原则必须被看作真实的。这里，需要诉诸清楚明白的知觉，其可靠性必然再次成为先决条件，循环又恢复了。

维护理智的预设

假如笛卡尔相信，沉思者能够合理地从一个强预设开始，或采取这一预设以维护人类的理智，那将如何？也就是说，假如举证的重负落在怀疑者肩上，那将如何？"消除怀疑"的策略倘若与这种预设相结合，或许颇为充实。要评估这种可能性，必须暂时返回，重新审视《第一哲学的沉思》的目标。

在第三章，我们看到，《第一哲学的沉思》的目标可能并非理性的强证实（strong validation），而是发现纯粹的理智，以便改造形而上学。暂且假定，这就是目标。那么，笛卡尔的意图就不是证明理智是可靠的，而是要展现理智在现实的形而上学推理中发挥的力量。现在需要补充，他并不需要强证实，因为他认为，我们应该信任自己的认知能力，其最佳运用将产生真理，除非我们有某种令人信服的理由不这么做。消除怀疑的根据驱逐了这类理由，剩下的只是我们的预设。

依照这种解读，笛卡尔首先通过我思以及提炼论证[1]，让沉思者看到有清楚明白的知觉存在，且有力量。现在，提炼论证不再证明清楚明白的知觉是真的，而是展示一种方法，为我思负责。沉思者发现，纯粹理智或自然之光是寻找真理的工具，接着便运用这种认知资源，评估骗人的上帝的假设的形而上学基础。全部考察表明，怀疑缺乏依据。我们的清楚明白的知觉告诉我们，上帝存在，上帝不是骗子。假定这些论证并非因此有效，那么我们只须确认它们的合理性，询问"自然之光"是否现实地扩及因果原则，我们是否在内心真的发现必需的上帝观念。这个策略不同于简单的"消除怀疑"策略，其态度是：纯粹理智，一旦被发现，便获得信任，被当作能够产生形而上学真理的工具。

这个策略使第三沉思免遭循环论证的责难，因为它解除沉思者的负担，无须证明清楚明白的知觉是真的。然而，也产生一个问题：我们是否应该接受这种维护人类认知能力的预设？

在第四答辩中，笛卡尔解释自己关于身心区别的证明为什么等到第六沉思才提出，其间指出，我们通常确实做出这种（一般

---

1 extraction argument，即前面所说的提炼真理规则的论证。——译者注

的）预设。

> 既然我们通常断定，事物在我们知觉中构成的方式相同于它们实在中的构成方式，那么我就用不着多说什么来证明心灵与形体之间有实际区别。不过，我在第一沉思提出的那些夸张的怀疑，有一个使我无法确定这一点（事物实际面目是否相同于我们对它们的知觉），因为我假定自己不知道谁是我的存在的作者。
>
> （7: 226）

撇开身心问题不谈，这一段指出，我们"通常断定"，实在相应于我们（理智）对它的知觉。这里直接表述了一个维护理智的预设。

这段引文意味着，要证明身心区别，必须知道上帝存在，知道上帝是完满的。难道笛卡尔是说，必须证明上帝存在，才能给予清楚明白的知觉以神灵的保护？或者毋宁说，他考察自己对上帝的认识，发现第一沉思提出的"夸张的怀疑"事实上极其荒谬，应该摈弃？倘若是前者，他采取的策略并非预设。后面的读法与预设的策略一致，可以进一步探讨。

在自然之光那一段，笛卡尔说，凡自然之光向我展示的，"一点儿都不能怀疑"，因为"没有任何别的能力，像自然之光那样值得依赖，也没有任何别的能力，能够告诉我自然之光向我展示的东西不是真的"（7: 38—39）。从"自然之光是我们最值得依赖的能力"这一事实，显然无法推出，它实际上不能有缺陷。必须增加其他的考虑。

这段话并不是说，自然之光不能有缺陷，而是说，它的结果不容置疑。从没有其他能力向我们表明，自然之光是有缺陷的这个事实，何以得出这个结果？或许在于，对于自然之光本身，不容怀疑，因为它是我们最信赖的能力，所以必须用它对怀疑的根据加以评估。粗略地说，理性无法摧毁自身。作为怀疑的仲裁者，它凌驾于争论之上。

　　正如我们第三章认同的，怀疑的过程必须依靠推理能力予以实施，因为这涉及论证的展开。然而，单凭这一点，只为我们提供依据，不能把自然之光当作怀疑理由的评判者加以摈弃。它并没有提供任何理由，让我们相信自然之光确立了积极的形而上学结果。因此，我们需要其他某种东西，并试图将这一段读作一种预设，借以获取这种东西。笛卡尔在这里暗示，没有任何正当理由便怀疑我们最好的认知行为，毫无道理可言。确实，几何学证明指出，读者沉思清楚明白的观念，应该更明晰地觉知自己的纯粹理智知觉，知道它们始终是可靠的，之后，他宣称，仅仅"因为基于感官的某些成见，或者，因为什么假设包含未知的因素"（7: 164），便怀疑这种知觉，那是"不合理的"。上述假设，必然包括骗人的上帝和有缺陷来源的假设。因此，骗人的上帝的假设尽管貌似合理，然而，通过我思的运作提高思想的清晰度之后，我们现在则能更公正地评价它。我们获得最好的认知能力，发现上帝存在，上帝不是骗子。怀疑被消除，维护人类理智的预设则岿然不动。

　　这个结果并非循环论证，尽管人们可以挑出其他缺陷，例如有缺陷来源的假设，采用未经证实的假定作论据。我们将在第七章返回这个问题。

强证实

对笛卡尔目的的最后一种解读，隐含在阿尔诺的指责中。他指责笛卡尔依赖清楚明白的知觉，不单纯是建立"非真理的确定性"或"消除怀疑"，因而摈弃维护理智的"预设"，而且要证明，上帝作为我们认知能力的创造者，他是存在的，并保证了清楚明白的知觉是真理。这符合"强证实"的读法。

在答复阿尔诺时，笛卡尔不接受对其目标作如此理解，不过，他确实理解这个问题：人的理智是否现实地按照事物的所是表象事物？"预设"那段话提出这一问题，只是将其搁置一边，在别处，笛卡尔则承认了它。（例如，7: 150—151）而且，沉思四至沉思六的一些论证，也提出这个问题。总之，撇开笛卡尔的意图不论，既然他的形而上学雄心勃勃，我们就应该质询：他是否需要一种强证实。

第三沉思为强证实提供一些资源。倘若提炼论证正确，它将提供独立的依据，使人相信清楚明白的知觉具有表真特征。论证的提出仅仅以我思为基础。虽然获得的真理规则依然受到质疑，直至评估骗人的上帝的假设，不过，人们可以说，提炼论证提供一个合法途径，引导人们考察这一假设，审视它是否怀疑的依据。沉思者或许运用这种独立合法的真理规则，证明上帝存在，然而上帝的存在和完满毫无效力，起不了多大作用，除非确认骗人的上帝的假设空洞无物，难以支撑怀疑。上帝存在的第二证明支持这一概念：任何能够创造或维持有限心灵的存在者，都必然是上帝，它是完满的，因此不会创造有缺陷的理智。

更一般地说，自然之光那段宣称自然之光毋庸置疑，因为没有其他能力审查它。或许，笛卡尔最终是要暗示，自然之光的"最高裁决"地位，为其绝对不容置疑性和绝对真理提供根据。然而，这个论证很难被接受。裁决怀疑需要运用推理能力，似乎并不要求这种能力能够表达绝对真理，或者像笛卡尔最终主张的那样，能够支持形而上学结论，按照事物的所是理解事物。不过，自然之光那段预示了另一个论证，即在第六沉思中，笛卡尔认为上帝提供了我们的能力，并且指出，他没有给我们提供别的能力检验其结果，所以只有以上帝不是骗子为依据，才能信任它们。（7: 79、80，也见7: 144）于是，这一段预示了后来的依据，借助神灵保证清楚明白的知觉。按照这种策略，必须证明上帝存在和完满，才能保证自然之光或清楚明白的知觉产生真理。

这种强证实论证承诺确认人的理智具有绝对的能力，可以证实形而上学的第一原则。这些原则不仅包括上帝的存在和上帝的属性，也包括事物的本质。获得这种结果，正是笛卡尔的目标。然而，迄今为止，凡支持强证实的推论，无论诉诸上帝，还是依靠提炼论证，似乎依然是循环论证。尤其是提炼论证，似乎随时会打破传统的笛卡尔循环，确认清楚明白的知觉是真的，完全独立于上帝的保证。但是，倘若不通过清楚明白的知觉，又如何评估这个论证呢？这种评估不仅考察某些怀疑的依据，而且必须确认一个论证的真理，以支持辨识真理能力的可靠性，这个能力本身，通常用来评估这个论证。

沉思四和沉思五有些段落与这种循环相关。在考察它们时，我们必须记住这里勾勒的四种解读（尤其是后三种）。我们还应该考虑，除此之外，笛卡尔是否还有其他资源可用来处理这个问题。

文献与其他阅读书目

对第三沉思的许多讨论，关注证明上帝存在时所运用的形而上学设置——观念形式的和客观的实在性、因果原则等——并与著名的笛卡尔循环结伴而行。Carriero、Curley、Flageand Bonnen、B. Williams、M. Wilson等人的著作，颇多助益。Dicker的论述平易近人，其中包括提炼论证。

进入笛卡尔观念理论的一个明智途径，见Kenny, ch. 5。也见Norman J. Wells, "Objective Reality of Ideas in Descartes, Caterus, and Suárez," *Journal of the History of Philosophy* 28（1990）, 33—61；Deborah J. Brown, "Descartes on True and FalseIdeas," in Broughton and Carriero, 196—215；David Rosenthal, "Will and the Theory of Judgment," in A. Rorty, *Descartes' Meditations*, 405—434。我关于笛卡尔观念理论的阐述，与Grene十分接近，见Grene, ch. 1，也见Guèroult, *Descartes' Philosophy*, vol. 1, ch. 5。关于天赋观念，见Alan Nelson, "Cartesian Innateness," in Broughton and Carriero, 319—333。

笛卡尔"从结果"证明上帝的存在，通常属于托马斯·阿奎那的一种论证类型。对阿奎那来说，结果包含世界的变化、偶然之物的存在、秩序的存在等；见Étienne Gilson, *Philosophy of St. Thomas Aquinas*, translated by E. Bullough（Cambridge: Heffer, 1929）, chs.4—5。笛卡尔的第一个证明，从人心灵中的上帝观念开始，与阿奎那聚焦自然及其秩序相对照。笛卡尔的第二个证明，解释有限存在者的存在，更接近阿奎那。两个证明都重复了奥古斯丁的论题，从人心的不完满走向无限心灵，只有通过与后者比较，才能理解我们的有限性和不完满。(也见7: 53)关于笛卡尔与奥古斯丁思想的关系，见Menn。第一个证明运用存在等级的概念，有柏拉图主义和亚里士多德主义两个先例。关于亚里士多德主义背景，见E. J. Ashworth, "Petrus Fonseca on Objective Concepts and the Analogy of Being", in Patricia Easton (ed.), *Logic and the Workings of the Mind: The Logic of Ideas and Faculty Psychology in Early Modern Philosophy* (Atascadero: Ridgeview Publishing, 1997), 47—63。关于笛卡尔的形而上学与经院哲学之间的关系，见Secada, *Cartesian Metaphysics*。关于证明中所用的上帝观念，见Jean-Marie Beyssade, "The Idea of God and the Proofs of His Existence," in Cottingham, *Cambridge Companion*, 174—199。关于笛卡尔的因果原则，见Tad M. Schmaltz, "Causation and Causal Axioms," in Detlefsen, 82—100。关于善于"理性的区分"（rational distinction）的概念（诸如保存与创造之间），见Principles, I.62 (Miller and Miller translation)。CSM将这一语境的*ratio*译作"概念的"（conceptual），Moriarty将其译作"在我们思想中"（in our thought）；每一个都捕捉区分的精神，但也都与已有的术语传统相抵触。

关于笛卡尔循环的文献有很多，且众说纷纭。Willis Doney (ed.), *Eternal Truth and the Cartesian Circle: A Collection of Studies* (New York, Garland, 1987) 收集了多篇重要论文。Louis Loeb, "The Cartesian Circle", in Cottingham, Cambridge Companion, 200—235, 深入文献，考察确定性或真理问题。Frankfurt主张，笛卡尔不是在传统的"符合"意义上（思想符合独立于认识者的对象）寻求真理，而是主张一种融贯论（我们放弃符合论，接受彼此融贯一致

的信念）。Broughton, ch. 9，阐述一种强证实。Rubin展示一种"消除怀疑"的策略，暗示强证实。目前分析的详细阐述，见Hatfield, "The Cartesian Circle," in Gaukroger, *Descartes' Meditations*, 122—141。

第六章　判断、错误与自由

沉思四：真理与错误

在第三沉思结尾，沉思者说，上帝的完满性与欺骗水火不容，因此，上帝不可能是骗子。第四沉思联系人会犯错误这一事实，考察上述结论，该事实与神的无欺似乎互不相容。(7: 21) 考察将人的判断分为两个因素：理智与意志，并探讨自由意志的概念。另外，内容提要（或称"前奏"）承诺，这一沉思将证明，"凡我们清楚明白知觉的东西，都是真的"(7: 15) 意味着，这里提出了真理规则的真正论证。的确，第四沉思并非单纯注意到，欺骗与上帝的完满性互不相容。它还证明，上帝作为创造者且具有完满性，其含义是：他能如此创造我们，使我们避免错误，抵达真理。上帝保证我们的判断力是真理的发现者。

回顾：认识非物质的事物无须形象（7: 52—53）

沉思者回顾了目前所熟悉的认知状况。她公布自己的认知成果："这几天，我已经习惯于使自己的心灵摆脱感官；而且，我留心注意到，关于物质的事物，很少有真实的知觉，更多的则是关于人的心灵的认识，还有关于上帝的认识。"（7: 52—53）

沉思者不仅增加有关上帝和人心的新知识，而且，也得到获取知识的新方法。现在，她毫无困难地"使心灵偏离想象的事物，转向纯粹理智的对象，转向完全脱离物质的事物"（7: 53）。尽管她尚未准备宣称，人的心灵与物质截然有别，不过，她的心灵观念将心灵描述为非物质的；她有一个清晰的心灵观念，"既然它是一个思想物，没有长宽高的广延性，没有其他形体特征"（7: 53）。

沉思者还报告了自己在第三沉思获得的坚定信念：上帝存在。现在，她"通过深思真实的上帝"，能够"发现一条道路，去认识其他的事物"（7: 53）。

上帝不是骗子（7: 53）

沉思者重述第三沉思的简短论证，即上帝不是骗子：

> 首先，我看出，上帝不可能欺骗我。因为凡是欺诈或欺骗，都含有某种不完满；尽管能够欺骗似乎标志着某种机智或能力，不过，想要骗人却无疑证明是一种邪恶或缺欠，因

此不能用于上帝。

（7:53）

上帝不是骗子；尽管他有欺骗的能力，但是，他绝不会行骗。这个话或许排除了上帝通过积极干预欺骗我们的假设，即第三章提出的干预假设（上帝的干预使我们产生错误的思想）。倘若如此，上帝的无欺恐怕并未提供正面依据，断言清楚明白的知觉是真的。它只是说，假定凭借自身，我们自然能够获得真理，上帝将不会要弄我们。

对我心灵力量的暗示（7:53—56）

为了进一步考察上帝的完满性和人犯错误的可能性，沉思者返回第一沉思关于心灵起源及认知能力的问题。上帝作为人心的创造者，与其完满性和无欺性一道，支持人的认知能力值得依赖。

她推理：

> 其次，我体验到，我内心有一种判断能力，它像我内心的其他东西一样，无疑是我从上帝那里接受来的。而且，既然上帝不想欺骗我，他就绝不会给我一种能力，让我正当地运用它时总是出错。

（7:53—54）

这个论证涉及我们能力的最初构造或设计问题。上帝创造我们，而且，上帝不可能会欺骗我们。因此，他创造我们时，不可能赋予我们一种必然出错的能力。因此，如果上帝给我们一个必然出错的能力（无论我们如何谨慎），那么，作为我们的设计者，他就要对错误本身负责。

至此，论证没有确认，任何有限的认知者必然具有产生真理的能力。避免错误的条件可以其他方式来满足。例如，上帝创造我们时，赋予的能力或许十分有限，但是，他可能给了我们自然的冲动，依照概率行为，无须确认任何东西是真的。这样的存在者可以合理地应付生存的必需，但是，他们所以避免了虚假判断的错误，仅仅因为绝不对任何事物的真假做评判。不过，沉思者没有考虑这种可能性，而始终聚焦于上帝与心灵能力的关系，后者是沉思者避免错误，获得真理的工具。

沉思者现在考虑的问题类似于神学的罪恶问题。如果上帝是至善，无所不能，世间何以还有罪恶？如果上帝不是骗子，且无所不能，为什么不让我们根本不犯认知的错误呢？然而，确实有罪恶存在，而且我们确实会犯错误。

笛卡尔答复时，采用关于罪恶问题的两个标准答案，它们都源于奥古斯丁的新柏拉图主义神学。第一个将完满性的善等同于存在（being）。唯独上帝包含所有的完满性，或者，是真正完美的存在者。所有其他事物都是有缺欠的存在者。恶是完满和善的缺乏。它不是一种实然性质，而是像认知错误一样，是"虚无"或"非存在"的一种形式。（7: 54）人所以有坏的行为，不是因为他们为所谓"恶"的既成性质所引诱，而是因为他们关于善的知识不全面有缺陷。从这个意义看，恶不是实在的存在。因此，严格说，上帝没有创造恶。既然所创造的世界不可能具有上帝那么多的完满性，因此，如果上帝创造一切，那么，他创造的事物必然分有虚无或非存在。形形色色的被创造物，都会以各种不同的方式缺乏上帝的完满性。

一个完满的创造者，其创造物何以必然缺乏完满呢？第二个回答走上前台。五彩缤纷的宇宙，包括接近完满与远离完满的事物，据说，它比完全排除不太完满之物的宇宙要好。正如沉思者随后的推理，"整个宇宙，因为有些部分没有错误，而另一些部分难免错误，从某种方式看，可能比所有部分都整齐划一更完满"（7:61）。多样性是创造的调味品。创造包括创造一些可能犯错误的人，或许更好。（而且，无论怎样，上帝的意图超越我们人类的知识［7:55］。）

这两个答复，并未囊括笛卡尔对人类错误的全部分析。沉思者开始考察她所犯错误的性质。包括考察她的判断力，发现犯错误的条件。这里，她并不将错误（error）等同于简单的出错（wrong）。当我们能够避免错误时才会出错。错误是认识的不可靠问题，当我们没有充分根据的时候，却要做出判断。上帝无所不能，能够在创造我们时绝不让我们做出虚假判断，永远不犯任何意义的认知错误，从而避免所有问题。（7:55）（例如，他可以预告给我们编制程序，提供所有正确的答案。）既然如此，他为什么允许我们有虚假判断呢？笛卡尔再次遵循奥古斯丁的路线解决问题。我们认识上不可靠的判断，产生于上帝给我们的某种好东西：自由意志。让我们一探究竟。

判断之分析：理智／意志（7: 56—57）

进一步阐述错误，需要解释判断是如何发生的。判断取决于两种能力："理智"或"认知能力"，以及"选择能力"或"意志自由"（7: 56'）。理智是认知能力或表象能力；它（被动地）知觉观念，即觉知观念的客观实在性或内容。意志（主动地）肯定或否定观念中的表象之物。当意志开始活动，且有观念和活动两个因素时，判断发生了。从技术上说，只有当（理智中的）内容得到肯定或否定时，才会有虚假的思想发生。从这个意义上说，虚假要求意志的活动。理智本身不会犯错误，因为它不能断言（肯定或否定）任何东西。

第四沉思仅仅简略勾勒了理智与意志在判断中是如何互动的。通过理智本身，"我仅仅知觉到我可能予以判断的观念，严格说，当为自然之光密切关注时，其中［理智］不包含任何错误"（7: 56）。意志对理智表象的内容做出反应。它可以肯定它、否定它，或者不做判断。（7: 57、59）（请注意，这种不做判断也可以是判断的结果［4: 173］；然而，笛卡尔通常用"判断"表示肯定或否定，我从此义。）

笛卡尔对判断的论述，可以通过比较经院哲学中亚里士多德主义的相应论述，通过考察《第一哲学的沉思》的其他部分加以充实。按照经院哲学的标准论述，理智从事判断。它肯定或否定所展示的内容。它也知觉并肯定内容之间的逻辑联系，如三段论推理。在笛卡尔的论述中，不是理智，而是意志，司管肯定或否定。不过，知觉观念之间的关系和联系，依然属于理智的工作，如我们知觉到从三角形的本质引申出什么属性。(7: 64)只有当意志肯定或否定这种关系或联系时,我们才有判断。

根据笛卡尔,我们关于事物的观念展示那些事物具有的属性。人们知觉,三角形本质上有三条边和三个角,是封闭的平面图形,等等。而且,关于三角形这类有限的对象,我们具有若干清楚明白的观念,表示这些对象是可能存在的;一个事物的清楚明白的观念,包括它能存在的知觉。(7: 383)清楚明白的观念以这种方式,向我们展示"真的"内容(7: 46)——即便严格说,那些观念并非真理的承载者,因为没有意志的活动,赤裸裸的观念不会坚守其真理。其他一些观念不展示事物,而是展示原则,诸如等量加等量,其和相等。(8A: 9、5: 153)

面对一个三角形和两个直角的观念,意志可以肯定抑或否定(或者悬置判断)"三内角之和等于两直角"的内容。当面对喷火女怪的观念时,意志可以肯定抑或否定它现实存在或可能存在。当面对一系列观念,表明上帝不是骗子时,意志可以肯定抑或否定支持这一结论一系列观念。说意志"面对"这些观念,似乎是说意志本身必须知觉观念的内容,然后加以肯定或否定(或悬置)。但是,这将笛卡尔限于理智的那种表象能力,归之于意志。观念提供内容,意志或为它们所吸引,或没有。如果意志在不应当的时候做出肯定或否定,错误(在认识不可靠的意义上)便会发生(见下文)。

我们的认知错误包含虚假判断。但是,真假在于什么?这里,笛卡尔提供从亚里士多德到康德的标准答案。他于1639年向梅尔森写道:"'真理'一词,就严格意义而言,指思想与其对象相符合。"（2: 597）倘若一个现实存在的对象具有某种属性，那么，真理就在于：肯定表象该对象存在的观念，肯定表象它具有所具有的属性的观念，虚假则在于，将存在判断为不存在，或者，判断该存在具有它没有的属性。

错误之分析，与上帝的善相一致（7: 56—62）

笛卡尔的工作是对满足上述条件的人类错误加以分析。沉思者必须确认，与上帝的完满和善良相一致，我们每个人的能力具有"类的完满性"（7: 55）。理智与意志，就其本身而言，必定没有缺陷。现在，沉思者必须发现，理智与意志的互动应当发生什么，而犯错误时则不然。

我们已经看到，"仅通过理智，我只能知觉观念，这些观念等待我对其做出判断"（7: 56），因此，理智不包含错误。在这个方面，它完全满足一切需求。这并不意味着，它是最好的可能理智；上帝的无限理智远高于它。我们的理智是有限的，并不包含万事万物的观念。它们也不应该包含这些观念。没有任何理由说明，上帝为什么要给我们更大（比他现在给予我们的更大）的认知能力（更充实的理智）。（我们不应该抱怨上帝创造我们的方式。）况且，我们的理智来自上帝（他不是骗子），因此，无论我们理解什么，都是"正确的理解"（7: 58）。

意志也具有类的完满性。事实上，它尽可能地完满："我体验到，在我内心，只有意志或选择自由才如此广大，以至于我没有什么能力把握比它更大的观念了。因此我认识到，我所以具有上帝的形象,并与上帝相似,主要是凭借意志。"(7: 57)我们的意志像上帝的意志一样,是完全自由的。就我们的情况而言,意志在于"我们对某件事能做或不能做(也就是说,肯定它或否定它,追从它或逃避它)"(7: 57),只要我们的行为不为外部力量所制约,就是自由的。我们的判断依赖于意志,因而取决于我们。(这并不意味着,它们不为我们的本性所决定——关于笛卡尔的自由概念,下节将进一步讨论。)

依照我们前面的论述,无论理智还是意志,都不是错误的根源。错误起源于它们二者间的关系。意志的自由如此广大,超出理智清楚明白的知觉范围。我们的判断所针对的观念,有些并非完全清楚明白地加以知觉。

> 那么,我的错误从哪里产生呢?必然由此产生:意志的范围比理智广阔;然而,我却没有对意志加以同样的限制,而是将其扩展,用于我所不理解的事物上。既然意志对这些东西无所谓,便很容易偏离真与善,这就是我的错误与罪恶之源。
>
> (7: 58)

上帝的完满意味着,他赋予我们以能力,倘若正确地使用,便能避免错误。当我们的判断超越清楚明白的知觉范围,便会出错。在这种情况下,我们应对错误负责,因为做这样的判断是我们的选择。

根据笛卡尔的论述,在理论的语境中(与实践的必然性事物相反对），对于我们没有清晰知觉的事物下判断，始终是一种错误。因为在这种情况下，有可能犯错误，所以，不下判断是认识的责任。即便有些情况下，"我碰巧遇上真理"（7: 60），我们依然是犯错误。在（理论的）语境中，只要我们知道谬误有可能潜入，那么，下判断就是犯错误。

不过，如果我们的理智是"类的完满性"，那么，它如何呈现产生虚假判断的内容呢？如果我们理解的一切事物，都是"正确的理解"，错误如何能产生呢？当理智的知觉并非清楚明白的时候，意志有肯定或否定的自由。这里有些例子表明，虚假判断产生于知识的缺乏。假设某人听到别人描述马，形成马的合理观念，深信不疑，但是，并不知道马是否存在。甚至在良好的环境下，因为"我们不完全清楚"动物的性质（7: 117），意志有可能做出正反两方面的判断。假定它否认马存在。现在，让我们假设某人形成喷火女怪的观念，同时不知道它是否存在，却肯定确有这种怪物存在。或者假定，某人将颜色的感觉观念与"颜色是形体的实在性质"的思想结合在一起（5: 512），并肯定它（相似性命题）。一般说来，虚假可能产生于肯定或否定尚未清晰理解的事物，通过将理智中的观念结合在一起，与世界不相符合的观念可能产生。（7: 445，也见 10: 399）

我们犯错误由我们自己负责，因为这是我们毫无节制造成的。即便我们的能力是上帝设计的，他也不应对我们自由地使用它们负责。笛卡尔还谈及另一些细节：指出，假如意志为上帝有意加以限制，使其只肯定清楚明白的知觉，那么它就不是类的完满性。（7: 60）意思似乎是说，除非我们自由地犯错误，否则便没有真正的自由。因此，上帝不应对我们轻率的判断负责。但是，第四沉思也断言，倘若我们在肯定清楚明白的知觉时会误入歧途，上帝就是一个骗子。让我们看看为什么。

假使清楚明白的知觉产生错误，上帝担负的责任便产生于理智与意志之间关系的另一个方面。笛卡尔主张，当我们清楚明白地知觉某物时，意志不能不肯定它。

> 过去这几天，我考查了是否有什么东西在世界上存在，并且意识到，由于我提出这个问题，显然我是存在的。于是，我不得不作出这样的判断：我如此清晰理解的某种东西是真的；不过，这不是因为什么外部力量强迫我这样判断，而是因为理智中有一种强烈光芒，为意志的强烈倾向所追随。因此，我越是觉得不那么无所谓，就越是自发且自由地去相信。
>
> （7:58—59）

意志根据理智的展示，趋向真（与善）。（就好像意志充满了欲望，为真与善强烈吸引。）当具有清楚明白的知觉时，意志不可避免地倾向于肯定其真理。假如我们"不得不判断"某些知觉是真的，而事实上这些知觉并非真的，那么，我们必然出错。既然是上帝创造的理智和意志，并使它们彼此发生关系，那么，倘若我们不得不肯定其真的知觉居然发生了谬误，上帝就应该为这种设计缺陷承担责任。

这个答复解释了，上帝为什么应该对清楚明白知觉的真理性负责。然而，这导致另一个问题。倘若我们不得不肯定（充分）清楚明白的知觉，那我们在判断时何以是真正自由的？答案在笛卡尔的自由意志理论中。

意志的自由（7: 57—59）

笛卡尔在讨论判断和错误的过程中，描述了意志的特征及意志自由：

> 意志，或选择的自由，仅在于我们对某件事能做或不能做（也就是说，肯定它或否定它，追从它或逃避它）；或者毋宁说，仅在于这一事实：当理智提供某个东西要求我们肯定或否定，追从或逃避时，我们并不觉得有什么外部力量在驱使我们这样做。
>
> （7: 57）

许多读者发现，笛卡尔的这一段蕴含两个不同的自由概念。第一个是无所谓的自由。这种自由在于能够让我们自己决定选择这一方式或者那一方式，也就是说，在任何情况下，都有两方面的选择。第二个概念发现的自由，在于我们的行为符合自己的意志，没有外部的力量或限制。这叫作"自发性"（spontaneity）的自由（这里的"自发性"指自我行动，但不一定没有原因）。按照笛卡尔的描述，这种自发选择完全可以为我们的本性所决定。他在第二答辩指出："思想物的意志是自愿地、自由地（因为这是意志的本质），但也是必然地，趋向它清晰认知的善。"（7: 166）"必然地趋向"意味着，我们不得不这样选择。因此，根据第二个概念，我们即便被决定，也是自由的，只要我们内在地为我们意志的本质所决定。

相容论与不相容论

如果我们认为，这里的每一个概念都是对自由的一般论述，那么，我们不得不涉及现代的相容论问题。相容论者主张，意志自由与决定论相容。这是上述笛卡尔的第二个概念采取的立场。非相容论者主张，自由要求能够做或不做，甚至不为我们自己的本性所决定。自由必须能够选择与原来相反的决定。关于自由，笛卡尔似乎说了两样东西，因而自相矛盾，同时主张相容论与不相容论两种观点。

不过，我们在上述引文确认的两个自由概念，只有认为第一个提供自由的一般定义（或自由的必要条件）时，才彼此矛盾。但是，我们无须这么做。笛卡尔可以主张，自由与内部决定相容，同时也主张，在某些境况下我们选择所采取的方式并非内部决定的（不为理智的清晰知觉或任何其他因素所决定），两个主张并无冲突。他可以确认自由与内部决定相容，同时又允许我们不总以这种方式被决定。

毫无疑问，笛卡尔相信，自由与内部决定是相容的，因为紧接着上述引文，他直接肯定了这个观点：

> 为了自由，我没有必要同时倾向于两个方向，相反，我越是倾向一个方向——或者因为我清晰地知道那里有真与善，或者因为上帝造成我内心思想的这种取向——我的选择便越

自由。上帝的恩典与自然的知识，都不会减少自由；相反，它们增加和强化了我的自由。然而，当我没有任何理由倾向这一方向而不倾向那一方向时，我觉得无所谓，这是最低程度的自由；它并不证明自由的任何完满性，反倒证明知识的一种缺陷或一种否定。因为，如果我总是清晰地知道什么是真什么是善，就决不会费心考虑什么是正确的判断或选择，这时，尽管我是完全自由的，也决不可能抱无所谓的态度。

（7: 57—58）

凡出自我们自己选择的行为，都是自由的。这种选择可能完全为真或善的清晰知觉所决定。自由就是按照我们的意志行为，不过，这个意志不一定是未经决定的。事实上，笛卡尔主张，趋于真与善是人类意志的本质。他在第六答辩中解释说（将人的自由与神的自由加以区分）："至于人，他们发现，上帝已经决定真与善的全部性质，人的意志不会趋向任何其他性质。因此，显而易见，他们对真与善看得越清晰，就越自愿地接受它们，因而也就越自由。"（7: 432）当我们清楚明白地看见真理时，我们的本性决定我们去肯定真理，而且不得不这样做。

同时，笛卡尔也承认，当面对两种意见"无所谓"时，人是自由的。上面引文将这种无所谓描述为"最低程度的自由"。

笛卡尔在1645年致耶稣会士迈斯兰德（Mesland）的一封信中，区分了两种意义的"无所谓"（4: 173）。第一种是说，我们的完满性不让我们趋于这一方向或那一方向，没有东西强迫意志，因而无所谓。（这种无所谓，与为其他因素决定的意志并无冲突，诸如为习惯所决定，选择这种方式，不选择那种方式。）他告诉迈斯兰德（4:173），他上面的那段引文，便取这层意义。在同一封信中，他将"无所谓"的第二种意义解释为"积极的能力，在两个相反事物中，自己决定选择这个或那个"。这是一种能力（在某些情境中），指导意志以完全尚未决定的方式进行选择。他在第五答辩中确认，有些情况下，意志具有"指导自身的自由，没有理智的决定，趋向这一方面或那一方面"（7:378）。的确，他在致迈斯兰德的信中承认，我们可以"克制"自己，远离对真与善的清楚明白的知觉，"假如我们认为，以这种方式证明我们意志的自由是件好事情的话"（4:173）。在先前的一封信中，笛卡尔曾经解释，通过暂时的悬置判断这种事情如何发生。他承认，意志"不可能"拒绝肯定当下清楚明白的知觉，并坚持认为，这种知觉一旦暗淡（或者，就目前情况而言，尚未获得充分的知觉），我们就能够"悬置"判断，并"为这么做提供理由"（4:115—116）。这些或许就是怀疑的理由（诸如数学命题的情形），或者是要求证明人的自由的理由。

自由是选择能力

笛卡尔以两种方式谈论选择：无所谓的时候，我们未被决定驱使便能选择；有清楚明白的知觉时，我们借内在的必然性进行选择。这能否表明，笛卡尔有两种自由概念？绝对不能。正如他向迈斯兰德解释的，两种情况下，自由都是自我决定的能力——甚至内部决定也是一种自我决定！

> 既然你认为，自由不是单纯的无所谓，而是一种实在的、积极的自我决定的能力，那么，我们之间的差异只是语词上的——因为我同意，意志具有这种能力。然而我看不出，对这种能力来说，是否有无所谓（你同意，这是不完满的）伴随，或者当理智唯有光芒照耀（诸如领受恩典的有福人）时，是否没有无所谓伴随，究竟有什么区别。所以，我将志愿之事，统统称作自由，而你则希望此词限用于仅为无所谓伴随的自我决定的能力。
>
> （4: 116）

对笛卡尔来说，内部决定究竟源于意志对"理智的强烈光芒"做出的反应，还是意志面对无所谓而自行做出的抉择（后一种情形，完全没有上面的限制），并无多大区别，二者都是自由的实例。不相容论不在笛卡尔的考虑范围，不过，他并不否认不受强制的选择能力（在某种情况下）。

笛卡尔对迈斯兰德的回应，其核心思想本身十分有趣。笛卡尔认为，选择力不一定意味着任何情况下都在不止一种方式之间做出选择。要知道这是如何运作的，请考虑一下表达自由意志概念的一句话：我们能够选择我们想要的。这句话模糊不清，令人迷惑。它可能意味着：我们能够选择我们想要的一切，无论什么。意思是说，意志能够选择任何东西，唯一界限是我们对想要之物的想象力。然而，这句话也可能意味着：我们能够选择我们实际上想要的（即便是我们的本性决定要它）。这里，自由意味着，没有什么阻止我们选择想要的东西，即便我们意志的构造要求特殊的东西。在笛卡尔看来，我们想要（肯定或追求）真与善。意志自由仅仅意味着，没有外部障碍阻止我们现实地意愿我们注定（为意志的本性所驱使）意愿的东西。前一种自由选择（选择我们想要的一切），仅限于意志未经这样决定的情形。

自由与错误

倘若假定，这就是笛卡尔关于自由的观点，那么在第四沉思中，笛卡尔展示一幅复杂的画面，同时包含无所谓与决定论两个方面，似乎有点儿奇怪。不过，他有这样做的理由。他实现自己的目标，需要这两个方面。他必须让上帝对清楚明白的知觉真理负责，同时，也让我们对自己的错误负责。要实现第一点，人绝不能通过悬置判断来避免错误。我们注定（自由地）肯定清楚明白的知觉，而且，假如这种知觉不是真的，上帝就犯有诱骗设计的罪过。不过，为了维护上帝的无欺形象，必须解脱上帝，不让他为我们现实的错误负责。无所谓的自由实现了这一点：当我们判断时，意志并未必然被吸引。我们必须为自己的虚假判断负责，因为虚假判断的产生，在于我们没有充分的清楚明白的知觉，便肯定或否定某种事物。

凡意志不受强迫的情形，统统归于无所谓（上面第一种含义）。这种无所谓并不要求，意志完全处于犹豫不决的状态，没有任何理由"吸引"它倾向于这一方面或那一方面；毋宁说，它包括"意志开始谨慎运作，而理智却没有足够清晰认知一切事物"（7: 59'）。或然的猜测可能以某种方式吸引意志，不过，"仅仅知道"（7: 59'）这种猜测是可疑的，便允许人们悬置判断，甚至肯定反面意见（犹如沉思者"前几天的"经验提供的范例）。

我们现在可以整理自由与错误之间的关系了。我们犯错误，或者，认知上不可靠，在于没有遵循这一规则；（在理论语境中）唯独充分清楚明白的知觉才应该被肯定。

> 然而，如果我对没有知觉得足够清楚明白的真理根本不作判断，那么显然，我做得很对，并避免了错误。不过，倘若在这种情况下，我或者去肯定它，或者去否定它，那就没有正确地运用我的选择自由。如果我肯定虚假的东西，那么显然，我将出错；如果选择相反的一方，那我是偶然撞上了真理，依然难免出错，因为自然之光告诉我们，理智的知觉应该始终先于意志的决定。构成错误本质的缺乏，就在于这种不正确地运用自由选择。
>
> （7: 59—60）

探求理论知识时，如果面临不确定性，我们应该不做判断，而不是追随模糊的知觉、习俗或成见。在这个语境中，即便我们撞上真理，按照笛卡尔的定义，那依然是犯错误。当然，在实践领域，我们的行动常常"不许拖延"（6: 25），且没有确定性，甚至没有或然性，这时，即便没有清楚明白的知觉仍然采取行动，并无错误。（7: 149）确实，在这种情况下，我们必须遵从最初的判断，无论其根据多么贫弱，以执行常规的行动计划（直至遇到更多理由）。

笛卡尔将神的完满性和全能与人的错误协调起来，并非没有问题。他承认，无所不能的上帝能够给我们自由，并防止我们犯错误。上帝能够"将其铭刻于我的记忆，让我永远不忘：对我没有清楚明白理解的东西，绝不应妄下判断"（7: 61）。为了作出回应，笛卡尔或者必须转而诉诸我们的无知，即不知道上帝的计划——也就是说，诉诸上帝方法的神秘性（7: 55）——或者必须肯定，既然多样性产生更大的完满性，我们就不应抱怨我们现在的完满性程度。（7: 61）不过，笛卡尔将两种自由概念结合在一起，使上帝的完满性成为真理规则的神灵保护，而将错误的责任留给我们自己，手段精妙而娴熟，令人赞叹。

清楚明白的知觉是真的（7: 62）

笛卡尔转向清楚明白的知觉真理，而且毫无疑问，他试图揭示表，上帝为真理提供保证：

> 凡清楚明白的知觉，无疑是某种东西，因此不能从无中产生，而是必然有上帝作为它的作者。我是说，它的作者既然是至上完满的上帝，就不可能是错误的原因，因此这种知觉无疑是真的。今天，我不仅懂得，必须避免什么才不至于犯错误，而且懂得，必须做什么才能获得真理。
>
> （7: 62）

上帝为清楚明白的知觉提供保证。这个论证不仅排除了上帝的干预，否认上帝耍弄我们。而且，上帝要为创造人类的理智和意志负责，前者具有清楚明白的知觉，后者则必然赞同它们。

真理规则与意志

伽桑狄在反驳中坚持，笛卡尔应该提供一种方法，发现我们什么时候具有清楚明白的知觉，因为我们可能并没有它们，却相信有（7: 318）——他先前联系第三沉思的真理规则提出的反驳。（7: 277—279）笛卡尔回应说，他已经提供一种方法，"决定当我们认为自己清晰地知觉某种东西时，是否错误的"（7: 361）。他这样做是"在一个合适的地方，我首先排除了所有先成之见，然后，列举所有主要观念，将那些清晰的观念与那些模糊或混乱的区别开来"（7: 362）。

怀疑的方法，以及思想物和上帝观念的发现，为识别清楚明白的知觉提供了一种方法。这里，究竟有什么共同因素暗示一种"方法"在运作呢？在第五章，我们看到，笛卡尔指导读者考察一些实例，试图发现清楚明白的知觉有哪些共同之处。实际上，这就是他的答复。然而，根据第四沉思，我们可以提出清楚和明白的更明确的标准，即我们的意志中没有无所谓或不确定性。在我思推理中，意志为理智的"强烈光芒"所强迫。（7: 58—59）并没有无所谓。上帝的观念是"最清楚明白的"（7: 46），对其真理，不允许不确定性。由于"先前的信念"，怀疑是可能的，这是无所谓的标志。（7: 59）无怀疑的可能，是清楚明白的知觉的确切标志（意志被强迫）；无所谓和不确定性允许怀疑，它们是没有获得清楚明白的知觉的确切标志。

然而，关于意志是否被强迫，难道我们不会出错？我们难道不会将习惯或顽固信念的力量，与真正的强迫力相混淆？伽桑狄指出，一些人因为自己的信念而勇于面对死亡，另一些人则因为相反的信念也勇于面对死亡。(7: 278)不可能双方都对，至少，一方是为错误而赴死。笛卡尔承认这个事实，但他回应说："根本无法证明，他们是清楚明白地知觉自己顽固坚持的东西。"(7: 361)然而，另一方面，任何情况下也无法证明，我们未将清楚明白的知觉误当作习惯或固执。有时，我们或许具有清楚明白的观念，但并未给予充分的注意，以便强迫意志。关于这种情况，笛卡尔可能不会进一步回应，只能提出警告或重复沉思。

神的保证与循环

我们在第五章考察了对笛卡尔循环问题的四种回应，它们是"确定性，并非真理""消除怀疑""维护理智的预设"与"强证实"。第四沉思末尾的神灵保证，显然与前三个发生冲突。关于第一个，清楚明白的知觉产生真理这一主张，与笛卡尔追求纯粹的心理确定性相矛盾。关于第二个，笛卡尔诉诸上帝保证清楚明白的知觉，不单纯是"清除"对骗子行骗的"怀疑"。而且，虽然笛卡尔可能接受维护理智的一般预设，不过，第四沉思提供更多的是：对理智的外部强证实。第四沉思支持将强证实的策略归于笛卡尔。

这个策略有其代价。第四沉思的论证要求上帝（创造者）现实存在，由此导致阿尔诺对循环论证的最初反驳。沉思者在第三沉思，用清楚明白的知觉证明上帝存在，上帝是完满的；在第四沉思,则诉诸上帝的存在和完满性,以保证清楚明白的知觉是真的。

第四沉思的目标似乎是强证实,尽管如此,我们仍然可以通过"清除怀疑"和"维护理智的预设"策略加以解读。审查无欺的上帝创造我们的理智和意志,或许为清除骗人的上帝的假设奠定更坚实的基础。因此,强论证并非蓄意的——只是为"骗人的上帝的假设有内在问题"这一结论提供全面的支持。根据维护理智的预设,人们或许主张,笛卡尔的第四沉思并非真的要证实清楚明白的知觉,而是试图说明:人类错误的实在性,如何与"上帝存在和上帝不是骗子"的知觉协调一致。这种解释的问题在于:笛卡尔在内容提要里说,"清楚明白的"真理规则是第四沉思首先确立的。如果我们认为第四沉思为这一规则提供论证,那么很难避免强证实。

《第一哲学的沉思》在这里并未中止,我们对笛卡尔反击循环论证的解释也不应在此停止。他在回应阿尔诺时,将"具有清楚明白的知觉"与"回忆曾经具有清楚明白的知觉"加以区分,这个问题,第五沉思将展开讨论。而且很可能,笛卡尔对其真理规则的论证不止一个。倘若如此,或许,有的论证为循环论证的指责所捕获,有的则没有。

文献与其他阅读书目

有些注解常常省略第四沉思(例如Curley)。Carriero, ch. 4、Dicker, ch. 4、Kenny, ch. 8、M. Wilson, ch. 4,以及B.Williams, ch. 6,考察了意志、判断与错误。

Menn, *Descartes and Augustine*, ch.7,探讨了第四沉思的奥古斯

丁主义因素，也见 C. Wilson，"Descartes and Augustine"。Kenny，"DescartesontheWill"，in Cottingham（ed.），*Descartes*, Oxford Readings in Philosophy（Oxford: Oxford University Press, 1998），132—159，讨论了第四沉思及笛卡尔其他文本中意志理论的难点。Vere Chappell，"Descartes's Compatibilism"，in Cottingham（ed.），*Reason, Will, and Sensation*: *Studies in Descartes's Metaphysics*（Oxford: Clarendon Press, 1994），177—190，联系耶稣会士 Mesland（具有经院哲学的亚里士多德主义倾向）和奥拉托利会士 Gibieuf（具有奥古斯丁主义及新柏拉图主义倾向）的观点，考察无所谓与自发的自由概念。

Rosenthal，"Will and the Theory of Judgment"（in A. Rorty）和 Lilli Alanen，"The Role of Will in Descartes' Account of Judgment," in Detlefsen, 176—99，详细分析了笛卡尔的判断理论。关于这一论题的导读，见 Lex Newman，"Descartes on the Will and Judgment," in Broughton and Carriero, 334—352。

第七章　再论物质、上帝与循环

沉思五：论物质事物的本质；再论上帝的存在

第五沉思开篇，沉思者决定"尝试摆脱我几天前陷入的怀疑，看看关于物质性的东西，能否获得什么确定之物"（7: 63）。既然已经对上帝有了一些认识，也知道自己是一个思想物，现在需要继续推进，第五沉思的标题承诺，将探讨"物质事物的本质"。

沉思物质事物的本质，前面曾经出现过，并且很快结束。这一发现引导沉思者（依据分析的方法）反思知识是如何产生的，并使沉思者看到，这取决于天赋观念。（7: 64—68）在第三沉思，她已经发现，自己拥有上帝的天赋观念。现在，关于天赋观念，她有进一步的发现，至少，有进一步的论述。首先，她断定，这种观念揭示了事物"真实的、永远不变的性质"（7: 64）。这一发现又为上帝的存在提供新的证明。这种新的证明引导沉思者重新思考怀疑的基础，重新思考清楚明白的知觉何以为真理。因此，尽管第五沉思获得新的、积极的结果，但同样致力于方法论的反思。在所有的沉思中，第五沉思最明确地探讨了"形而上学知识是如何产生的"问题。

物质的本质是广延（7: 63、71）

第三、第四沉思将清楚明白的理智知觉作为发现真理的方法。这对于物质的对象颇有意义，于是沉思者这样说："在我检查我以外是否有这样一些东西存在之前，首先必须考虑这些东西的观念（因为这些观念在我思想之中），看看哪些是清楚的，哪些是模糊的。"（7: 63）沉思者摆脱怀疑不是凭借物质对象的存在，而是通过考察她关于这种对象的观念。

沉思者考察物质对象的存在之前，首先转向自己内心的物质对象的观念，似乎十分自然，因为在第二沉思，她离开物质世界，考察自己的思想，发现其本质是思想物，在第三沉思，她发现上帝存在的证明之前，列举了自己的各种观念。然而，对信奉亚里士多德主义的读者来说，这种方法似乎是革命性的，因为他们认为，认识存在先于认识本质。按照他们的方法论，认识本质需要沉思现存事物的感觉形象，"抽象"出这类事物的共同性质——无论是一类事物（如兔子）的本性，还是广延的本质，即简单地视为一切形体具有的属性。

笛卡尔的步骤有些含糊不清。当沉思者决定"就这些事物在我思想中存在的范围，考察它们的观念"时，她在谈论物质对象。那么，她意指的是物质对象的感觉观念，诸如她最初对蜂蜡的审视吗？或者，她借助蜡块的讨论，已经转而将物质对象思想为"纯粹的广延"?

碰巧,虽然她可以从感觉观念(这或许说明她为什么称它们为"物质对象"的观念)开始,很快便转向几何对象的非感觉观念。笛卡尔通过沉思自我和上帝,为亚里士多德主义读者理解这种转向做铺垫。亚里士多德主义者或许相信,那些沉思也必然始终包含着感觉印象。然而,沉思者在沉思时"将心灵撤离感觉"。假定沉思者能够遵照这一指令,并发现笛卡尔预期的观念(不小的假设!),那么,就为以这种方式研究物质事物铺平了道路。(的确,第六沉思明确宣称,理解物质事物的本质,可以不依赖任何感觉或形象观念[7: 72—73])

沉思者到她的物质对象的观念中探索什么是"明晰"的东西,发现:

> 我明晰地想象哲学家通常称之为"连续"的量或具有长、宽、厚的量的广延。也就是说,我清楚地想到具有长、宽、厚的量——或者毋宁说,有数量规定的事物。我也可以列举这一事物的各种不同的部分,将不同的大小、形状、位置和运动归属它们,并将不同的延续时间归属每个运动。
>
> (7: 63)

请注意,她明晰地"想象"连续的量或广延,与从感觉观念出发(或基于感觉)相一致。但是,她用数学的语言描述这个量(或量化的事物),借以铺平道路,以便在下文中,转向几何对象的纯粹理智观念(将在下节讨论)。

这一小段文字罗列一系列属性，它们构成笛卡尔后面（第五沉思最后一句话）所确认的"形体的本质"（这个沉思标题承诺的物质的"本质"），或者由形体的本质而生。（列举的属性还有数和绵延，笛卡尔将它们归于一切有限的实体，包括心灵。）广延或连续量是物质的本质。应该把广延视为三维空间场——具有限定性：笛卡尔并未将空间与物质加以区分。笛卡尔的广延是三维的物质体。这种物体被分成若干部分，拥有大小、形状、位置和局部运动。部分的划分允许列举或者计算各个部分，允许各部分运动，这要求各部分随时间的推移而存在。

假设这些明晰的知觉揭示"物质事物的本质"，那么，我们可以问：这个简短讨论是否发现了物质不过是广延的实体？在第二沉思，沉思者将自己的心灵看作另一类未知事物或实体，其本质必定是思想物。笛卡尔似乎更多地要求借助当下的广延知觉。下文，有两处简短提及物质的本质或性质（7: 71，沉思五和沉思六），然后将广延用作物质的本质，借以论证身心区别。（7: 78）究竟什么支撑笛卡尔的信心，让他坚信这一简短论证揭示了物质的本质？根据内容提要，笛卡尔这里的论断，可以第二沉思更强，因为居间的第四沉思已经证明"我们清楚明白理解的一切，本来就像我们理解的那样，都是真的"（7: 13）。内容提要也确认，第二、五、六沉思阐发了"形体本质的明晰概念"。因此，以蜂蜡论证为依据，笛卡尔的确宣称发现了物质的本质，并在第六沉思巩固这一发现。

于是，上引段落勾勒了笛卡尔的物质实体的形而上学，并未夸大事实。我们可以利用《哲学原理》和他的几个答辩，充实他的论述。他在《哲学原理》中解释说，每个实体有一个"基本属性"或者"属性","构成它的性质和本质,其他一切属性都关涉这一本质"(8A: 25),包括它的所有样态。他将广延等同于物质实体的基本属性(并将思想等同于心灵实体的基本属性),把大小、形状、位置、运动描述为那一基本属性的样态或变体。我们必须通过基本属性理解这些样态。(8A: 25—26,参见7: 120—121)要通过一种属性理解一种样态,就是把样态看作那一属性的限定或者变体。尽管不考虑特殊样态,人们也能够理解属性,但是,不思考这一属性,人们便无法思考特殊的样态。尽管无须运动我们亦可以思考广延,然而,倘若没有可供穿越的广延区域,我们便无法思考运动。同样,我们将大小、形状和位置设想为广延的变体,而后者所以产生,在于将边界引入广延域(因而产生部分)。然而,即便不考虑特殊的大小、形状和位置,我们也能理解广延的无限领域。(因为广延域设想为无限大,所以笛卡尔避免为它设定一个界限,因而避免设定其大小和形状;他指出,广延域"之外"无空间,因此广延域没有位置——毋宁说,位置是在广延域内部规定的,依据各部分之间的关系。)

笛卡尔主张物质实体的本质是广延,宣称不依赖存在就可以认识这一本质,不仅背离亚里士多德主义的认识论,而且与亚里士多德主义物理学的物体或有形实体的基本概念相矛盾。亚里士多德主义的一切有形实体,都具有支配运动的主动性质,在那里,"运动"是广义的,包括质的变化(例如,由冷变热)、无机过程(磁力吸引)、生物和心理过程(身体生长和知识的获得)。单纯的广延性质,不包含主动性概念,亦不包括生长变化的本原,不能被看作实体本质(或实体形式)的可能候选者。人们通常将广延看作

215

一切有形物体的"普遍偶性"。一切形体都占据空间，或者拥有广延，但是，若将广延看作形体事物的唯一性质（也就是说，没有实体形式，或主动的变化本原），形体事物就不可能存在。不过，沉思者宣称，她在自己的形体思想中明晰知觉的，仅在于广延及其样态的观念。

本质的天赋观念（7: 63—65）

一旦获得了清晰的广延观念，沉思者便开始反思这一知识：

> 当我一般地加以思考时，不仅清晰而充分地认识了这些东西，而且，稍加注意，就能认识到有关数目、形状、运动以及诸如此类的无数特点。这些特点的真实性不但表现得非常明显，而且和我的本性竟是那么相合，以致当我开始发现这些特点时，似乎并没有知道什么新的东西，而是想起我从前已经知道的东西；或者说，似乎第一次发现了一些早已在我心中的东西，尽管我的心灵以前从未注意到它们。
>
> （7: 63—64）

笛卡尔这里阐明四点，涉及沉思者对广延事物的"明晰"观念的沉思，展示了基本的形而上学真理是如何被认识的模式。首先，这些观念（广延、形状、大小等观念）是"清晰而充分地认识的"，即清楚明白的。其次，一旦注意广延，及其部分和样态等清晰的观念，关于"形状、数目（以及）运动"的其他知识——所有展示几何学或算术认知的东西——便产生了。这些观念在认知上相当复杂，支撑着一个广泛的知识体系；它们在认知上丰富而深厚。再次，他将这些知识与回忆加以比较，暗示柏拉图的回忆说，按照这种学说，一切知识都是先天的。（在《斐多篇》，柏拉图指出，这种知识是天赋的，因为有肉身之前就直接展示给灵魂了。相比之下，笛卡尔则认为，天赋观念是上帝放入心灵的，并不主张心灵直接察觉柏拉图的相或者独立于上帝的永恒本质。）最后，他不仅将知识描述为"非常明显"的，而且描述为与沉思者的本性"相合"——容易为她所思想——尽管这是一个新的发现。此外，他将观念刻画为"清楚"（7: 64—65）和"明白"（7: 63）时，表明它们具有强有力的认识论凭证。

广延物体观念的这四个属性——明晰、丰厚、先天、相合——告诉沉思者，意识到天赋观念将是什么样子。相关讨论提供一种理智知觉的现象学。天赋观念并非始终呈现于心灵面前的实际存在物，好似葡萄干撒在蛋糕上那样。毋宁说，它们是我们根据自己天然的或天赋的思维力量能够形成的观念。（8B: 357—358）它们是我们理智的潜在结构，通过思想逐渐显露出来。

随后的三段包含三个步骤，从认识各种观念的完整性和认知统一性开始，然后为观念的实在性和真理寻找根据，进而确认这些观念与世上可能的或现实的事物是否相符合。笛卡尔想让沉思者发现，她的天赋观念揭示了事物的性质和上帝存在的内在必然性。这几段是笛卡尔关于形而上学知识的理性主义认识论的核心。

在第一段，沉思者断定，广延观念揭示了事物"真实而不变的本性",无论这些事物在她之外是否存在。(7: 64)她最初的证据是,这些观念不取决于自己的意志。或者毋宁说,既然观念能够"随意思想"(7: 64),观念的内容就不是她凭空捏造的。沉思"三角形的性质、本质或形式",可为此提供证明:

> 可以证明三角形的各种特性,例如,它的三角之和等于两直角,最大的角对最大的边,以及诸如此类的东西;尽管我以前第一次想象三角形时,绝对没想到这些东西,但是现在,不管我愿意与否,这些属性我认识得非常清楚,由此可见,它们不可能是我凭空捏造的。
>
> (7: 64)

从三角形的观念(具有证明知识的清晰性),可以"读出"各种属性。这些属性是在三角形的观念中或通过三角形的观念**发现**的,并非为沉思者自己的心灵所**杜撰**。她的观念十分稳固。尽管她清楚地知觉三角形,但不能随意增减,譬如主张三内角和不等于两直角。(7: 117—118,也见7: 225)通过清楚明白的知觉,三角形的属性,包括先前未知的一些属性,向她明显地展示,无论她是否意愿。它们并非简单地填充她的经验,如同火的灼热的感觉观念(无论她是否想感觉灼热),而是迫使她在认识上给予承认(如果她留意的话)。当然,人们也可以从模糊的观念获取新意涵。例如,可以从相似性命题重新推导出:每一个色块,甚至尚未经验到,都相似于对象的实在性质。形式上看,这是一个有效论证,但是,推出的论断并非真的,因为相似性命题本身是虚假的。相反,从沉思者知觉三角形属性的清晰性出发，她可以承认自己正在思索真观念，或者，在思索真实的、不变的性质。

在第二段，笛卡尔考察了三角形的观念能否来自三角形物体的感觉经验（如同亚里士多德主义抽象出本质或共同性质的过程）。沉思者否认这种可能。证据依然是她有能力证明各类属性，涉及"无数的其他形状，丝毫不能使人怀疑我曾经感觉到它们"（7: 64）。然而，尽管她将这种能力当作证据，证明这些形状观念是天赋的，不过，亚里士多德主义者或许依然诉诸抽象的力量，并坚持认为，我们的概括是从感觉形状的个例出发，达到理想化的几何形状。整个哲学史，围绕几何学的知识，始终存在着抽象论解释与天赋论解释之间的广泛争论，"反驳与答辩"再现这一争论。伽桑狄（新经验主义者）系统阐述了抽象论立场（7: 320—321），笛卡尔对他的反驳进行答辩。（7: 381—382）在第六沉思，笛卡尔将为几何图形的非感觉观念提供一个内省的证据。（7: 72—73）

沉思者的心灵知觉到各类形状的几何属性，由此出发，她得出一个强结论：

> 所有这些属性确实都是真的，因为我把它们领会得非常清楚，因而，它们是某种东西，并非纯粹的无；因为显然，凡是真的，总是一个什么东西。我在前面已经充分证明过，凡我清晰认识的东西都是真的。即便我没有证明这一点，由于我的心灵本性使然，我也不能不同意这些事物，至少当我

清晰地知觉它们时。

（7: 65*）

第一句话，笛卡尔从沉思者"清晰认识"的属性出发，推论它们是真的，是某个东西，并非纯粹的无。她所考察的三角形，是稳固的理智内容，在思想结构内部发现的，先于任何判断。第二句话诉诸我们发现的清楚明白的标准，即，在判断时不得不同意："由于我的心灵本性使然，我也不能不同意这些事物。"

然而，同意什么？物质事物的存在依然存疑。因此，这里的真理涉及三角形及其他几何形状的本质，无论它们在形体中存在与否。这些本质本身被当作"某个东西"，因为它们被清晰地理解。此外，这些清晰知觉的真理确实涉及物质事物；正如第五沉思的标题及最后一句话所说，要求认识"形体的性质，它们是纯粹数学的主题"（7: 71）。这些真理规定了物质的本质，在沉思者当下的认知境况中，物质只具有可能性。不过，按照这种观点，如果有物质存在，那么，它或者**必然**具有这些属性（例如广延本身），或者**可能**具有这些属性（例如形状之类的东西）。

笛卡尔主张认识物质的本质先于认识物质的存在，就是主张认识事物的可能属性。（沉思六，7: 71）这种可能性的形而上学十分复杂。笛卡尔像许多同代人一样，让这种可能性依赖于上帝的创造力。不过，他宣称，几何学的永恒真理是上帝的自由创造，这一主张将他的可能性理论弄得异常复杂。（7: 380、432、435—436，第九章加以讨论）现在我们假定，第五沉思发现的几何学本质的知识，涉及上帝现实设定的永恒真理，这些真理决定被创造的物质世界的实在可能性,即上帝实际创造的世界。

在第三段,笛卡尔提供了后来称作"本体论论证"的第一个陈述,以证明上帝的存在。引入这个论证时,笛卡尔表达了自己形而上学认识论的核心原则。沉思者问:

> 我可以从我的思维中产生某种东西的观念,如果仅仅因此就可以断言,凡我清楚明白地知觉到属于这个东西的,实际确实属于这个东西,那么,难道不可以因此产生另一个论证来证明上帝的存在吗?
>
> (7: 65)

关于本体论证明,我们后面再谈。目前,我们考察一下笛卡尔的这一强论断,涉及人心的观念与事物属性之间的关系。沉思者对事物的属性具有清楚明白的观念,这个事实蕴涵着该事物具有哪些属性。如果她清楚明白地知觉,圆的半径彼此相等,或者沿直角三角形三边构成的正方形遵循毕达哥拉斯定理,那么这些属性适用于所有的圆和所有的直角三角形。并非所有观念,包括复杂和模糊的观念(诸如相似性命题、将实在的质的观念与颜色观念结合起来),会以这种方式为真。不过,人心清楚明白地知觉属于一事物的东西,确实真的属于那个事物。(其主张是,凡如此知觉的东西**属于这个事物**,不仅仅属于该事物的观念。)

笛卡尔的讨论赋予人类理智中潜在的纯粹理智观念一种特殊地位。这些是人心具有天赋观念,完全独立于事物(如圆或三角形)的存在。笛卡尔的论断很强,因为通常没有任何理由假定,仅仅因为观念是天赋的，它就是真的。心灵具有的天赋观念，有些是虚假的或不精确的，或者，提供了"造成错误的材料"（如同质料假的观念［7: 43—44］，它们产生于天赋的感觉能力［8B: 359］），并没有什么前后不一致。

为了清楚阐释，我们走出《第一哲学的沉思》，考察一下笛卡尔关于几何学和物质本质的论断。笛卡尔相信，在人思想中先天发现的几何本质，揭示了物质可能具有什么空间属性。我们姑且承认，心灵先天地具有这种观念，它们是欧几里得几何结构的（欧几里得肉体学描述的结构）。事后看，我们知道它们加于物质或空间的，并非必然的结构。我们现在得知，就宇宙规模或微观规模而言，欧几里得几何学对物理空间结构的描述并不精确，需要非欧几何学。即便人心先天地将空间结构表象为欧几里得几何结构，那也不能证明，物理究竟具有这种结构。观念的单粹先天性并不证实其真理。

笛卡尔看到，人的思想本身"不能赋予事物以必然性"（7: 66）。然而，他始终断言，心灵的天赋观念告诉他（以及沉思者），这个世界可能是什么，或者是什么样，事物可能或实际具有什么属性。人心灵中的观念，为什么符合（或精确地表象）外在于心灵的事物的现实或可能的属性？到目前为止，他始终依赖它们的清楚和明白，将其作为真理的标志。然而，我们会进一步提出问题，我们如何知道这个标志是通向真理的可靠指南？

笛卡尔的答复取决于他是否乞求神灵的保证。他或许诉诸上帝支撑强证实，以确保人的观念与事物的真实而不变的性质之间彼此符合；或者，他看到无须强证实，只需要接受一种设定，认可

（清楚明白的）理智观念是准确的。无论哪种方式，他的论断是大胆的：人心的先天结构产生一些观念，它们揭示了事物的本质。

本体论论证（7: 65—68）

笛卡尔表述其本体论论证，是这样开始的：

> 当然，上帝的观念，或一个至上完满的存在者的观念，是我在我的内心觉察到的观念，它像一切形状或数目的观念一样确定无疑。对于他的永恒存在属于他的本质，我的理解是清楚明白的，就像我在证实任何形状或者数目时，能够清楚明白地认识某种属性属于它的本质一样。因此，即使在这几天里，我所沉思的东西并非件件是真的，不过，我还是应该认为，上帝的存在具有确定性，至少与我迄今为止已经赋予数学真理的确定性处于同一水平。
>
> （7: 65—66*）

沉思者清楚明白地理解，存在属于上帝的本质，而且，这种理解被用作上帝存在的证明。在这个表述中，证明很快就结束了。然后，这一段重复一种倒退式方法论立场，把这里的确定性等同于通常归于数学的确定性，随后的文本进一步考察这个问题，试图消除"这个论证是诡辩"的最初"假象"（appearance）。

这一沉思的其余部分划分为两个部分，一部分是本体论证明，另一部分是由此引发的方法论反思。通过回应对上述扼要论证提出的各种反驳，本体论论证的巨大威力才得以阐发（7: 66—68），这个过程一直持续到"答辩"。

人们可能会问：笛卡尔为什么在第五沉思，提出上帝存在的第二个证明，一个不同类型的证明？笛卡尔对卡特鲁斯（Caterus）说，"证明上帝的存在，只有两条路可走，一条是通过结果，另一条是凭借他的本质或本性"，他想两条路都走。（7: 120）他向伯曼（5: 153）解释说，这个顺序——首先从结果出发，然后仅从观念出发——遵循的是发现的顺序（如同分析的方法）。第二个解释适用于目前的状况。正如最初表述的（而且，他在几何学论证中亦宣称［7: 163—164］），他相信这个证明可以萃取精馏，渗入一个自明的直观——这个萃取过程得益于沉思者在沉思二至四中对自我和上帝的凝思。这个新论证展示一种方法，笛卡尔试图借以发现物质和心灵的本质，以及身心的区别：对本质的纯粹理智直观。因此，他为本体论论证提出辩护之后，紧接着是方法论的讨论，确保运用清楚明白的知觉，去认识事物的本质。（7: 71）

为本体论论证辩护

所以称作"本体论论证"，是因为它考察上帝的"本质"或者上帝"所是"（being）的必然属性，以此证明上帝的存在。希腊语词根ontos直接意味着"所是"（being）。它的拉丁语形式是esse，本质（essence）一词便由此衍生。因此，事物的本质即该物的"所是"，也就是说，它的属性与其所是（being）不能分离。本体论论证的核心是，上帝的本质与存在之间具有所谓的必然关联。最早提出这一论证的是11世纪本笃会修士坎特伯雷主教安瑟尔谟

(Anselm)。笛卡尔时代,本体论论证(尽管还没有冠以"本体论论证"之名,这个名称是康德提出的)的各类版本已经家喻户晓(包括对它们的反驳)。这种论证与宇宙论论证形成鲜明对比,后者认为,必须将上帝视为世上有限或偶然存在者存在的原因。第三沉思从"结果"出发进行的论证,就是宇宙论论证。

上引笛卡尔的第一个表述,将论证精练为一个洞见,即"上帝始终存在就是(上帝的)本质"(7: 65)。存在是上帝——"至上完满的存在者"——不可分割的属性。坦率地说,这个论证的形式是沉思人的上帝观念,发现它展现神灵的必然存在。这里的情况犹如几何学对象的观念,让沉思者注意到上帝观念中具有某种东西,她以前从未留心过。然而,单纯陈述先前假设的洞见,恐怕不足以直接打动沉思者。因此,笛卡尔让沉思者考察了三个反驳,借以详尽阐释这一论证。

她首先考察的反驳来自经院哲学的亚里士多德主义标准立场;存在与本质相分离,因此,存在问题与本质问题必须分别回答。(7: 66)(尽管亚里士多德主义者通常认为,认识本质取决于认识现存的事物,不过,他们也主张,"一物是否存在"的问题,不同于"该物是什么"或"它的本质是什么"的问题。)沉思者已经发现,在她的几何对象的观念中,有本质与存在之区别,因为她能假定,现实存在并非几何对象的本质。(7: 64)倘若现实存在始终与本质相分离,那么,就不可能从上帝的本质推出上帝的存在。

对于这个反驳,仔细考察一下上帝的观念,便能排除:

然而,仔细想想,我就明显地看出,上帝的存在不能同   224

他的本质相分离,正如三角形三角和等于两直角与三角形的本质不能分开一样,或者如同一座山的观念与山谷的观念不能分开一样。因此,认为上帝(一个至上完满的存在者)不存在(不完满),就像认为一座山没有山谷一样矛盾。

(7: 66)

事实上,笛卡尔要求沉思者细致思考自己的上帝观念,而且,他描述了预期的结果:表明存在是上帝固有的属性。括号里的文字扩展最初的论证,重申上帝是至上完满的存在者,指出(或宣称)存在就是完满。这两个论断随之遇到挑战。不过,在这最初的回应中,笛卡尔通过完满的概念,将存在与上帝的本质联系起来,从而扩展这一论证。一个不存在的存在者或许缺乏完满(存在),不过,上帝是至上完满的,因此必然具备这一完满性。据说,上帝的观念就是这样展示的。

假定沉思者获得预期的洞见,于是,笛卡尔的第二个反驳便对这一结果的意义提出质疑。即便在沉思者的观念中,存在与上帝的本质具有不可分割的联系,不过,她的思想的确"没有将任何必然性加于事物"(7: 66)。因此,从这个观念无法推出实际的存在:"从我思考上帝存在这一事实,似乎无法推出上帝确实存在。"的确,"就像我可以想象长翅膀的马,尽管并没有什么长翅膀的马,同样,我也可以把存在赋予上帝,尽管并没有什么上帝存在。"(7: 66)这个反驳明显分为两步。

首先,该反驳询问,仅从沉思者认为上帝必然存在这一事实,能否推论出上帝必然存在?其次,连续性暗示,反驳背后隐藏着什么东西。如果在沉思者的观念中,上帝本质与上帝存在之间的关联是纯粹的建构或虚构,就像想象马长翅膀那样,那么,这个观念不具有任何实在性。

笛卡尔的回应退一步承认,单单人的思想或许并不蕴涵上帝的存在,并且否认沉思者只是涉及自己虚构的观念:

> 从我不能设想一个不带谷的山这一事实,不能得出世界上定有山与谷这个结论,而只能得出,山与谷,无论有没有,彼此都是不可分的。然而,从我除非设想上帝存在,否则根本无法设想上帝这一事实,推出存在与上帝不可分,所以上帝实际上存在。并非我的思想使事情如此,或者将什么必然性强加于什么事物;恰恰相反,正是事物本身具有这种必然性,即上帝存在,才决定我这样去思想它。因为虽然我可以随便想象一匹马有翅膀或没有翅膀,却不能随便设想一个不存在的上帝(不能随便设想一个缺乏至上完满性的至上完满者)。
>
> (7: 66—67)

这个回应同时回答了两步质疑(不然,就是合并了二者)。沉思者考察自己能否将存在与上帝的观念加以分离,借以确认她所知觉的是一种真实而永恒的本质。这里,笛卡尔再次诉诸第三沉思(7: 51)暗示的一个原则,即虚构的联系服从沉思者的意志。她能够随意结合的东西,亦能随意分离,就像马与翅膀的离合一样。(事实上,缺乏必然关联可以看作是运用偶然联系,但是,笛卡尔的关注点是反驳意见，即上帝的观念好像一种虚构。）凡具有内在关联的事物，将抗拒分解其概念关联的一切努力，因此，凭借必然性将它们联结在一起。她发现，上帝本质与上帝存在之间的关联不能拆解。的确，山与谷之间的关联也不能拆解（假定这里的"谷"意味山的低凹部分——这个例子或许是经验获得的观念，说明偶然存在的对象依然展示本质，但并不包括存在）。因此，二者都被看作必然的。笛卡尔坚持认为，这种必然性并非沉思者强加的，而是在上帝那里发现的，上帝作为她的清楚明白观念的对象。

第三个反驳表示怀疑：这里所说的必然性应否看作一种特殊的"假设的必然性"。人们借助假设的必然性做出设定，例如，所有的三角形都是直角三角形，由此推出，所有的三角形都服从毕达哥拉斯定理（毕达哥拉斯定理只适用于直角三角形）。若有假定，所有的三角形都是直角三角形，那么必然得出这一结论，即所有的三角形都服从毕达哥拉斯定理。然而，事实上，并不是所有的三角形都是直角三角形。这个设定并非真的，因而确实不是必然真的。通过纯粹的假定或假设，无法确立真正必然的关联。

第三个反驳的文本依据如下：

> 尽管承认上帝存在对我来说是必然的，因为我曾假定，他具有全部完满性（因为存在是完满性之一），不过，最初的假设并非必然的。
>
> （7:67）

也许，沉思者的观念纯粹是一种假设建构。既然假设，上帝具有全部完满性，包括存在，那么必然得出结论：上帝存在。然而，按照这一反驳，没有任何理由相信这个假设是真的，因而没有任何理由相信，上帝的存在是绝对必然的。

笛卡尔的回答再次指导沉思者转向自己天赋的上帝观念，她发现，这一观念必然将一切完满性归于上帝，不是凭借假设，而是本身固有的。

> 尽管我不是非得想到上帝不可，不过，每当我思想第一的、至上的存在者时，从我心灵的宝库（姑且这样说）提取上帝的观念时，我必然将一切完满性归于它，尽管我当时无法将这些完满性一一列举出来，也无法将注意力放在每一个完满性上。
>
> （7: 67）

上帝观念的固有内容必然将一切完满性归于上帝。它与虚构的观念（诸如，所有三角形都是直角三角形，或者用笛卡尔本人的例证，凡四边形都能内切于圆［尽管有些不能］）相对立。这种虚构观念可以归入假设的必然性，但是，这些假设的关联并不包含内在的必然性。相反，上帝的观念具有内在的必然性，这种必然性，就是三角形与具有三个角的属性之间的那种必然性。

至此，笛卡尔的回应并未超越对第二个反驳的回应，在那里，他也宣称（事实上）上帝的观念不是虚构的。不过，他补充了一些新东西。他进一步指出，上帝的观念具有"真观念"的标志，是"真实而不变本质的一个形象"（7: 68）。真观念的标志是清楚明白地知觉,这里,指知觉到上帝的本质与存在之间的必然联系。前面讨论物质的本质时,清楚明白地知觉必然关联就被看作真理的证明。

尽管有上面的种种说法,但对于如何能够知道人的上帝观念展示了独立于心灵的实在的本质,依然还有疑问(第二个反驳提出)。到目前为止,笛卡尔始终用两个论断支撑这一证明:第一,沉思者清楚明白地知觉,上帝观念包括上帝的必然存在;第二,她断言,这种关联不服从她的意志,因此,这个观念不是虚构的,而是知觉到真实而不变的本质——这个发现也依赖于清楚明白的知觉。

倘若这一论证依赖清楚明白的知觉,那么假设的观念的天赋性(倘若有的话)有什么作用呢?直接的答复是:无论笛卡尔,还是他的亚里士多德主义(或一般经验主义者)论敌,都不会认为清楚明白的上帝观念来自感觉。他们一致认为,上帝是非物质的存在者,因此不占据空间,也不能通过感官去知觉。虽然画家可以把上帝描绘成白发男子,但是,这些肖像有空间结构,无法展现上帝无限的、非物质的存在。

更宽泛的答复或许注意到,第五沉思讨论的天赋观念是理智的观念,人的理智是真理的工具。真理和理智之间这种深刻的关联,正是笛卡尔在其后的方法论反思中讨论的。

进一步的反驳与答辩

转入这些反思之前,让我们考察一下反驳和答辩中对本体论论证提出的一些反驳。

伽桑狄就本质与存在提出一些反驳。首先，他拒绝承认本质与存在能够彼此分离。他推论，如果一物不存在，它就没有任何本质，因为离开单个实例，本质无法存在。(7: 319—320、324)(事实上，他认为，本质概念来自对事物的相似性进行纯粹的经验概括[7: 320—321])因此，他反对笛卡尔的主张：现实的存在属于这一些本质，而不属于那一些本质。这些反驳反映概念上的分歧，诸如脱离现存的事物，本质或本性是否还有实在性（甚至客观的实在性）；这个分歧只是更大分歧的一部分，涉及天赋观念和理智能力在独立于感觉时将如何运作，并非本体论论证特有的。

伽桑狄最著名的反驳是断言，存在不是一个可以在与上帝或其他事物的关系上有所区别的谓词。存在要么不是谓词，要么同样包含在一切事物的概念中。(7: 322—323)这个观点散见于其他一些论证，不过，如果孤立地看，它是说，一切事物一旦被思考，就被认为是存在的。他同意，我们无法思考没有翅膀的双翼马，也无法思考没有谷的山，正像我们无法思考没有知识和力量的上帝一样。然而，他宣称，存在没有区别。存在不可能是一种完满性，在不存在事物的本质中出现或缺乏，因为不存在的事物根本没有完满性。因此，上帝如果存在，他在这一点上与其他事物并无差别。(7: 323)伽桑狄声称，笛卡尔无法"解释，我们何以可能思想有谷的山或长翅膀的马而不思想它们存在，却不能在思想智慧、强大的上帝时不思想它存在"(7: 324)。

对这种观点有一种解释：表象一个事物，就是如果它确实存在，表象它会是什么样子。在表象山或长翅膀的马时，思想它们的存在并未对表象增加或者减少什么。因此，无论上帝，还是山或长翅膀的马，我们赤裸的观念表象了他们的存在。然而，倘若所有的观念都如此，那就不是上帝观念独有的；既然我们无法从纯粹思想它们推出一个特殊的三角形或长翅膀的马存在，同样，我们也不能从上帝的观念推论出上帝的存在。按照这种表述，伽桑狄的观点类似于后来休谟和康德的反驳，即存在不是一个谓词或属性。事实上，他们认为，想象一物的存在与简单地想象一物没有什么区别：在这两种情况下，事物"看上去相同"。因此，思想事物存在并没有给它增添任何东西；所以，存在不是谓词或属性。想象一物就是想象它存在。

事实上，笛卡尔认同伽桑狄（还有休谟与康德）的观点，即当我们想象事物时，同时想象它们的存在，不过，他不赞同他们的结论。笛卡尔与（反驳中的）伽桑狄不同，主张不能将思想归结为形象。思想能够把握抽象关系和属性，包括可能性与必然性，因而它们能够进入判断内容。就经验而言，他认为，我们能够理解可能存在与必然存在之间的差异。在这两种情况下，我们思考事物时都是在思考：如果它存在，将是什么样子。然而，一种情况是（例如，思考一个几何图形），我们认为它只是可能存在，但就上帝而言，我们认为它的存在是必然的。

他在第一个答辩中，这样阐述其观点：

> 必须指出，可能的存在包含在我们清楚明白地理解一切事物的概念或观念中，而必然的存在只包含在上帝的观念中。凡细心注意上帝观念与其他观念之间差异的人，无疑都会发现，虽然我们对其他事物的理解总是包含着将其理解为存

物，但并不能由此断定，它们确实存在，只能断定它们可能存在。

（7: 116—117）

他允许我们的观念表象事物的存在，却否认伽桑狄充分描述了各类思想的内容。（7: 383）按照笛卡尔的看法，内容包含思想所表象的事物与存在之间的不同关联：它的存在可以仅仅设想为可能的（这类事物可能存在），也可以设想为必然的（这类事物必须存在，而且确实存在）。这两种情况，均将事物思想为存在的事物，但是不同的形态：可能性与必然性相对照。

还有另一种方式理解伽桑狄（以及康德）的反驳，即存在不是事物概念可有可无的一个属性，而是事物在世界中的定位，相应于概念。无论事物存在与否，概念始终是相同的，或者，概念只能假定事物存在，表达事物的某些东西。因此，笛卡尔假定所求证的事物存在，是将假设当作论据。笛卡尔的回答与针对第二反驳的相同：他的上帝观念，不仅仅是上帝的必然性观念，也是对上帝存在的实在必然性的知觉。（见7: 149—150）它具有真观念的标志。因此，其内容成立：上帝存在。

我们这里并非站在某个立场，对笛卡尔与伽桑狄的争论做一个仲裁。问题在于天赋观念（我们将返回这个问题）以及这一想法：理智能够独立于感觉经验，向我们展示事物实在的可能和必然性。

在第一个反驳中，卡特鲁斯重复了阿奎那关于安瑟尔谟原创论证的讨论（阿奎那的意图是驳斥安瑟尔谟）。阿奎那这样表述这一论证（卡尔鲁斯引证阿奎那的《神学大全》[Summa Theologica, Pt. 1, qu. 2, art. 1]）：

> 我们一旦理解"上帝"一词是什么意思，便知道上帝存在。因为"上帝"一词意味着，绝对没有比他更伟大的东西能被理解。但是，存在于实在中和理智里的东西，比仅仅存在于理智里的东西更伟大。既然我们理解"上帝"一词，上帝直接存在于理智里，因而可以推出，他也存在于实在中。
>
> (7: 98)

这是众所周知的相依为命证明。阿奎那否认其效力：

> 假定承认，我们理解"上帝"一词所意味的一切，即绝对没有比他更伟大的东西能够被思想。然而，不能由此推论，我们也同时理解，该词所意味的东西在实在世界中存在，而只能理解，他存在于理智的领会中。而且也无法表明，这个存在者存在于实在中，除非人们承认，实在中存在着什么东西，绝对没有比他更伟大的东西能够被思想。但是，那些说上帝不存在的人并不承认这一点。
>
> (7: 99)

阿奎那和卡特鲁斯都认为，人类词语的单纯意义，或者，由这种意义建构的概念，并不揭示上帝的真实本性，因此，不能用于证明上帝的存在。的确，卡特鲁斯前面转述阿奎那的结论（从同一文本）：一般说来，上帝"无法根据其本质的准确概念加以认知"（7: 97）。卡特鲁斯和阿奎那一致同意，上帝的存在只能通过结果来证明，人的心灵并不真正理解上帝的本质。

笛卡尔在答辩中承认，我们不能凭借沉思语词的意义证明上帝的存在，语词的意义或许是通过感官的道听途说从其他人那里获得的。正如他所言："被一个语词所意味的东西，并不因此就是真的。"（7: 115）不过，笛卡尔正确指出，他自己的论证并非建立在语词的基础上，或者，依赖于建构而成的概念，为了配合语言的运用。（也见7: 31—32）他修补了第五沉思最初提出的论证：

> 我们清楚理解为属于某物真实的、恒常不变的本性，或本质，或形式的一切，完全可以用来肯定那个事物。然而，一旦我们充分仔细地考察上帝是什么，就会清楚明白地领会，存在属于他真实的、恒常不变的本质。因此，我们现在可以真正地肯定上帝是存在的。
>
> （7: 115—116）

笛卡尔不考虑关于上帝说过什么，也不考虑人类传统如何可能设想上帝。毋宁说，他声称在自己心灵中发现了上帝的观念，构成关于上帝本质的清楚明白的知觉。这个观念就是通过上帝的本质，认识到他是必然存在的。按照笛卡尔其他文本的解释，这个观念适合于有限的理智，无须充分"领会"上帝的本质，它允许人们"理解"、在思想中"抵达"，或者，"认识"上帝的本质或无限的存在者（7: 365、7: 52、1: 152），展示上帝必然存在。

在组织自己的反驳时，卡特鲁斯并不像阿奎那一样，强调"上帝"一词的意义，而是强调人关于上帝的"概念"，他主张，这个概念并不告诉人们"实在世界的任何现实事物"（7: 99）。笛卡尔认为他注意到一个潜在的反驳，自己曾在第五沉思提出过，涉及本质与存在的关系、人关于外部世界的观念有多少信息量、上帝的观念能否是缝补编织起来的虚构。回复时，笛卡尔再次诉诸他的上帝知觉，强调他关于上帝真实的、永恒不变的本性的知觉，具有统一性和完整性（7: 116—117），这个迹象表明，上帝观念确实给我们提供事物的信息，告诉事物本身如何。他在自己的上帝观念中知觉到必然的存在，这并非自己观念的特征，而是对上帝本质的知觉，因而也是对其存在（being）的知觉。

于是，我们返回笛卡尔形而上学认识论的基本原则：人类理智的天赋观念，因为提供清楚明白的知觉，从而真正知觉到外部实在的本质。至于何以如此，我们依然需要为其寻求充分的证明。

清楚明白的知觉是所发现的唯一方法（7: 68—69）

在本体论论证的末尾，笛卡尔提出一个广泛的方法论宣告：

> 无论我使用什么证明方法，总要回到一个事实；只有我清楚明白知觉的东西才有力量使我完全信服。而且，我清楚明白知觉的某些东西，对每个人来说都是明显的，尽管也有一些东西，只有经过细致的考察和认真的思考才能被发现，

不过，它们一旦被发现，就会认为像前者一样确定。

（7: 68）

　　这一陈述强调"信服"和"确定"，它们来自清楚明白的知觉，但并未提及真理；不过，笛卡尔讨论上帝在排除怀疑的作用时，重申了这种知觉的真理性。上述引文也提供重要的方法论线索，引导读者经历（或不经历）《沉思》中认识论转向的经验。它说，经过更为周密的研究，原来没有直接显现的真理变得明显了。对毕达哥拉斯定理的信念便来自这种研究，然而，一旦理解了这一定理，就会像相信简单的数学结果一样"坚决地"相信它。（7: 69）最后，笛卡尔宣称，本体论论证具有同样的清晰性，尽管最初为成见弄得模糊不清。（7: 69）

　　将本体论论证与几何学证明加以比较，是第五沉思的主题。它所起的作用，是提醒读者必须摆脱"成见"以及"凭借感官感知的事物形象"，以便理解这一论证。先前，这一比较（7: 65—66）用以支持本体论论证，将已知的确定性与数学的确定性加以对比——在《第一哲学的沉思》之前，沉思者认为数学的确定性是"最确定的真理"（7: 65）。

　　本体论论证与几何学证明之间的关系如何运作呢？假定：沉思者正是在这一时刻准备承认数学自身的认知力量。如果本体论论证获得同样的信从标准，那么，沉思者应该承认它具有同样的认知力量。笛卡尔或许已经征得沉思者的同意，相信数学和形而上学的证明具有同样的认识基础。至少从表面看，这种策略避开了烦人的循环论证问题，因为它通过与数学的比较，为上帝存在的证明获取认知的合法性，无须神灵的批准。

我们讨论循环论证时，将返回这种策略。不过，笛卡尔明显持相反的态度，并且论证说，倘若不首先知道上帝存在，甚至无法知道数学真理。

消除怀疑需要上帝的知识（7: 69—71）

尽管不时回想起数学的确定性，笛卡尔现在则声称，一切知识，即便几何学，都依赖于上帝。（7: 69）当我们关注几何学证明时，它们让我们信服（正像沉思四所说，它们"迫使我们同意"）；然而，当没有注意这些证明时，我们就能回想起，有些论证（如沉思一中）提供一般性的理由怀疑我们的认识能力。这些一般性的怀疑瓦解我们的信念，甚至瓦解对几何证明的信任，只要我们还没有周密细致地考察这些证明。

人们或许认为，当面对几何证明时，我们理解并赞同它们，这足以说明我们"知道"几何学真理。然而，笛卡尔声称，不首先知道上帝存在，上帝不是骗子，尚未消解的普遍怀疑将瓦解我们的几何学知识，即使我们能够正确地构建欧几里得的每一个证明。

因此，无神论者不可能懂得（know）几何学。正如笛卡尔在第二答辩解释的，无神论者也能"认知"（cognize）毕达哥拉斯定理（7: 141*），但是，他不可能懂得它。考察笛卡尔的知识构想，可以澄清他的论证。在第一沉思，他说到科学中寻求"坚实而持久的"东西。（7: 17）在第五沉思，他论证说，没有上帝的知识，我们"关于任何事物绝无真实的、确定的知识，只有转瞬即逝和变化不居的意见"(7: 69)。任何人,只要没有上帝的知识,就会屈服于怀疑论的挑战。如果这些挑战能够驱逐意见,那么,他不会有知识:"凡能够加以怀疑的认知行为,似乎没有一个配称作知识。"(7: 141*)

笛卡尔论证的基本形式是清楚的。他提出一种知识概念,据此,所知的事物必须是真的,必须有充分的理由加以接受,决不屈从已知的反驳。他指出,在尚未知晓上帝存在以及上帝不是骗子之前,我们甚至可以瓦解几何学知识,因为我们对认知的普遍可靠性提出怀疑主义的疑虑。一旦证明上帝存在,上帝是完满的,我们便消除了怀疑,现在,我们有充分的理由相信几何学证明(我们清楚明白地知觉它们),这些理由始终是知识的稳定而持久的基础。

上帝与循环论证

笛卡尔诉诸清楚明白的知觉证明上帝的存在(7: 69),然后诉诸上帝证明清楚明白的知觉是真理(7: 69—70),这个事实导致阿尔诺提出循环论证的指控。(7: 214)在第五章,我们考察了"清除怀疑"和"维护理智的预设"等策略以避免循环,与"理性的强证实"策略形成鲜明对照,后者似乎使循环论证成为不可避免的。现在,我们需要询问,在第五沉思,笛卡尔诉诸上帝存在和上帝的完满性,究竟是仅仅为了消除怀疑,还是为了直接使理智发生效力(像第四沉思那样)?如果是前者,那么一切知识都"依赖于上帝"的意义,似乎相对较弱:通过研究骗人的上帝的假设,发现其中不足,从而消除怀疑,留给我们的是假设为真的清楚明白的知觉。如果证实策略起作用，那么一切知识"都依赖于上帝"的意义将很强：为了有理由相信我们清楚明白的知觉是真的，我们需要知道上帝的存在和上帝的完满性。

哪一种策略符合第五沉思的文本，这个问题在某种程度上取决于笛卡尔试图回应对理智提出的哪种挑战。如果他回应的仅仅是因"长久以来的意见"而产生的"轻率的""形而上学的"怀疑，即有一个全能的上帝可能是骗子，那么清除怀疑的策略（与假设相匹配）似乎避免了循环。笛卡尔将本体论论证与几何学证明相类比，有助于假设解读。在沉思中，这些类比最初似乎采取一种退守立场。也就是说，笛卡尔或许认为，即便沉思三和沉思四关于上帝与欺骗的论证失败，本体论论证依然能够具有像几何学证明一样的认知力量。如果沉思者假设，理智的明澈知觉是真的，那么，这些类比将支持本体论论证的真理性，将其划归数学知识的类别。（问题依然存在：本体论论证是否值得这种类比？）

不过，美中仍有不足。除了骗人的上帝的假设，怀疑还有另一个依据，这就是沉思一提出的有缺陷的起源（缺陷设计假设的一种形式）。仅仅诉诸清楚明白的知觉，证明上帝存在，上帝不是骗子，根本无法消除这一挑战，因为其出发点在于这一假设：没有上帝，因而人的理智是偶然原因的产物，可能天然地具有缺陷。让我们考察一下，不借假定作为论据，或者不借助循环论证，是否有什么办法应对这一挑战。

有缺陷的起源

第五沉思后面的部分，笛卡尔就几何学证明之类的明晰问题

（如三角形的三个角等于两直角和），论述了怀疑的两个依据：

> 只要我的心灵之眼稍微离开证明，虽然我依然记得，我曾清晰地知觉它，不过假如我不知道有一个上帝，我还是很容易怀疑它的真实性，因为我可以说服自己：大自然这样造就了我，生来就屡屡出错，即便我以为知觉得最清晰的东西，也是如此。主要因为我记得，我经常认为许多事物是真实的、可靠的，但是到后来，又有别的论证判定它们是错误的。
>
> （7: 70*）

沉思者消除了第二个依据，即她承认某些东西是真的，后来又断定它们是假的，宣称自己先前忽略了真理规则，以至于"因为其他理由相信这些事情，后来发现这些理由不可靠"（7: 70）。未经历《第一哲学的沉思》记载的程序，沉思者（像笛卡尔本人的早期生活一样）不知道如何辨认清楚明白的知觉，从而依据其他东西（例如，感觉经验或导师的权威）形成自己的信念。

第一个依据，即"大自然这样造就了"她，使她在清楚明白的知觉上（至少在有些情况下）生来就屡屡出错，重新诉诸缺陷设计的假设，因而构成一个真正的挑战。现在，沉思者通过自己关于上帝存在的知识力图消除的，正是这个怀疑的依据，而不是骗人的上帝的假设（表面上看，沉思三和沉思四已经清除了这一假设）。沉思者这样说：

> 然而现在，我知觉到上帝存在，同时理解了其他一切事

物都依赖于他,而他并不是骗子,我因此断定,我清楚明白知觉的一切事物都必然是真的。因此,虽然我不再去想我是根据什么论证把一切事物断定为真的,只要我记得,我清楚明白地知觉了它,就不会有什么反证能让我再去怀疑它,相反,我对这个事物就有了真实而可靠的知识。

(7: 70)

上帝存在本身恐怕并不拒斥缺陷起源假设。还需要两点深入的考虑:上帝的完满性(不包含缺陷)以及"其他一切事物都依赖于上帝"(如上段所说)的事实。笛卡尔这里再现第四沉思的思想路线。我们清楚明白的知觉是真的,因为上帝创造我们,尤其是创造了我们的理智(和意志),假如(我们不得不承认)清楚明白的知觉是错误的,那么上帝就是一个骗子。是上帝创造了我们的认识能力,为这些能力提供强证实。

缺陷起源的假设涉及沉思者认知能力的起源:它们究竟是为无神宇宙中的偶然发展造就的,还是为上帝创造(因而设计)的?按照第四沉思,它们是为无欺的上帝设计的。但是,一个熟悉的问题产生了。我们相信上帝存在,相信上帝创造我们心灵的唯一理由是,我们清楚明白地知觉情况就是如此。缺陷起源的假设则向这种知觉的可靠性提出挑战:或者借假定作为论据,或者再次进入循环。

让我们更全面地考察这种境况,看看是否有出路。为了评估缺陷起源的假设,沉思者或许要对其理智起源的不同解释加以比照。如果她不得不在运行一种解释之前就证明它,那她的确要陷入循环。但是，假定她现实地认为缺陷起源的假设为怀疑提供了一个更"轻率的""形而上学的"依据，远超过骗人的上帝假设。她或许认为，维护理智的基本假定使她有资格运用理智的能力，以评判缺陷起源的可能（至此尚未有任何依据）。或者她可以诉诸提炼论证（第五章有论述），支持清楚明白的知觉。于是，她可以运用自己的理智，为其理智能力的起源寻找最好的解释。从第三沉思至第五沉思，她为（据说）上帝的存在找到三个充分的论证，为上帝的无欺找到一个论证。缺陷起源的假设纯粹是一种思辨，事实上，她无法设想，人的有意识的心灵居然能从物质的偶然结聚中产生。因此，她认为创造论假设是对她认知能力起源的最好解释。

笛卡尔确实认为，缺陷起源的创设相对较弱。在他那个时代，对于纯粹的物质能否有感觉和思想，存在异议。尽管笛卡尔本人同意，动物的身体（包括人的身体），可以通过物质的偶然相互作用而发展，不为创造者所操控，但是，很少有人相信，**思想存在者**也可以这样发展。笛卡尔将这个假设列入"言过其实"（7: 226）的大话，因此不合情理（那些怀疑产生于对上帝的无知，包括缺陷设计论证的两个方面）。当然，要想发生效力，笛卡尔断不能反映时髦意见，而必须理性地评估这类事件发生的可能性。今天，我们推测，意识和思想可以通过自然过程进化产生（尽管这种解释并不全面）。因此，我们并不认为笛卡尔的创造论假设比其他假设更有力量。

即便依照笛卡尔的看法，承认创造论假设能够排除其他假设，理智知觉的形而上学方法也必须能够确立一些强有力的结论：上帝存在，上帝不是骗子，上帝是人类心灵的创造者。假设：为了避免

239

关于上帝或创造问题的最初论断，笛卡尔首先诉诸提炼论证，以支持清楚明白的知觉，随后，他运用这一方法决定创造过程超越自然起源。这一步骤避免了循环，但是，关于清楚明白的知觉能否信任的问题，似乎是以未经证明的假定为论据。正如我们第五章看到的，必须运用那些清楚明白的知觉对提炼论证本身加以评判。或许，提炼论证错误地将我思的确定性过度普遍化。倘若我们无法事先相信清楚明白的知觉，那将如何做决定呢？至于维护理智的假定，情况不见得好多少；关于纯粹理智能否揭示事物的实在性质，从而揭示上帝的存在和上帝的创造倾向，它也是将未经证明的假定作为论据。

更普遍地看，人们质疑人的心灵能否描述事物的本质，能否确认上帝存在，相信他给我们配备了理智，足以担当先验形而上学的任务，无须利用缺陷起源的假设。关于思想起源还有其他自然主义的阐述。人们可以猜测，人的心灵源于自然，通常没有设计上的缺陷，但也没有天赋观念，或者没有笛卡尔声称发现的对上帝和物质的理智知觉。这种心灵可能获得上帝和物质本质的观念，却没有理由相信，这些观念揭示事物的本质？

对笛卡尔理智知觉的存在和可靠性提出这种挑战，已经超出循环论证，更普遍地涉及他的体系。我们将在第十章返回这些问题。

循环论证与《第一哲学的沉思》的目的

有一个基本问题，支配着我们对循环论证的思考。这个问题就是：在《第一哲学的沉思》里，笛卡尔究竟试图（或需要）向人类认知的可靠性提出深刻的挑战呢,还是仅仅想利用怀疑主义的程序,指导读者把握清楚明白的知觉,然后继续引导读者认识他的形而上学和物理学的第一原则(第二章和第三章末尾提出的问题)?

两个方面都能找到证据。《第一哲学的沉思》问世不到两年,笛卡尔给伊丽莎白女王写信,声称他"运用想象力思想的时间一天当中绝不超过几个小时,单纯运用理智思想的时间一年当中绝不超过几个小时"(3: 692—693),所谓单纯运用理智,就是指摆脱感觉和想象。其寓意是,人们从事形而上学的时间,应该足以知觉到上帝的存在以及心灵和物质的本质,然后再继续从事自然哲学(如第六沉思,对感觉有了新的理解)。

如果笛卡尔的目的只是引进清楚明白的知觉方法和结果,从而理解事物,那么谈论一种假设是可以理解的。的确,笛卡尔或许是要发现某个真理,并不涉及人的心灵能否认识真理的问题,而是涉及形而上学的主要论题(上帝和有限存在者)。他想帮助读者理解,人们选择一种形而上学命题所依据的充足理由究竟是什么样的,然后引导她以充足理由为依据得出某些结论。至于人的心灵究竟能否把握真理,他并不想提出什么深刻问题。根本没有什么循环论证,因为笛卡尔从不打算首先提出一种最原初的强证实。应该指出,他并不想用几何学证明使清楚明白的知觉生效,而只想诉诸"自明的"命题和论证。(7: 162—163)

与此相关,还有另一种退守立场,即便不为笛卡尔所接受,依然可以维护其纲领的核心部分。假设:笛卡尔关于上帝存在的论证失败——例如,读者没有发现上帝本质的观念先天地铭刻在自己的心灵中。不过,依然有一些"合理的"(并无绝对的确定性)信念，可以为笛卡尔主义考察者所接受。他可以接受外部世界的信念，在第一沉思中，这个信念被看作公认的，探求形而上学的确定性时被搁置一边。(7: 22)这个考察者可以探索科学，用清楚明白的推理和观察筛选经验的证据。他也可以接受清楚明白知觉的数学真理，并且，假设（并无证明）物质由广延及其样态构成。甚至心灵不同于物质亦似乎是合理的，只要他有如此清晰的知觉。他无法清除骗人的上帝和缺陷起源的假设。因此，他的推理始终容易遭受"轻率的"和"形而上学的"怀疑。但是，可以重新设想知识的标准：有充足的理由相信，只有弱少的理由提出挑战，便可与真正的知识相容。或者，考察者可以决定，强或然性是信念的充分标准。

另一方面，笛卡尔怀有形而上学的远大抱负，于是，他不仅想而且确实围绕人的理智与事物的实在秩序之间的关系提出深刻的问题，他所力求的不仅仅是为"所思考的一切事物"获取世界的最佳理论。他追求一种真正的形而上学。

笛卡尔知道，深层的怀疑将被提出。在第四答辩中（第五章曾引用），他考察了一个假设，即"一切事物在现实中的构成，其方式与它们在我们知觉中的构成完全相同"(7: 226)，并指出，一旦发现上帝存在，上帝不是骗子，从而消除第一沉思"夸张的怀疑"，就可以接受这一假设。然而，并不清楚，问题一旦提出，能否这么轻而易举得到解决。另一处，第二组反对者(7: 127)重复卡特鲁斯的怀疑(7: 99)，即我们人的概念或观念，是否现实地展示事物的实在本质和存在，并且强调，上帝的存在取决于其本质的现实可能，并非取决于人的概念。在答辩中，笛卡尔区分了两类可能性。第一类"与我们人类的概念没有任何冲突"(7: 150)；根据这个设想，人的概念确实向我们提供事物的实在可能性。他将其作为通常的概念，在几何学证明中给予一个相应的定义："当我们说，某种东西包含在一个东西的本性或概念中，那就等于说，它真的是那个东西，或者可以断定它就是那个东西。"（7: 162）然而，他意识到，主张人的概念揭示实在的可能性（或者，本体论证明中所谓"实在的现实性"）可能面临挑战。第二组反对者质询的或许是第二种可能性，即脱离人的概念，"与对象本身相关的"（7: 150）那种可能性。这种可能性，人的心灵恐怕无法接近。笛卡尔拒绝认真考虑这类挑战，因为不然的话，"人的一切知识都将被摧毁，尽管没有充足的理由"（7: 151）。这里，对于我们的概念是否与现实相符合的问题，笛卡尔提出一个深刻的挑战，只是将其搁置一边。我们可以询问：既然目标是证明一个真正的形而上学，那么，他应该这么做吗？

第二个目的深刻地挑战理性，要求在回应中提供深刻基础，第一个目的（方法论目的）则帮助读者发现和运用纯粹理智的能力，二者并非互不相容。不过，第一个目的不要求第二个目的。凭借读者是否发现它所承诺的明晰性，就能单独加以评判。第一个目的与17世纪初期方法论的倾向交织在一起。第二个目的更全面地涉足形而上学传统。以往的形而上学家试图解释，人的认识如何获得本质的知识——无论是依照柏拉图主义直接领会的单独的相，还是依照亚里士多德主义通过感官与事物接触抽取形式或本质。笛卡尔创造永恒真理的学说提供自己的解释，说明人的概念究竟如何（先天地）与事物的本性结盟。也许笛卡尔在两个目的之间进退维谷：简单地提出最佳论证，证明自己新科学的第一原则（无须循环论证便可论证，但无法保证终极真理），或者提供一个终极解释，说明他的最佳论证何以必然揭示一种真实的理论（为此，他的努力似乎是以假定为论据，或者是循环论证）。

这里对笛卡尔的目的和策略提出几种解释，试图帮助读者在进一步思考相关文本，就循环论证阐发自己的立场。他的立场可以是上述立场之一，也可以是它们的某种结合，或者提出一种新的策略。哲学文本最有魅力的特征之一，就是它们对细致的研究和解释性工作给予回报。围绕循环论证和笛卡尔形而上学方法提出的问题丰富而复杂，值得进一步探索。

文献与其他阅读书目

所有标准注释都考察第五沉思的论题。Secada探讨了笛卡尔关于本质、先天性、物质以及上帝存在的证明等论述。他的第一章阐述经院哲学的亚里士多德主义关于认知顺序上存在先于本质的思想。

Kenny, ch.5介绍笛卡尔的天赋观念论。参见：Flageand Bonnen, ch.2以及Nelson, "Cartesian Innateness"（in Broughtonand Carriero），将天赋观念与笛卡尔的方法联系起来，也见Hatfield, "Fleshless Eye," in A. Rorty。

Gaukroger和Marion的文章收入Cottingham, *Cambridge Companion*，考察笛卡尔关于数学以及物质本质的观点。Menn, *Descartes and Augustine*, ch.8, sec.B，讨论物质的本质。Normore考察"Descartes and theMetaphysics of Extension," in Broughton and Carriero, pp. 271—287。

Gaukroger（ed.），*Descartes*: *Philosophy, Mathematics and Physics*（Brighton: Harvester, 1980），包含几篇讨论笛卡尔的认识论、数学以及物理学方面的论文。关于笛卡尔与柏拉图主义的关系（附传统文献），见 Tad Schmaltz, "Platonism and Descartes' View of Immutable Essences," *Archiv für Geschichteder Philosophie* 73（1991），pp. 129—170。

笛卡尔的主张，"星星、陆地、以及我在这个可见世界看到的一切事物"，包括"植物"和"人"，都可以通过自然过程，从"原初的混沌"产生，见 *Principles* III.45—47（8A: 100—103; see also 8A: 203）。（必须假定，他意指人的身体，并非灵魂。）Lucretius, *On the Nature of the Universe*, trans. R. E. Lathan, rev. J. Goodwin（London: Penguin, 1994），139, 148—149，描述了植物和动物，包括人，如何通过物质的偶然结合而产生的过程，包括自发的传宗接代以及随后凭借生存力选择形式。

关于笛卡尔本体论证明的进一步讨论，参阅 Kenny, ch.7、B.Williams, ch.5、Carriero, ch. 5、Dicker, Ch.4。Lawrence Nolan, "The Ontological Argument as an Exercise in Cartesian Therapy," *Canadian Journal of Philosophy* 35（2005），521—562，与目前的解释有密切联系，如同 Cunning, *Argument and Persuasion*, ch. 6。我的解释聚焦 Willis Doney 所说的论证"A"，见其"Did Caterus Misunderstand Descartes's Ontological Proof?" in Voss, 75—84；我把笛卡尔随后关于完满性和存在的讨论，看作是附属的。

J.Barnes, *The Ontological Argument*（London: Macmillan, 1972），分析了这些论证的逻辑结构。Alvin Plantinga（ed.），*The Ontological Argument*: *From St. Anselm to ContemporaryPhilosophers*（Garden City,

N.Y.: Doubleday, 1965），提供历史的概观和文献选编。G. R. Oppy, *Ontological Arguments and Belief in God*（Cambridge: Cambridge University Press, 1995），提供了证明的各类版本。Caterus（卡特鲁斯）引录的那段文字，见 Pegis, *Introduction to Aquinas*。

有关循环论证的参考文献，见第五章末尾。

第八章　自然界与身心关系

沉思六：论物质事物的存在，论身心之间的实在区别

第五沉思开始让沉思者返回物质世界。在第一沉思，她拒绝物质和感觉；在第五沉思，她沉思物质事物的本质——摆脱感觉观念，转向几何对象的天赋观念。现在，在第六（也是最长的）沉思，她将考察感觉及其对象。这一沉思恢复了感觉，然而，有一定的限制，并非沉思者最初基于感觉的认识论所认可的感觉。物质世界也得以恢复，但是经过新的构想。

第六沉思前半部分（7:71—80）考察"物质事物是否存在"的问题。（7:71）首先讨论物质事物存在的"或然"论证，然后检讨对感觉的怀疑，最后证明物质事物的存在。后半部分（7:80—90）考察具身化（embodied）心灵，包括感觉、激情以及欲望的起源和功能。它描述感觉和欲望在完整的人（由身与心构成）身上如何运作，以维持人的健康与幸福，包括神经和大脑起什么作用，如何产生感觉与感情。

围绕这一沉思的许多讨论，注重第二个主题，即"身心之间的实在区别"。笛卡尔的技术术语（从经院哲学派生而来）"实在区别"，指两个实体之间的差异（7: 13、162，参见8A: 28—29）——这里，指具有相互排斥本质（思想和广延）的两个实体之间。笛卡尔用一个段落（7: 78）论证这一区别，即长篇讨论物质事物存在的倒数第二段。随着文本的展开，这个论证仅被看作证明物质事物存在的最初步骤。不过，这种区别在笛卡尔的形而上学中占据核心位置，是他通过感觉和欲望理论展示身心统一和相互作用的前提条件。

第六沉思完成了笛卡尔对人类认识能力的分析。它为感觉和想象定位，将其描述为理智的样态或活动。（7: 78）但是，这些活动与"纯粹理智"不同，因为它们依赖于形体过程。这种依赖性出现在证明形体存在的两个论证中。

理智与想象（7: 71—73）

对物质事物存在的最初（仅仅或然的）论证，依赖于想象某物与凭借理智知觉某物之间的现象差异。（7: 71—72）它诉诸两类活动之间的经验差异，主张要最贴切地解释这种现象，可以假定，当想象某物时，心灵与形体相互作用。这种境况，正如第二沉思的情形，"想象"（imagining）与"想象力"（imagination）是技术术语，源于认识能力的标准分类，为笛卡尔和亚里士多德主义者共同承认：严格地说，想象某物意味着形成并经验到它的心理形象。"形象"（image）一词，很容易暗示视觉形象，不过，任何类型能够记忆或建构的感觉表象都可以算作形象，无论视觉的、听觉的、味觉的、嗅觉的，还是触觉的。

沉思者考察自己是如何思想几何图形的，注意到，我们理解某些图形，无须形成清晰的形象。就千边形而言，我们无法清晰地想象所有一千条边，却清楚地理解它是一个千边形。我们思考千边形时形成的形象，与思考万边形（有一万条边的图形）时形成的形象恐怕没有什么差别。然而，我们清楚地理解，或者在理智上知觉到，万边形与千边形不同。因此，实际工作并非形象所做，而是由理智（纯粹理智）单独完成的。对简单图形来说，例如三角形或五边形，我们确实可以形成清晰的形象，但是在这里，沉思者同样注意到，想象图形与理解它们（没有形象）是不同的。（也见7: 387、389）

笛卡尔说明这一重要的现象差异：

> 我当然可以像理解千边形那样理解五边形，用不着想象帮忙；不过，我也可以想象一个五边形，让心灵的眼睛关注五条边以及它们所包含的面积。这样，我就清晰地认识到，想象需要特别集中精力，理解则不需要；心灵的这种额外的努力显然表明，想象与纯粹理智是不同的。
>
> （7: 72—73）

形成五边形的形象需要"额外的努力"，超越理智的活动。理解五边形的纯粹理智是否包含一种形象，或许缺乏颜色之类的感觉属性？笛卡尔没有说明，不过，将理解图形与想象图形加以对照，表明理智地知觉五边形不包含任何一种形象。确切地说，理解是什么并不清楚，或许，它是对五边形各种本质属性的无形象的认知，其中包括五边形的空间结构及各部分的关系。

证明形体或然存在的论证，分两个步骤展开：第一，沉思者指出，想象不是心灵或纯粹理智的本质。从这一点出发，她推论，想象力要发挥作用，要求心灵之外的某种东西（形体）。

> 我看出，我心中这种想象的能力，有别于理智的能力，并非我的本质，即我的心灵本质的必然要素。因为，即便我没有这种想象能力，无疑，我与现在的情况依然没有什么区别，从而可以断言，它不取决于我的心灵，而取决于别的东西。我很容易理解，如果确实有什么形体存在，心灵紧密地与它联系在一起，以至于如果心灵愿意就能思考它，那么这种形体或许就能使我想象有形的事物。因此，这种思想样态与纯粹理智的区别就在于：当心灵理解时，它以某种方式转向自身，审视内心的观念；当它想象时，则转向形体，关注形体中某物，该物符合为心灵理解（如同在想象中）或为感觉感知的观念。
>
> （7: 73）

第一点，纯粹理智是自我或思想物的本质，第二沉思曾经提到过，并将想象和感觉经验也列入心灵的活动。现在，想象划归心灵的非本质因素。这个结论或许是沉思三和沉思四的结果，因为在那里，沉思者完全摈弃感觉和想象（7: 34、53），却依然保留思想

（理智）物的完整性。的确，在这一点上，思想物——尽管只被认作未知类型的实体——被设想为无广延的心灵（7: 53），具有（纯粹）理智和意志的能力。

第二点是新的，即想象不是心灵的本质，因而它取决于其他某种东西。它显然依赖如下假设：思想物本身具有的一切属性，可以通过一个本质属性——这里指纯粹理智——完全得以阐明。按照传统的亚里士多德主义的"实体"和"本质"概念，这个观点十分古怪。亚里士多德主义者或许认为，实体有些属性代表它们的本性或本质，另一些则是"偶性"。例如，理性（rationality）被看作人的本质，个别的推理活动是这种本质属性的例证。皮肤的颜色被看作"偶性"或非本质，尽管所有人都具有这样或那样的肤色。

笛卡尔假设，事物本身可能具有的全部属性必须依赖本质属性，这个假设与第五章和第七章讨论他的实体概念相关。我们在那里获悉（用《哲学原理》的语言［8A: 25］，不过，与第六沉思一致［7: 78］），实体的一切样态或属性都依赖于一个基本属性（凭借它才能设想它们），或者以后者为前提。我们把这一立场称作"构成本质论"（constitutive essentialism）。它主张，思想物的每一样态或属性，必须通过一种本质属性加以设想或理解，这里，指必然通过思想属性加以设想或理解。

上面那段话为构成本质论增添一个新的途径。我们知道，如果全套样态不是思想物的本质，那么我们必须借助这个思想物（这些样态是该物的样态）以及别的东西解释它们的出现，纯粹理智的活动作为一类，是心灵的本质。想象的活动则不是，或许，通过一个事物或实体的独立活动无法阐明的东西，就必须解释为两个或更多事物（或实体）之间相互作用的结果。纯粹理智的活动包括心灵自行产生的观念，它们源于心灵自身潜在的结构（上帝构成的），包括物质本质的纯粹理智的观念。但是，想象的形象并非本质的，因而需要某些别的东西解释它们。

沉思者设想，如果心灵与形体"相结合"（joined），就能将想象理解为心－物相互作用的产物。为了产生形象，心灵必须与形体结合。"转向"形体的需要或许解释了想象力所包含的特殊努力。引文的语言引人注目，如心灵"审视"（inspecting）或"关注"（looking at）形体的某些东西，但不应照字面意义理解（参见第九章）。我们可以设想，在这些情形下，心灵可能与现实中具有想象形状的形体结构相互作用：想象一个三角形时，心灵与大脑中的三角图形相互作用（并非字面意义的关注）。依照这种解释，非本质的想象力是通过与（不同于心灵的）形体的因果互动而产生的。

然而，想象力要求心物互动只是"或然的"，因而，形体的存在也是或然的。这个论证只是或然的，因为就沉思者目前的知识状态而言，尚未排除对想象的其他解释。沉思者渴望有一个论证"必然得出结论"（necessarily concludes）：形体存在（7: 73），于是，她开始思索过去长期忽略的一些观念，感觉观念，既包括形状、大小、位置、运动等感觉观念，亦包括"颜色、声音、味道、疼痛等"观念。（7: 74）

检讨对感觉的怀疑（7: 74—78）

笛卡尔让沉思者检讨先前关于感觉的信念以及怀疑它们的理

由，然后决定现在应该相信什么。(7: 74)虽然这种检讨不要求进一步证明物质事物存在，但是，笛卡尔还是用了两大段讨论它。(7: 74—77)这两个段落有双重功能。首先，更充分地阐述先前的感觉信念，包括仍将保留的与完全摈弃的。其次，说明那些即将摈弃的感觉信念如何阻止沉思者发现沉思过程中的真理，假如她不进入怀疑过程的话。

各种感觉信念先前受到怀疑（沉思一和沉思三），其中一些将恢复名誉：

（1）物质对象的存在及属性；
（2）命题：外部对象中的某物与经验中发现的质（如颜色）"相类似"；
（3）"自然的教诲"：避免痛苦，饥饿时吃饭。

在（1）中，笛卡尔细致说明第一沉思关于怀疑感觉的依据。它们指感觉的欺骗性，诸如方塔从远处看是圆的；梦的论证；缺陷设计的论证。后两者也瓦解了（2），因为如果外部对象根本不存在，或者，完全不同于我们如何知觉它们，感觉就不可能与它们相似。（3）解释我们为什么发现痛时感到不适，或者感觉饥饿时就想吃饭。这里，沉思者并未发现理智的理由，说明单纯的痛感或饥饿感为何会产生不适或寻求食物。显然，自然直接教导我们（或意志）做出判断：应该躲避痛苦，感觉饥饿时应该吃饭。(7: 76)沉思者再次提出怀疑这种教诲的理由（沉思三，7: 39）："显然在许多事物上，理性告诉我应该避免，自然的冲动却驱使我追求，因此我断言,我不应该过于相信自然告诉我的事。"(7: 77)如果自然的教诲时而引诱我们误入歧途,我们怎么能信任它们呢?(与沉思一关于感觉可错性的论证相应。)

以上三个要素,只有要素(2),即相似性命题,将被彻底摈弃,成为对感觉的一种修正态度。笛卡尔很快提出论证,证明外部对象存在以及自然教诲(关于身体的趋利避害)具有一般的可靠性。(7: 83)他再度确认,感觉提供了外部事物属性的信息。在目前的检讨中,沉思者报告,她具有"光、颜色、气味、味道和声音等感觉,它们的千姿百态使我们能够辨别天空、陆地、海洋以及所有其他形体,彼此有别"(7: 75)。她随即再次肯定,这些感觉的确允许我们对各种物体进行区分(7: 81),然而,却否认这种感觉观念与物质事物的属性完全相似。更确切地说,她反对将相似命题用于颜色、声音、气味和其他所谓第二性质,却认为,如果使用得当,我们的感觉确实告诉我们实在的大小、形状及其他的第一性质。(7: 80—81)

现在,笛卡尔将经验主义的知识论,纳入可疑的"先前的信念"中。沉思者先前信奉相似性命题,因为她形成自己的事物概念时仅依赖感觉观念:"因为我关于这些事物的知识的唯一来源,就是观念本身,所以,除了事物与观念相似,绝无任何事物发生。"(7: 75)然而,第五沉思揭示,我们形体观念的源泉,除了感觉,还有其他来源,即关于事物几何属性的天赋理智观念。产生这个洞见之前,沉思者(像早期的笛卡尔一样)始终是一个经验主义者:

> 此外,我记得,感觉的运用首先来临,理智的运用随后

来到；我发现，我自己形成的观念与我先前凭感觉得到的观念相比，不大生动，而且，它们绝大多数都由感觉观念的要素构成。所以，我很容易相信，我的理智中没有什么东西不是先前通过感觉获得的。

(7: 75—76)

这里描述的知识论，很像霍布斯和伽桑狄在反驳中描述的知识论，后来洛克和休谟之类的经验主义者也持类似观点。笛卡尔将"生动的"感觉观念与通过推理形成的"不太生动的"观念加以区分。这些不太生动的观念"绝大多数"由感觉经验的要素构成，这一限定允许真正创造性的形象构建（如画家类比，见沉思一），允许从感觉观念出发进行构想和推论，而且允许情感和意愿（并未划归"感觉观念"）。然而，这种针对知识的早先态度坚持亚里士多德主义理论，主张凡理智中的东西，无一"事先不在感觉中"，不允许理智有自己的内容（例如天赋观念）。

笛卡尔认为沉思者起初倾向于经验主义和一般的相似性命题。这种描述与孩提时代的偏见完全吻合，《哲学原理》(8A: 35—37)将这种偏见归于沉溺于感觉，第三章曾经讨论过。它也与方法论的主张相契合，即必须通过各个沉思的冥想过程，帮助心灵撤离感官，以便发现纯粹的理智。这种认识源泉，是沉思二至五的新发现，现在可以用来证明形体存在，尽管可能并不具有沉思者先前归于它们的那些属性。

这个证明一开始就为脱离刚才回顾的怀疑提供依据："现在，既然我开始更好地认识了我自己，更好地认识了我的创造者，于是，尽管我并不认为，我应该稀里糊涂地接受似乎从感觉获得的一切，不过我也不认为应该把什么都统统拿来怀疑。"(7: 77—78)沉思者在内心发现清楚明白的知觉。至于上帝，第四沉思已经证明，他并没有赋予我们一种性质，引导我们走向我们无法修正的错误。

证明的第一步涉及身心区别。一旦表明，心灵与形体是不同的实体，就需要借外界事物解释感觉观念的因果起源。

身心区别（7: 78）

身心区别的最初证明占据整整一大段。（尽管后来勾勒了第二论证［7: 86］）

笛卡尔在《谈谈方法》中提供一个证明，现在则更为严格地加以陈述。(7: 8)在《哲学原理》中（8A: 25—32），笛卡尔长篇解释这一区别，尽管将论证变成了概括。

《谈谈方法》的论证

在《谈谈方法》中，身心区别的证明在我思推理之后，但在提炼真理规则和上帝存在的证明之前。论证如下：

> 然后我仔细研究我是什么，发现我可以设想我没有形体，可以设想没有我所在的世界，也没有我立身的地点，却不能因此设想我不存在。恰恰相反，正是根据我想怀疑其他事物的真实性这一点，可以十分明显、十分确定地推出我存在。另一方面，只要我停止思想，尽管我曾想象的其他一切事物

都是真的，我也没有理由相信我存在过。因此，我知道我是一个实体，它的全部本质或本性只是思想。它之所以存在，并不需要地点，并不依赖任何物质性的东西。

（6: 32—33）

心灵是不同于形体的一个实体，据说，可以通过以下事实"知道"（或"辨认"，法语的connaître），即可以怀疑物质世界的存在，而人本身，作为一个思想物，其存在是不容怀疑的（当人们在思想时）。

批评家当即指出（致笛卡尔的信，这封信已佚失），这种论证靠不住。这是借无知作论证。人们能够怀疑形体的存在，却不能怀疑思想本身的存在，这个事实并未证明心灵与形体不同，也不证明心灵能够独立存在，因为思维的自我与形体在现实中很可能是同一的，只是推理者不知道这个事实罢了。倘若如此，他所以能够怀疑形体的存在（包括他自己的身体），只有因为不知道实在的同一性，才断定自己只是作为心灵而存在。

为了理解这一论证是虚妄的，请考虑一下认证面具人的相应论证，驻军首领正要缉拿这个人。假定首领做如下论证：

（1）我不怀疑面具人佐罗的存在，因为他就在我面前。

（2）我可以怀疑年轻的贵族唐·迭戈（Don Diego）存在，因为据我所知，他或许已经突然故去。

（3）因此，佐罗不可能是唐·迭戈。

首领的论证没有功效，因为佐罗是唐·迭戈始终是可能的。他的论证只表明，首领不知道佐罗的真实身份——事实上，他就是唐·迭戈。如果他知道佐罗的身份，那么一旦正确地认证佐罗就在面前，他就会知道，唐·迭戈现在就站在他的面前。当然，即便佐罗实际上是唐·亚利山德罗，那么上面的论证并没有排除唐·迭戈有可能是面具人，因为它没有涉及佐罗的身份。因此，无论心灵是否与形体有区别，《谈谈方法》的论证均无效。

笛卡尔在《第一哲学的沉思》的前言中作出回应。他承认，如果这个论证仅仅依赖如下事实，即"当人心指向自身时，除了发现自身是思想物，不会发现其他东西"（7: 7—8），那么，这个论证有可能是虚妄的。然而，他否认，《谈谈方法》的那段话意图肯定实在的区分——尽管上面的引文很少让人怀疑，他**确实**得出了这一结论。

笛卡尔不愿承认一个错误，这并不重要，重要的是他承认，《谈谈方法》的论证如果是证明实在的区别，那将无效。他承诺表明，与此密切相关的一个论证起作用，即表明，"从我不知道任何别的东西（除思想外）属于我的本质这一事实，如何推出事实上没有任何别的东西属于它"（7: 8*）。说除了思想，他不知道本质中还有别的什么东西，与说他不能怀疑他正在思想，只能怀疑形体的存在，二者何以有别？提要（7: 13）回答了这个问题，将第二沉思与第六沉思（7: 13）中沉思者的认知立场加以比照。在第二沉思，沉思者无法怀疑自己作为思想物存在，只能怀疑形体的存在。她有清晰的心灵与形体概念，但不能排除心灵与形体（她不知道）依然可能是同一的。（见7: 27）一旦证明（第四沉思），"凡我们清楚明白理解的东西都是真的,以某种方式完全符合我们对它的理解"(7: 13),而且,将物质的本质确认为广延(第二、五、六沉思),沉思者就能通过心灵与形体概念的区别论证实在的区别。据说,这不再是借无知作论证,因为沉思者现在可以相信,她的概念精确描述了心灵与形体的实在性质。

第六沉思的论证

沉思者现在将考察一个论证,表明她的心灵是一个实体,与形体及其活动有实在的区别,泾渭分明。(这意味着,心灵是"非物质实体"[immaterial substance],一个笛卡尔很少用的短语[例如,9A: 207])

请回想一下,实体是"适合于独立存在的事物"(7: 44),或者脱离其他一切事物(除了上帝,上帝维持一切事物的存在[7: 49,也见8A: 24—25])。根据这个定义,我们可以设想笛卡尔在探索身心区别时,或许设定两个不同的目的。一种情况,他可能只想简单地表明,自我与其身体不同,其方式是:任何两个个别实体都是不同的,例如个别的桌子和个别的椅子;自我与身体可以彼此独立存在,正如我们可以把椅子从桌子旁搬开。(个体之间这种数量的差异,是经院哲学的术语"实在的差异"[8A: 29]所要求的。)依据这种解读,诉诸心灵与形体的不同本质(思想和广延)只是确认,自我与其身体是具有数量差异的独立事物——不过,恐怕并没有特意表明,心灵与身体是两种不同的实体。他们的不同本质是前提,是断言个体差异性必不可少的。在第二种情况下,笛卡尔一开始就试图证明,心灵与形体在种类上不同(以特别强烈的方式)。

不仅实体的种类不同（如我们通常设想油与水不同），而且没有任何共同属性（保留一般属性，如存在、绵延、数量等）。这种类的明显差异，符合笛卡尔的构想，即每类实体由一个独特的基本属性加以刻画，实体的样态必须通过属性才能设想（在《第一哲学的沉思》里，这个概念至今是默认的，只是在目前这个论证之后［7: 78］和第一答辩中［7: 120—121］才被启用）。的确，笛卡尔在别处指出，这些属性必然在逻辑上对立，或者彼此排斥。（9A: 349）

尽管对于笛卡尔论证的解释，有一些沿着第一条路线展开，不过，我们将采取的观点是：他从一开始就试图在种类上区分心灵与形体。他需要类的区别，以证明信中（7: 13—14）勾勒的灵魂不朽。更重要的是，类的区分是其形而上学的主要结论，尽管该论证的实际表述可能暗示第一种解读——的确，这个论证表述出来的结论，是个体自我与其身体的区分——不过，人们自然会认为，它的目的是区分没有任何共同之处的两类实体，这就是笛卡尔后来得出的结论。（7: 161、170, 8A: 25、8B: 348）

随着第六沉思的展开（以及答辩中的解释），这个目的要求得出三个结论，可以看作是种类的实在区分的条件。必须指出，心灵是一个实体，其唯一的本质是思想，形体也是一个实体，其唯一的本质是广延，而且二者彼此排斥，因而厘然有别。用笛卡尔本人的术语说，我们将前两点称作"整全事物"（complete thing）结论，将第三点称作"相互排斥"结论。

三个条件表述如下：

（1）**整全的思想事物**：思想物可以作为一个实体存在，其唯一的本质是思想。

（2）**整全的广延事物**：形体可以作为一个实体存在，其唯一的本质是广延。

（3）**相互排斥**：心灵实体没有形体样态，形体实体也没有心灵样态。

不管最初的表面现象如何，除了特定的假设或补充前提之外，（1）和（2）并未蕴含（3）。在亚里士多德的实体概念中，思想可以是无形体实体的本质（例如，一个天使），然而实际上，这并不排除一些思想实体（诸如人）天然地并在本质上与形体结合在一起，而且，离开这些形体，它就不能自然地存在或运作。为了向他的亚里士多德主义听众阐明自己的观点，笛卡尔需要（1）和（3）。况且，即便依照笛卡尔自己"构成本质"（constitutive-essence）的实体构想，这三点都是必不可少的。根据这个构想，实体的样态必须通过本质才能加以理解。只要表明，思想本质上不包括广延的样态，广延本质上也不包括思想的样态，那么这一假设，连同（1）和（2），能够产生（3）。不然，心灵与形体可能每一个都是实体，但也可能每一个都展示另一个的样态（有些或所有心灵可能是广延的，有些或所有形体亦可能会思想）。因此，要证明所谓类的实在区别，需要"相互排斥"。

有了心灵的准备，让我们依据这三点考察一下文本。相关的段落分为三部分，以便参照：

[A] 首先，因为我知道，凡是我清楚明白理解的东西， 258

都可能是上帝造的,以至于与我对它的理解完全符合。所以,我能清楚明白地理解一个东西,而不牵涉别的东西,这个事实足以使我确定两个东西厘然有别,因为它们可以分离而置。至少由上帝分离而置;至于什么力量把它们分开,使我们断定它们为不同的东西,这倒没什么关系。

［B］从而,正因为我知道我存在,同时(现在)看到,除了我是一个在思想的东西之外,没有别的东西必然属于我的本性或本质,所以我确实有把握断言,我的本质就在于我是一个在思想的东西。

［C］诚然,我或许有(或者按照预见,我确实有)一个身体,它与我非常紧密地结合在一起。不过,因为一方面,我对我自己有一个清楚的、分明的自我观念,即我只是一个在思想而无广延的东西;另一方面,我有一个分明的身体观念,即它只是一个有广延却不思想的东西。因此,可以肯定:我实际上与我的身体相分别,没有身体亦能存在。

(7: 78)

问题产生了,涉及每一个部分,也涉及它们之间的关系。诉诸上帝的力量,在［A］中起什么作用呢?是［B］独自为类的区分提供基本论证,还是到了［C］才获得这一论证?或者,［C］详细阐述了［B］,以回应［C］第一句隐含的驳斥?让我们逐一进行考察。

上帝与可能性

[A]似乎表明，由于上帝无所不能，所以也能把心灵与身体分开，因此，心灵与身体实际上有别。这或许是一个弱论证，因为它诉诸上帝深不可测的力量，以证明被造世界的某些东西。如果借用上帝的神奇力量将心灵与身体分离，那么，关于它们在日常环境中的自然关系，恐怕得不出任何结论。

[A]并不涉及神迹，只涉及自然（被造）世界的实在的可能性。可能性概念在笛卡尔那里异常复杂，因为他的学说主张，上帝自由地创造了所谓永恒真理——包括数学真理和事物本质的真理——而且，可以不像原来那样创造它们。但是，笛卡尔并未根据这一学说断言，人的心灵无法知道被造世界的实在的可能性。我们将在第九章看到，笛卡尔主张，上帝创造了一些不变的永恒真理，并调整我们的心灵以适应它们。因此，正如沉思五讨论的，我们清楚明白的理智知觉展示了事物实在的可能性。这里不需要提到上帝；清楚明白的知觉告诉我们实在的可能性，想到这一点就足够了。其实，这段引文说：导致分离的"什么力量"与我们判断实在的分别毫不相干。（也见7: 170）事实上，笛卡尔相信，身体的功能一旦停止，心灵便与身体相分离。（7: 153）因此，在自然死亡的情况下，两个实体分离。这里没有提及这种情况，因为只是到了第六沉思后面，才引进功能完善的人体概念。

[A]做了两件事。第一，重申清楚明白的知觉是实在可能性（就是说，什么可能现实地发生或存在）的向导。第二，为实在的区别提供一个标准。如果两事物可以分别存在，那么它们便有实在的区别，"如果没有这一个事物我也能清楚明白地理解另一个事

物",那么,这两个事物可以分别存在。上述(1)(2)(3)三点为这种理解提供条件。实际上,笛卡尔在答复卡特鲁斯时,解释了自己的论证(7: 120—121),同时描述了这一套条件,包括相互排斥的结论。

清楚明白的理解

[B]和[C]依赖清楚明白的知觉,前者是默认的,后者是公开的。[B]报导两个事实:人知道自己的存在(我思的最初结论);以及,人"看到"(或者"注意到",拉丁文animadvertere)"除了我是一个在思想的东西之外,没有别的东西必然属于我的本性或本质"。从这些事实可以推断,"我的本质就在于我是一个在思想的东西"。(这里的"我"仅限于前面的沉思设想的自我[7: 78、81];笛卡尔随后表明,这个"我"与身体相结合,从而形成完整的人,而且,这种结合对一个完整的人来说是其根本[7: 88、228,也见8B: 351])

[B]从自我或"我"的本质中排除了一切,仅保留思想。据此,能否排除"我"是一个形体过程,或者具有形体的属性?这取决于从"自我的本质是思想"这一事实,能否推论出:思想不同于形体,思想不具有形体属性。构成本质论的假设在这里或许有用。如果思想是自我的本质,如果思想概念不包括形体样态,那么,构成本质论意味着,自我缺乏一切形体属性。(笛卡尔没有论证构成本质论,但他可能始终认为,这对于"自然之光"是显而易见的,因为根据对"样态"概念的全面分析,样态只是事物本质或存在的变体——因此,事物的本质应该为它的所有样态提供基础[7: 79,

也见 8A: 25, 8B: 348—349、355, 5: 404—405])

当然，必须确认，沉思者有清楚明白的自我观念——她只是一个思想物。先前的一些结果在这里得到证实。在第二沉思，沉思者懂得，她能够知道自己是一个思想物，而且，当她不知道任何形体属性时，能够理解自我。现在，笛卡尔要求沉思者确认，将自我设想为一个思想物，是对本质的清楚明白的知觉——类似于第五沉思获得的清楚明白的广延概念，在目前的论证中又得到强化。在第六沉思前面部分，沉思者承认，感觉和想象并非心灵的本质，它们似乎要求形体作为原因。即便没有感觉和想象以及它们所需要的形体关系，沉思者依然可以是一个心灵。最后，[B] 主张，沉思者发现，除了思想以外，"绝对没有任何东西"属于她的本质，这大概排除了形体的属性。如果她发现，这些要点确实描述了她的自我概念，那么，根据假定：清楚明白的知觉揭示了事物的实在的可能性（并假定构成本质论成立），她就会知道，纯粹思想的实体可能存在，它不具有任何形体属性。

即便对 [B] 的这种解读是正确的，它依然取决于一个假设（构成本质论）以及一个隐含的论断（"绝对没有任何东西"这一短语意味着排除形体属性），二者并未得到清楚的阐释。笛卡尔或许觉得需要公开阐明这些观点，或者需要补充一个附加论证。

[C] 的论证

[C] 的核心是主张具有清楚明白的自我观念与形体观念，前者表示自我是一个在思想而无广延的东西，后者表示形体是一个有广延却不思想的东西。从这些观念得出结论："我"或心灵"确实

不同于"形体（因此不同于它的身体）。

［C］提供如下清楚明白的观念：

（ⅰ）自我只是一个在思想而无广延的东西。
（ⅱ）形体只是一个有广延却不思想的东西。

这两点指出，可以单独设想心灵与形体，二者彼此排斥。如果承认这两点，那也就支持了相互排斥的结论。不过，其本身并没有蕴含心灵与形体是不同的实体。要得出这个结论，必须表明，它们每一个都是实体。要用（ⅰ）和（ⅱ）论证两个实体之间具有实在的分别，我们必须知道，心灵可以独立于形体而存在（反之亦然）。我们需要一个整全事物（complete-thing）的结论。

我们再让［B］发挥作用，这次不需要构成本质论。［B］断言，我们每个人都知道，我们是作为思想物而存在的，唯一的本质是思想。它肯定了心灵的整全事物的条件。无须更多准备，笛卡尔断定，［C］对形体得出同样结论。因此，因此，每一个［指心灵或形体］都可以作为整全事物而存在，而且，根据（ⅰ）和（ⅱ）两点，我们满足了前面（1）至（3）的条件。

将三段放在一起，［A］提供实体之间实在区别的标准（能够分别存在），并提供清楚明白的知觉方法，用以决定是否满足这一标准。［B］断言，思想物可以独自存在。［C］断言，思想物不具有形体特有的任何属性，同时意味着，形体能够独自存在。如果心灵能够作为没有形体属性的事物而存在，那么，它就能脱离形体而单独存在。因此，按照［A］的标准，心灵在实在中是与形体不同的一个实体。

作为形而上学洞见的论证

依照这种描述，笛卡尔的论证针对心灵与肉体，采用了形而上学的洞见形式。第二沉思为沉思者做准备，帮助她独立于形体单独思考心灵，即具有清楚明白的心灵概念，不掺杂任何形体概念。第三至第五沉思，认定清楚明白的观念是真的，使沉思者有资格断言，世界的存在如她清楚明白地知觉的那样。第二、五、六（目前这段）沉思提供关于形体本质的清楚明白的知觉。第六沉思将这些洞见聚合在一起，断言心灵与形体是本质相互排斥的实体。毫无共同之处的实体具有现实的分别。

在内容提要中，笛卡尔认为六个沉思恰恰导致这一洞见，并列出它们的作用：

沉思二："形成尽可能清楚明白的灵魂［或心灵］概念，完全不同于形体概念。"

沉思四：逐渐"知道，我们清楚明白理解的一切，本来就是按照我们所理解的那样都是真的"。

沉思二、五、六："具有清晰的形体本质的概念。"

沉思六：洞见到，"凡我们清楚明白设想为不同实体的一切（就像我们关于心灵与形体所设想的），事实上都是现实中彼此不同的实体"（7: 13）。

沉思六的实际论证并未给这一概括补充任何东西。第一答辩将实体概念解释为"整全事物"（7: 120—121）。《哲学原理》进一步阐发这个术语，将思想描述为思想实体的"基本属性"，借以理解它的所有"样态"（8A: 24—30）。在几何学证明（7: 169—170）和《哲学原理》（8A: 28—29）中，笛卡尔重提这一论证，并未补充任何新的要素。这一论证包括形而上学的洞见，窥见心灵与形体彼此排斥的性质，以及它们可能作为整全事物而存在，由此断言，它们是现实中截然有别的实体。（第二个论证［7: 85—86］作为增补，主张心灵是不可分的，形体是可分的，并且断言，它们有实在的分别，因为它们各自具有对方没有的属性。）

持久的反驳

一些反对者质疑笛卡尔，他如何知道思想物或心灵事实上不是形体中发生的某些"形体运动"（7: 100、122—123、200, 9A: 207）。他们其实是质问，关于思想与形体过程的实在同一性，他如何知道自己不是借无知来论证。

在第一答辩中，笛卡尔借助"整全事物"的概念，然后证明相互排斥：

> 当我认为形体只是一个有广延、有形状、有运动的某个东西时，我完全理解形体是什么，并且我否认形体里有什么东西属于心灵的本性。反之，我也理解心灵是一个整全事物，它怀疑，它理解，它想要，等等，尽管我否认心灵里边有任何属性包含在形体的观念中。形体与心灵之间若没有一种实

在的分别,这是绝对不可能的。

(7: 121)

这个答复并未满足卡特鲁斯(以及第二反驳者们,7: 122—123)的要求,他们想知道,笛卡尔如何能够确认,他将心灵理解为非广延的事物,实际上不是一种非整全的理解,尽管表面看去是整全的。(非整全,在于这种可能性——恰恰是有争议的——心灵实际上是形体过程。)

阿尔诺详细阐发了这一反驳(7: 198—204),通过反例(据说,该论证与笛卡尔论证的一切相关方面一一对应,却导致一个明显错误的结论)概括他的主要观点:

> 我清楚明白地理解这个三角形是直角三角形,用不着知道它的斜边的平方等于它的两个直角边的平方之和。因此有可能,三角形的斜边的平方不等于它的两直角边的平方之和,至少上帝可以使它这样。

(7: 202)

一个人能够清楚明白地知觉直角三角形,用不着知道它的一切,包括不知道毕达哥拉斯定理。但是,阿尔诺看到,并不能由此断定,不为人知的属性不是三角形的现实属性,例如,毕达哥拉斯的各边平方之间的关系。所以,思想实际上或许是一种形体过程,尽管不思考形体人们也能设想心灵。

笛卡尔指出这一论证的若干问题。(7: 224—227)首先,即便我们可以将三角形看作一个实体，不过，"斜边的平方等于其他两直角边的平方之和这一属性并不是实体"（7: 224）。说得对。阿尔诺的反驳实际上并未回应身心论证，该论证断言，心灵与形体各自独立存在。其次，笛卡尔宣称，如果我们清楚明白地理解毕达哥拉斯属性，就能看到它确实属于直角三角形。然而，他断言，如果我们清楚明白地理解广延属性，就会看到它并不包含思想。最后，他指出，一旦我们清楚明白地知觉毕达哥拉斯定理和直角三角形，便无法否认前者适用于后者。然而他认为，对于心与身，却可以这样做；如果心灵与形体并非不同种类的实体，那么我们就不会清楚明白地知觉这一个实体完全独立于那一个实体的属性。

所有这些答辩可简化为两个主张：我们清楚明白地知觉心灵是一类独特的实体，完全不同于形体（反之亦然），而且，我们清楚明白的知觉告诉我们，世界的"所是"如何这般（或者如何可能这般）。若任一主张是假的，论证都将失败。例如，或许真的，我们具有心灵与形体的不同概念，并发现每个概念都是（在某种意义上）"完满整全的"。但是，假如我们的概念并没有真正揭示世界的基本结构，那么，这个论证便失败了。假如我们关于心灵与形体的概念，清楚明白地展现二者能够分别存在，却是我们的一个误解，那么，论证也是失败的。然而同样，如果两个主张都真，该论证有效。

心灵是理智的实体（7: 78—79）

当接近"外部对象存在"的结论时，笛卡尔进一步考察了心灵自身的本质属性。他让沉思者再度思考，各类心灵能力和思想样态对于她作为思想物的存在，是否是根本的：

> 我发现自己具有各种能力，服务于一些特殊的思想样态，即想象与感性知觉。没有它们，我可以清楚明白地理解全部的我，然而反之，没有我，也就是说，没有固有的理智实体，便无法理解它们。这是因为在这些能力的形式概念中，确实包括一种理智的活动。
>
> （7: 78*）

笛卡尔在这里把思想物描述为"理智实体"（也见7: 12、9A: 207）。这与我们在沉思二的发现相一致，第二沉思发现，理智是思想的本质特征。这一段进一步指出，感觉与想象不是心灵的本质。并不是说，感觉和想象不是必然存在于心灵的思想类型；实际上是说，它们需要固有的"理智实体"。感性知觉和想象是知觉的种类，本身也属于理智的行为。（按照《哲学原理》的解释，知觉就是理智的运作［8A: 17］，因此，任何知觉都是一种理智活动。）但是，沉思者断言，她能够作为思想物存在，却没有这些活动。她或许能够设想自己是一个纯粹的理智，思索着上帝、心灵本身以及几何学对象，却没有感觉或形体的欲望。笛卡尔将前三个认知对象归于无形体的心灵，即沉思者现在对自己的设想。

在第四章，我们考察了思想或思想物是否具有主要的本质特征。一些哲学家认为，笛卡尔使意识成为思想的本质。但是，他没有直接这么说，这里，他则把心灵描述为"理智的实体"。如上所述，他把所有理智的实例统统划归知觉，因此，既然感性知觉和想象都是知觉，那它们也是理智的实例。沉思三将观念与形象加以比较（7: 37），暗示观念永远有表象。该沉思断言，"没有任何观念不是关于事物的观念"（7: 44）。严格说，所有观念都表象"个体事物"；宽泛点儿说，"概念"和"简单概念"（表象许多事物共有的属性或关系）也是观念（第四、五章）。笛卡尔在《第一哲学的沉思》的陈述表明，一切观念都以某种方式有所表象。对笛卡尔来说，理智（知觉或表象）似乎是思想的主要特征。

在第六章，我们看到，意志是心灵的特征，它不同于理智；理智和意志都是判断活动所必需的。笛卡尔在《哲学原理》中（8A: 17）说，一切思想样态或者划入理智（知觉）行为，或者划入意志行为（意愿）。他认为意志是心灵的一种独特能力，这个事实挑战如下解释：理智是思想的主要本质特征。

搜索笛卡尔的作品，发现很少有陈述说明为什么将理智与意志看作两种独立的心灵能力，什么使意志的运作成为思想的实例。不过，第六答辩有一段文字谈及它们的关系，十分有趣。笛卡尔解释说，理智与意愿具有特殊的"亲和力或关联"，而且，我们清楚地知觉到，"凭借自然的统一性，理解之物和意愿之物是同一个东西"（7: 423）。这种自然的统一性是什么？意志和理智的运作都是思想的实例。两种能力都产生思想的实例，或许可以提供统一性，然而，并未洞见二者的"亲和力"。意愿和理智的实例都可以为意识所把握，假如意识是思想的本性，那也就提供了"自然的统一性"。然而，意识的可及性也不描述二者之间的特殊亲和力，只是将一个共同特征归于它们。不过，将理智看作思想的主要特征，便提供自然的统一性和亲和力。所有的意志行为都要求对象（第五至六章）。但是，对象的心灵表象是观念或理智的运作；因此，意志也以构想过程的理智为前提，从而确立亲和力。同时，没有意志，似乎亦可以理解理智或表象。理智或表象比意志更基本，因此，它是思想物的本质特征，说明心灵为什么被称作"理智的实体"。（在第十章，我们将返回意识与心灵本性的关系。）

有外界对象存在（7:78—80）

自我被设想为思想物，但想象和感觉并非自然的本质特征，因此，沉思者要求一个解释，说明这种行为为什么会在自己的心灵中发生。于是，她注意到一个特征，把感性知觉与先前面对的想象活动区别开来。想象受意志支配，一个人可以选择（也可以不选择）想象一个五角形。但是，感觉观念"得以产生，无须我的配合，甚至经常与我的意志相违背"。因此沉思者推论，这些观念必然由"不同于我的另一个实体"产生。（7: 79）于是，问题变成：既然我们有感性知觉，那么究竟什么东西使它们在我们内心（我们心灵）发生？

沉思者考察了三个意见。我们的感性知觉所以产生，或者凭借形体，或者凭借上帝，或者凭借"比形体更高贵的"其他被造物（例如，天使）。她假定，如果我们的感觉由形体引起，那么这个原因"将形式地、实际地包含所有一切在观念中客观地或通过表象发现的东西"（7: 79）。但是，如果上帝或天使引起我们的感觉观念，那么，那些存在者将"卓越地"包含观念的内容或客观实在性。"卓越"概念是沉思三引入的,几何学论证有进一步阐述。(7:41、161)这里,它意味着上帝或天使能够引起我们内心的形状观念,尽管它们不是形体,因而没有形状。但是,沉思五曾经确认,很可能,具有形状的形体存在,感觉观念向我们展示有形状的形体。因此,沉思者假设,如果形体引起我们内心的感觉观念,那么,那些形体将"形式地、实际地"包含"在观念中客观地和通过表象发现的一切东西"(7:79、9A:63)。意志具有的属性,为我们的感觉观念所展示。

因为感觉观念似乎向我们展示有形状的形体,所以我们自然相信,这些观念展示形体的现实属性。我们没有能力告诉自己,上帝或天使是否实际地引起我们观念的内容。沉思者模仿沉思四关于清楚明白的知觉的论证,推论说:"如果观念不是来自形体事物,而是来自别的原因,我就看不出怎么能够辩解上帝不是骗子。"因为上帝不是骗子(沉思三至沉思五),所以"有形体的东西存在"(7:80)。

上述论证是浓缩的,它提出的一些问题到后面才给予回答。但是,基本论断是清楚的:如果形体引发我们内心的感觉观念,那么这一观念揭示的属性实在地存在于形体中,不然,上帝就是一个骗子。认知意涵也是清楚的。尽管至此,沉思者宣称只具有自我和上帝的知识,缺乏物质世界的知识,不过,目前的论证允许她撕开观念的帷幕,去认识外部世界的事实。该论证得出结论:有外界对象存在,它们"形式地且实际"具有的东西,为它们引起的感觉观念"客观地"或"凭借表象"展示出来。

这个最后结论有点仓促,它从这一事实出发,即具有形状的形体在我们内心引起有形状形体的感觉观念,进而得出结论:那些观念准确地描述了那些形体的形状。然而,我们为什么应该相信,当形体作为原因时,我们的观念会呈现它的本来面目?结果为什么会精确描绘原因的属性?伽桑狄提出这一问题,他看到,"动因外在于结果,而且常常具有完全不同的性质"(7: 228)。原因无须与结果中发现的东西相似,或者形式地包含它们。(见7: 39)(的确,笛卡尔认为,上帝创造了一个广延世界,但他自己没有广延。)尽管伽桑狄的反驳在解释笛卡尔的立场时有误(而且,得到的只是一个草率的答复[7: 366]),不过,基本问题还是切中要害。我们不能认为,形体事实上具有某种属性,只是因为当它们影响心灵时,引起了那个属性的观念。

笛卡尔知道,这里需要解释,因为他明确区分了两种情况,一种是形体引起形状和其他几何性质的观念,另一种是形体引起颜色、声音等观念。在后一种情况,我们具有一种自然倾向,易于肯定错误的相似性命题。笛卡尔在得出"有形体存在"的结论时,对这两类原因之间的差异十分敏感:

> 所有形体事物的存在,也许并不完全像我们感官把握的那样,因为感官的把握在很多方面是非常模糊不清的;不过,它们至少具有我清楚明白地理解的一切属性,一般说来,即所有包含在纯粹数学对象里的那些属性。
>
> (7: 80)

尽管沉思五确认,形体属性是广延的样态,不过,目前的论证并不涉及可能物质的纯粹理智观念，仅涉及现实形体的感觉观念。它要求这些感觉观念展示形体现实具有的一些属性，不然的话，上帝就是骗子。即便有沉思四，目前的论证也要求，如果我们的某些感觉观念引导我们断言，那些形体中存在的属性并不在这里（诸如作为实在性质的颜色），我们就能够纠正我们的错误。到目前为止，这些要求尚无得到满足。

我们似乎忽略了一个前提。下面几段提供这一前提，更普遍地考察感觉的可靠性。

笛卡尔直接肯定，感觉告诉我们"太阳的大小或形状如何"（7: 80）这类东西。感觉观念确实（或者能够）告诉我们形体的现实形状和大小（单个物体特殊的几何属性）。但是，他也肯定，"光、声、痛"之类的感觉，也有某些东西是"真理"。在沉思三，他将第二类观念描述为"非常模糊、非常混乱的"（7: 43），而且，不断重复这种描述。现在他则提出，即便这些观念，也包含某种"真理"。

两类知觉（形状与光或颜色）有助于"自然的教诲"。"一般看来"，自然"不是指别的，而是上帝本身，或者上帝为被造物建立的和谐系统"（7: 80）。上帝赋予我们感觉器官，也赋予我们一种倾向，让我们相信事物就是他们显现的样子。这致使我们以为，形体既有形状，也有色彩（在"实在的质"或"相似"意义上有色彩）。但是，上帝也为我们提供把握物质本质的纯粹理智知觉。因此，我们可以相信感觉（至少有时）向我们揭示了一些属性，我们已经知道，这些属性是一些特殊形体可能具有的，诸如大小和形状。要描述色彩或疼痛这类感觉中的"真理"，需要进一步讨论。

附加的前提是，感觉观念的功能是告诉我们环境中对象的属性，以实现实践互动的目的。因此，感觉观念告诉我们形体实际具有的属性。如果感觉观念向我们展示，形体具有的属性，以所展示的方式现实地存在于形体中（诸如大小或形状），而另一些感觉观念展示的属性，并不以所展示的方式存在于形体中（如颜色），那么我们就能纠正由此产生的错误信念（诸如将相似性命题用于颜色），或者至少在不利环境下悬置判断。的确，（所谓）纯粹的理智能力告诉我们，形体实际上可以具有大小和形状属性。因此，我们应该相信，在有利的条件下，感觉将展示具体物体的真正大小和形状。但是，我们也应该相信，颜色的感觉观念并不提供相同的信息。

沉思的剩余部分阐述这一概念，即感觉观念向感知者提供环境方面的信息，以实现实践的目的。感觉的这一作用与揭示事物本质的理智作用形成鲜明对比。讨论从笛卡尔感觉理论的基本信条开始，强调感觉观念和欲望产生于身心统一及它们的相互作用。

身心统一（7:80—81）

自然的教诲就是联系身心的统一而产生的判断。这些判断涉及感觉，包括直接属于形体状态的那些感觉，诸如疼痛、饥饿、干渴等，也包括那些属于外部对象的感觉。我们先前讨论怀疑时提及这些判断的例子，诸如疼痛令人痛苦，或者饥饿感意味着我们需要食物，等等。（7:76）

身体感觉与身心统一

笛卡尔首先考察与人体感觉相关的自然教诲。他让沉思者推论：

> 没有什么比自然告诉我的这个更生动了，那就是我有一个身体，当我感觉疼痛时它就不舒服，当我感觉饥饿或者干渴时它就需要吃喝，等等。因此，我绝不怀疑其中包含着某种真理。
>
> （7：80）

我的本性是无欺的上帝赐予的，所以我可以相信上帝。然而，我怎么知道什么时候相信他，什么时候不相信他？笛卡尔指出，涉及我们生动感觉的判断（至少某些方面），是可以信赖的。疼痛、饥饿、口渴以及其他身体的欲望，是我们经验的强烈因素，而且导致直接的判断。然而，笛卡尔再三告诫，来自我们儿童时期一些强烈感觉的判断，诸如将相似性命题用于颜色，是意气用事，不值得信赖。因此，除了感觉的生动性之外，必定还有其他某种东西证实我们的自然判断。或许，这个因素是曾经考察过的理智判断，它们没有提供任何理由让我们认为，疼痛、饥饿、口渴以及诸如此类的东西，当涉及我们的身体状态时通常会误导我们。相反，我们应该期盼，自然为我们模糊的疼痛或饥饿感提供内容，恰如其分地影响意志，避开引起疼痛的事物，饥饿时寻找食物。

内感觉教导沉思者，她不仅具有身体，而且，她（作为心灵）与身体紧密结合，形成一个统一体（整个人）：

> 自然也用疼、饿、渴等感觉告诉我，我不仅待在我的身体里，就像一个舵手待在他的船上一样，而且我与它非常紧密地联结在一起，似乎彼此掺混，使我与它形成一个整体。因为假如不是这样，那么当我的身体受伤时，我，这个单纯的思想物，就不会感到疼痛，只能单纯凭借理智去知觉这种损伤，如同一个舵手用视觉去察看船上是不是有什么东西损坏了一样。
>
> （7: 81）

饥渴这类感觉为身心统一提供证据。证实身心统一的论证进行假设对比，即假定身心统一存在或者不存在，观察我们的现象经验呈现什么特征。假如没有实在的统一，那么，心灵接受身体状态的信息时，就会像观察船只的舵手一样（假设，心灵能够"观察"身体，即便它没有感官）。舵手看见，船有损坏，但并不是直接感受它（或者，如果他有交感反应，它们不同于所感受的疼痛）。相反，当我们的身体受伤时，感觉到痛。疼痛没有外部观察的特征，譬如，看见刀子削掉拇指边上的皮。我们不是简单地看见身体受损伤（像舵手观察船），而是经验到一种"混杂的感觉"（7: 81）。或许，疼痛之所以混杂，正是因为，尽管注意到伤口具有现象特征，但是它们的内容并不公开伤口的精细性质。不然的话，医学就容易多了，因为我们可以通过内省来指导和详尽认识我们身体的损伤或疾病状态。

外界对象与自然的教诲

现在，沉思者考察自然关于外部世界的教诲：

> 自然也告诉我，我身体周围还存在着许多别的形体，这些物体中，有的应该趋就，有的则应该躲避。而且，从我感觉的不同的颜色、气味、滋味、声音、冷热、软硬等，我确有把握地断言，产生这些不同感性知觉的物体，具有的差异与这些物体相对应，虽然也许与它们并不相似。

（7:81）

自然的第一个教诲——有其他形体存在——刚才以明确的论证加以确认，现在则列入自然教给我们的感觉内容。第二个教诲——趋就一些周围形体，躲避另外一些形体——现在被我们接受，因为自然的教诲源于上帝，因而值得信赖。第三个教诲——对象具有不同的属性，对应于它们致使知觉者产生的各类感性知觉——其背后支撑在于对感性知觉功能进行同样的一般考察。也就是说，即便混杂的感觉，诸如不同的颜色或气味，也对应于形体（产生它们的形体）的实在区别。红色对象的外表，以某种特殊方式不同于蓝色对象的外表。

随后，笛卡尔回顾自然教诲导致错误的事例对期待感性知觉展示的事物类别加以限制。不过，他声称，凡与身体利害攸关的场合，需要察觉我们周围形体的布局及其明显属性，通常应该相信感觉。因此，我们的观念提供外部世界的知识。

对身心统一和相互作用的反驳

在上面引录的段落中，笛卡尔提出两个主张：第一，就身体的自保而言，各类内外感性知觉是可靠的指南，指向外部世界的属性；第二，这类知觉产生于身心统一。第一个主张很少有人反对。涉及身心统一的第二个主张，则遭受挑战。笛卡尔主张身心双向互动：身体在感觉过程影响心灵，心灵在意愿行为中影响身体。（他在《第一哲学的沉思》里，只是偶尔提及心灵对身体的影响［7: 84］）

伽桑狄质问，毫无共同属性的两个实体，能否有因果互动（7: 337—345），笛卡尔的答辩却很少谈及。（7: 388—390）针对这个问题提出的严峻挑战，来自笛卡尔的朋友及通信人伊丽莎白女王。1643年5月16日，她读了《第一哲学的沉思》，写信询问笛卡尔：

> 我恳请你告诉我，人的灵魂（因为它只是一个思想实体）究竟如何决定身体的元气产生意愿活动。因为运动的每一个方向，似乎都产生于被推动事物的冲动，其方式是为驱动它的东西所推动，不然的话，便取决于推动者表面的性质和形状。前两种情况要求接触，第三种情况则要求广延。而你却从灵魂概念中完全排除了广延，而且，在我看来，接触似乎与非物质事物不相容。
>
> （3: 661）

伊丽莎白涉及笛卡尔的学说：身体运动在生理上为精细的物质所控制，这种精细的物质就是"元气"。心灵进行意愿活动时，必须控制元气的方向（或"移动方向"）。这些元气是物质的，因而只具有广延属性（大小、形状、位置、运动等）。如果心灵没有广延，它如何指导元气呢？因为正如伊丽莎白看到的，一物能够改变他物的方向，只须推动它，或者沿着它的表面为其开路。但是，推动需要接触，开路需要表面，二者都要求广延。无广延的心灵如何具有表面？或者，如何与形体接触呢？

笛卡尔立即作答（5月21日），而且长篇大论。他解释说，思考这个问题时，必须区别三样东西：我们的心灵概念、身体概念、身心统一体概念。（3:665）他在《第一哲学的沉思》里，主要关注前两个概念，因而关注的是身心区别。不过，他让伊丽莎白参照第六答辩，在那里，他将身心统一比作重力与广延物之间的关系。（7:441—442）重力属于一个完整的形体，尽管可以认为它的作用发自一个几何点（"重力的中心"）。因此，我们相信形体的重力能够引起形体的运动，重力本身无须有广延；同样，也可以认为，心灵能够作用于身体，尽管心灵没有广延。（3:667—668）

伊丽莎白马上看到这个答复的弱点（6月20日的信）。正如笛卡尔向她承认的（3:668），他并不相信，重力是作用于广延物的实在性质。毋宁说，他认为，重力产生于接触，快速运动的微粒触及较大落地形体的表面。伊丽莎白正确地表示怀疑，借错误的重力概念作比喻何以解决她的问题。她用一种冷面幽默指出，身为女王的焦虑使她心灵迟钝：

因为她愚蠢，不能通过你先前关于重量所说的一切，理解我们应该凭借什么观念判定灵魂（无广延的，非物质的）

如何能够驱动身体；也不知道为什么这种力量（你以性质为名错误地认定它能够把物体推向地球的中心）应当说服她相信，某种非物质的东西能够推动形体。

（3: 684）

伊丽莎白正确地认为，错误在于笛卡尔的回应，不在于她的理解。因此，她重申，她承认"对我来说，将物质和广延赋予灵魂，比将推动和被推动的能力赋予非物质的存在恐怕更容易"（3: 685）。

八天之后（6月28日），笛卡尔承认先前的努力有缺陷，力图再试。他诉诸三个原初概念：心灵（或灵魂）、形体、身心统一体，并联系认识这三个概念所凭借的那些认知能力：

> 只有纯粹理智才能设想灵魂；同样，只有理智才能认识形体（广延、形状和运动），不过，理智有想象力的辅助会更好；最后，灵魂与身体的统一体，单独凭借理智，或者凭借有想象辅助的理智，只能获得模糊不清的认识，要清楚地认识它，只能凭借感觉。

（3: 691—692）

毫不奇怪，唯独纯粹理智才能认识心灵，从第二沉思开始，笛卡尔便承认，想象力并不将思想理解为属性。同样，人们期待，广延也是凭借纯粹理智认识的，尽管有想象力的帮助（倘若不适合千边形，至少适合三角形和五角形）。不过，他说凭借理智（或凭借理智与想象)"只能模糊不清"地认识身心统一体,"要清楚地认识它,只能凭借感觉",倒让人颇感惊讶。这个陈述很古怪,因为笛卡尔曾将关于感觉事项的成熟判断指派给理智,并非感觉。(7: 438)我们如何理解他的观点呢?

笛卡尔承认,他不能提供(甚至形成)身心统一体及相互作用的清楚概念,他退守排除论证。他相信自己的形而上学结论——凭借清楚明白的知觉——心灵与形体是厘然有别的实体。他坚持实体二元论的立场,考察感性知觉是如何工作的。"感觉"(或者确切地说,感性知觉发生的事实)告诉他,身心必然相互作用。因为他已经证明,感性知觉通常是由外界形体引起的(与起源于大脑内部的事件相对照,或者,由上帝替代外部形体)。同样,既然意愿活动造成身体的运动,所以,心灵必然影响身体。身心区别一旦确立,身心统一和相互作用理论就成为必需的。笛卡尔没有解释相互作用,但指出,既然心物不同,而我们的确具有感觉和行为,所以,相互作用必须出现。

伊丽莎白并不买账。三天后复函,对自己的心灵没有未知的属性深表怀疑,这些未知属性或许可以推翻笛卡尔的非物质主义结论,解释身心的相互作用。在她看来,即使笛卡尔的论证表明,思想不**要求**广延,却并不表明,思想与广延**互不兼容**。尽管纯思想不要求广延,感觉和意愿活动却似乎要求广延。她准备(至少暂时地)假定,实施这些功能时,心灵具有广延(4: 2)。她没有发现,笛卡尔的论证真的排除了这种可能性。

笛卡尔为相互作用辩护的论证,与他的实体二元论生死与共。否定二元论,尽管不能解决身心关系的所有问题,却能改变思考相互作用的架构。

感觉的作用与理智的作用（7: 82—83）

恢复感觉的日常作用之后，笛卡尔通过一个重要对比，将他的感觉理论与亚里士多德的加以分离。他将自然的合法教诲与儿童时代某些"考虑不周全的判断"加以分离（在第三沉思，后者包含在的"表面"教诲中[7: 38]）。自然的合法教诲关涉外部特定对象的存在，或对身体产生利害。儿时的偏见则超越这类合法判断，接受默认的感觉性质理论，连带关于事物大小和形状的一些错误判断。

儿时的偏见包括下列情况：

> 相信任何空间，倘若没有什么东西发生来刺激我的感官，就必然是空的；或者，形体里的（例如）热与我内心中热的观念完全相似；或者，当一个形体是白的或绿的时候，我通过感官知觉到的同样的白或绿存在于形体中；或者，在一个苦或甜的形体里，具有我所经验到的同样味道或滋味，诸如此类；或者，星体、塔以及其他一切远方的形体，其形状和大小都像它们向我感官表现的那样，等等。
>
> （7: 82）

这些偏见包括对物体存在及其性质形成错误理论的三种情况，以及在已知会产生错误的条件下对事物属性做出判断的情况。在其物理学中，笛卡尔否认有任何真正空虚的空间；他认为，被称作"以太"的精细物质弥漫于空间，填补没有较大物质颗粒的地方。（8A: 42—51）然而，有些人不这么认为。为什么如此？他们在儿童时代就匆匆接受了这个结论，并始终保持这个偏见！同样，笛卡尔主张，形体包含着具有各种大小、形状和运动的微粒，但是，他否认它们具有亚里士多德主义认为的颜色或味道之类的"实在性质"（诸如相似性命题的情形）。为什么有些人相信那些性质。又是偏见！最后，有些人也许相信，星辰或远处的塔实际上很小。然而，正如沉思者在第一沉思指出的，所以产生这类错误，是因为不重视已知的感觉局限性。例如，我们不应仅仅根据现象判断远方事物的大小，而应该承认，必须走到近处，或者做些测量，才能确定它们的大小。

这里有一个问题。合法的自然教诲与儿童时代的偏见都形成一种下判断的流行倾向，即判定应该躲避疼痛，或者，色彩感与对象中的某种东西相似。我们如何说，哪一种冲动产生于合法的教诲，哪一种冲动产生于儿童时代的习惯？此时此刻，理智参与进来。沉思者就其身心统一（与单纯的心灵相对立）谈及自己的性质，她断言：

> 于是，在这个有限的意义上，我的性质确实告诉我躲避给我引起痛苦之感的东西，趋就给我带来快乐之感的东西，如此等等；可是，它似乎并没有告诉我们，通过这些感性知觉，应该对我们之外的东西做出什么结论，无须等待理智的

考察。

（7: 82*）

于是，理智必须给予自身的某种教导，允许我们将合法的教诲与偏见加以区分。通过感觉，我们可以断言，应该躲避给我引起痛苦的那些形体，如此等等。但是，关于外部事物，我们不应得出进一步的结论，直至理智给我们提出建议。理智将告诉我们：拒绝有关颜色的相似性命题（见第九章）。

笛卡尔将感觉的作用与理智的作用加以比较，论述如下：

> 严格说，自然赋予我的这些感性知觉，仅仅是为了告诉心灵，什么东西对这个结合体（心灵是它的一部分）有利，或者有害；到此为止，它们本来都是相当清楚明白的。但是，我却错误地把它们作为可靠标准，借以辨别我们之外的形体的本质，而关于这种本质，它们提供的信息却是非常模糊和混乱的。

（7: 83*）

感觉告诉我们利与害。为了这个目的，我们的感觉观念足够清楚明白了，或许，这意味着它们允许我们分别谈论对象，避免撞上南墙，区分食物与石头，躲避明火，如此等等。除此之外，正如前面所说，它们也允许我们确定有关世界的事实，诸如太阳的大小和形状。（关于太阳，推理可以计算它的真实大小，然而，这种推理信赖于感觉观察。）但是，感觉并不揭示事物的本质。

这是笛卡尔认知革命的关键。事物的本质不能通过感觉经验揭示,只能通过理智。亚里士多德主义者或许承认这一陈述,然而,意义不同。在亚里士多德主义者看来,理智作用于感觉材料,以提取事物的本质。在笛卡尔看来,理智独立运作,知觉本质时不依赖于感觉。按照他的观点,亚里士多德主义的方法导致人们固守儿时的偏见,例如相似性命题。他自己的方法则完全绕过感觉,将广延看作事物的本质。感觉的作用是警告认知者危险与机会,标记对象中的系统差异,哪些相应于颜色、声音之类的感觉观念,哪些相应于展示个体事物形状、大小、运动的感觉观念。没有感觉帮助,纯粹理智无法发现这些危险与机会,亦无法确认有关对象的特定事实。

对感觉错误的分析（7：83—89）

在第四沉思,笛卡尔询问,人犯有认知错误,这如何与上帝的完满性协调一致？现在他询问,感觉具有某些欺骗性,这如何与上帝的完满性协调一致？当内感觉（尽管正常运作）导致有害的结果或错误的结论时,便发生这种欺骗。这些欺骗不像儿时的偏见,始终可以为理智所消除,或者,通过悬置判断而避免。毋宁说,通常守信可靠的自然教诲出了毛病。这些教诲可以推翻,但不容改变。笛卡尔的解决方案并未将这类错误的责任加于人的自由意志,而是归于上帝的设计,尽管免除其责任,不因缺陷而受责罚。

在第六沉思,笛卡尔对这个问题进行深入探讨。他的兴趣,一部分确实是把上帝的完满性——他在许多场合诉诸上帝的完满性——与感觉偶然且难免骗人的事实加以协调,然而,另一部分无疑是展示他的人体新理论,将人体看作一部复杂的机器。

有时,自然的教诲也引导我们做一些无益的事情,例如,某人患水肿,想喝水,而喝水是有害的。或者,某人没有受伤,却觉得某处疼痛,例如,一个截肢者有时觉得被截掉的肢体疼痛,这时,自然的教诲具有欺骗性。(7: 77,也见1: 420)这些教诲都是不正确的(喝水有害;截肢者没有肢体)。它们可以为理智所纠正,因为水肿病人知道不应该喝水,或者,截肢者意识到自己没有肢体。不过,自然产生的这些错觉继续存在,尽管已被否认。

笛卡尔首先考察了解释上述错误的一种方式,将它们仅归于身体的无序,为此,提出劣质钟表的比喻。钟表是报告时间的。倘若报告不准确,便偏离预期的功能。尽管发条、摆锤、齿轮都遵从自然的法则(7: 84),但钟表的运作却背离钟表匠的意图。再来看看人体。我们发现,人体无疾病的时候,就像一架精准的钟,发挥着"假设的"功能。而处于疾病状态时,则像一架劣质的钟,各个部件依然遵循上帝设立的自然法则,但机能失常。按照这种思路,水肿病人想喝水是有理由的,因为身体出了问题,支离破碎,或许,上帝亦不能对破碎的人体机器承担责任。(根据事物的性质,具有部分的东西都可能破碎,因为物质内部是可分的。)

笛卡尔拒绝这种答复,他说:"病人与健康人一样,都是上帝创造的,所以,假定病人从上帝那儿获得的性质是受了欺骗,似乎是自相矛盾。"(7: 84)他转而分析上帝在这种情况下赋予我们什么"性质"(自然)。这里所说的性质(自然),并非单纯的身体,而是身心统一体和相互作用的细节。他反对诉诸破碎的身体机器,因为身体本身没有正常功能的标准，因而也没有错误的标准（至少关系到自然的教诲，这是当下的论题）。将病人比作劣质的钟，只是"一个名目，依赖于我的思想"，"与它用于其上的事物无关"（7: 85）。尽管这部分文本有点儿晦涩，但它明确断定，就错误的自然教诲而言，缺陷这一概念仅产生于与身心统一体的关系中。只是因为心灵以某种方式对身体状况做出反应，所以才说产生了错误。上帝（潜在的）有过失，因为是上帝设立了身心关系。

笛卡尔进退维谷，一方面，要用上帝的完满和至善（7: 85）保证感觉（包括内感觉）的一般可靠性，另一方面，又要表明上帝的完满和至善，如何与他所造系统产生的错误协调一致他提出了解决办法：（1）让上帝对上述错误负责，因为是他安排了身心统一的法则；（2）证明上帝设立的这些法则是最好的，已经尽其所能。

最好说，上帝就是这样安排的，当喝水对我们有益时，大脑的状态引起口渴，或者当脚真的受伤时，便感觉脚疼。然而，笛卡尔解释说，一个事实限制了上帝，即心灵只能在大脑的核心位置与身体互动。关于身体状态以及外界事物的所有信息，必须通过神经传送。为什么必须这样，笛卡尔没说。难道是因为心灵——简单的、无广延的——不能与整个身体互动，不能直接为脚伤所影响，或者不能为肠胃对液体的需要（或缺乏）所影响？然而，这为什么是身心互动的规则？笛卡尔已经将（无广延的）心灵描述为"转向"有广延的形体模式（例如，想象一个三角形），那么究竟什么阻止它与整个身体互动，而仅仅与大脑的一部分互动？为了支撑这方面的理论，他没有诉诸形而上学的必然性，而是诉诸经验的证明。身心互动仅发生于大脑，这个事实"是由无数次经验观察证实的，这里无须多说"（7: 86，也见6: 109、8A: 319—320）。

因为身心的互动仅发生于大脑，心灵必然依赖通过神经系统抵达那里的"信号"（7: 88）。这些信号是在神经和大脑中发起的运动（震颤或其他特定的运动）。神经由物质构成，其性质是广延。神经末梢在脑部引起的运动，或许不止一个原因。假设扎了脚，通常引起大脑发生R运动，R运动又引起脚的疼痛（并表象脚的损伤）。来自脚的神经运动必然传递到腿，通过脊髓进入大脑。现在我们假定，对大腿或后背的一击引发神经震颤。可能产生R运动，即表示脚疼的信号。人或许觉得脚疼，尽管没有扎到脚，那里也没有损伤。同样，胃的状况也可能搅动神经，让人想喝水，尽管胃肠状况不好，饮水对其有害。其他信号也是这样。

既然上帝决定身心结合，并将身体置于复杂的世界中，他就必须面对一个设计限制，即神经有可能在中途被震动，或者在断臂中震动，从而产生错误的信号。为什么必然如此？因为身心结合的最佳设计，就是把固定的意义赋予脑信号。笛卡尔解释说：

> 大脑部分发生直接影响心灵的任何运动，只引起一种相应的感觉；因此，再好的系统也只能设计成这样；它产生一种感觉，在所有可能的感觉中，唯独这种感觉最有效、最经常地维持人体的健康。
>
> （7: 87）

通常，当我们感觉脚痛时，脚一定有问题。通常，当我们感觉口渴时，就需要喝水。然而有时，我们觉得某个部位痛，那里却并无损伤,或者感觉口渴,喝水却有害无益。这些都是自然的实在错误,因为它们源于我们的自然性质。(7: 88)不过,这种错误居然出现在身心互动的系统中,对我们这类存在物来说,这已经是所能设计的"最佳系统"了。上帝与通常的情况同在。通常,伤脚从脚部震动神经,因为神经深深地包在骨肉里。

针对人们的抱怨,即上帝为什么不这样安排,让我们的感觉从不出错,笛卡尔或许会重复第四沉思的观点:上帝决定创造各种各样的存在物,包括我们这类存在物,连同缺陷。

将神学辩护搁置一边,沉思六的这一大段表明,笛卡尔相信,可以从经验的角度对身心互动进行研究。身心互动在大脑中发生这一理论,就像身心互动的主张一样,最终是由感觉事实确立的。笛卡尔认为,关于心与物的性质,许多东西都是由形而上学的考察决定的,并不依赖于感觉经验。不过,在他看来,身心互动的存在及特点,完全是经验事务。

消除梦的怀疑(7: 89—90)

第六沉思后半部分提供的信息是,凡涉及身体的健康,一般应该相信感觉。最后一段告诉我们,一般情况下,更应该相信感觉,至少在感觉的报告经过严格的审查,并动用诸如记忆和理智等其他能力时。最后,前几天对感觉的"夸张怀疑",现在可以作为"可笑的东西"加以消除。(7: 89)

为了确定特殊感觉报告的可靠性,笛卡尔要求将这些报告彼此加以比照,同时运用记忆和理智来裁决冲突,避免错误。某些错误难以避免,诸如错判疼痛位置,但也十分罕见。因为上帝不是骗子,所以即便没有经过认真检查,我们也知道疼痛通常表明受伤的确切位置。即使如此,倘若需要,我们还是可以通过视觉和触摸检查脚。如果脚已经截肢,就会知道那里没有损伤,尽管我们觉得脚趾有些疼。其他情况,如著名的水中弯枝,我们可以用理智修正习惯性的默然判断:枝条是弯的。(7: 438—439)(我们甚至可以学会重复考察部分浸入水中的枝条,看看它们是否弯的。)总之,涉及实际问题,感觉一般是可靠的,为了避免错误,可以进一步检查感觉报告。

检查彼此相反的感觉报告,这个政策产生区分醒与睡的一个标准:

> 现在我看到,(睡与醒)之间有着显著的区别,因为梦绝不像醒的经验……可以通过记忆与其他一切生活行为连接起来。当我清晰地看到,事物是从什么地方来的,它们在什么地方,什么时间出现在我的面前,而且我能把我对它们知觉毫无间断地同我生活的其余部分连接起来,那么我就完全可以肯定,我是醒着而不是在梦中知觉到它们。
>
> (7: 89—90)

如果感觉、记忆和理智确定我们目前的经验与过去的经验是连续的,那么,既然上帝不是骗子,"我在这上面完全不会出错"(7: 90)。

事实上,我们没有摆脱错误。有时,我们从梦中醒来,依然相信梦是真的。通常，我们立即察觉自己是错的；但是，不管笛卡尔说什么，错误的可能不总是存在吗？连续性标准已经得到满足，难道不可能只是纯粹的梦幻？

笛卡尔承认，由于"做事情的压力"（7: 90），我们不一定总有时间停下来检查，错误因此发生。他也承认，在梦中，我们可能出现检查的幻象，实际上并没有真的检查（尽管这种情况或许十分罕见）。这种可能性是否瓦解了感觉的可信度呢？或许，它们的确证实，感觉经验完全无法相信。然而，笛卡尔并未这样宣称，而且没有这个必要，原因有二：第一，《第一哲学的沉思》的主要目的是确立形而上学真理，根本不依赖感觉。至于形而上学的主要真理（心灵的存在、心灵与物质的本质、上帝的本质和存在等），亦无感觉的影子，第二，出于别的目的，笛卡尔只需要确认，感觉总体上可信，经过充分的反复核查，它们将产生真理。

如果笛卡尔的意思是说，我们应该始终能够确定，我们摆脱感觉错误，那么他要求的就太多了。不过，他似乎并没有这个要求，只是提出，在最理想的情况下，我们应该相信自己的感觉，因为上帝不是骗子，也没有给我们提供什么方式修正（而且没有理由怀疑）这种理想情况。在不太理想的情况下，我们始终能够悬置判断，除非生活的需要迫使我们采取行动。

恢复世界

第六沉思恢复的世界与第一沉思怀疑的世界并不相同。然而，这种区别只是理论的，并非实践的，适用于《第一哲学的沉思》的目的。尽管经历了沉思过程,沉思者依然要避开迎面而来的马车,要吃饭,要饮水,累了需要休息,进行日常生活所必需的社交活动,等等。正如笛卡尔一开始就清楚阐明的,他怀疑的主要目的,也就是他的认知探索的主要目的,不是"行为",而是"获得知识"(7: 22)。获得什么样的知识呢?

新知识涉及获得知识的方法、上帝的存在和属性、心与物的性质以及人的性质,以及感觉对于指导行为和获取知识的作用。就方法论而言,沉思者不再相信最真实的东西"源于感觉或通过感觉"(7: 18)。她知道,纯粹理智是知识的最终标准,她自己便可获得。她运用理智能力,发现心灵的本质、上帝的(真)观念、上帝存在的最终证明、物质的本质、心与物之间的实在区分,并发现(在感觉的帮助下)身心统一体和相互作用的事实以及对感觉的正确态度。感觉没有为认识实体的本质提供素材,但是,确实告诉我们感觉观念之外的世界信息。对于日常生活,感觉一般还是可靠的,而且,倘若小心使用,也能认识形体的特殊属性。沉思者放弃先前的信念,不再相信形体本身包含某种东西,与颜色、声音以及其他第二性质相似。她现在认为,形体通过广延的样态构成。形体必然具有一些属性,引起颜色的感觉(以及其他第二性质的感觉),不过,《第一哲学的沉思》没有详细描述这些属性。对自然界的进一步描述留给其他著作——此前出版的《谈谈方法》,还有《哲学原理》和《灵魂的激情》。

我们在第一章看到,笛卡尔试图凭借《第一哲学的沉思》支持自己的新物理学。下一章,我们将考察它是如何支持的,并询问,《第一哲学的沉思》所要求的绝对确定性的标准,是否事实上瓦解了笛卡尔的物理学,至少在必须依赖经验的地方?物理学家笛卡尔既需要感觉和想象,也需要理智。

在沉思的结尾部分,完整的人出现,必然重返世界,以便追随作为自然科学的物理学。他(或她)带着对理智力量的崭新态度,带着关于感觉作用的崭新理论,重返世界。我们必须弄清,这些发现能否支持笛卡尔哲学的主要目标,即建构崭新的自然世界理论,包括人的身心结合体。

文献与其他阅读书目

笛卡尔关于身心区别的论证,是人们经常讨论问题,见Curley(ch. 7)、B. Williams(ch. 4)、Wilson(ch. 6)。有些讨论认为,这个论证着眼于个体之间的差异,为此,相互排斥前提未必有多强。Marleen Rozemond, *Descartes' Dualism*(Cambridge: Harvard University Press, 1998),考察身心区别、身心统一、身心相互作用以及感觉理论,并详细列出大量期刊文献。与本书观点相反,Rozemond的"The Nature of the Mind," in Gaukroger, *Descartes' Meditations*, 48—66,将意识看作思想的本质。

对笛卡尔身心统一和相互作用理论以及感觉理论的关注与日俱增。见Kenny(ch. 10)、Dicker(ch. 6)、B. Williams(chs. 8, 10)、Carriero(ch. 6)、Cottingham, *Reason, Will, and Sensation*(Part 4)、Gaukroger, *Descartes' Meditations*(ch. 11)、Detlefsen(chs. 6—8)。Rodis-Lewis考察了"Descartes and the Unity of the Human Being," in Cottingham, Oxford Readings, 197—210。M. Wilson, *Ideas and*

Mechanism: Essays on Early Modern Philosophy (Princeton: Princeton University Press, 1999), 包括讨论笛卡尔身心关系和感觉的文章。Gaukroger, Schuster, and Sutton (Parts 3—5), 考察了笛卡尔的生理学、感觉、身心统一与相互作用。探讨感觉的生物功能，见 Hatfield, "Descartes' Physiology and Its Relation to His Psychology", in Cottingham, *Cambridge Companion*, 335—370; Alison Simmons, "Sensible Ends: Latent Teleology in Descartes' Account of Sensation", in *Journal of the History of Philosophy* 39 (2001), 49—75。

笛卡尔的追随者，或许也有笛卡尔，最终断言：上帝调解所有的身心相互作用（就像他是所有运动背后的原因一样），因此，身心之间并没有真正的因果互动发生。这种"偶因论"观点为马勒伯朗士所发展，见 Nicolas Malebranche, *The Search after Truth*, trans. Thomas M. Lennon and Paul J. Olscamp (Cambridge: Cambridge University Press, 1997)。关于笛卡尔偶因论的考察，有 Steven Nadler, "Occasionalism and the Mind-Body Problem," in M. A. Stewart (ed.), *Studies in Seventeenth-CenturyEuropean Philosophy* (Oxford: Oxford University Press, 1997), 75—95, 以及 Desmond M. Clarke, "Causal Powers and Occasionalism," inGaukroger, Schuster, and Sutton, 131—48。

笛卡尔致伊丽莎白的信札，见 CSMK。双方的通信见 AT，亦见 *The Correspondence between Princess Elisabeth of Bohemia and René Descartes*, ed. and trans. Lisa Shapiro (Chicago: University of Chicago Press, 2007)。关于伊丽莎白及17世纪其他女性哲学家，见 Eileen O'Neil, "Women Cartesians, 'Feminine Philosophy', and Historical

Exclusion", in Susan Bordo (ed.), *Feminist Interpretations of Descartes* (University Park: Pennsylvania State University Press, 1999), 232—257。

第三部分

超越《第一哲学的沉思》

第九章 新科学：物理学、生理学与激情

笛卡尔首先是一个数学家和自然哲学家，然后才成为一个形而上学家。大约自1630年之后，笛卡尔开始展望一种新的、全面的自然科学。建构它并证实它，成为笛卡尔的主要目的。《第一哲学的沉思》要为这个新体系提供稳固的形而上学基础。

为了理解《第一哲学的沉思》对这种新物理学的奠基作用，必须弄清所谓新科学的范围。"physics"（物理学）一词的词根意义是"自然"（nature）。然而，今天的物理科学已经远离完整的自然世界，包括矿物层、植物和动物（包括它们的心理能力）。当今物理学研究的自然领域或者很小（亚原子的），或者很大（天文的或宇宙的）。其他自然科学，包括化学和生物学，相当于或接近生物的范围。至于心理世界，人们现在常常将其与物理世界和自然界相对立。心理学（研究心理生活）并不总是划归自然科学。

根据笛卡尔时代的科学分类，"物理学"或"自然哲学"就意味着"自然科学"，涵盖具有本质或本性的一切事物（至少地球上的），可扩展至生物及其感觉和认知能力，包括人及人的认知。亚

里士多德讨论心理学的著作（包括《论灵魂》以及论梦、记忆和感觉的相关著作），被划入物理学的范围。

笛卡尔也在这种宽泛的意义上设想物理学，包括动物及人的生理学，甚至将研究情绪的《灵魂的激情》（11: 326）纳入物理学。尽管没有公开宣布人的心灵属于物理学，不过，他的物理学确实包括身心统一及其互动。他的实体二元论并不意味着，具身化心灵是非自然的或超自然的，或者超越自然科学的范围。笛卡尔并不想通过二元论将心灵排挤出自然。

不过，笛卡尔的哲学重新调整心灵与物质的关系，重新构想物质本身，将物质归于广延以及几何样态，诸如大小、形状、位置和运动。这也改变了设想生命物的方式。笛卡尔将植物和动物看作机器，否认亚里士多德主义生理学和心理学发现的动因和认知能力。按照笛卡尔的机械论生理学，一切物体过程都是微粒间的相互作用，遵循运动法则。他将法则概念扩展到身心的相互作用，在大脑状态与其在心灵中产生的感觉、欲望和情感之间设立持久的关系。在他看来，二元论与心理物理学法则之间，并无冲突。

这一章将从《第一哲学的沉思》提供的（以及《哲学原理》阐述的）基础出发，考察笛卡尔的物理学。按照广义的物理学，《第一哲学的沉思》涉及的"物理学"论题，不仅包括新物质概念以及上帝维持物质的作用（第二、三、五沉思），而且包括对心灵能力的分析（第二、六沉思）、感觉及感觉性质理论（第三、六沉思）以及人类生理学和身心相互作用等内容（第六沉思）。

笛卡尔的物理学革命

16—17世纪的欧洲，经历了理智的迅猛变化。先前占统治地位的亚里士多德主义哲学让位新的哲学，包括新的自然哲学。许多因素促成这种发展。亚里士多德主义本身经过几个世纪的变迁，并受到15世纪柏拉图主义复兴的挑战。它在挑战中幸免于难，尽管在16世纪柏拉图与亚里士多德的综合颇为普遍。在医学和生理学领域，亚里士多德主义观点始终与盖仑（2世纪埃及亚历山大的一位医师）的解剖学和生理学相结合。在天文学领域，哥白尼将古代数学的精确标准与条理清晰地描述天体运动的欲望结合起来，证明地球围绕太阳转（与亚里士多德及托勒密——2世纪埃及人——的地球中心说相对立）。在自然哲学领域，古代原子论的物质理论复兴，并获得广泛讨论，为化学和医学所接受。

17世纪初，创立研究自然的"新科学"以及发展新哲学的要求日益强烈。培根呼吁对自然进行系统的直接观察，融会艺术家与工匠的经验知识。意大利解剖学家维萨里（Andreas Vesalius）在人尸解剖的基础上，出版了精心准备的解剖图谱，从而恢复了解剖学研究。伽利略为哥白尼的天文学体系辩护，反对亚里士多德物理学和托勒密天文学的假设，并用望远镜发现木星拥有卫星（因此，否定地球是唯一的天体旋转中心）。他开创一门新的运动学（包括描述自由落体加速度的法则）。开普勒运用第谷（Tycho Brahe）的精确观察，发展了行星天文学，并清晰阐述光学透镜理论，对眼睛内部的解剖结构获得新的理解。哈维从经验上证明，心脏抽送血液，使血液在体内往复运动，每小时循环多次（相反的理论认为，血液在血管中缓慢渗流,没有循环)。

"科学革命"的所有这些重大发展,都发生在1633年之前,就在那一年,笛卡尔完成他的《论世界》。然而,上面提及的所有作家,其观点没有哪一个能与笛卡尔新的自然观相媲美。早期改革家,仅在某些独立领域有所推进,诸如伽利略,创立新的运动科学,即便培根,也只是提出一种新方法,以求最终产生一种新的、全面的自然学说。笛卡尔除了做出个别发现,提出新方法,还在《论世界》和《哲学原理》中创立一个全面的新理论。他最先提出一个广泛的、全新的自然体系,这个体系在他死后的五十多年里,不断为其追随者发展,直至被牛顿的物理学所取代。

亚里士多德物理学概观

笛卡尔纲领的激进性质,最好透过当时流行的亚里士多德物理学背景加以理解。通常的亚里士多德观点主张,自然物由形式与质料构成,没有形式,质料则不存。事物的形式决定事物的本质(或本性)。形式是生长与变化的动因;严格地说,形式指引质料向某一目的发展与行为(因此,不再缺少或"缺乏"那个目的),从而,使事物"是其所是"。自然分为各类实体,五花八门,每一类具有独特的行为模式。一切物体都由四种元素组成,土、气、火、水。在这些元素中,毫无差别的原初质料具有四种基本性质的形式:热、冷、干、湿。土冷而干,气热而湿,火热而干,水冷而湿。其他性质,诸如颜色和气味,也是作为形式存在的,可以从物体转移到感官。在人这类实体中,颜色可以作为一种"偶然"属性,不为实体的本质所规定。

解释这些实体的"运动"——意味着任何改变或变化——需要诉诸四因。质料因关涉实体的质料，它不必是原初质料，但可能是为形式所组织的一切。在雕像这类人式制品中，它是青铜。形式因关涉实质形式和偶然形式的特征（橡树的形式、柳树叶子的颜色）。就雕像而言，它是形状。动力因驱使运动和变化，在雕像的例子，它是雕塑师。目的因是变化指向的目的或目标。对于雕像，可以指艺术家希望创作的苏格拉底的肖像。（注意，作为人工制品，雕像缺乏实体的统一性，因此，其目的因来自外部。）亚里士多德的自然哲学教导说，一切变化，都少不了所有四个原因。例如，当土元素寻求地心时，其方向为目的因所决定，趋于宇宙的中心。

在亚里士多德的体系中，高级自然种类分为无机物、植物、动物。在复杂或"混合"（元素的混合）物体中，四元素是"质料"，类—种的形式规定每一类事物具有独特的行为模式。因此，水晶或金属从其形式（石英的、黄金的等）获取属性。橡树的生长方式由其形式（包含在橡籽内）指导。这同样适用于各类动物，包括人类。每一类都有特殊的形式，通过繁殖过程，雄性将其引进雌性的生殖"质料"，指导它的生长与行为。这种形式的一些能力或行为，可在整个动物种类发现——所有动物都具有营养、运动和感觉能力。作为人类的动物还具有理性能力，这是人的本质能力（被看作"理性的动物"）。每个事物的实体形式，都指导它趋向自己的目的，地球趋向宇宙的中心，人趋向知识与智慧。目的论，或目的观念，适用于一切自然物，无论有无生命。

亚里士多德物理学严格将天与地区别开来。土元素自然趋向宇宙的中心，地球固定在那个位置。水具有相同的倾向，但不甚强烈，于是聚集在地球表面。气和火具有向上的倾向，后者比前者更强烈。四元素处于变化的地区，并扩展到月球的轨道（其活动如同环绕地球的透明圆罩）。太阳、月球、行星，以及固定的星体（最外端的透明圆罩），都镶嵌在透明的轨道里，围绕着地球转动。这些轨道并非四元素构成，而是第五元素（quint意味着"第五"）。第五元素是不变的。月球轨道以上的全部区域，被认为是不变的。天体围绕地球进行统一的圆周运动（这统一性不算是"变化"或"变动"）。为了解释行星运动有明显的不规则性（相对于恒星，它们有时似乎逆运行），必须增补辅助轨道，以维持统一的圆周运动。

要让人们接受新物理学，笛卡尔必须打破亚里士多德物理学对常识的依赖。亚里士多德物理学说，物体要保持运动，必须始终有外力驱使。这符合我们的日常经验。笛卡尔的运动法则却说，一个做直线运动的物体，倘若没有受到阻力，将继续运动下去。亚里士多德物理学说，地球上的物质自然趋向于宇宙的中心（以及地球的中心）。笛卡尔则说，不可见的稀薄物质围绕地球旋转，形成旋涡，推动物体向下运动，类似的漩涡驱使地球围绕太阳旋转。亚里士多德物理学说，每一自然种类都包含实体形式，造成这种类别的独特行为，包括生物的生长与发展。笛卡尔则说，各种自然类别，只具有微粒的大小、形状、位置、运动上的差异，动物的身体纯粹是机器。亚里士多德物理学说，对象具有它们显现的属性，其方式也是它们看上去具有的——颜色、气味等实在的性质，与感觉经验相遇。笛卡尔则说，对象的这些性质，实际上不过是微粒的结构，就颜色而言，微粒结构引起光粒子旋转，最终引发心灵的颜色感觉。

笛卡尔试图让人们接受违反（当时的）直观的自然图景。我们发现，很难体会他所面临的巨大困难，因为他的自然观有些部分保存下来，成为今天的常识。

笛卡尔的新体系

笛卡尔创立自己的新物理学时，吸收了先前作家的实验结果和理论规划，包括阿尔·海森（Ibn al-Haytham）[1]和开普勒的光学著作、哥白尼和伽利略的天文学论证、哈维的血液循环论，以及古代原子论的复兴。不过，他超越这些成就，提出新的物质概念，即同质的广延之物，为少数几个运动法则所支配。

哥白尼和伽利略的确向古代物理学和天文学提出挑战，然而，两人都未提出新的物理学体系以涵盖整个天体与地球。笛卡尔的物理学恰恰做到这一点，仅仅诉诸微粒运动就解释了物质世界的全部现象——包括太阳和太阳系的形成、行星围绕太阳的运行，原则上包括天地间观察到的一切。笛卡尔利用新的物质概念，构建一个全面而细致的理论，以解释光、热、火、磁力、重量、矿物及生物生理等已知现象。他的解释常常怪诞离奇，例如对磁力的解释：螺旋状的微粒从地球两极流出，环绕南北，进入对立的一极，同时穿过沿途所遇一切磁体的线性管道——通过左右端说明对立的极性。（8A: 275—310）这些解释是统一的，因为仅诉诸形状、大小、位

---

[1] 阿尔·海森（Ibn al-Haytham，约965—1039），也有译作海桑，或伊本·艾尔-哈桑，阿拉伯数学家，物理学家。

置、运动等属性。笛卡尔形而上学的作用是要表明，这些属性是物质的唯一属性，因而必然构成对物质界的一切解释性假设。

我们在第一章看到，笛卡尔在1629—1633年撰写《论世界》期间，创立全面的新理论。这个时期开始于1629—1630年的"形而上学转向"，其间，他声称发现了物理学的基础，并思考了上帝与灵魂。(1: 144) 比较一下笛卡尔论证新物理学所运用的两种策略，或许能够理解这一论断。他的《谈谈方法》及其他论文展示新物理学的若干部分，并未对其基本原理进行形而上学的辩护。他提出假设：物体由微粒构成，微粒仅具有大小、形状、位置、运动等属性。《谈谈方法》论证说，这种微粒假设所以得到证实，乃因为它能解释各种类型的结果。(6: 76) 它通过解释的统一性提供一种经验论证，支持新物理学。

笛卡尔还承诺，为其物理学的基本原理提供一种形而上学证明。(6: 76) 他在1638年的信中，详细阐述了经验论证，却拒绝展示形而上学证明。(1: 563—564、2: 199—200) 他给法国数学家墨林（J. B. Morin）的一封信，提及两类论证，将他的解释与亚里士多德主义的解释加以对比：

> 请将我的假设与其他人的假设加以对照。请将他们的**实在性质、实体形式、元素**及无数其他这类东西与我的单一假设，即一切形体均由部分构成，加以比照。许多情况下，这是为肉眼所见的，在其他情况下，也可以为无数理由所证明。我要补充的是，某类形体的部分是这一形状，而非那一形状。凡同意形体均由部分构成的人，很容易接受这种证明。最后，

请将我凭借这一假设进行的推演——关于视觉、盐、风、云、雪、雷、虹等——与其他人凭借他们的假设对相同主题作出的推演加以比照。我希望，这足以说服毫无偏见的人相信，我所解释的效应并无其他原因，只有我借以演绎的那种原因。不过，我仍想在其他地方给予证明。

(2: 200)

有时，笛卡尔并未明确摈弃亚里士多德物理学的形式与性质，只不过说，他的物理学根本无须"提及"它们。(3: 492,《气象学》, 6: 239) 这里，他宣称，自己的论证凭借相对简单和统一的解释，足以说服那些毫无偏见的人相信，千姿百态的自然现象"并无其他原因"，只是各种形状的微粒使然——也就是说，没有实体形式和实在性质作为原因。这种论证或许无法说服亚里士多德主义者，因为他们怀疑，笛卡尔的解释就总体而言，是否真的更加成功。笛卡尔承认，这个论证并非严格的证明，因而继续谈论一种形而上学证明，它就是《第一哲学的沉思》。

物理学的基础

我们阅读《第一哲学的沉思》，可以帮助理解1638年提到的另一条线索，涉及思索上帝与灵魂如何能为物理学奠定基础。在给梅尔森和耶稣会士瓦蒂埃的信中，笛卡尔解释说，他所以不在《谈谈方法》中提供形而上学证明，是为了避免将激进的怀疑主义引进一部通俗著作。呈现形而上学基础需要利用怀疑主义，这样才能引导读者"使心灵摆脱感官"（1: 350—351、560）。在沉思五，笛卡尔提出脱离感觉内容的纯粹理智，将其作为工具，不仅用来认识灵魂与上帝，也认识物体的本质。同样的工具，支持他的这一主张（沉思三）：上帝每时每刻维持着物质的存在。

按照这种解释，关注纯粹理智的形而上学转向，让笛卡尔直接知觉到自己物理学的核心原则。让我们这样来解读笛卡尔，首先考察笛卡尔关于物质世界的物理学基础，然后考察他关于身心统一及其相互作用的物理学。

实在的性质，作为本质的广延

笛卡尔否定实在的性质，今天看上去不算特别激烈。凡熟悉基础物理学或初等心理学的人都知道对颜色知觉的现代分析，用光的波长解释对象的颜色（笛卡尔旋转微粒说的远房亲戚）。然而，对笛卡尔读者中的亚里士多德主义者和其他人来说，否定实在的性质似乎特别难以接受。让我们设身处地，看看为什么。

按照亚里士多德主义的论述，我们所经验的感觉性质，是对象中的性质的直接表象或实例。我们看见一朵红色的郁金香，红的"实在性质"传送到我们感官，为我们的感觉灵魂作为"无质料的形式"所接受。红的形式使郁金香成为红色的；我们凭借感官经验到的红色，表现的是相同的形式，完全符合亚里士多德的原则：同类相知。其间，形式"没有质料"，通过空气送达眼睛，进入视神经（被设想为空心管道）。

亚里士多德的论述有常识支持，因为它说，我们的视觉经验展示事物现实的或"实在的"性质。然而，在亚里士多德的著作中，这种论述并不全面。没有质料的形式被送达眼睛的观点，必须为中世纪及近代早期的亚里士多德主义者不断充实。倘若形式使对象成为红的，为什么凭借空气传送形式时，它没有让空气变成红的？郁金香与我们之间的空气，似乎并不是红的。我们看红色物体时，眼睛也没有变红。为了解释这些事实，主流亚里士多德主义经院学者说，媒介和眼睛中的形式具有一种弱化的存在，称之为"意向存在者"（intentional being），他们把被传送的形式称作"意向类"（intentional species）。术语"意向"表达两层意思：第一层，颜色类别"趋向""指向"或"表象"对象中的颜色；第二层，空气中的颜色种类是弱化的存在者，因而不会使空气变红。他们企图通过这种方式，让亚里士多德主义学说符合所观察的事实。

在《折光学》里，笛卡尔夸下海口，声称可以不用"意向类训练哲学家的想象力"（6: 85）。按照他的解释，感觉过程中的一切（上至身心的相互作用）纯粹是机械的。对象中的红色性质、光和颜色的传送、光和颜色对神经系统的作用，统统归结于微粒的大小、形状和运动。对象的颜色在于对象表面的几何形态，引发光的球形微粒进行这样那样的旋转。这种旋转传达到眼睛，影响视网膜神经：对象是蓝的，便以这种方式影响；对象若是红的，便以那种方式影响。（6: 91—92）神经系统及大脑中这些不同的效应，引起灵魂的不同感觉。笛卡尔并不否认，对象有颜色，毋宁说，他否认的是亚里士多德主义者的设想，即颜色是实在的性质。对象中的颜色是纯粹的机械属性，它们作用于神经系统，引起红的感觉。经验到的红——感觉的现象内容——与引发它的大脑状态，具有合法的关系（为上帝或自然所建立），因而与对象表面具有合法的关系。

（6: 130—131、7: 81）

按照笛卡尔的看法，必须克服人们偏向相似命题（如第五章和第八章的讨论）的自然成见，才能让人们接受他的理论。关于颜色及其他性质的经验与对象中的某种东西相似这一说法，他最初提出的怀疑理由是：这些感觉内容是"模糊而混乱的"（7: 43、80、83）。要理解这种责难，我们必须询问：与什么相比较是模糊的和混乱的？倘若是一只红球的感性知觉，似乎很难说，我们红的经验比圆的经验更模糊还是更清楚。从现象上说，二者同样"清晰"。因此，我们必须寻求另一个标准（除了单纯的感觉经验），借以说明我们的颜色知觉模糊而混乱，形状知觉则不然。

沉思三至五提供这种必需的标准。笛卡尔可以通过与清楚明白的（纯粹理智的）形状知觉加以比照，证明颜色的感觉观念是模糊的、混乱的。第三沉思指出，颜色和其他性质，被认为"是非常模糊而混乱的，我根本不知道它们是真还是假，也就是说，不知道我所具有的观念究竟是实在事物的观念，还是乌有之物的观念"（7: 43—44、83）。相反，第五沉思对广延及其样态的理智知觉表明，物体"能够存在，因为它们是纯粹数学的题材，我清楚明白地知觉它们"（7: 71）。形状和其他几何样态被清晰地知觉为任何可能物体的潜在属性，而颜色则不是。

排除实在的性质有一个论证，表述如下：广延是物质的本质。因此，形状、大小、位置及运动之类的感觉观念，展示的是事物可能具有的属性。关于现存事物精确的大小和形状，我可能常常出错，不过，上帝赋予的感官系统，保证我通常是正确的。相反，我无法清楚明白地知觉感觉色彩是对象的可能属性。颜色的观念仅产生于感官，而只有清楚明白的理智知觉，才告诉我事物可能具有什么属性。我所感觉的颜色观念不符合这个标准，因此物体没有颜色这种"实在的性质"。

然而，如果我们使这种解读与第五章的观念理论相一致，就必须将某种客观实在性赋予我们感觉观念的可感红的内容。所有观念都"好像是关于事物的"（7: 44）。然而，可感红是关于什么的观念？非常模糊，因而，在获得真正的形而上学之前，我们或许以为它表象的是对象中红的性质。现在，这个论点为我们的理解所排除，在我们看来，物质只有几何性质的广延样态。因此，既然模糊而混乱的红的感觉观念也包含某些真理，这个观念就应该表象存在于对象中的某物，规则地引起红的经验。（见7: 44、80—81）只要红的观念能模糊而混乱地表象对象的表面特征（这些特征旋转光粒子使感知者产生红的感觉），那就满足了上述限制条件。可感红简单说是指，模糊地感知一种特别的表面结构之类，会是什么样子。这种解读也解释了质料错误。（7: 43—44）表面结构的表象模糊不清，于是，倘若缺乏正确的形而上学阐释物质，便无法确定，相似性命题是否真的。因此，获得形而上学之前，我们倾向于假设，明显的可感性质红，表象的是实在的性质——可感红为错误提供质料。一旦有了正确的形而上学，便可看到，可感红实际上必然是表面结构的模糊知觉。

这个论证很大程度上利用对物质本质的知觉（沉思五），颇有争议。可以将其解释为通过无知进行论证。或许，颜色是物质的实在性质，人的理智根本无法知觉这一点。事实上，笛卡尔拒绝断言，我们知道心灵和物质的"一切属性"（7: 220）。或许，我们根本不能说，颜色是否是实在的性质。

这提出一个解释问题。笛卡尔声称知觉到颜色**不是**广延的可能样态吗？还是说，他只是**没有宣称**知觉到它是广延的一个样态？我们的理智知觉究竟排除了物质具有实在的性质，还是说颜色的状态根本就是未知数？

有充分的证据证明，笛卡尔想排除物体具有实在的性质。倘若他的论证完全取决于理智的直接知觉，知道可感颜色不是广延实体的可能样态，那么讨论至此结束。这种排除取决于对物质本性的理智知觉，纯粹而简单。倘若我们自己不曾具有相同的形而上学洞见，这个一步论证不会提供什么帮助。不过，"构成本质"原则（第八章）或许支持这一论证，按照这个原则，一个实体的所有样态，必须通过它的基本归属才能被知觉。如果我们认为，广延是几何学的可理解对象（根据我们所受的教育），那么它就没有颜色或其他感觉性质。它只有广延，可以分解为部分，具有大小、形状、位置和运动。（7: 63—64、73—74）企图将颜色看作广延的样态，就只能发现模糊与混乱。的确，笛卡尔在《哲学原理》中宣称："在我们所设想的对象中的颜色与通过感觉所经验的颜色之间，根本不可能发现任何可理解的相似性。"（8A: 34）

在《哲学原理》第二部分，笛卡尔重申沉思六的观点；感觉不是要向我们表明："事物中实际存在什么"，只是要告诉我们，什么对身心复合体有利或有害。（8A: 41）要知道事物中实际存在什么，我们必须"将感官获取的先入之见搁置一边，在此仅仅运用理智，仔细关注自然植入心灵的那些观念"（8A: 42）。他继续说：

> 如果我们这样做,就会知觉到,物质或一般认为的形体,其本性不在于它是硬的,或重的,或有颜色的,或以其他什么方式影响感官,而仅仅在于它是广延之物,有长、宽、厚。
>
> (8A: 42)

倘若我们从未感觉过任何形体,因而从未感觉过它们是硬的,它们恐怕不会"因此而丧失形体的本性"。他把这种思想实验扩展到其他感觉性质:

> 根据同样推理,可以指出,重、颜色以及其他所有感觉存在于物体中的这类性质,都可以从物体中清除,物体本身依然完整无损。由此可见,物体的本性并不取决于这类性质。
>
> (8A: 42)

通过身心区别的论证(沉思六),笛卡尔要求将身体知觉为整全的存在者(其存在能够如其所是),明确否认它是颜色之类的可感性质。并不是说,他根本不考虑颜色是否存在于形体中。他确认,不存在。如果物质是整全的存在者而无须颜色,如果事物本身具有的属性必然是其本质的实例,那么这就是一个排除颜色的论证。这个论证在《第一哲学的沉思》并不明显,只是潜在的,包含在对物质本质的知觉中(第五沉思),亦包含在关于感觉与理智对认识形体具有不同作用的讨论中(第六沉思)。

广延是物质的本质。笛卡尔从这个理论推出其他结论。其中著名推论有:没有与物质分离的空间,因此,虚空是不可能的,宇宙是一个充满物质的空间。(8A: 49)只有运动的物质。在笛卡尔的物理学中，运动发挥了重要的作用。因此，我们下面讨论支配运动的法则。

永恒之物，运动法则

在笛卡尔的形而上学术语中，运动是广延的样态。然而，广延作为物质的本质，并未明确阐述运动的物质必须遵循什么法则（如果有的话），也没有表明，当运动的物体碰撞时将发生什么。两个广延物体不可能互相渗透或共占同一位置，因此，当两个物体碰撞时，必有某种事情发生。不过，单纯的广延概念并未限定具体的结果。笛卡尔的广延物质不具有牛顿的质量，也不包含质量所暗示的动量以及力在碰撞中的传递。

笛卡尔设想的广延物质本来是惰性的。它不包含活动，也不会凭借运动积聚力量。一切力量和活动必然归于上帝，上帝每时每刻维持着物质的存在。

第三沉思没有提及运动法则，不过，它为上帝的维持行为运用这种法则奠定基础。法则本身是在《论世界》和《哲学原理》中提出的。上帝维持物体的运动，其运动法则支配碰撞时（排除远距活动）的相互作用。按照这两部著作的描述，宇宙可能从一团雾状的微粒演化而成，上帝创造时赋予一定量的运动。(11: 32—35、8A: 101，也见6: 42—44)这种"量"是物体速度与其体积的乘积。（笛卡尔不允许物质具有不同的特殊重力；他假设有些物体孔道多，有些则少，借以说明一般物体的密度。）他认为速度是纯量——物体方向的变化不改变运动量。他试图从上帝的永恒推演出运动法则；上帝每时每刻维系着相同的运动量。

笛卡尔从上帝的永恒推出三个法则。第一个法则："每一物体尽其所能，始终保持相同的状态，因此，它一旦被推动，便始终继续运动下去。"（8A: 62ʳ）运动和静止是事物的持存状态。第二个法则："一切运动，就其本身而言，始终沿直线运行；因此，那些做圆周运动的物体，始终倾向偏离其描画的圆心。"（8A: 63ʳ）这两个法则，与牛顿的惯性定律（第一运动定律）颇为相似，但又有区别，因为笛卡尔不承认运动是矢量（意味着方向的变化改变运动量）。第三个法则："一个物体，与另一个强大物体碰撞时，不损失本身的运动；然而，与一个弱小物体碰撞时，其本身失去的运动与传递给那个弱小物体的运动，数量相等。"（8A: 65ʳ）从表面看，这个法则难以置信，因为它规定，一只台球绝不可能推动球台上所用的略大台球，无论撞击多么猛烈。笛卡尔试图消解这种反例，指出：在充满物质的环境中，那个较大物体为流动的空气所包围，所以很容易运动（8A: 70）——尽管两个物体或许都以同样的方式被空气包围，消除对运动难易造成什么不同影响。

自然的直线运动之源是上帝的维持力："上帝始终以精确的方式维持运动，运动恰好在他维持的那一刻发生，不必顾及是否可能提前发生。"（8A: 63—64）这表明笛卡尔的直线持存法则与牛顿惯性定律的另一个区别。牛顿的惯性定律是解释的基础——解释中止之地。在牛顿物理学中，物体的连续直线运动不再要求解释。（牛顿本人至少一度认为，连续的运动是惯性力的产物，但后来牛顿的信徒将惯性运动当作基本的，否认连续力。）

尽管笛卡尔认为，上帝每时每刻维系物质微粒运动，可为他的形而上学所证实，不过，它有自身的问题。人们可以反驳说，在一瞬间，一个微粒可能没有运动倾向，因为依照笛卡尔的理论（8A: 53），运动不过是从一个位置向另一个位置的移动（需要有限的时间）。这种反驳的正当性，一定程度上取决于笛卡尔所设想的瞬间，究竟是难以察觉的微小片断，还是无维度的点。或许，也取决于上帝究竟是保持微粒运动的"倾向"，还是方向。如果上帝每时每刻重新创造世界，那么，物体沿着一个方向的连续运动便完全依赖于上帝每时每刻的维系活动，使其保持同一轨道，而不信赖于物体本身具有的任何内在"倾向"。

另一个问题涉及物体的统一性。如果物体由无数的部分构成，那么它们如何聚合在一起形成一个单元？显然，物体所以形成单元，是因为它们的部分彼此是相对静止的。（8A: 71）一个运动物体，其微粒的共同运动使它们结合在一起。宏观物体的碰撞，涉及物体的表面接触，例如一个主球触及八号球。主球的全部体积决定它产生多大运动量（速度乘以体积）影响八号球。然而，各个台球所以各为单元，只是因为它们的微粒在一起运动。给铅微粒通电，它们的运动相对于球的其他部分应当发生变化，破坏统一。碰撞为什么不会使两个球彼此融合，像雪茄烟雾的碰撞一样？按照笛卡尔的说法，或许因为具有不规则形状的微粒彼此咬合，聚在一起。（8A: 144）但是，无限可分的物质如何拥有形状？所有的微粒为什么不直接消失？或许笛卡尔默认，是上帝维持它们各为单元。

另外，三个法则并未界定碰撞的确定结果。第三法则说，一个物体失去的运动量与另一个物体获得的运动量相等。但并没有说，每个物体失去多少，获得多少。为了提供更具体的标准，笛卡尔在《哲学原理》中提出碰撞的七个规则。(8A: 67—70)据说,这些规则源于三个法则,不过,并非严格推演出来的。而且,正如莱布尼茨后来所说,当物体的大小和形状发生微小变化时,它们便产生不连续性。

实际上,最后这个问题没有多大影响,因为他的《哲学原理》再也没有提及碰撞规则,而且,甚至很少提及运动法则。(8A: 108、117、144、170、194)解释笛卡尔物理学的主要根据,是微粒按照形状和运动发生机械的互动。这幅画面要求,这种互动是规则的,符合上述法则的要求。然而,在为各种机械模型辩护时,笛卡尔诉诸类比,仿照可观察物体的过程,而不要求精确计算运动量的交换。(他关于反射和折射定律的讨论是个例外。)

笛卡尔运动法则的意义主要在其总体构想,而不是对碰撞分析做出什么技术贡献。它们提供普遍的视角,以观察宇宙间合乎法则的物质互动过程。第一法则和第二法则将直线运动描述为一种自然状态,不会自行消失,如果没有阻碍,将永远继续运动下去。人们常常以为,伽利略创立牛顿惯性定律的雏形,而实际上,他将沿地球表面的圆周运动看作"自然的",并非直线惯性运动。尽管笛卡尔的构想不包含矢量,不过,它是牛顿惯性运动定律的历史先驱。牛顿的自然哲学建立在笛卡尔的地基上,是对笛卡尔的修正。

物质、天赋观念、永恒真理

物质的本质是几何学所理解的广延。几何学本质的观念是同人的理智与生俱来的(天赋的)。关于这些本质,笛卡尔询问:它们为什么如其所是?也就是说,圆的本质为什么这个样子?三角形的本质为什么这个样子？如此等等。而且，心灵如何获得这些本质的天赋观念？答案涉及上帝的创造力。

正如前所述，笛卡尔认为，几何学本质是一切创造物的本质，源于上帝的自由创造。（1: 145—146、149—153、7: 380、432、435—436）上帝创造几何学本质，不依靠任何标准或模型，无论独立于他的，还是他本身固有的。他直接造成这种情形：同圆的半径相等，三角形的三内角和等于两直角。他也有能力创造另一套数学规则，使同圆的半径不相等。（1: 152）既然我们心灵具有的真理也是被创造的，因而大概无法设想这些可能性。（笛卡尔不知非欧几何。）不过，他主张，数学的本质（及其他"永恒真理"）是上帝的自由创造。

这个学说似乎威胁人类的知识。假如上帝改变了这些真理，那会怎么样？关于目前这套本质，没有什么要求上帝必须创造它们，而不是其他什么。假如上帝重新考虑自己的创造活动，今天的几何学真理恐怕就是明天的谬误。

事实上，笛卡尔认为，他的学说为人类知识提供坚实的基础。伴随永恒真理，上帝创造了物质世界和各类心灵（以及它们各自的本质），将这些本质的天赋知识注入人的理智。上帝调整人的理智，以适应于物质的（心灵的）本质。因为上帝是亘古不变的，所以没有本质发生改变的危险。上帝的永恒不变，使"永恒真理"成为永恒的。（1: 149、152）

在笛卡尔的语境里，这个学说或许改变他宣称认识物理学第一原理的神学味道。形而上学神学是亚里士多德主义经院哲学的主流，主张认识事物的本质，意味着理解上帝创造力的绝对极限。他们主张，被创造物的本质，诸如兔子或橡树，其存在取决于上帝。然而，这并非意味着，上帝自由选择事物的本质。上帝创造的兔子不可能不是动物，也不可能违背兔子的本质。本质是永恒的，其根基在于上帝的（永远确定的）创造力。上帝理解自己能够创造什么不能创造什么，并因此理解事物的本质。依照这种观点，自然哲学家要求知道事物的本质——而且，尤其像笛卡尔那样，要求知道可能的先天本质——就等于要求对上帝的力量有基本认识。

笛卡尔关于"永恒真理是自由创造"的学说，允许自然哲学家要求本质的知识，却不要求理解上帝创造力的结构或极限。既然遵照天主教的神学信条，人不可能全面领会上帝，于是，笛卡尔就可以采用这种方式，回避要求"全面"理解物质本质而引发的各种神学问题。（7: 121）人类心灵的天赋观念完全适合于上帝创造的世界，不是因为人类心灵能够把握上帝能力的极限，而是因为上帝自由创造了具有本质的世界，并将本质的观念植入我们的心灵。

机械论哲学

笛卡尔将世界看作一架巨大的机器。这架机器并非充斥嵌齿与齿轮，而是充满液体与压力、旋转的微粒，以及一些不规则形状的物质，通过彼此互动，产生种种自然现象。在《第一哲学的沉思》中，这种观点体现于将人体描述为一架机器（7: 84、229—230），并在《哲学原理》以及死后出版的《论世界》中，得到充分发挥。

"机械论"和"机械的"等术语，有几层含义适用机械论哲学的概念。若不与机器做比较（下面将讨论），这些词语可能意味着盲目服从法则，没有不确定的意志或选择加以干预。在这个意义上，即便二元论心理学也可能是机械论的，只要灵魂实体为法则所支配。（笛卡尔指出，人的意志始终选择清楚明白知觉的真理或善，只有当理智不再面对清晰的真理或善时，才采用无所谓的自由［7: 432—433］）在笛卡尔的物理学中，物质本性与身心的相互作用为毫无例外的规则所支配。就第一层含义而言，他的自然观是机械论的。然而，与牛顿物理学不同，笛卡尔的自然哲学并无很多数量法则的衍生物。他将数量法则用于经验现象的唯一发表的成果是折射正弦法则（6: 101）与论述虹的著作。（6: 336—343）

"机械的"自然哲学的另一个方面是从自然过程中排除能动原则、生命力以及远距作用。笛卡尔摈弃亚里士多德的植物和感觉灵魂，以及它们的相关物，先前，人们始终认为这些东西支配（凭借一种隐含的理智）生物的机体过程。尽管先前许多自然哲学家，包括希尔伯特（William Gilbert）和开普勒，接受泛灵论的磁力理论，将磁石吸引铁比作恋人之间的吸引，笛卡尔则提供纯粹机械论的微粒运动理论。他将火的热归结为微粒的运动，光的活动归结为以太介质的挤压，如此等等。一切物质的互动均凭借直接的接触。

"机械的"也可能意味着无目的的，或者，没有目的论的指导。笛卡尔因从物理学中清除终极因（final causes）而闻名，其根据是，人类心灵无望认识上帝的计划（5: 158, 7: 374—375, 8A: 15—16、80—81）他明确针对这样一种观点：自然的一切都是为了人类利益组织安排的。笛卡尔的宇宙具有许多太阳和许多行星；在他看来，有人以为太阳是为人的利益而创造的，这是十分荒谬的。

（3:431）他也摈弃了亚里士多德主义的观点,不再认为土元素为目的因或终极因所指引,向宇宙中心运动。(不过,通常的亚里士多德主义观点并未将觉知或知识归于这种物质,与笛卡尔的漫画相反。[7:442]）

然而,笛卡尔的自然哲学并未完全清除目的论思想。在描述人的组合（身与心）时,他说是上帝或自然安排了身心交互作用的规则,致使感觉倾向于维持这种组合（因而倾向于人体的健康[7: 80、87]）。这等于分析身心关系和感觉的功能时诉诸目的、目的论或终极因。他的生理学也有类似的目的论,他在那里谈及身体部分的"功能",或者它们"适合于"做什么。(7: 374—375, 11: 121、154、224)

"机械论"的最后一个意义意味着类似于机器,或从属于机器。在笛卡尔时代,机器的最基本概念源于古代力学,其中,杠杆被看作一种简单机械。当笛卡尔宣布自己的哲学时,借用了这一概念,声称"它像力学一样,考察形状、大小和运动"(1: 420),并撰写一篇短文讨论力学。(1: 435—447)不过,他的哲学是广义的机械论,因为他将自然现象和动物身体比作复杂的机器,各个部分彼此作用。笛卡尔的许多机械论解释,采取类比的形式,比拟于日常经验中观察到的结果。(8A: 324—326)它们利用类比刻画微观机制,借以（试图）说明已知的自然现象。笛卡尔将水微粒比作鳗鱼,说明水的性质,将油微粒比作多枝杈的灌木,盘绕在一起,说明油的黏稠性（1: 423）,通过螺旋形的介质和线性管道说明磁性。(8A: 275)他的最重要的比较,是将人体比作当时欧洲皇家花园里发现的水力自动装置。(11: 130—131)这种比较再次让人想起潜在的目的论，涉及生命机器部件的设计或功能。

机械化的身体，具身化的心灵

笛卡尔的机械论哲学摈弃泛灵论，除了人体（与心灵或灵魂相结合），或许还有整个世界（运动量由上帝维系）。从20世纪自然主义的视角看，这两种泛灵论似乎也多余。有人谴责笛卡尔将"一个幽灵关进了机器里"（人体）。

强调笛卡尔的二元论，可能会遮掩他的观点，因为关于生命物，他提倡自然主义的、反生机论的唯物主义。亚里士多德主义者及其他生机论者，将动植物看作自然的一部分，因而也将其能力和能动本原看作自然的，就此而言，他们也是自然主义者。不过，根据20世纪唯物主义的自然主义标准，他们罗列的自然能力太随便。按照这种标准，亚里士多德主义主张的营养和感觉能力，以及笛卡尔非物质的心灵，都是非自然主义的。尽管笛卡尔哲学是二元论的，但它对生命物持自然主义的唯物主义观点，认为动物、植物、人体都不过是机器。的确，他将这种自然主义扩展到一般的动物心理学，甚至也扩展到人类心理学。

机器之人

笛卡尔机械生理学的最完整的描述是《论人》（探讨无心灵人体的虚构情况），尽管《谈谈方法》《折光学》《第一哲学的沉思》《哲学原理》《灵魂的激情》等书也有部分讨论。基本观点很简单——人体及动物形体是机器，通过感官刺激对环境做出反应，没有吃的时候寻找食物，形成物质的记忆，并学会如何对感官刺激做出反应。正如他在沉思六所说，可以将人体看作"由骨骼、神经、肌肉、血管、血液及皮肤组成的一种机器，即便其中没有心灵，它依然按照跟现在完全相同的方式运作，这时的运动不为意志支配，因而不是由心灵支配的"（7: 84）。他否认动物有心灵，因此，动物的一切行为都可以用机械论加以说明。他认为，人的很多行为都能用同样方式加以解释。（见6: 56—59）

笛卡尔认为，人体和动物形体为心脏（heart）中燃烧的"无光之火"所驱动。（11: 202、333）当血液进入心脏时，这种火燃烧血液，使其膨胀，好像蒸汽机的锅炉。血液流出心脏，迅速运动，一些流进大脑。大脑的基底有"元气"——血液的更精细、更活跃的部分——被过滤出来，通过松果腺进入大脑的中心部位。（笛卡尔将松果腺看作身心互动的场所，因为它地处中心位置，具有所谓无双的唯一性且运动自如［3: 19—20］）有些元气随神经（中空管道）进入肌肉，使肌肉像气球一样膨胀，变得紧张而结实。肌肉的运动和行为，取决于元气进入哪些管道。（11: 129—143、170—197）

感觉运动回路控制元气。感觉神经是套在管道里的纤维。感官受到刺激，纤维以某种方式颤动，打开大脑中心的管道，让元气流向肌肉。元气离开松果腺的模式反映神经的刺激模式。就视觉而言，视网膜上的模式传达到松果腺（两眼的形象汇合，形成一个），有心灵的人因此产生视觉。（11: 174—176）感觉的物质过程引起元气的外流，从而产生人与无心灵动物的肌肉运动，完全独立于心灵的指导。

对于一种刺激，究竟产生哪种反应，由几种因素决定：有些是天赋的，有些依赖于记忆和学习。（11: 192—193）有些管道是天赋的构造，对一定的刺激做出迅速反应，譬如，当我们摔倒时，便伸出手抱住头给以保护。（7: 230）有时，反应取决于先前感觉刺激引发的管道传输的变化，譬如，狗（或人）听到食袋咯咯响，或者看见冰箱门打开，便知道食物准备好了。如果动物没有吃的，食物的缺乏便激活元气，使其广泛分布，致使动物四处流浪。（11: 195）面对食物，感官的刺激模式驱使动物接近食物，吃掉它。类似的过程也在人体中发生，如《论人》所说。无心灵的自动机具备许多功能，既有生理的，亦有心理的，依情境产生适当的行为。（11: 202）

笛卡尔的《灵魂的激情》也主张，纯粹的生理过程安排身体在许多情况下做出反应，无须心灵的干预。人在一些情境下产生恐惧（譬如，面对一头狮子），元气的流动不仅使他觉得恐惧，而且驱使他逃跑，无须思想或意志的干预：

> 一些元气同时流向神经，驱动两腿逃跑，这个事实引起腺体的另一个运动，使灵魂感知这一行为。通过这种方式，单纯的器官性情便驱动身体逃跑，无须灵魂做任何事情。
>
> （11: 358）

就像羊（无心灵的自动机）单凭元气的运动而逃避狼（7: 230），人也完全凭借机械过程而逃避危险境况。

然而，笛卡尔还是明显地将人与其他动物加以区别。人逃跑时，意识到自己在这样做，而且经验到恐惧。根据笛卡尔的理论，感受、意识、感觉，均依赖于非物质的灵魂或心灵。不过，即便我们的激情为身体诱发而在心灵中发生，它们也服从身体的机械生理学和心理学。激情的功能是安排心灵继续维持身体启动的反应。（11: 359）单凭身体过程，当我们感觉恐惧时，恐怕已经奔跑了。恐惧感使我们继续奔跑。心灵能够重新指导我们的反应；我们想起狮子追赶奔跑的猎物，却不攻击驻足不前的动物，或许让我们停止奔跑。当然，我们无法简单地选择不恐惧。不过，我们可以通过认知努力，例如，设想一种行为结果，重新指导通常的身体反应，消除恐惧感。（11: 362—370）

身心互动法则

笛卡尔发展了一种混杂的心理学，其中，有些心理功能仅凭借身体，有些仅凭借心灵，有些则凭借身心的互动作用。他与伊丽莎白的通信（第八章），避免领会身心如何发生因果相互作用，承认我们关于身心相互作用的知识是事实。实际上，他将身心互动的研究交给了经验科学。

《第一哲学的沉思》提出身心互动的基本原则，即"大脑中直接激动心灵的那个部分，所发生的任何运动只引起一个相应的感觉"（7: 87）。这是心理物理学的合法性原则。它意味着，上帝在大脑状态与感觉（包括内感觉和激情）之间，建立了一种恒常关系。《折光学》将这个原则看作一种自然的"设置"（6: 130*），借以将各种感觉神经与各类感觉联系起来：

> 至于光和颜色……我们必定认为，灵魂的性质就是这样。

因此，凡使心灵具有光感觉的东西，也是驱使大脑部位发生运动的力量，视觉神经纤维从那里发端，而且凡使心灵具有颜色感的东西，都是这些运动的方式。同样，神经运动传输到耳朵，使灵魂听见声音；舌头的神经运动使灵魂尝到滋味；一般说来，身体各处的神经运动，如果柔和适度，将使灵魂产生舒服的感觉，如果过于强烈则产生痛苦的感觉。

（6: 130—131）

这里的一种颤动（或元气的冲动）引起颜色现象，那里的一种颤动则引起声音感觉，诸如此类。笛卡尔设置这样一些心理物理的（或心理生理的）对应关系。就视觉而言，这不仅包括光和颜色，也包括一些直接机制，引发视觉方向的经验，并基于眼睛的调节与会聚，引发距离的经验。（6: 137—138、11: 183）

在这些情形中，没有任何元气流的属性"存留"于感觉内容。一种颤动产生痛感，另一种产生快感，再一种产生红或蓝的感觉，还有一种产生距离的经验。心灵经验这些性质，但经验不到大脑的现实运动。它所经验的性质，是心理生理学法则处理的内容，也许，它们如此安排，使我们的感觉经验可以一种有益的方式辨别对象。

然而，关于形状知觉，笛卡尔描述了大脑状态与感觉内容的另一种关系。在感知形状时，大脑的模式可能具有感觉呈现的形状。笛卡尔认为，在视觉中，视网膜形象的摹本出现在松果腺的表面。这个形状在感觉的"第二阶段"进入感觉（7: 437，第六答辩），第二阶段是对物质神经过程（感觉的第一阶段）做出的第一个心灵反应。感觉展示"光与颜色"的模式,的确,包括"颜色的广延、它的轮廓界限及其相对于大脑各部分的位置"(7: 437)。(正如下一节讨论的,启动判断之后,可以忽略这些直接感觉。)

身心互动问题直接涉及感觉的第二阶段,即大脑产生的感觉。我们注意到一种特殊情况,松果腺上的形状与颜色感觉模式中的形状之间,彼此匹配。我们看到(第八章),第六沉思的语言(7: 73)暗示一种考察模型——心灵"考察"或"审视"松果腺的形象。根据刚才引用的那段文字,心灵联系大脑内部的表面,考察有颜色的形象——非常古怪,因为颜色经验仅在感觉中产生(心灵或许将感觉与大脑内部直接加以比较)。这些文字主张,大脑模式的形状以某种方式提供形象或(第二阶段)感觉形状的内容。然而,严格说来,心灵观察或审视大脑的想法,很难令人满意,因为它观看或审视时,需要诉助一种能力,而全部论述都试图解释它。(也见6: 130)

第五答辩提供一种方法,既避免了审视模型,同时又整理出身心互动的第二原则,说明形状的感觉或知觉。这里,笛卡尔采用"形体样式"(corporeal species)一词,并解释说,在他的理论中(与亚里士多德主义理论相对立)心灵利用形体产生感觉或想象的内容,无须"吸收"样式或形式:

> 你问,我怎么认为,我,一个无广延的主体,能够接受一个广延物体的样式或观念。我的回答是,心灵不接受任何形体样式;单纯理解有形及无形事物,不需要任何形体样式。然而,想象只能将有形事物作为自己的对象,就此而言,我

365

们确实需要一种样式，其本身就是实在的物体。心灵关注这种样式，但不接受它。

（7: 387*）

心灵不是"凭借广延的样式"理解广延，不过，它确实"由于转向广延的形体样式，从而想象广延"（7: 389˙）。笛卡尔的形体样式——作用方式好像亚里士多德主义的意向类——为想象和感性知觉提供内容。然而，按照心灵与形体的区分，心灵不可能将这些广延样式纳入自身。这些样式如同第二答辩的形体形象，"当它趋向大脑的那一部分时，才将形式赋予心灵本身"（7: 161）。就形状而言，这些样式是形状的一例，从而提供形状内容。然而，它们不是观看，而是为了在心灵中展示形状。至于其他情况，大脑状态产生颜色、气味、视觉方向等感觉，无须大脑状态与所表象的内容相似。

诉诸形体或物质的样式，避免了审视模型的暗中之意，即心灵现实地看见元气的精细微粒冲动，流出松果腺。不过，这种样式依然要求上帝"设置"一个规则，将元气流与经验联系在一起。这个规则必须说明这一事实：只有松果腺模式的外形为心灵"提供信息"，从而产生形状感觉。元气流的冲动不产生冲动感，而是产生光和颜色的感觉（对视觉而言）。其他感觉形态，如气味，或许也在松果腺（即便很狭窄）上形成一个有形的模式；这时，心灵并未经验到形状，只经验到气味。

经验中可以发现身心关系，这种思想不要求实体二元论，也不会因为二元论而被阻止。无论如何，无须二元论被广泛接受。在

19世纪，费希纳（Gustave Fechner）将这个思想转变成心理物理学，成功地将数量测试用于新兴的实验心理学。大脑中的形状模式与感觉经验的内容之间的关系问题继续活跃，被纳入心脑同形的讨论。

笛卡尔的视知觉心理学

笛卡尔的视觉空间知觉理论，是他的自然哲学比较成功的方面。他以某种方式改造传统的理论装置，回到阿尔·海森（Ibn al-Haytham）。然而，他也针对方向和距离知觉，提出崭新的论述。

在传统理论中，眼睛接受二维模式，与知觉形象相一致。（这种模式在眼中**何处**发生的理论，随着开普勒发现视网膜形象而发生变化，但并非模式本身的特征。）感觉能力通过判断啬第三个维度。笛卡尔第六答辩提出的感觉三阶段，包含了这个理论。心灵从二维感觉（第二阶段）出发，增加了距离、大小和形状（三维）："大小、距离、形状能被知觉，只有凭借推理，从一个形态推导出其他形态。"（7: 438）按照《折光学》的解释，视网膜和松果腺的形象，因而感觉，或许"只包含椭圆形和斜方形，而它们让我们看到的，是圆形和正方形"（6: 149—141），现代形状恒常性心理原则的一例。（也见6: 140，大小恒常性。）心灵凭借一种活动，使我们看到远距离的对象，笛卡尔将这个活动称作"计算和判断"（7: 348），如判定为圆形，而非椭圆形。这种活动的发生仓促而习以为常，所以不为人注意（也因此归于"感觉"，而不是理智，构成感觉的第三阶段）。

尽管《折光学》包括传统理论，但也提出新的学说，论述视觉方向和距离的知觉。新理论的基础是假设，千差万别的大脑状态相应于眼肌的运作。当肌肉收缩致使眼睛对准某个方向时，"大脑的细微部分（神经的发源地）"发生变化（6: 134），引发心灵经验眼睛的方向，因而经验世界输送光线进入眼睛的方位。我说心灵被"引发"而经验方向，是因为笛卡尔并未设想一个认知过程，需要心灵计算方向。毋宁说，大脑状态的改变直接引起各种方向的经验。同样，笛卡尔意识到（作为开普勒发现的一个结果），眼睛必然调整自己的聚焦性能，以便清晰地看见这一距离或那一距离的对象。这种变化，称之为眼睛针对距离的自动聚焦，是眼肌导致的结果。笛卡尔还断言："当我们根据对象距离的比例调整眼睛的形状时，也改变我们大脑的某个部分，其方式是自然设置的，使我们的灵魂知觉到这个距离。"（6: 137*）这个过程的发生无须我们反思。它是心理生理直接关系的另一个实例，大脑状态直接引发深度或距离的经验。按照第六个答辩，关于知觉方向和距离的论述属于感觉第二阶段，重新设想为包含方向和距离，作为直接的感觉回应。

笛卡尔理论的这一新方面常常被误解。例如，贝克莱在《视觉新论》的解释中，认为笛卡尔将一切距离知觉归于计算和判断。

经验的作用，实验

《第一哲学的沉思》设立了确定性的标准，显然，唯独清楚明白的理智知觉才能满足。我思的推理、对心与物本质的知觉、上帝存在的证明、外部对象存在的证明等，据说都符合这个标准。甚至第六沉思重新恢复外部对象之后，对事物特殊属性的感性知觉，依然为"怀疑和不确定"所困扰。(7: 80)不过,笛卡尔意识到,考察自然必须诉诸感性观察和经验。(6: 64—65, 7: 86、87, 8A: 101、319)

较低程度的确定性与感觉相关联,自然哲学亦需要观察和经验,二者结合造成笛卡尔认识论的紧张局面。倘若物理学需要经验,而经验却提供很少确定性,那么笛卡尔或者必须从合法知识中排除基于经验的物理学部分,或者允许较低程度的确定性。

笛卡尔以两种方式利用经验支持他的物理学。第一,在出版《第一哲学的沉思》之前,他为自己物理学的基本原理(运动的物质)提供一种经验论证。第二,这个时期以及其后,他承认,即便为物理学找到相应的充分基础(包括给运动法则以形而上学支持),但为了解释各种自然现象,需要假设一些特殊机制,这些假设依然不确定。(6: 63—65、8A: 101)假定他有基本原则,要解释磁性或盐的属性或动物的本能行为,恐怕依然不止有一种机制。决定哪些机制在世界中现实地发生作用,需要观察和实验。

在《第一哲学的沉思》出版前后,笛卡尔指出,确定有哪些机制存在,即便以观察为基础,也能产生"确证的"知识。(2: 141—142、198, 8A: 327—328)不过,这种确证的确定性标准降低了。他在《哲学原理》中断言,尽管他的形而上学基础获得"绝对的确定性",但是,他的比较具体的主张却只获得"未经验证明(moral)的确定性"(8A: 328—329)——也就是说,"足以满足日常生活需要的确定性"(8A: 327)。运动法则、广延物质的本质、否定虚空等,均试图获得绝对的确定性。然而,具体的微观机制则仅获得未经证明的确定性——或许,"比未经证明更强",但对于具体的机制,并无绝对的确定性。

笛卡尔把相信他的假设的依据比作破解密码。(8A: 327—328)如果一种密码的破解方法澄清许多信息的意义,人们便接受它,即便承认可能还有其他(未知)的破解法。同理,如果对磁性或其他自然现象的解释能够说明每一事物,它就被认作真的,尽管不排除可能还有其他(未想到)的解释。这里,我们将"全面考虑"当作最好的理论。

在破解自然的密码时,笛卡尔试图先声夺人,占尽先机。他的形而上学基础明显限制了可能的解释范围。在破解自然密码时,唯独几何样态可以归属于形体。能动力量、实在性质及其他能动本原,统统为他的形而上学所排斥。他希望自己的形而上学能为所有未来的科学提供永久架构。

文献与其他阅读书目

关于科学革命,包括伽利略、笛卡尔、牛顿等人的著作,见A.Rupert Hall, *The Revolution in Science, 1500-1750*(London: Longman, 1983)、Steven Shapin, *The Scientific Revolution*(Chicago: University of Chicago Press, 1996)、John Henry, *The Scientific Revolution and the Origins of Modern Science*, 3rded.(Basingstoke: Palgrave Macmillan, 2008);科学革命与哲学的关系,见Hatfield, "Metaphysics and the New Science," in David Lindberg and Robert Westman(eds.), *Reappraisals of theScientific Revolution*(Cambridge: Cambridge University Press, 1990), 93—166, and "Was the Scientific Revolution Really aRevolution in Science?" in Jamil and Sally Ragep（eds.）, *Tradition, Transmission, Transformation*（Leiden: Brill, 1996）, 489—525。关于笛卡尔物理学的传播，见 E.G.Ruestow, P*hysics at Seventeenth and Eighteenth-Century Leiden*（The Hague: Martinus Nijhoff, 1973）, 以及 John L.Heilbron, *Elements of Early Modern Physics*（Berkeley: University of California Press, 1982）。亚里士多德、哥白尼、培根、伽利略、波义耳（Boylc）以及牛顿等人的文选，见 M.R.Mattthews（ed.）, *Scientific Background to Modern Philosophy*（Indianapolis: Hackett, 1989）。

关于笛卡尔的新自然哲学（或自然科学），见 Gaukroger, *Descartes' System of Natural Philosophy*（Cambridge: Cambridge University Press, 2002）。关于上帝是运动的发动者，见 Hatfield, "Force（God）in Descartes' Physics," inCottingham, Oxford Readings, 281—310。关于运动法则和更一般的笛卡尔主义物理学，见 Garber, *Descaties' Metaphysical Physics*（Chicago: University of Chicago Press, 1992）。R.S.Woolhouse, *Descartes, Spinoza, Leibniz*: *The Concept of Substance in Seventeenth Century Metaphysics*（London: Routledge, 1993），讨论了笛卡尔主义的物质理论及其问题。

至于亚里士多德主义物理学的实例，见 Eustachius a Sancto Pauloin Ariew, Cottingham, and Sorell, 80—92。Dennis Des Chene, *Physiologia*: *Natural Philosophy in Late Aristotelian and Cartesian Thought*（Ithaca: Cornell University Press, 1996）提供一般的概述；也见 William A.Wallace, "Traditional Natural Philosophy", in C.B.Schmitt（ed.）, *Cambridge History of Renaissance Philosophy*（Cambridge:

Cambridge University Press, 1988), 201—235, 以及.Ariew and Alan Gabbey, "Scholastic Background", in Ayers and Garber, *Cambridge History of Seventeenth-Century Philosophy*, 425—453。在亚里士多德主义物理学中,自然的动因无须"知道"或"有意策划"它们的目的(在表达终极因时),见Thomais Aquinas, "Principles of Nature", in his *Selected Writings*, R.P.Goodwin (Indianapolis: Bobbs-Merrill, 1965), 7—28 (on 15—16)。

关于创造永恒真理以及亚里士多德主义形而上学主流(尤其是Francisco Suarez),见Hatfield, "Reason, Nature, and God in Descartes", in Voss, 259—287。阿奎那认为,即便进入天堂的人能够通过神的光照认识上帝,也不会完全知道上帝能做什么(*Summa theologica*, Part 1, question 12, article 8)。

关于经院哲学的感性知觉理论,见Alison Simmons, "Explaining Sense Perception: A Scholastic Challenge", *Philosophical Studies* 73 (1994), 257—275。关于阿尔·海森(al-Haytham, also known as Alhazen)和笛卡尔的知觉理论,见Hatfield and William Epstein, "The Sensory Core and the Medieval Foundations of Early Modern Perceptual Theory", *Isis* 70 (1979), 363—384。也见Celia Wolf-Devine, *Descartes on Seeing: Epistemology and VisualPerception* (Carbondale: Southern Illinois University Press, 1993)。George Berkeley, *An Essay towards a New Theory of Vision* (Dublin: Rhames and Papyat, 1709), secs. 12—14 and appendix,对笛卡尔的立场有所评论。

哈特费尔德详细阐述关于质料错误的解释,见Hatfield, "Descartes on Sensory Representation, Objective Reality, andMaterial

Falsity," in Detlefsen, 127—150。其他解释有：Cecilia Wee, *Material Falsity and Error in Descartes' Meditations*（London: Routledge, 2006），认为质料错误观念实际上是曲解（例如，具有颜色是实在性质的内容）；Lilli Alanen, "Sensory Ideas, Objective Reality, and Material Falsity," in Cottingham, *Reason, Will, and Sensation*, 229—250主张，质料错误源于错误判断（相似性命题）参与我们的感觉观念（诸如颜色）。

一般讨论笛卡尔的机械论心理学，见Gaukroger, Schuster, and Sutton, Parts 3 and 5, and Sutton, *Philosophy and Memory Traces: Descartes to Connectionism*（Cambridge: Cambridge University Press, 1998），Part 1（也见第16章关于同形理论的文献）。有些作者，如Gaukroger, *Descartes Biography*, 276—290，认为（与这里的观点相反）笛卡尔不否认动物有感知力。相关讨论，见Hatfield, "Animals," in Broughton and Carriero, 404—425。关于笛卡尔的激情和情绪理论，见Deborah J. Brown, *Descartes and the Passionate Mind*（Cambridge: Cambridge University Press, 2006），Lisa Shapiro, "Descartes' *Passions of the Soul* and the Union of Mind and Body," *Archiv für Geschichte der Philosophie* 85（2003），211—248, Hatfield, "Did Descartes Have a Jamesian Theory of theEmotions?" *Philosophical Psychology* 20（2007），413—440, and AmySchmitter, "How to Engineer a Human Being: Passions andFunctional Explanation in Descartes," in Broughton and Carriero, 426—444。关于心理生理学法则，见Hatfield, "Descartes' Naturalism about the Mental," in Gaukroger, Schuster, and Sutton, 630—658。有一种不同观点，认为心理生理学关系可以改变，见Shapiro, "Descartes'

Passions of the Soul"。

关于笛卡尔的科学哲学与经验的作用，见 Desmond M. Clarke, *Descartes' Philosophy of Science*（University Park: Pennsylvania State University Press, 1982）, Garber, "Descartes' Method and the Role of Experiment", in Cottingham, Oxford Readings, 234—258, and Hatfield, "Science, Certainty, and Descartes", in A. Fine and J. Leplin（eds.）, *PSA* 1988, 2vols.（East Lansing, Mich.: Philosophy of Science Association, 1989）, 2: 249—262。关于经验和实验在笛卡尔及其随后笛卡尔主义中的地位，见 Mihnea Dobre and Tammy Nyden（eds.）, *Cartesian Empiricisms*（Dordrecht: Springer, 2013）。

第十章　遗产与贡献

围绕笛卡尔哲学的持久价值，有许多评价，众说纷纭，大相径庭。20世纪一些重要的哲学家，尽管气质大不相同，例如胡塞尔与乔姆斯基，却喜欢以某种方式将自己归于笛卡尔的同盟。另一些哲学家则认为笛卡尔铸成巨大的哲学错误，或者将整个西方哲学传统（罗蒂），或者将其中一部分，诸如心灵哲学（赖尔、塞尔），引向错误的方向。还有一些人谴责笛卡尔否定情感和身体，宣扬过分理性化的人类概念（波尔多、达马西奥），或者，将视觉过分理性化，将其看作几何理性的运用（克拉里）。

面对关于笛卡尔好坏优劣的宏论，需要问几个问题。首先，身受褒奖或指责的那个笛卡尔是谁？是我们研究其著作而相遇的笛卡尔，还是新近构想的笛卡尔？我们可以追随文学史家莫里亚蒂（Michael Moriarty），询问：批评者究竟实际地研究了笛卡尔，还是根据二手货描述其思想形象？

我们凭借自己直接获取的知识，考察笛卡尔的遗产和贡献，关注其认识论、科学和形而上学。他的遗产包括对后来思想的一切影响，好的与坏的。他的贡献曾经或现在有价值的那部分。只要他提出的问题依然没有定论，那么问题就是他的贡献。

哲学问题：认识论的与形而上学的

笛卡尔的方法及独特的理论，为其后的哲学提出若干问题，包括他的怀疑主义的怀疑、我思推理、上帝存在的证明、感觉性质理论以及身心区别。

知识与方法

笛卡尔提出两种方法：怀疑方法与清楚明白的知觉方法。他通过一种明显的方法论观念，将二者联系在一起，这个观念即分析的方法，其目的是发现一些简单而基本的真理，为所有其他知识奠定基础。这些简单真理埋藏在复杂的判断或观念中，需要查寻，正如我们通过我思推理看到的那样。这里，笛卡尔分享了后来被看作"分析哲学"的早期形式，因为这种哲学试图通过分析澄清概念。

笛卡尔主张，知识要素作为天赋观念（或者天赋能力，无须感官的思维能力）存在于人的心灵，一旦经验到便可辨认。最初，大量感性知觉妨碍这种经验。怀疑的方法帮助撤离感觉经验，以发现纯粹的理智观念。清楚明白的知觉方法表明，这些纯粹的理智观念是真的，能够辨别，因为它们迫使意志表示同意。

后来的理性主义哲学家，包括斯宾诺莎、马勒伯朗士、莱布尼茨等人，利用这种理智直观支持他们的形而上学结论，但只有马勒伯朗士赞同怀疑的方法。三人一致认为，纯粹理智揭示一种认识事物本质的真正理论，不过，每个人分别建立了彼此不同的形而上学。终于，这些大相径庭的结果似乎表明，或者理性直观根本不存在，或者它并不展示一种真正的形而上学。洛克和休谟（还有其他人）主张，人并无什么理性直观用以把握基本的形而上学真理。康德考察了人类心灵的认知结构，并得出结论，不可能通过理性直观事物的实在本质，从而有效地终结了理性主义凭借纯粹理智的形而上学认识论。

然而，这并没有终结笛卡尔理性直观方法的影响，这种影响继续存活在现象学传统中，尤其在胡塞尔的《笛卡尔的沉思》以及萨特《存在与虚无》的反思意识中，表现十分明显。

外部世界问题；直接实在论笛卡尔的怀疑主义怀疑（沉思一）让沉思者独自留在自己的思想世界（沉思二）。之后的许多哲学家心存疑虑：一个认知者，如何超越他（她）的思想，认识外部世界的存在和属性。于是，笛卡尔的《第一哲学的沉思》产生了外部世界问题。

这个问题在18世纪变得十分尖锐，并在20世纪的感觉材料哲学中继续存活。休谟的《人类理智研究》用怀疑方法探求知识的界限，断言确定性仅限于抽象数学（不运用于世界）和当下的知觉内容。所有的心灵内容，统统产生于内心感受和感性知觉。类似的观点，20世纪也有人倡导，叫作"感觉材料论"（sense-data theory），时常被看作笛卡尔的遗产（见文献与其他阅读书目）。在这里，笛卡尔引入的方法最终走到相反的立场，即感觉经验提供唯一确定的知识。笛卡尔本人要求通过理智观念超越感觉经验，以认识外部世界的本质和存在。他并未将认知的优先权赋予感觉经验——他认为，感觉经验只应以有限的方式予以信任——而是赋予了纯粹理智。

面对自己思想的沉思者形象，以及将笛卡尔纳入感觉材料论，进一步助长了颇多问题的论断：他认为，个体的思想必然不可错地被知晓，而且，他将心灵看作完全透明的（如果我们有思想，我们就会知道我们有）。这些概念描绘一种神秘的"笛卡尔主义心灵"，作为近期讨论的掩护马和攻击目标。事实上，笛卡尔并不主张，人可以绝对无错地认识自己思想的特征，或者，注意到心灵中的每一个思想。关于信念是否清楚明白，笛卡尔允许认知者出错，只要他尚未运用怀疑方法发现纯粹的理智（第六至八章）。而且，一些感觉观念模糊不清，以至于我们无法确定其内容（第五、九章）。再有，一些心灵活动快速发生，未被注意（第九章）。另外，尽管笛卡尔在某种意义上主张，一切思想都是意识的，但是，笛卡尔仍然有所区分，一种是通过反思注意和记忆的，另一类穿过心灵却被注意。于是，宣称笛卡尔将感觉观念看作知识的绝对无错的基础，是双重错误，因为他既没有将感觉观念当作认知的基石，亦不曾断言能够最清晰、最确定地知晓它们。

关于笛卡尔主义的观念如何向认知者展示外部世界，至今仍然争论不休。最流行的解释认为，感觉观念本身即是知觉的对象，外部世界从中推论出来，因为上帝不会欺骗。（这与将他纳入感觉材料论是一致的。）我们具有球形的、红色特征的感觉观念，这是事实。从这个事实出发，可以推论，外部有红苹果存在，一种称之为"**表象实在论**"的观点。托马斯·里德（Thomas Reid）认为，笛卡尔应该为这个观点的流传负责。结果导致休谟的怀疑主义破坏。

本书提供的是不太流行的解释（至今仍无明确的标签），认为笛卡尔赞同一种认识论的**直接实在论**。第五章解释说，笛卡尔认为一切观念都"好像是关于事物的"。根据直接实在论的解读，笛卡尔是说，我们的观念主要不是我们知觉的对象，观念的内容是一种媒介，我们借以知觉对象。（这种解释并不妨碍我们通过反思觉知我们感觉观念的内容——以这种方式将它们当作对象。）我们知觉物质事物存在于我们之外，或者是可能的（对仅仅被思索的对象而言），或者是现实的（在感性知觉中）。关于外部世界的存在和感觉的可靠性的论证（第六沉思）确立，我们的感觉经验通常是对象的直接知觉。第九章提出对质料错误的解释，承认即便颜色感觉，心灵依然可直接（如果模糊地说）知觉外部事物的表面组织。

这种经久不衰的解释性争论，是笛卡尔贡献的一部分，迫使解释者详细阐述他们是如何理解表象实在论和直接实在论的。

我思推理

哲学上一个最著名的论证是笛卡尔的"我思故我在"，尽管类似的东西早在奥古斯丁那儿便可发现，不过，笛卡尔赋予新的形式，在世界史的范围赢得广泛声誉。

从一个人的思想过渡到他的存在，是不容置疑的，至少足以从容地认为，关于他的存在由此总知道点儿什么。我思推理要求同意（assent）。有趣的部分是确定它究竟证明了什么。

在第五章，我们考察了笛卡尔利用"我思"，证明清楚明白的知觉具有普遍的可靠性，是真理的宣示者。我们考察的提炼论证，逻辑上有效。然而，假如我们现在发现，笛卡尔的形而上学结果是错误的，那么我们依然可以合理地怀疑其完善性。回想起来，这一论证把一个事例过分普遍化了。有人假设，我思推理提供了一个范例，表明清楚明白的知觉是一种普遍方法，可以产生关于上帝、心灵和物质本质的形而上学真理；这种假设，我们必须摈弃。我思的最初结论，只是推及直接可得的经验内容，不可能支撑先天的形而上学。

扩展的我思结论（第四章），即我是一个在怀疑、在理解、在肯定、在否定、在意愿或不意愿的事物，有感性知觉，对心灵事物和意识内容产生新的态度。它将思想领域独立出来，关注一个事实，即感觉、想象、感情、欲望、决定等，统统具有（或能够具有）意识的方面。亚里士多德主义的感性知觉理论，并不要求感性知觉的一切活动全部进入意识的中心。或许可以说，眼睛能够判断光与颜色，判断能力的运作不为我们注意，将角度与距离结合起来，产生真实的大小（如同阿尔·海森的理论）。先前的理论家不像笛卡尔那样，要求一切认知活动原则上都能为意识所把握。尽管笛卡尔并未采取经验上的荒谬立场，主张我们通过实际的反思意识到（或注意到）一切心灵内容（5: 220—221、7: 438），不过，他确实详细阐述一个大胆的形而上学论点，即一切真正的心灵活动都是意识的，因此，原则上都能被注意到。（7: 246）我们下面在考察心灵本质以及后来对无意识思想的接受时，将返回这个问题。

笛卡尔的我思推理得到康德、胡塞尔、萨特等人的批判性考察。尤其后两位，特别依赖于与笛卡尔假设立场的密切关联，信赖于对它做出的回应，尽管他们同时考察了意识结构以及思想与存在的关系。

上帝与理性

自柏拉图和亚里士多德时代之后，哲学家不断提出论证，证明神的存在及其属性。由于希腊哲学与基督教神学在中世纪早期联姻，为上帝的存在和属性提供理性证明的计划便层出不穷，成为基督教思想的主干。

在中世纪后期的欧洲思想中，形而上学神学加剧了理性主义的深刻张力。在哲学领域，有些人认为，探讨上帝的存在和属性仅应依据理性，无须诉诸《圣经》或神灵感应。为上帝寻找理性的证明，鼓励了对神本身采取理性的态度，聚焦于神的属性，诸如无限与完满。由此产生的概念通常称作"哲学家的上帝"。

这种上帝的理性化，为阿奎那和邓·司各脱之类的神学家所偏爱，并为笛卡尔及其他人所发挥，提升了理性在人类事务中的地位。如果为了证明上帝存在，上帝必须服从理性，那么理性也能指出这些证明结果的局限或缺陷。霍布斯和斯宾诺莎，几乎是笛卡尔的同代人，用理性诠释《圣经》。倘若《圣经》的权威值得怀疑，理性便成为信仰上帝的唯一可靠的根据。假如只有凭借理性才能认识上帝，那么上帝的属性便局限于源自无限与完满的推论。结果产生自然神论的观点，将上帝理解为宇宙的第一因，赋予宇宙合理的秩序，上帝不干预人的历史。

笛卡尔不赞成对宗教采用理性主义方式，因为他认同恩典之光（3: 425—426、7: 148）和《圣经》的权威。（2: 347—348、7: 2）不过，他把关于上帝的哲学论断限制在理性确认的范围，提倡个人独自评价哲学的基本论断（9B: 3），从而开启了"早期启蒙"。他区分了两种截然不同的东西：一方面是上帝存在的理性证明，诉诸的不是权威，而是理性；另一方面则是以天启为依据的学说，服从神学的权威。

第一性质与第二性质

笛卡尔发展了一种观点，即颜色及其他一些感觉性质并不直接展示事物的基本物理属性。这个观点为波义耳和洛克所推崇，区分了物体的第一性质与第二性质。第一性质符合基本的物理范畴——就笛卡尔而言，指广延、大小、形状、位置以及运动。第二性质则依赖于第一性质，根据第一性质引发感知者的感觉进行分类。因此，物体的表面构造引起光粒子旋转，使感知者产生颜色感觉，这些物体具有的那种颜色就是第二性质。按照这种看法，颜色感觉是在外界物体中发现的第二性质的观念，即便从现象看，红的观念似乎并非物体表面结构的观念（第九章）通过自然设置，我们经验到可感的红，因而经验到一种表面结构，经验到可感蓝，因而经验到另一种表面结构。

笛卡尔、洛克及其他人的这种观点，常常被错误地转述，好像是说物体并非实在地具有颜色。然而，没有哪位作者否认（物理）物体有颜色。他们否认的是，物体中的颜色是亚里士多德主义的实在性质（我们的感觉经验与其相似）。颜色感告诉我们，物体中有某种物理属性（它的物理颜色），但并未展示物理的细节。因此，颜色、光、声音及其他第二性质，都是依赖于知觉者的对象属性。物体反射光不需要感知者，但是，将它们归于具有颜色的物体，只是因为它们影响光，从而使感知者产生颜色感觉。

笛卡尔正确地意识到，即便经验的性质不表达物质的基本物理属性，仍然可以成为环境的有益指南。感知者可以分别谈论对象，因为相同对象规则地产生相同颜色感觉。最近的研究表明，颜色知觉逐步进化，使动物能够接收交配的信号，发现食物，并形成其他生物学的明显区别能力。笛卡尔对感觉性质的功能态度，走上正确的轨道。

科学与形而上学

新科学诞生之前，自然哲学将五花八门的能动本原归于物体，并经常借用生物学的类比加以理解，以为它们指导生长与发展。笛卡尔及其他改革者给予指责，认为这些能动的本原无法清楚地为人们理解，试图用清晰的概念取而代之，将生命过程看作物质过程。虽然笛卡尔将物质等同于纯粹的广延最终并不成功，不过，他的理论却提供统一的世界图景，从几何学角度设想运动的物质，一时间，几何学成为可理解事物的范式。

笛卡尔以数学为指导探索物质的方法，在更普遍的方面获取成功，经过牛顿重新表述，成为标准。质量取代笛卡尔的物质容量的概念。物质种类根据特殊的重量（每单位体积的质量）加以区分。力变得比广延更基本，以至于康德主张，广延通过排斥力而产生。19世纪，人们考察基本的力；20世纪，人们发现新的力和微粒，包括无质量的粒子和云状粒子。具有形状和大小的坚硬微粒，现在看来好像昔日的一幅稀奇古怪的图画。

笛卡尔宣称,对于物质的实在特征,可以具有直接的理智直观。现代科学摈弃了先天洞见事物本质的要求,往复于理论假设与经验证明之间。人的心灵能够天赋地获取物质基本属性的想法,为物理学的现实发展所拒斥,先前难以想象的理论,广义相对论和量子力学,通过理论与经验的协调互惠而诞生。

19世纪的达尔文主义者赫胥黎(T. H. Huxley),称赞笛卡尔是一流生理学家,提出"动物和人体是机器"的假设。笛卡尔试图解释生物学过程,采用适合于自然各个角落的物理原则。按照这种观点,生物所以不同于非生物,仅仅因为它们所包含的物质组织形式有别,并非因为什么特殊的生命力或生机原则。

探索形体的机械论方式是一个重要的思想贡献,不过也有局限。将形体比作机器,导致一个问题:形体是否有设计?如果有设计,那么功能便隶属于具有预设目的的部件。笛卡尔在《论人》(11: 120)和《第一哲学的沉思》(7: 80、87—89、374)里,似乎说形体机器是上帝设计的。然而,在《谈谈方法》《哲学原理》以及书信中,他却提出另一个假设,颇具挑战性:地球上的一切,包括植物和动物形体,都产生于原始云团,通过物质与物质碰撞的自然过程而形成(6: 42—44, 8A: 99—100、203, 2: 525),从而排除直接设计。

随着达尔文《物种的起源》(1859)发表,现代科学摈弃了"理智设计直接创造生命机体"的思想。但是,依然需要说明我们的知觉,即机体的部件何以各司其能。一些哲学家认为,进化扮演设计者的角色,通过自然选择过程精雕细琢有机体。进化的压力影响遗传性征的变化，选择更成功的结构。另一些人则反对这种解释，认为这纯粹是隐喻。始终有一个悬而未决的问题，它产生于机械论图景的成功与其不完善的结合。

心与身

笛卡尔最有活力的遗产涉及心灵。他最著名的立场是身心二元论。他更为普遍的遗产关系到心灵现象的描述，以及如何使心灵适合自然世界的问题。在这些领域，笛卡尔提供许多颇具洞见的描述，不断追问各类问题，从而做出重大贡献，经久不衰。

笛卡尔的二元论经常遭受嘲笑。最多的指责是：笛卡尔使心灵成为一个独立的实体，将其从科学研究领域排挤出去——塞尔的"笛卡尔与其他灾难"一节（见塞尔的《心灵》）重复这一指责。更早，赖尔指控笛卡尔犯了基本的哲学错误，所谓"范畴错误"，即将心灵看作一个好似物体的事物，好像经历若干过程产生了若干结果。对赖尔来说，心灵之性（mindedness）是行为的品质（它的机智或诙谐方式），并非具有引发行为的过程。在二者之间，乔姆斯基宣称，笛卡尔是自己的先驱，因为他的创造性理论主张，从心理上看，人类语言是独一无二的，并非通过普遍的理智产生，而是产生于天赋的语言能力。以上关于笛卡尔的三个论断，统统都是错误的，只不过方式不同罢了。

关于心灵的实在论

笛卡尔是心灵实在论者。他是最大的心灵实在论者，因为他设定独立的心灵实体。即便将其主张的二元实体的本体论丢弃一边，仅就心理现象本身而言，他也是一个实在论者。在论证心理现象（无论它们最终是物质的，还是非物质的）的本体论基础之前，他已经确认思想的存在，包括感情、想象、记忆、欲望、意愿等。

他对身心二元论的论证，依赖于心灵与物质构成两类独立现象的论断。这个论断本身并没有蕴含二元论，而且今天仍在探讨之中。20世纪中叶，许多哲学家和科学家逐渐相信，心理现象很难整合到自然界（经常等同于物质世界）。依照这种观点，心理现象并非本来意义的自然现象。要将它们保留在真正自然主义的世界画面中，必须将其还原为物理的或生理的过程，不然，则需要（追随赖尔）重新描述，根本不涉及任何过程。心理学家斯金纳（B. F. Skinner）和哲学家蒯因（W. V. Quine）相信这个目标毫无希望，建议完全排除心理的话语。然而，现在许多人明确承认，心理现象存在，要全面阐述存在什么，还原是否可能，则必须考虑心理现象。今天的哲学家，很少有实体二元论者。有些人赞成属性二元论，承认除物理属性之外，还有无法还原的心理属性。另一些人认为，心理之物是某些（或全部）物质事物具有的一个方面。他们大概是两面论者（心理与物质是一个基本实在的两个方面）或者泛灵学家（一切物质事物都有心理的方面）。

心理现象的本体论地位问题，笛卡尔并未解决，至今也没有完全的定论。在笛卡尔看来，颜色感觉之类的心理现象，以心灵的样态存在。因此，我们经验的可感之红是观念的内容。然而，他并不认为，心灵确实具有红的属性，更不必说，当我们感觉或想象一个正方形时，便以为（无广延的）心灵确实是正方形。（在这种情况下，他可以主张，松果腺上具有正方形的模式。）于是，问题产生了：如果心灵的确不是红的，而且红不是实在的性质，那么可感之红在哪里呢？他的二元论没有解决这个问题，因为他从未解释，无广延的心灵，即便与身体发生互动，何以能具有红的可感经验。他只是表明，这种情况发生了（也许，如本书的解释，产生于对表面结构的模糊知觉）。同样，今天的唯物主义认为，可感之红无非指，当视觉皮层出现某些模式的电离子活动时发生的某种情况。即便知道哪种活动模式引起哪种感觉，现在恐怕也无人能够解释，电离子活动如何是，或如何产生，红的可感经验。

笛卡尔的心理生理学法则，对研究心灵依然有用，证明塞尔的论断（笛卡尔将心灵从科学研究领域排挤出去）是错误的。笛卡尔认为，通过经验的研究，许多类型的心灵状态（感觉的和情感的）可能与大脑状态彼此关联。无论二元论者，还是唯物主义者，并不要求先天地期盼这种相关性存在；先于经验的研究，大脑状态与心灵内容之间的任何关系模式都可能得到承认。不过，有些相关性，为人们用精确的分析方法加以研究。这种经验的事业，以笛卡尔的贡献为基础，即假设为经验可知的心理生理学法则。

意识、表象、意向性

在内容提要和沉思二，笛卡尔描述思想物具有一种理智本性，在沉思六，指明理智是其他心灵能力（诸如感性知觉与想象）的本质。这些地方，并未将意识作为心灵的本质，尽管在沉思二中，意识明显成为一切思想都具有的特征。（也见7: 246）

沉思三宣称，一切思想都包含观念，一切观念都好像"是关于事物的"(7: 44)。一切观念(在严格意义上)都展现个体对象(更宽泛说,观念将抽象概念和关系作为内容)。这意味着,表象或现在所说的"意向性"(在引申的意义上,并不等价,见第八章),是笛卡尔阐述心灵的本质特征。第八章指出,笛卡尔将理智看作心灵的本质。一切思想,即便包含其他"形式"的思想(7: 37),诸如意愿和情感,都指向一个对象。理智是知觉,观念作为样态,实质上是表象的。(在这个关联中,正如在第四章和第七章看到的,思想和表象比语言更基本,与乔姆斯基宣称的"笛卡尔主义思想在本质上是语言的"完全背道而驰。)按照笛卡尔的观点,知觉或表象完全可以构成心灵的本质。

因为思想的本质特征是知觉,所以,意识自然在思想中发生。思想的知觉和表象特征,加上假定的心灵实体的单纯性,意味着,一切观念就其本性而言,必然被觉知(进入意识)。笛卡尔对梅尔森说:"我后来说的,'凡我没有意识到的,绝不可能在我内心中,也就是说,绝不可能在我心灵中',是我在《第一哲学的沉思》里证明的东西,它源于一个事实,即灵魂不同于形体,它的本质是思想。"(3: 273ˊ)假如思想的本质是意识,那么,这个"证明"不过是重申,人们觉知(意识)一切思想,因为灵魂的本质必然是意识的——算不上什么好的证明。从目前的观点看,这个证明大概是说,在纯粹的心灵实体(其本质是知觉)中,根本没有地方隐藏任何思想。因为心灵是一个表象实体,所有发生的状态都是被表象的东西。(这并不一定意味着,一切思想都成为反思的明晰对象。)

从当今的多个视角看,意识与心理事件并不一致。请考虑以下几个心灵功能;表象当前的境况(感觉);探寻食物的所在(分类）；表象先前的境况（记忆）；根据结果调整行为（学习）；表象可能的境况（想象）；力求达到目的（意愿）。按照一般描述，有些功能发生在变形虫身上，大多数功能发生在扁虫身上，所有功能（或者绝大多数）发生在猫和狗身上。尽管没有人确切地知道，变形虫和扁虫是否有意识，还是让我们假定，至少变形虫没有意识。然而，在某种意义上，它们确实能够探寻食物。"心理的"功能发生了，却没有意识，甚至原则上也没有。人们可以争辩，变形虫寻找食物究竟是否算作心理的，但是我们可以想象，一个无意识的存在物，如机器人，能够实施所有上述功能（根据行为描述）。更为普遍的是，现代认知科学假设了各种各样的信息处理活动，都是低于人的、非意识的，却依然属于心理活动。（这个观点，并不限于否认意识实在性的现代认知科学家。）从当今的一种视角看，智力与意识之间没有必然联系。

我们在第九章看到，笛卡尔将上述功能归于没有意识和思想的动物机器。对于这些机器，他允许赖尔式的合乎情境的行为，无须机器中的幽灵。但是，我们对赖尔论断的全面评价必须承认，就人而言，笛卡尔将一个"幽灵"（非物质的实体）放置人体机器中，现在我们可以认为这是错误的。赖尔的更深刻的批判，必须单独评估，它认为，笛卡尔将过程归于这个实体，以解释心理特征的行为样态。暂且将二元论搁置一边，根据赖尔的论证，任何种类的物体都不可能有什么过程"解释"日常的成功行为。心理学和神经科学只能解释错误。因此，现代认知科学根本不可能。这里，笛卡尔和认知科学比赖尔更成功。

笛卡尔推动对思想的"活动"与"对象"的分析，因此，一切思想都有对象。描述一切思想,只须通过内容,加上与其内容相关的活动,无论这种活动是知觉、判断、欲望、意愿,还是其他什么活动。休谟之类的经验主义者走相反的道路,试图(无论成功与否)将思想还原为单纯的印象、观念(严格意义的形象)以及它们的连接法则。新近的哲学分析将"命题态度"分解为内容与态度,反映了早先活动—对象的分析。笛卡尔思想的这一方面,也为现象学传统继承。

身体的智慧

笛卡尔在其形而上学《第一哲学的沉思》中,首先关注作为思想物的自我。沉思一向感觉的效用提出挑战之后,沉思二至沉思五几乎完全忽略身体与感官,只是到了沉思六才使其恢复原态。结果,人们常常说笛卡尔贬低身体、感官、身体的感受及情感。

事实上,笛卡尔忽略感官和身体只是为了获得形而上学知识。他让读者考察感官的不确定性,因为"据我判断,要知觉形而上学事物具有的确定性,这是先决条件"(7: 162)。笛卡尔并不主张,人在日常生活,甚或在广泛探索理智知识的过程中,需要采取《第一哲学的沉思》的态度。他写给伊丽莎白的信说,"思想在一天中用于想象的时间绝不超过几小时,一年中单纯用于理智的时间绝不超过几小时",这是他的原则。(3: 692—693)每个人应该"一生有一次"来理解形而上学的原则。(3: 695,也见10: 395、398)不过,"经常运用理智沉思(形而上学原则)是十分有害的,因为这妨碍理智充分关注想象和感觉的功能"(3: 695)。

笛卡尔本人运用想象和感觉探索自然哲学，包括自己进行观测。早期，他研究水滴（用装满水的玻璃球作模型）如何产生彩虹，决定反射和折射的角度（《气象学》，disc. 8）。他持续最久的研究是动物形体。17世纪30年代，他解剖从村庄搜集来的动物机体。(1: 263、2: 525) 40年代中期，他恢复自己的生理学研究，虽然没有完成《人体的描述》一书的写作，但完成了《灵魂的激情》，二者展示了人类生理学的多个方面。

我们应该记得，笛卡尔将一种颇具意义的"智慧"（wisdom）归于没有心灵的动物身体，归于没有心灵指导的人体活动，包括刚才列举的心理功能：感觉、分类、记忆、学习、想象与行为。（关于无意识的想象，见《论人》，[11: 177—185]）尽管单纯的身体没有真正的心灵智慧，它却能够对环境作出适当反应，自然地趋利避害。而且，笛卡尔赋予身体一个重要作用，以产生视觉经验（第九章）。通过身体机制，可以产生方向和距离的视知觉，直接在心灵中引起这些经验，不需要任何心灵的计算或其他判断过程（否定克拉里的论断，即笛卡尔将视觉过分理性化）。

笛卡尔主张，人的心灵自然地进行调节，以适应身体的智慧。身心统一是上帝或自然设立的，因此，身体为了生存而曾经承担的东西，成为为心灵的需求（第九章）。激情（以身体为基础的情感）的功能是"驱使灵魂要求那些自然认为有益于我们的东西，并坚持这种意愿。通常引发激情的同一元气动力，也驱使身体运动，帮助我们获得这些东西"(11: 372)。心灵与身体的智慧相结合。元气驱动身体，趋向好的，逃避坏的，这种元气也驱使心灵追求好的，避免坏的。

根据笛卡尔的理论，我们自然地接触身体。通过理性反思，我们能够控制身体的嗜好，但是，这需要努力，而且，通过不会为意志的简单活动所完成。(11: 359—370)

笛卡尔的拥抱理论提供一例，说明身体反应与意识感受之间的密切关联。当恋爱的对象靠近时，身体发生生理变化，引发拥抱："我们觉得心脏周围散发某种热量，肺部充满大量血液，驱使我们张开臂膀，好像要抱住某种东西。"至此，手臂完全为纯粹的机械原因所支配。身体的状态也影响心灵，使其"倾向于自愿地与面前的对象结合在一起"(4: 603)。结果，心灵致使身体拥抱住恋爱的对象。

在笛卡尔看来，人们这里感受到的爱的感觉，是被混淆的，也易引起混淆。他通过观察解释：我们成人的感情以身体的早先经验为条件，其中包括在母体里面的经验。他从理论的角度概括说，我们在母体里仅仅经验到四种情感：与健康身体合为一体的快乐；在母体中获得营养时的喜爱；缺乏营养时的悲哀；无营养物纷至沓来时的愤恨。(4: 605)

> 我相信，这四种情感是我们最先具有的，是我们出生前具有的唯一情感。我也相信，那时，它们只是感觉或十分混乱的思想，因为灵魂如此依附于物质，致使它除了接受源于物质的各种印象，其他什么也做不了。几年以后，灵魂的快乐和喜爱除了单纯依赖境况良好、营养合适的身体，还有其他途径，不过，快乐或喜爱中的理智因素，始终为最先具有的四种感觉所伴随，甚至为当时身体发生的运动或自然机能

所伴随。

（4: 605）

笛卡尔对复杂的爱情心理学的描述，其经验主要来自他年轻时结识的那个斜视女孩（5: 57），还是他20多岁时与人决斗以维护其名誉的那位妇女，还是他30多岁时与之生育一女的那个家族主妇，或者来自他50岁左右对伊丽莎白女王的感情，我们不得而知。1647年，当他致函法国驻瑞典大使夏努（Chanut），写下上引那段文字时，显然他正经历着爱情（暗示对象是伊丽莎白），因为他写道："处理与这种激情相关的一切，恐怕需要一部大书，而且，尽管这种激情的性质让人喜欢交往，欲罢不能，以至于刺激我企图超越我的知识范围，告诉你更多的东西，不过，我必须克制自己，免得这封信变得冗长乏味。"（4: 606—607）或许，这并非思考让人如何交往的爱情理论，而是思考情感本身，这意味着，笛卡尔那里正在体验那种情感。

笛卡尔的贡献在于意识到，心灵与身体以复杂的方式结合在一起，早先开始于母体的幼儿经验是其先决条件。20世纪充满了对这位哲学家的漫画，常常忽视这一贡献，现在，人们已经越来越注意他对身心统一及相互作用的描述了。

今日笛卡尔

我们的方法、理论、疑惑以及问题，都与笛卡尔联系在一起。他的数学和科学成就，或者为发展中的思想充分吸收，或者被超越。他对哲学的贡献，不同的视角有不同的解释。他的形象，被用于许多哲学的和修辞学的目的。这些都不能归于一个口号，也不应该归于一个口号，因为笛卡尔的遗产和贡献还在继续。

今天，笛卡尔能够提供给我们的最有益的榜样，也许是从事理智和文化事业的哲学家形象。笛卡尔是他那个时代的焦点人物。他始终处于风口浪尖，奋力拼搏，发展新科学和数学，修正形而上学及其认识论。很少有人认为，今天的哲学期望实现他的远大抱负。事实上也不可能。我们一旦承认，宇宙的基本理论不可能通过纯粹理智的先验洞见加以发现，便没有办法让哲学一步跨到一切人类知识的最前沿。不过，哲学家依然能够继续活跃在知识的最前沿，参与对话，对艺术、科学和人性的核心概念进行解释、批判和修正，批判性地反思人类的制度与实践。面对这些核心概念或者制度结构，哲学家无法提供具体的、非经验的切入方式。因此，我们必须与经验世界打交道——不仅反思我们自己的经验，而且始终紧跟其他领域的知识和实践，只要与哲学思维的对象相关。

笛卡尔坚信，做哲学者不能不知晓些什么东西，并且坚信，哲学凭借自身，就能知晓每件事物的基础。今天，我们再次发现，做哲学者不能不知晓些什么东西。但是，我们也知道，每件事物的基础，只能到每件事物中寻找。我们不再向内寻找基础；哲学必须向外看。这也是笛卡尔遗产的一部分，与目的广泛的哲学传统相结合，却不再具有理性主义的方法论。要追寻笛卡尔广阔的哲学抱负，我们必须并致力于我们时代的成就、不确定性和持续的发展计划，以取代纯粹的直觉方法。凡理解笛卡尔的目标和失误的人，没有谁依旧像他那样相信，哲学能够凭借自身，一夜之间改变理智世界。我们不再希望依据一个计划赤手空拳地从头重新构造一切知识。我们必须从中间开始，就像当下知识提供的架构正在运作一样。

从中途开始，意味着投身于一切相关领域的当下知识。另一个途径是研究哲学史、科学、艺术与人性、人类的制度与实践。我们不再像笛卡尔那样，希冀通过远离（即使按照他的要求，只是瞬间）感觉和过去，获得理智的进展。研究问题、答案、理论、方法和概念的历史，是重新观察当今事物的一种方法。研究思想史，是考察现在如何继续的一种工具。研究笛卡尔（他想使历史摆脱哲学）及其《第一哲学的沉思》（它试图唤起无历史的理智感），是现在进入哲学之门的一条道路。因为没有阿基米德点可依，历史既是厚重之物，固本之宝，又是联系当前的工具。然而，面对笛卡尔我们倍感惭愧，因为对我们来说，并无真正的方法通达知识，甚至没有真正的理论说明知识是什么——还有许多悬而未决的哲学问题尚待研究。

文献与其他阅读书目

Michael Moriarty, *Early Modern French Thought: The Age of Suspicion* (Oxford: Oxford University Press, 2003), 53, 询问：今天研究拉康和福柯这类（后现代主义）理论的读者，是否仅从那些作者（至少读过笛卡尔）那里了解笛卡尔，而不是从笛卡尔自己的著作中了解？

当代认识论频繁讨论笛卡尔，涉及餐饮部世界问题，以及笛卡尔主义的确定性是否为知识设定过高标准的问题。见

M. Williams, "Skepticism," in John Greco and Ernest Sosa (eds.) , *Blackwell Guide to Epistemology* (Oxford: Blackwell, 1999) , 35—69, and Hilary Kornblith, "A Defense of a Naturalized Epistemology," *Blackwell Epistemology*, 158—169。Edmund Husserl, *Cartesian Meditations: An Introduction to Phenomenology*, trans. Dorion Cairns (The Hague: Nijhoff, 1977）吸收并批评笛卡尔。Paul S. MacDonald, *Descartes and Husserl: The Philosophical Project of Radical Beginnings* (Albany: SUNY Press, 2000)，认为胡塞尔从笛卡尔那儿获得的收益，远比他认为的要多。

关于笛卡尔的感觉材料解释非常广泛，常常与绝对不错和透明性相关联。有两个例子：Richard Rorty, *Philosophy and the Mirror of Nature* (Princeton, N.J.: Princeton University Press, 1979), and M. Williams, "Descartes and Doubt," in A. Rorty, 117—139。其回应，见Hatfield, "Epistemology and Science in the Image of Modern Philosophy: Rorty on Descartes and Locke," in Juliet Floyd and Sanford Shieh (eds.) , *Future Pasts: Reflections on the History and Nature of AnalyticPhilosophy* (New York: Oxford University Press, 2001) , 393—413。挑战透明性，见Rozemond, "The Nature of Mind," in Gaukroger, *Descartes' Meditations*, 48—66, and Hatfield, "Transparency of Mind: The Contributions of Descartes, Leibniz, and Berkeley to the Genesis of the Modern Subject," in Hubertus Busche (ed.) *Departure for Modern Europe: A Handbook of Early Modern Philosophy* (140-1700) (Hamburg: Meiner, 2011) , 361—375。Thomas Reid, *An Inquiry into the Human Mind, On the Principles of Common Sense*, 4th ed. (London:

Cadell, 1785), ch. 1, sec. 7, 将外部世界怀疑论诊断为笛卡尔主义观念论的恶果。关于外部世界问题的历史, 见 Hatfield, "Psychology, Epistemology, and the Problem of the External World: Russell and Before," in Erich Reck (ed.), *Historical Turn in Analytic Philosophy* (London: Macmillan, 2013), 171—200。

关于笛卡尔和直接实在论的争论仍在继续。Secada, ch. 4, 否定笛卡尔的直接实在论。这个意见十分普遍, 例如, John Searle, *Mind: A Brief Introduction* (New York: Oxford, 2004), 15。争论的障碍是将直接实在论与素朴实在论混为一谈, 关于二者的区分, 见 Hatfield, "Perception and Sense-Data," in Beaney, *Oxford History of Analytical Philosophy*。为笛卡尔直接实在论的辩护, 值得提出的是 Deborah Brown, "Objective Being in Descartes: That Which We Know or That by Which We Know?" in Henrik Lagerlund (ed.), *Representation and Objects of Thought in Medieval Philosophy* (Aldershot: Ashgate, 2007), 135—153。亚里士多德主义认为, 感觉活动无须为核心意识所把握, 而笛卡尔的理论则认为, 原则上必然如此。关于这方面的讨论, 见 Hatfield and Epstein, "Sensory Core"。

关于上帝的存在及属性的理性论证, 在以后的理智史中起什么作用, 见 Alan Charles Kors, *Atheism in France, 1650-1729: Volume I: The Orthodox Sources of Disbelief* (Princeton: Princeton University Press, 1990). 也见 Moriarty, *Early Modern French Thought*。

洛克在《人类理智论》(*Essay Concerning Human Understanding*, Book II, ch. 8) 中, 区分了第一性质与第二性质。P.M.S. Hacker, *Appearance and Reality* (London: Blackwell, 1987) 主张, 洛克的区分

错误地否定物体具有颜色。Evan Thompson. *Colour Vision: A Study in Cognitive Science and the Philosophy of Perception*（London: Routledge, 1995），考察了近代颜色理论。

赫胥黎（T. H. Huxley）赞扬笛卡尔对生理学的贡献，见 "On the Hypothesis that Animals AreAutomata, and Its History", *Science and Culture*（New York: Appleton, 1884），206—252。Richard Dawkins, *The Blind Watchmaker*（New York: W. W. Norton, 1986），认为达尔文的自然选择理论可以解释设计，而无须假设设计者。关于进化论的争论，见 Kim Sterelny, *Sex and Death: An Introduction to Philosophy of Biology*（Chicago: University of Chicago Press, 1999）。也见 Evan Thompson, *Mind in Life: Biology, Phenomenology, and the Sciences of Mind*（Cambridge: Harvard University Press, 2007）。

Noam Chomsky, *Cartesian Linguistics: A Chapter in the History of Rationalist Thought*（New York: Harper & Row, 1966），4—5，认为在笛卡尔那里，语言是思想的基础；至于批评，见 W. Keith Percival, "On the Non-existence of Cartesian Linguistics," in R. J. Butler（ed.）, *Cartesian Studies*（Oxford: Blackwell, 1972），137—145。Gilbert Ryle, *The Concept of Mind*（London: Hutchinson, 1949），描述了笛卡尔主义的心灵神话；Chomsky, 12，回应这一指控，即一般行为的心理学是不可能的，也见 Jerry A. Fodor, *PsychologicalExplanation: AnIntroduction to the Philosophy of Psychology*（New York: RandomHouse, 1968），ch. 1。David and Alan Hausman, *Descartes's Legacy*（Toronto: University of Toronto Press, 1997），赞赏笛卡尔颇具创新性的意向观念理论。

Jonathan Crary, *Techniques of the Observer: On Vision and Modernityin the Nineteenth Century*（Cambridge: MIT Press, 1990）主张，笛卡尔将camera obscura当作视觉的模型，尽管很清楚，笛卡尔将其看作眼睛的模型，并非视觉。笛卡尔在视觉理论中的确运用了几何学，但是，他并未将视觉经验主要建立在几何计算的基础上，正如我们在第九章看到的。

Susan R. Bordo, *Flight to Objectivity*（Albany: State university of New York Press, 1987），批评笛卡尔逃避"女性"和"有机体"；她考察了《第一哲学的沉思》的情感特征，但是，没有引证笛卡尔《灵魂的激情》中的情感理论。有人挑战她的批评，见Bordo, *Feminist Interpretations of Descartes*。Antonio Damasio, *Descartes' Error: Emotion, Reason, and the Human Brain*（New York: Putnam, 1994; reissued, New York: Penguin, 2005），也受到挑战，见Geir Kirkebøen, "Descartes' Embodied Psychology: Descartes' or Damasio's Error?" *Journal of the History of theNeurosciences* 10（2001），173—191, and Hatfield, "The Passions of theSoul and Descartes' Machine Psychology," *Studies in History andPhilosophy of Science* 38（2007），1—35。

目前关于意识的性质与身心问题的思考，见William Seager, *Theories of Consciousness: An Introduction and Assessment*（London: Routledge, 1999），andMax Velmans and Susan Schneider（eds.）, *Blackwell Companion toConsciousness*（Oxford: Blackwell, 2007）。

关于笛卡尔的决斗，以及他与海伦（Hélène）——他的女儿弗朗西恩（Francine）的母亲——的关系，见Rodis-Lewis, 58, 139。

附 录

论证、证明与逻辑形式

论证是产生哲学信念的一种手段。在哲学文本中,论证通常展现为一系列语句,然后得出一个**结论**。支持这个结论的语句称为**前提**。在**形式有效的**逻辑证明中,前提**蕴涵**结论,这意味着,如果前提真,那么依据逻辑形式,结论必然真。逻辑形式是论证的抽象结构,而且,如下例所示,逻辑形式独立于前提的真,甚至独立于内容。

从论证的纯粹结构看,一个论证分若干步骤。下面是逻辑有效论证的一个例子:

(A)所有的狗都有跳蚤。

(B)菲多是一只狗。

(C)因此,菲多有跳蚤。

这个论证具有一个普遍的**大前提**（A），以及一个关于特殊事物的**小前提**（B），它们蕴涵一个结论（C）。该论证遵循亚里士多德创立的三段论逻辑的一种逻辑形式。

论证逻辑上有效，这一事实并不意味着前提或结论是真的。这是截然不同的另一个问题。上述论证有效，结论从前提"逻辑地导出"。即便前提（A）与（B）是假的，依然可以"逻辑地导出"这一结论。如果论证不仅逻辑上有效，而且是真前提，那么，论证是**可靠的**。这意味着，凭借真前提和正确的逻辑形式，论证得出的结论是真的。（笛卡尔不以这种方式运用"有效的"和"可靠的"等术语，这种技术用法是新近的；不过，他理解这种区分［7：115—116］）

如果前提或结论是假的，或者，如果这一论证无效，那将发生什么？如果结论是假的（菲多没有跳蚤），那么，假如论证有效，必有一个或多个前提是假的。在上例中，"所有的狗都有跳蚤"是假的。但是，即便这个前提是真的，那么很可能，菲多是一只猫，或者是一个玩具动物。如果，或者前提（A）或者（B）是假的，那么，论证便无法确认的（C）的真理。不过，结论依然可以为真；菲多可以有跳蚤，尽管其他的狗没有。一般说来，如果论证有效，而前提虚假，或者，如果前提是真的，而论证无效，那么，便不能确认结论是真的。

根据第一章的讨论，笛卡尔不喜欢三段式逻辑，更愿意将数学当作他的推理模式。这意味着，他想把推理简化，当面对推理时，每一步骤都清晰可见，无须用人为的三段论模具加以规整。（10：405—406、9A：205—206）因此，他通过语句展示的论证，可以遵循其他形式，而非标准的三段论。

另有一些推理形式，我们现在认为，比标准的三段论更重要。（亚里士多德的追随者借以补充逻辑，但是，它们并非标准的三段式。）数学家一直频繁地使用这些形式，却未给它们命名，笛卡尔就是这样。其中包括所谓肯定前件式（modusponens）的简单推理，其运作形式如下：

如果P，那么Q。
P。
Q。

"P"和"Q"代表语句。横线表示Q合乎逻辑地从横线以上的前提推导出来。在这本书里，常常用其他一些方式表示结论，例如，用连词"因此"（如下面的例子）。

关于菲多与跳蚤的论证，可用肯定前件式表述如下：

（1）如果某个东西是狗，那么它有跳蚤。
（2）菲多是狗。
（3）因此，菲多有跳蚤。

这个论证的逻辑形式与三段论的形式不同。在三段论中，至少有一条狗存在，是（A）"所有的狗都有跳蚤"的真值条件。前提（1）"如果某个东西是狗，那么它有跳蚤"，则无须这样的要求。即便没有狗，它也可能是真的。现代逻辑区分了两类论述，一类涉及谓项之间的普遍联系，另一类则是关于具有这些谓项的个体的存在。标准的三段论逻辑没有这种区分。

在普通人的推理中，肯定前件式经常出现。人们不论是否明确意识到它的逻辑形式，都使用它，犹如使用三段论形式一样。笛卡尔反对三段论，这一事实并不意味着，他不用逻辑方法进行论证。(7:455) 毋宁说，笛卡尔认为，对于好的哲学论证，或者，对于发现真理，公开使用形式的三段论结构并非至关重要的。他承认论证步骤之间的转换，无须将一个论证限制在一个明确的逻辑框架下。因此，他或许认为，我们从（A）"这个东西是狗"，可以直接看到（B）"这个东西是动物"。人们可能要求一个全称前提（U），"凡是狗的东西都是动物"。不过，笛卡尔认为，我们可以相信自己的直觉，从（A）推出（B），无须阐明前提（U）。他在对话《探求真理》中解释了这种态度。他反省与第二沉思中我思推理十分相似的论证，借代言人欧多克索斯（Eudoxus）之口说：

> 我不得不让你在这里停住，不是把你从这条路上引开，而是鼓励你思考，如果有一个正确的方向，良知能够获得什么。你所说的有什么不精确？哪个不是合法的结论？哪个不是从以前的东西正确地推演出来的？所有这些问题，已经陈述过，并得以解决，不是凭借逻辑，或论证规则与模式，而只是凭借理性之光和良知。当这光芒独自运作时，不太容易出错，而当它殚精竭虑，力求遵循各种不同的规则，遵循人的机智或无效的发明——与其说完善它，不如说是腐蚀

它——时，反倒更容易出错。

（10: 521）

笛卡尔这里谈论"推演"（deduction）时，心里想的并非依照逻辑规则进行的形式演绎，而是《指导心灵的规则》（10: 369—379）中描述的步骤，即凭借"良知"或"理性之光"清晰把握的推理步骤得出结论。（笛卡尔的一些同代人对 reason 与 intellect 加以区分，前者指论证步骤之间的转换能力，后者指单个命题的知觉者；笛卡尔并没有坚持这种区分。）

笛卡尔的完美论证模式是数学。笛卡尔的读者（通过第一手材料或者通过教科书）恐怕都清楚地知道，这种完美论证的一个范本是欧几里得的《几何原本》。它由定义、假设和公理（或"共同概念"）构成。一些公理具有上述前提（1）的形式，例如，"等量加等量，其和仍相等"。笛卡尔认为，这类公理是自明的。（9A: 206）在欧几里得的《几何原本》中，定义、假设和公理被用来证明定理。不过，欧几里得在其证明过程中，并非单纯依赖语句之间的逻辑转换。在许多情况下，作图展示的空间关系有着不可替代的作用。圆规和直尺作的图是欧几里得某些几何学证明的本质部分。例如，当人们说，在线段两端之间确定一个点时，这一步骤的实施依赖假设的线段空间结构。也就是说，它假定线段上所有的点，都位于两个端点之间。这意味着，人们已经知道，位于线段上的任何一个点都在端点之间。

在 19 世纪数学革命的时代，欧几里得对图形和空间结构的运用成为批判的对象。证明时诉诸描绘和想象的空间结构，现在被认为是"不精确的",而且,欧几里得的证明被视为不完整的,或者有缺陷的。对欧几里得来说,批判的视角十分陌生:它认为算术和代数比几何学更重要,将几何学的关系转换为代数运算。事实上,19世纪的革命改变了数学的主题,使数的结构(或者,按照某些人的观点,集合论结构)居于首位。欧几里得的方法不适合新的代数几何学概念。就居间与线段的例子而言,线段现在被看作实数直线的一部分,点被看作数值,居间性通过"更多"或"更少"的关系加以确定。(这不是欧几里得的程序,甚至不是笛卡尔的程序。)

笛卡尔帮助创立的数学领域,解析几何或代数几何,在一定程度上使19世纪的数学革命成为可能。但是,笛卡尔本人并未倡导全面的代数几何,而是坚持借助空间加以理解的"广延"概念,将其作为首要的数学概念。他认为空间结构是一个特别清晰的手段,可以表象任何种类事物之间的差异和关系(如规则12和规则14〔10: 413、450〕中的图形)。他允许自己的几何结构(《几何学》,6: 389)包容各种曲线,曲线由某些移动直线间的交叉点产生(运动要求空间)。他也认为,通过线段的作用,能够清楚明白地表象算术运算(加、减、乘、除)。(10: 464—468)当他表示,自己更喜欢自明的推理而非逻辑三段论时,心里想的是从作图开始的几何学推理,其方式并不具有逻辑的明晰性(而且,应该指出,不能利用当时的三段论资源),不过,依然有证明力。

《指导心灵的规则》之后,笛卡尔逐渐接受一种观点:广延的结构可以为纯粹理智所把握,不依赖形象和想象。不过,这并不意味着,他弱化了广延的空间结构在几何学推理中的价值;他现在声称,这种结构可以为纯粹理智所把握。(7: 72—73)笛卡尔曾将广延描述为"连续的量"（7: 63），询问一下他的这个说法意味着什么，或许能够理解空间结构的首要位置；当时不是从数上理解连续性——连续的量值由几何直线加以表象。在后期，笛卡尔依然认为，数学推理通常依赖于想象力（3: 692），几何图形可借想象力加以表象（7: 72），广延也可以清楚被想象。况且，根据笛卡尔所述，他阐述形而上学更青睐于"分析的"方法，而非欧几里得《几何原本》的综合方法，并不对这种理解构成挑战，因为那里"分析的"，其意义不同于这里"分析的"或代数几何学。

笛卡尔认为，数学推理循序渐进，步步明晰，比其他论证（只是凭借形式结构才有说服力）更清楚地展示真实的理解。他没有将自明限于数学。他发现，其他一些非几何学的观念或概念也是自明的，其内容不包括空间广延，因而无法想象（通过形象加以表象）。诸如作为非物质存在者的上帝观念，以及作为原因的上帝概念。他声称发现了自明观念间的联系，不是因为它们满足了逻辑形式，而是因为经过"心灵审视"，观念或概念的内容揭示了清晰的联系。另一个例子是他的公理："对于一切存在物，都可以询问其存在的原因是什么。"（7: 164）凭他的直觉，这是自明的，仅仅出于考察事物、存在、原因这些原初概念。

笛卡尔所依赖的，是在自明而真实的推理步骤中发现的直观确定性，而不是直接诉诸抽象的逻辑形式。他的成功必须通过评价他的单个论证——不仅那些很少以明显的逻辑形式表示的论证，还特别有那些诉诸自明意涵（来自原初观念或概念，诸如事物、存在、原因或思想）的论证——加以决定。当我们独自分析笛卡尔的论证时，可以将它们表述为明显的、逻辑上有效的论证，借以阐明隐含的逻辑结构。这样做，目的是提取笛卡尔在追随"良知"或"理性之光"时所依赖的隐含结构。

文献与其他阅读书目

要了解现代逻辑，有许多选择，包括Graham Priest, *Logic: A Very Short Introduction*（New York: Oxford University Press, 2000）, and Irving M. Copi, Carl Cohen and Kenneth D. McMahon, *Introduction to Logic*, 14th ed.（Boston: Pearson, 2011）。关于逻辑形式，见Christopher Menzel, "Logical Form", in Edward Craig（ed.）, *Routledge Encyclopedia of Philosophy*（London: Routledge, 1998）, vol. 5, 781—785。关于肯定前件式的早期发展，见Susanne Bobzien, "The Development of Modus Ponens in Antiquity: From Aristotle to the 2nd Century," Phronesis 47（2002）, 359—394。

关于笛卡尔非形式的"演绎"概念，见Desmond M. Clarke, *Descartes' Philosophy of Science*（University Park: Pennsylvania State University Press, 1982）, appendix 1。关于笛卡尔在解析几何方面的成就，见Henk J. M. Bos, "On the Representation of Curves in Descartes' *Géométrie*", *Archive for History of the Exact Sciences* 24（1981）, 295—338, 以及 *Lectures in the History of Mathematics*（Providence, R.I.: American Mathematical Society, 1991）, chs. 2—3。关于19世纪数学革命，见Bos, *Lectures*, ch. 9。关于19世纪数学的原始资料，包括Felix Klein对算术化倾向的讨论和批判，见William Ewald（ed.）, *From Kant to Hilbert: A Source Book in the Foundations of Mathematics*,

2 vols.（Oxford: Clarendon Press, 1996）。19世纪把欧几里得证明斥之为"不完全的"，见Moritz Pasch, *Vorlesungen über neuere Geometrie*（Leipzig: Teubner, 1882）以及H. Eves, *Survey of Geometry*, 2 vols.（Boston: Allyn & Bacon, 1963—1965）, sec. 8.1。关于欧几里得证明对空间和图形的数学运用，参见Lisa Shabel, *Mathematics in Kant's Critical Philosophy: Reflections on Mathematical Practice*（London: Routledge, 2002）。

文 献

Ariew, Roger. John Cottingham, and Tom Sorell, eds. *Descartes' Meditations: Background Source Materials*. Cambridge: Cambridge University Press, 1998.

Broughton, Janet. *Descartes's Method of Doubt*. Princeton: Princeton University Press, 2002.

Broughton, Janet and John Carriero, eds. *A Companion to Descartes*. Oxford: Blackwell, 2007.

Carriero, John. *Between Two Worlds: A Reading of Descartes's Meditations*. Princeton: Princeton University Press, 2009.

Cottingham, John, ed. *Cambridge Companion to Descartes*. Cambridge: Cambridge University Press, 1992.

Cottingham, John, ed. *Descartes*. Oxford Readings in Philosophy. Oxford: Oxford University Press, 1998. .

Curley, Edwin.*Descartes against the Skeptics.*Cambridge: Harvard University Press, 1978.

Des Chene, Dennis. *Physiologia: Natural Philosophy in Late Aristotelian and Cartesian Thought*. Ithaca: Cornell University Press, 1996.

Detlefsen, Karen, ed. *Descartes' Meditations: A Critical Guide*. Cambridge: Cambridge University Press, 2013.

Dicker, Georges. *Descartes: An Analytical and Historical Introduction*. 2d ed. New York: Oxford University Press, 2013.

Flage, Daniel E. and Clarence A.Bonnen. *Descartes and Method: A Searchfor a Method in Meditations.*London: Routledge, 1999.

Frankfurt, Harry. *Demons, Dreamers, and Madmen*. Indianapolis: Bobbs-Merrill, 1970.

Gaukroger, Stephen. *Descartes: An Intellectual Biography.*Oxford: Oxford University Press, 1995.

Gaukroger, Stephen, ed. *The Blackwell Guide to Descartes' Meditations*. Malden, Mass.: Blackwell, 2006.

Gaukroger, Stephen, John Schuster, and John Sutton,eds.*Descartes' Natural Philosophy*.London: Routledge, 2000.

Grene, Marjorie. *Descartes*. Minneapolis: University of Minnesota Press, 1985.

Guèroult, Martial. *Descartes' Philosophy Interpreted According to the Order of Reasons,*. Trans. Roger Ariew. 2 vols.Minneapolis: University of Minnesota Press, 1984-85.

Kenny, Anthony. *Descartes: A Study of His Philosophy*. New York: Random House, 1968.

Menn, Stephen. *Descartes and Augustine*. Cambridge: Cambridge University Press, 1998.

Rodis-Lewis, Genevieve. *Descartes: His Life and Thought*.Trans. J.M. Todd. Ithaca, NY: Cornell University Press, 1998.

Rorty, Amélie, ed.*Essays on Descartes' Meditations*.Berkeley: University of California Press, 1986.

Rubin, Ronald. *Silencing the Demon's Advocate: The Strategy of Descartes' Meditations*. Stanford: Stanford University Press, 2008.

Secada, Jorge. *Cartesian Metaphysics: The Late Scholastic Origins of Modern Philosophy*. Cambridge: Cambridge University Press, 2000.

Voss, Stephen, ed.*Essays on the Philosophy and Science of René Descartes*. New York: Oxford University Press, 1993.

Williams, Bernard. *Descartes: The Project of Pure Inquiry*. London: Penguin, 1978.

Wilson, Margaret D. Descartes.London: Routledge & Kegan Paul, 1978.

索引

(词条中页码为原文页码,即本书边码)

Abstract Expressionism 抽象表现主义 81

abstraction 抽象

  of common natures 共同性质的抽象 78, 212

  from details 剥离掉细节 159

  and geometry 抽象与几何学 218

  of intelligible extension 抽象出为理智所理解的广延 135, 212

accidents 偶性 51, 110, 115

  term 术语"偶性" 115, 249

  universal 普遍具有的偶性 136, 215

act 行为、活动 115

algebra 代数 11–13, 16

  and analytic geometry 代数与解析几何 11, 25, 350

animals, nonhuman 动物,非人类 35, 139, 311–14, 322–323

  dissection of 动物解剖 23

  natural origin of 动物的自然起源 239, 244

  natures of 动物的性质 199, 295

Anselm of Canterbury(1033–1109) 安瑟尔谟 223

a priori: concept of 先天:先天的概念 23, 76

  knowledge 先天知识 23, 28, 76, 309, 332, 341

Aquinas, Thomas (1225–1274) 阿奎那 9, 188–189, 230–231

Archimedean point 阿基米德点 105, 121, 147, 342

Aristotle 亚里士多德

Aristotelian philosophy 亚里士多德(主义)哲学 5–6, 27–29, 34, 44, 95, 123–124, 212–

213, 223, 292-296

and Aristotle 亚里士多德（主义）哲学与亚里士多德 xvi;
common natures in 亚里士多德（主义）哲学中的共同性质 66, 78, 212
concept of substance in 亚里士多德（主义）哲学中的实体概念 135-136, 216, 249, 257
empiricism in 亚里士多德（主义）哲学中的经验主义 34-35, 78
opponents of 亚里士多德（主义）哲学的反对者 6, 15, 18
and religious authorities 亚里士多德（主义）哲学与宗教权威 5, 29-31, 45-49
in school curriculum 课程设置中的亚里士多德（主义）哲学 9, 30
  也见 cognition, Aristotelian; theory of; physics, Aristotelian; real qualities; scholastic Aristotelians; substantial forms

arithmetic 算术 82, 86-87, 106, 152, 350
  as school subject 算术作为学科 9, 10
Arnauld, Antonie（1612-1694）阿尔诺 61, 67, 170, 178-182, 264
arts curriculum, and philosophy 课程（七艺），与哲学 8-9, 30
astronomy 天文学 6, 21, 82, 293-294, 295-297
  as school subject 天文学作为学科 9, 10
atheists and unbelievers 无神论者与不信者 47-48, 234-235
Atomism; ancient 原子论，古代原子论 6-7, 9
  vs. divisible corpuscles 原子论与无限可分的微粒说 11, 33
attention 关注、注意 115, 117, 160, 216
Augustine of Hippo（354-430）奥古斯丁（希波的）24-25, 45, 59, 69, 177, 194-195, 328
Augustinians 奥古斯丁的信徒 18, 19, 25, 32
Ausonius, Decimus Magnus (4th c.) 奥索尼乌斯 13
axioms 公理 12, 42-43, 119, 164, 349

Bacon, Francis（1561-1626）培根 7, 24, 293-294
Baillet, Adrienne（1649-1706）巴依叶 12
Basso, Sebastian (b. c. 1573) 巴索 15
Beeckman, Isaac（1588-1637）毕克曼 10-12
begging the question 以假定为论据 101, 230, 238-239
  term 术语"以假定为论据" 93

being 存在 / 是 27, 222-223
　complete 整全存在 257, 263-265, 304
　and the good 存在 / 是与善 59, 194
　infinite vs. finite 无限存在者与有限存在者 169-76
　intentional 意向存在者 300
　objective and formal 客观的存在与形式的存在 165-169
　也见 formal reality; ideas objective reality of; ontological argument
Berkeley, George（1685-1753）贝克莱 34, 84, 319
Bérulle, Pierre de, Cardinal（1575-1629）贝律尔 18, 25
Bible《圣经》22-23, 47, 49
biology（theory of living things）生物学 20, 30, 215, 291-292, 294-297, 311-314, 332-333
Body: coherence of individual 形体：单个形体的一致性 306-307
　as divisible 形体是可分的 11, 33, 213-214, 263, 281, 303
　essence of 形体的本质 215, 255-265（也见 matter,essence of）
　in general, vs. Human body 一般形体与人的身体 256
　nature of, and wax 形体的性质，形体的性质与蜂蜡 129-136
　mind's "concept" of 心灵的形体"概念" 255, 263, 265
　也见 human body
Bourdin, Pierre（1595-1653）布尔丹 27, 47, 60-61, 92, 96-97
Boyle, Robert（1627-1691）波义耳 33, 330
brain 大脑 249-250, 282-284, 300-301, 312-319, 334-335
Bruno, Giordano (1548-1600)　布鲁诺 6,15
burden of proof 举证的责任 99, 183-184
Burman, Frans（1628-1679）伯曼 32, 93, 116-117

Calvinists 加尔文教 4, 10, 12-13, 30-31
Campanella, Tomaso（1568-1639）堪帕尼拉 15
Cartesian circle 笛卡尔循环 48, 67, 177-188, 208-209, 234-246
Cartesian inquirer, empirical 笛卡尔的探索，经验的 241
Caterus, Johannes（d. 1656）卡特鲁斯 60-61, 230-232, 263
Catholics, Catholicism 天主教 4-5, 7-8, 12-13, 29, 32, 48-49, 60-61, 223

也见 Inquisition: Jesuits; Oratory; theology

Caton, Hiram (1936–2010) 凯通 48

cause(s): and eminent containment 原因：原因与卓越的包含 169–171, 268

  final 终极因 295, 310–311, 322

  four 四因 294–295

  laws or principles of 因果律或因果原则 35, 97, 167–169, 267–269, 351

certainty 确定性 13, 16, 56

  absolute 绝对的确定性 49, 74–79, 90, 187, 320

  metaphysical vs. moral 形而上学的确定性相对于实际行动的确定性 153, 320

  perfect 完满的确定性 180–181

  and truth 确定性与真理 149–153, 180–182, 218–219, 233–237, 240–243

  也见 doubt, and certainty; mathematics, as certain

Chandoux, Nicolas de (d. 1631) 尚杜 18

Chanut, Pierre (1601–1666) 夏努 240

charity, principle of 宽容，宽容原则 62–63, 65, 67

Charron, Pierre（1541–1603）察荣 14, 37

Chomsky, Noam 乔姆斯基 333, 336

Christina, Queen of Sweden 克里斯蒂娜，瑞典女王 32

Chrysippus (3rd c. BCE) 克里西波斯 25

Cicero (106–43 BCE) 西塞罗 8-9, 25

Clauberg, Johann（1622–1665）克劳伯格 32

Clerselier, Claude（1614–1684）克莱尔色列 61, 97, 113, 114, 118

cogito reasoning 我思推理 24–25, 35, 43, 56, 106–122, 141–143, 151–152, 163–164, 328–329

  and Augustine 我思推理与奥古斯丁 24–25

  and doubt 我思推理与怀疑 106–107

  enlarged result of 我思推理的扩展结果 127–129, 142, 329

  extended conclusion of 我思推理的拓展结论 108–111, 116–117, 123, 142

  and extraction of truth rule 我思推理与提取真理规则 56–57, 122, 147–150, 184, 186–187, 239, 253, 328

  final result of 我思推理的最后结果 141–142

  and "I" as substance 我思推理与作为实体的"我" 109–111, 114–116, 127, 129

initial conclusion of 我思推理的最初结论 107–108, 111, 116, 122–123

　　as logical inference 我思推理作为逻辑推论 111–120

　　thin reading of 我思推理的浅显阅读 109–111, 114, 127

　　也见 self; thinking thing

cognition 认知 xx, 13

　　Aristotelian theory of 亚里士多德主义认知理论 44, 57–58, 77, 95, 135–136, 195–196, 212, 279–280, 299–300

　　and cognitive faculties 认知与认知能力 13, 45, 57–58, 65–67, 100–101, 233, 234, 238–243

　　development of human 人的认知发展 44, 94–95, 100–101, 277–280

　　也见 epistemology; imagination; intellect; method

color: corpuscular explanation of 颜色：颜色的微粒说解释 7, 26, 300–304, 315–317, 330–331

　　phenomenal 感觉（现象）颜色 170, 300–304, 330–331, 334–335

　　as real quality 作为实在性质的颜色 26, 162, 199, 294, 296, 299–304（也见 resemblance thesis）

　　sensations, as informative 颜色感觉，提供信息 251, 270–271, 273, 331

compatibilism 相容论 201–204

concepts 概念 90, 97, 113, 160, 181, 214, 229–231, 243, 255, 262

　　and clarification through analysis 概念与通过分析给予澄清 325

　　formal 形式概念 265

　　也见 notions

consciousness 意识 66–67, 126–129, 140, 266–267, 329, 335–337

　　and unnoticed thoughts 意识与不被注意的思想 318, 327

Copernicus, Nicholas (1473–1543) 哥白尼 6, 21, 38, 293, 297

corpuscular conception of matter 物质微粒构想 11, 25–26, 33, 296–307

　　也见 atomism

　　Council of Trent　特伦托会议 5

death 死亡 260

defective-design hypothesis 缺陷设计假设 84–87, 174, 236, 239, 251

　　and defective origins 缺陷设计假设与缺陷起源 88, 89, 97, 182–183, 186, 187, 236–241

415

definitions 定义 42-43, 128, 150, 166, 242, 255
  concept of 定义的概念 128, 144
Democritus (4th c. BCE) 德谟克利特 7, 14
Descartes, René: and analytic geometry 笛卡尔：笛卡尔与解析几何 11, 25, 350-351
  as author of general physics 作为普通物理学作者的笛卡尔 20-24, 30, 33, 293-294
  and Cartesian coordinates 笛卡尔与笛卡尔坐标 25
  condemnations of his philosophy 对笛卡尔哲学的谴责 32, 38
  dreams of 笛卡尔的梦 13
  family of 笛卡尔的家庭 7-8, 10, 18, 340, 345
  and his father 笛卡尔与他的的父亲 10, 17
  in France 笛卡尔在法国 4, 7-8, 15, 19
  in Italy 笛卡尔在意大利 15
  legal studies of 笛卡尔的法律学习 10
  mathematical results of 笛卡尔的数学成就 11-12, 17, 25, 350
  metaphysical turn of 笛卡尔的形而上学转向 18-20, 21-23, 52, 58, 297, 299
  military service of 笛卡尔服役 10, 12-13, 15
  in Netherlands 笛卡尔在荷兰 10, 18-19, 32, 60
  in Neuburg 笛卡尔在诺伊堡 13-14,
  reception of works of 笛卡尔著作被接受的状况 32-35, 324-345
  and religion 笛卡尔与宗教 3, 15, 28-29, 30-31, 32, 45, 46-49, 51, 194, 309, 330
  in Sweden 笛卡尔在瑞典 32
  his theory of hugging 笛卡尔的拥抱理论 339-340
Descartes' *Meditations*: Geometrical Arguments in 笛卡尔的《沉思》:《沉思》中的几何学论证 62, 128, 150
  and the meditator《沉思》与沉思者 52-53
  and metaphysical treatise of 1629《沉思》与1629年的形而上学论文 19, 26-27
  Objections and Replies, collection of 反驳与答辩，汇集过程 46, 60-61
  publication of《沉思》的出版 27-29, 46-47, 51, 52
  也见 meditational form of writing
Descartes' other writings 笛卡尔的其他著作
  Comments on a Certain Broadsheet《评某篇印刷品》31

Compendium on Music《音乐简论》11

conversation with Burman 与伯曼的谈话 32, 93, 117, 222

Description of the Human Body《人体的描述》31–32, 338

Dioptrics《折光学》24–26, 27, 300, 312

Discourse on the Method《谈谈方法》16, 24–27, 32, 42, 50, 73, 107, 253–255, 297–298, 299

Geometry《几何学》25

Letter to Voetius《致沃特》31

Meteorology《气象学》25–26

Oeuvres（Adam and Tannery edition）《笛卡尔全集》(AT) xviii-xix

Passions of the Soul《灵魂的激情》32, 292, 313–314, 339–340

planned treatise on soul 撰写论灵魂著作的计划 21

Principles of Philosophy《哲学原理》30, 32, 42, 294, 309

Rules for the Direction of the Mind《指导心灵的规则》15–18, 114, 349, 350

Search for Truth《探求真理》29, 42, 75, 95, 348–349

Treatise on Man《论人》21, 24, 312–313

The World《论世界》21, 22–24, 42, 293–294, 305, 309

determinable, determinate 可确定的，确定的 132

Dinet, Jacques (1584–1653) 狄奈特 60

disputations 论战 27, 30–31, 45–46, 52

dormitive virtue 睡眠的功效 65

doubt: and certainty 怀疑：怀疑与确定性 14, 16, 64–65, 74–79, 88–102, 105, 180–182, 205–208, 284–285, 326–327

need reasons for 怀疑的必要理由 89–92, 95, 153, 180–182

and preconceived opinions 怀疑与成见 74–77, 89–90, 93–94, 151–152, 186, 205

radical 彻底怀疑 26–27, 73–78, 83–101, 121

and skepticism 怀疑与怀疑论 14, 35, 73–75, 90–91, 96, 99–100

"sligh"and "metaphysical" "轻率的"与"形而上学"的怀疑 93–94, 153, 177, 236, 238, 241

也见 method, of doubt; skepticism

dreams: of Descartes 梦：笛卡尔的梦 13

and skeptical arguments 梦与怀疑论证 24, 79–83, 162, 284–285

dualism 二元论，见 mind-body, distinction

Duns Scotus, John (1265/66-1308) 邓·司各脱 9, 330

Elizabeth of Bohemia（1618-1680）伊丽莎白，波希米亚的 15, 29, 32, 240, 274-277, 288, 340

emotions 情感 32, 36, 157-158, 292, 339-340

empiricism 经验主义 33-35, 82, 337

  of meditator 沉思者的经验主义 251-252

  of new empiricists 新经验论者的经验主义 33-34, 44, 57-58, 78, 218

Epicurus (351-270 BCE) 伊壁鸠鲁 7, 14

epistemology 认识论 13, 34, 54, 55-58, 64-65, 147-150, 235, 286, 325-328

  metaphysical 认识论的形而上学研究 19, 22-23, 26-27, 65-66, 75-78, 90-101, 124-125, 133-141, 175-188, 215-221, 232-243, 246-248, 262-265, 285-287, 325-326

  sense-based 以感觉为基础的认识论 13, 78, 244

  sense-data 感觉材料 121, 144-145, 326-327

  as theory of knowledge or cognition 认识论作为知识或认知理论 45, 56-58, 65-66

error, theory of 错误，错误理论 89-90, 193-200, 204-206, 277-285

essence 本质、实质

  of body 形体的本质，见 body

  concept of 本质的概念 222-223

  and constitutive essentialism 本质与构成本质论 249-250, 257, 260-261, 303-304

  and existence 本质与存在 108, 143, 212, 222-232

  of geometrical objects 几何对象的本质 215-221, 226-227, 307-308

  of matter 物质的本质，见 matter

  of mind 心灵的本质，见 mind

  and natures 本质与本性 144

  and possibility 本质与可能性 196, 219, 229-230, 301-304

  real 实在本质 241-242, 259, 261, 308-309

  也见 natures

eternal truths 永恒真理 22-23

  creation of 永恒真理的创造 19-20, 61, 219, 259, 308-309

extraction argument 提炼论证，见 truth rule

Euclid 欧几里得 42–43, 133, 220–221, 349–351

Eustachius a Santo Paulo (Eustace of St. Paul) (1573–1640) 圣保罗的尤斯塔 9, 30, 322

existence 存在，见 essence

extension: as essence of matter 广延：广延作为物质的本质 17, 26, 136, 212–215, 255, 280, 286, 301–304

 mathematical 数学的广延 88, 213

 as universal accident 广延作为普遍偶性 136, 215

 of wax 蜂蜡的广延 132–136

faculties of mind 心灵能力，见 cognition; imagination; intellect; memory; senses; will; 也见 attention

Faulhaber, Johannes (1580–1635) 福尔哈伯 15

Fechner, Gustav (1801–1887) 费希纳 317

Ferdinand, Holy Roman Emperor 斐迪南，神圣罗马帝国皇帝 12

first person 第一人称

 and author of *Meditations* 第一人称与《第一哲学的沉思》作者 52–53, 69

 perspective 第一人称的视角 125(也见 self, knowledge of)

first philosophy 第一哲学 33, 27, 50;

 也见 metaphysics

Fonseca, Petrus (1528–1599) 方西卡 9

formal reality 形式的实在性 155–156, 165–171, 268

Frederick V of Bohemia 腓特烈五世，波希米亚的 13, 15

freedom 自由，见 will, freedom of function(s) 280–281, 287–288, 310–311, 314, 332–333, 336–337, 339

Galen of Pergamum (2nd c.) 盖仑 293

Galilei, Galileo（1564–1642）伽利略 6–7, 23–24. 293–294, 297, 307

Gassendi, Pierre（1592–1655）伽桑狄 33, 61, 110, 114, 150, 207, 228–230, 269, 274

geometry 几何、几何学 11–12, 16, 25, 82, 86, 101, 119, 213, 215–221, 247

 demonstrations in 几何学的证明 19, 42, 217–218, 221, 233–237, 349–351

non-Euclidean 非欧几何学 220-221, 308

as school subject 几何学作为学科 9-10, 133

也见 essence, of geometrical objects

Gibieuf, Guillaume（d. 1650）吉比乌夫 17, 25, 210

Gilbert, William（1544-1603）希尔伯特 7, 310

God 上帝 3, 27, 44-45, 59, 169-177, 222-223, 329-330

and argument from effects 上帝与因果论证 169-174, 188-189, 222

as conserver of world 上帝作为世界的保存者 22, 173-174, 304-307

and cosmological argument 上帝与宇宙论论证 223

creative power of 上帝的创造力 19-20, 22-23, 84, 86-87, 173-174, 186-187, 197-200, 206-207, 237-239, 258-259, 308-309

as deceiver 上帝作为骗子 26, 83-88, 91-92, 98-99, 107, 151-153, 163, 182

is no deceiver 上帝不是骗子 86-87, 174, 177-188, 192-194, 199, 204-205, 234-236, 268-270, 280-285

deistic conception of 理神论的上帝 330

and divine guarantee 上帝与神的保证 67, 186-188, 206-207, 208-209, 221, 241-243

and evil 上帝与恶 59, 194

idea of 上帝的观念 44-45, 155-156, 227

as immaterial 上帝是非物质的 44, 95, 87-88, 96, 165-167, 169-177, 207, 221-232

immutability of 上帝的永恒 22, 305, 308

and laws of motion 上帝与运动法则 22, 50, 304-305

and ontological argument 上帝与本体论证明 221-232, 233-234

perfection of 上帝的完满性 59, 171, 172-174, 175-177, 192-194, 221-228

proofs of existence of 上帝存在的证明 5, 25, 47-49, 59

of reason 理性的上帝 49, 329-330

and Scripture 上帝与圣经 22-23, 48, 330

and the soul 上帝与灵魂 19, 27-30, 47-51, 297, 299

Harvey, William（1578-1657）哈维 7, 38, 293

Heereboord, Adrian（1614-1661）黑尔布德 31

Henry IV, King of France 亨利四世，法兰西国王 4-5, 8

Hobbes, Thomas（1588-1679）霍布斯 33, 61, 252, 330

Huguenots 胡格诺教派 4

human being: theory of 人类：人类理论 30-31, 122, 139, 260, 271-280, 281-283, 286-287, 295, 310-319, 333-341

human body 人体 44, 51, 122-125, 246-250, 258-261, 271-277
  as machine 人体是机器 281-284, 311-320, 332-333, 337
  preservation of 人体的保存 274, 278-283, 310-314

Hume, David（1711-1776）休谟 34, 168, 229, 326, 337

Huxley, Thomas Henry (1825-95) 赫胥黎 35, 332

Ibn al-Haytham (11th c.) 阿尔·海森 297, 318

ideas 观念 154-160
  adventitious 外来的观念 161-162

 clear and distinct 清楚明白的观念 45, 87-88, 96, 171, 196, 220-221, 258, 261-262, 279(也见 perception, clear and distinct)

 fictitious 杜撰的观念 224-227, 232

 formal reality of 观念的形式实在性 155-156, 159-160, 246-247, 249-250

 as images 观念作为形象 135-138, 155-156, 159-160, 246-247, 249-250

 innate 天赋观念 97, 161, 174-176, 215-221, 227-228, 232, 307-309

 intellectual 理智的观念 34, 216-221, 249, 325

 invented 虚构的观念 161, 175-176, 217-218, 225

 materially false 质料的假 170-171, 220, 302

 objective reality of 观念的客观实在性 155-158, 165-171, 268

 obscure and confused 混乱而模糊的观念 170-171, 207, 269-270, 279, 301-302, 327-328

 as representations 观念作为表象 155-160, 165-167, 170-171, 195-197, 229-230, 266-267, 302, 327-328, 335-337

 sensory 感觉观念 161-163, 170-171, 250-253, 265-274, 277-287, 300-304, 313-319

 theory of 观念论 154-163

Ignatius of Loyola (1491-1556) 依纳爵 8, 45

Ignorance 无知
  appeals to 诉诸无知 123-124, 173

argument from 诉诸无知 254-255, 263, 302-303
of clear and distinct idea of God 没有清楚明白的上帝观念 87-88, 96
of God, actual or supposed 不知上帝，现实的和假设的 184, 206, 327, 239

imagination: as act of intellect 想象：想象作为理智的活动 265-266
  and brain 想象与大脑 249-250, 316-317
  faculty of 想象力 30, 45, 57-58, 95, 134-135, 248-249, 276
  and images 想象与形象 58, 124-125, 129-136, 246-250

inference and inferential structure 推理和推理结构 111-120

innate: brain structure 天赋：大脑的天赋结构 313
  knowledge 天赋知识 23, 97, 215-221, 308-309（也见 ideas, innate）

Inquisition, Roman Catholic 罗马宗教法庭 23

intellect: 理智
  faculty of 理智能力 34-35, 57-58, 65-66, 135-142, 216-217, 218-221, 267
  as faculty of representation 理智作为表象能力 195-196, 266-267, 336
  vs. imagination 理智相对于想象 125, 130-136, 192, 212-213, 246-250, 265-266, 316-317
  presumption in favor of 维护理智的预设 183-186, 209, 235-236
  pure 纯粹理智 57-58, 100-101, 246-249, 279-280, 316-317, 325-327
  and senses 理智与感觉 78, 137-141, 262-263, 277-280, 301-304
  也见 judgment

intentionality 意向性 336

intuition: 直观
  direct, of substance 实体的直观 114
  intellectual 理智的直观 222, 325-326
  simple 单纯直观 113-114
  single act of, and inferential structure 单一的直观活动与推理结构 116-120

Jesuits 耶稣会 7-10, 26-27, 32, 45, 47, 51, 60, 203, 299

judgment 判断
  requires intellect 判断要求理智 138-139, 266-267
  in sense perception 感知中的判断 137-139, 318
  theory of 判断理论 157-160, 195-200

Kant, Immanuel（1724-1804）康德 xv, 34-35, 197, 223, 229-230, 326, 332

Kepler, Johannes（1571-1630）开普勒 6, 10, 294, 297, 310, 318-319

knowledge 知识 xx, 235
- theory of 知识论 9, 13, 45, 64-65, 235
- tree of 知识树 28
- 也见 epistemology

La Fléche 拉弗莱什 8-10, 26, 45, 46

language 语言
- and thought 语言与思想 137, 336

Lateran Council, Fifth 第五次拉特兰宗教会议 5, 28, 47

Leibniz, Gottfried Wilhelm（1646-1716）莱布尼兹 33, 34-35, 307, 325

Leiden, University of 莱顿，莱顿大学 31-32

Lichtenberg, Georg (1742-1799) 李希腾伯格 108-110

light: of nature 光，自然之光，见 natural light
- sine law of refraction of 光折射的正弦定律 17, 25, 310
- theory of 光理论 25-26, 299-300, 315-316, 331

Llull, Ramon (c. 1232 – c. 1315) 拉蒙·鲁尔 11

Locke, John（1632-1704）洛克 33, 326, 330-331, 344-345

logic: and argumentation 逻辑，逻辑学 40-41, 111-120, 346-352
- as school subject 逻辑学作为学科 8-9
- syllogistic 三段论逻辑 12, 113-114, 116-119, 346-348
- "true" "真正的" 逻辑 108

Louis XIII, King of France 路易十三，法国国王 5

Lucretius (1st c. BCE) 卢克莱修 7, 244

Luynes, Duke of (1620-1690) 德吕纳公爵 61

madness 疯子 79, 91

magnetism 磁力 7, 297, 310, 311, 320

Malebranche, Nicolas（1638-1715）马勒伯朗士 288, 325

Marie de Medici 玛丽·德·美第奇 5

material falsity 质料的错误 170-171, 302

materialism 唯物主义 33, 48, 311-312, 335

mathematics: as certain 数学：数学是确定的 9, 13, 16-17, 101, 221-222, 233-234
  clarity of 数学的明晰性 14, 83, 87-88
  doubted 可疑的数学 85-88, 92, 98, 151-152, 234-235
  elementary 基础数学 7, 17, 43, 94
  as school subject 数学作为学科 7-8, 10
  也见 geometry; sciences, mathematical

matter 物质 10-11, 238-239, 294-296
  essence of 物质的本质 212-215, 255-263, 301-304, 307-309
  theory of 物质理论 21-22, 30, 33, 297-308
  也见 body; extension

Maurice of Nassau 莫里斯·德·拿骚 10

Maximilian I, Duke of Bavaria 马克西米连一世，巴伐利亚公爵 12

mechanical philosophy 机械论哲学 21, 30-33, 300-304, 309-314, 332-333

mechanics 力学 28, 311
  as school subject 力学作为学科 10

medicine 医学 28, 32-33, 82, 293
  faculty of 医学院 8, 15

meditational form of writing 沉思的写作形式 xiv, 45, 52-53, 89-96, 147, 176-177

memory: faculty of 记忆：记忆力 57, 66, 106, 284-285, 312-313, 336

Mersenne, Marin（1588-1648）梅尔森 3, 17, 24, 28-29, 46, 48, 51, 60-61, 74, 336

Mesland, Denis（1616-1672）迈斯兰德 202-204

metaphysics 形而上学 3, 19-20, 26-31, 34-35, 54-55, 58-60, 65-66, 165-174, 255-256
  certainty of principle of, vs. mathematics 形而上学原则的确定性，形而上学相对于数学 19, 43, 164, 221-222, 233-236
  as first philosophy 形而上学为第一哲学 3, 27-28, 50
  and first principles 形而上学与第一原则 19, 28, 43, 121, 148, 187, 308-309
  and physics 形而上学与物理学 19, 21-23, 26-29, 47-49, 241, 297-312, 331-332
  and recent scientific knowledge 形而上学与新近的科学知识 66, 331-337, 341-342

reform of 形而上学的改革 75-77, 90, 240-243

as school subject 形而上学作为学科 9, 30

as a science 形而上学作为科学 75

term 术语"形而上学"27, 39

one true 一门真正的形而上学 3, 101, 241-243, 325-326

也见 epistemology, metaphysical; Descartes, metaphysical turn of

method: analytic 方法：分析方法 42-44, 52, 116-117, 351

cognitive basis of 方法的认知基础 17, 99-101, 212, 216-220, 233-235, 279-280, 325-326

of doubt 怀疑的方法 56, 64-66, 73-78, 93-101, 182-188, 207, 325-326

and epistemology 方法与认识论 46-48, 325-326

four rules of 方法的四条规则 16, 41-42

in mathematics 数学方法 11-12, 15

metaphysical 形而上学的方法 41-45, 75-77, 100-101, 240-243

in philosophy 哲学方法 15-18, 26, 242-243, 341-342

synthetic 综合方法 42-43, 118-119, 351

and truth rule 方法与真理规则 122, 147-150

也见 natural philosophy, experience and experiment in

mind: "concept" of 心灵："心灵"概念 123-129, 255, 257-258

essence of 心灵的本质 141-143, 255-267

considered formally 从形式上考察心灵 155-156, 165-167

as immaterial 心灵是非物质的 49, 51, 110-111, 255, 274-277

as indivisible 心灵不可分 263

as intellectual substance 心灵是理智的实体 140-141, 265-267, 335-336

as material or bodily process 心灵作为物质或形体的过程 239, 263-264

nature of 心灵的性质 122-129, 139-141, 218-219

as part of nature 心灵是自然的一部分 49-50, 292, 313-319

as non-extended 心灵是非广延的 192, 256-258, 260-265, 274-277

origin of 心灵的来源 84, 88, 237-240

as spirit 心灵是精神 13-14, 123, 124

terms "mind" and "soul" 术语"心灵"与"灵魂"49

withdrawal of, from senses 将心灵撤离感觉 26-27, 74, 76-77, 212-213

也见 self; soul; thinking thing

mind -body: distinction 身心：身心区别 30-31, 51, 125, 142-143, 246, 253-265

  interaction 身心互动，身心相互作用 248-250, 274-277, 281-284, 314-319

  problem 身心问题 333-337

  union 身心统一 31, 260, 271-277, 281-283, 339-341

mode: concept of 样态，样态的概念 166-167, 214, 249, 260, 263

  of matter 物质样态 214-215, 257, 301-303

  of mind 心灵样态 248-249, 257

Moliére, (Jean-Baptiste Poquelin) (d. 1673) 莫里哀 65

morals, moral philosophy 道德，道德哲学 14, 28, 31-32

  as school subject 道德作为学科 9

Moriarty, Michael 莫里亚蒂 324

Morin, Jean-Baptiste (1583-1656) 墨林 298

motion: of Earth 运动：地球的运动 6, 48, 296

  laws of 运动法则 21-22, 30, 304-307

  as mode of extension 运动是广延的样态 214-215, 303

  quantity of 运动的量 22, 305-307

  voluntary 意愿活动 274-277

Mydorge, Claude (1585-1647) 迈多治 17

natural light 自然之光 163-165, 167, 174, 176-178, 184-187

  vs. light of grace 自然之光相对于恩赐之光 48, 163, 330

  也见 perception, clear and distinct

natural philosophy 自然哲学 6, 25-26, 48, 74-76, 292-307, 309-321, 331-333

  experience and experiment in 自然哲学中的经验与实验 58, 270, 282-284, 319-320

  as school subject 自然哲学作为学科 9, 30

  term 术语"自然哲学" 292

  也见 physics

nature 自然 49-50, 144, 291-298

  chance course of 自然的偶然进程 88, 238

  and evolution 自然与进化 230-240, 333

in general（as God）自然一般说来（是上帝）270, 310

　and human origin 自然与人的来源 88, 237-239, 244

　laws of 自然法则 22, 281

　as machine 自然作为机器 4, 309-319(也见 mechanical philosophy)

　teachings of 自然的教诲 162, 250-251, 270-274, 277-283

natures 性质、本性 144

　active 活动性质 215, 292

　common 共同性质 66, 78, 212

　and essences 本性与本质 144

　perception of 对性质的知觉 138-141

　simple 简单性质 15-17(也见 notions, simple)

　of things in themselves 事物自身的性质 67, 242-243

　true and immutable 真实而不变的本性 217-218, 225, 227-228, 231-232

Neoplatonism 新柏拉图主义 18, 59, 194

nerves: motor 神经：运动神经 312-314, 318-319

　sensory 感觉神经 123, 282-283, 300-301, 313-318

Netherlands: Dutch 尼德兰，荷兰 4-5, 10, 18-19, 32-33, 49

　Spanish 西班牙尼德兰 4-5, 11

Newton, Isaac（1642-1727）牛顿 21, 33, 306, 332

　也见 physics, Newtonian

notions: common 概念：共同概念 97, 154, 349

　as elements of thought 概念作为思想的要素 97, 113

　primitive 原初概念 276

　simple 简单概念 18, 115, 118, 154-155, 266

　也见 concepts

objective reality 客观实在性，见 ideas

objectors, identities of 反对者，及其身份认证 60-61

occasionalism 偶因论 288

ontological argument 本体论论证，见 God

ontology 本体论 59

optics 光学 10, 17, 20, 315-316
  as school subject 光学作为学科 10
Oratory, Parisian 演讲，巴黎的 18, 32

painting 绘画 80-81, 156-157, 166-167, 169
Pappus locus problem 帕普斯轨迹问题 25
parhelia 幻日、假日 20
Passions, function of 激情，激情的功能 313-314, 339
  也见 emotions
perception: as act of intellect 知觉：知觉是理智的活动 135-142, 195-197, 265-267, 335-337
  clear and distinct 清楚明白的知觉 48, 56-57, 96, 147-153, 164, 177-188, 198-209, 214, 216-221, 232-242, 255, 258-265
  clear and distinct, merely remembered 清楚明白的知觉，纯粹回忆 98, 115, 152, 178-179, 237
  and direct realism 清楚明白的知觉与直接实在论 328, 344
  grades of sensory 感觉分阶 318
  intellectual 理智的知觉 100-101, 216, 239-240, 246-249, 279-280, 301-304, 325-326
  sensory 感性知觉、感知 131-139, 250-253, 265-266, 267-275, 277-279, 299-304, 318-319, 330-331(也见 senses; vision)
  veil of 知觉幕布 34, 102, 326-328
perfection, concept of 完满，完满的概念 59, 172
per se notum ("self-evident," after due consideration) 自明的 xxi, 114, 150
phantasm (image) 幻象，形象 66, 95, 103
philosophy: and Bible 哲学：哲学与《圣经》47, 48-49
  history of 哲学史 34-35, 62-68, 342
  Islamic contributions to 伊斯兰对哲学的贡献 9, 297
  and religious topics 哲学与宗教论题 5, 48-49
  as school subject 哲学作为学科 9, 30
  term 术语"哲学" 6
physics: Aristotelian 物理学：亚里士多德主义物理学 6, 26, 215, 294-296, 298-300, 310-

428

concept of 物理学概念 20, 292
Descartes' general 笛卡尔的普通物理学 20-24, 25-26, 30, 33, 296-307, 309-321
foundations of 物理学的基础 19, 21-23, 27-29, 33, 47-49, 297-309
new, as hidden agenda 新物理学，幕后动机 3-4, 28-29, 47-48
Newtonian 牛顿的物理学 21, 22, 33, 34, 305-307, 310
proof of hypotheses from effects 通过效果的物理学假设证明 26, 297-298, 319-320
as school subject 物理学作为学科 33

physiology 生理学 23, 31, 35, 280-284, 293, 309-319, 338-340
as school subject 生理学作为学科 33

Plato: Platonists 柏拉图：柏拉图主义者 5, 9, 19, 216
Forms of 柏拉图的相（理念）9, 20, 216, 243
也见 Neoplatonism

possibility 可能性 86, 196
real 实在可能性 219-221

preconceived opinions (prejudices) 成见 47, 50, 74-77, 89-94, 115, 151-152, 233, 250-252
and childhood 成见与儿童 44, 75-76, 94-95, 252, 277-280 (也见 cognition, human cognitive development)
term 术语"成见"xxi

probable opinions 或然的意见 9, 89-90, 193, 205-206, 246-250

Protestants 新教 5, 29, 32
也见 Calvinists; Huguenots

psychology 心理学 20, 23, 208, 292, 309, 312-319, 333-335
of love 爱情心理学 339-341

psychophysical laws 心理学法则 282-284, 314-317, 319, 335

Ptolemy (2nd c.) 托勒密 293

quadrivium 四科 9
也见 arts curriculum

qualities: four basic 性质：四种基本性质 294
primary 第一性质 251, 330

secondary 第二性质 26, 330-331

sensory 感觉性质 48, 59-60, 131-133, 170-171, 250-252, 269-273, 277-283, 300-304, 314-316

也见 real qualities

Quine, W. V. (1908-2000) 蒯因 334

rationalism 理性主义 33, 34-35, 217, 325-326, 329-330

 and rationalists 理性主义与理性主义者 34, 325

real qualities 实在性质 26-27, 44, 94-95, 199, 278, 294, 296, 298, 299-304, 331

reason 理性 5, 24, 33-34, 76, 77, 84-88, 123, 163, 330

 faculty of 理性能力 57, 139, 252, 295

 light of 理性之光 349

 natural 自然理性 47, 48-49(也见 natural light)

 strong validation of 理性的强证实 99, 186-188, 208, 235, 242-243

 weak vindication of 理性的弱维护 99-100, 182-183

 也见 intellect

Regius（Henry le Roy or Hendrick de Roy）(1589-1679) 亨利·勒·罗伊 30-31, 46, 60

Reid, Thomas（1710-1796）里德 34, 327

religion 宗教 4-5, 28, 48-49

 Judeo- Christian- Islamic tradition 犹太—基督教—伊斯兰传统 49

 也见 Descartes, and religion

representation 表象见 ideas, as representations; intellect, as faculty of representation

resemblance thesis 相似性论题 94-95, 151, 161-163, 199, 250-252, 269-270, 278-280, 301-304, 331

Rohauh, Jacques（1618-1672）罗奥尔特 33

Royal Academy of Sciences, Paris 巴黎皇家科学院 33

Rubio. Antonio (1548-1615) 鲁比奥 9

Ryle, Gilbert (1900-976) 赖尔 333, 337

Scheiner, Christoph (1575-1650) 沙因奈尔 20

scholastic Aristotelians 经院亚里士多德主义 xvi, 9, 144
　on eternal truths 经院亚里士多德主义论永恒真理 20, 308–309
science, new 科学，新科学 xiii, 3–4, 21, 291–294, 296–298, 331–332
sciences: firm and lasting knowledge in 科学：科学中稳固可靠、经久不衰的知识 75–77, 90, 153, 163, 234–235
　mathematical 数学的 15(也见 astronomy; mechanics; optics)
　reforming the 科学的改革 13–15, 24, 91
　Scientific Revolution 科学革命 6–7, 293–294
Searle, John 塞尔 333, 335
secondary qualities 第二性质，见 qualities
self 自我 19, 107–111, 117
　as conceived without body 自我被设想为无形体 121, 124–125, 248, 258–265, 338
　knowledge of 自我的知识 121–129, 135–143, 169–174, 213, 253, 265–267, 336, 339–340
senses 感觉、感官 30, 45, 76, 100–101, 250–253, 265–274, 276–287, 299–304, 312–320
　as basis of all knowledge 感觉是一切知识的基础 13, 33–34, 44, 76, 130, 251–252
　external 外感觉 273–274
　fallibility of 感觉的可错性 79–83, 85–86, 250–251, 277–286
　and intellectual acts 感觉与理智活动 131–141, 265–266, 318
　internal 内感觉 271–272, 280–283
　reliability of 感觉的可靠性 58, 76, 268–274, 277–280, 282–287, 331
　withdrawal of mind from 将心灵撤离感觉（官）xv, 26–27, 74, 76–77, 212–213
　也见 intellect, and senses; perception; qualities; vision
Sextus Empiricus (c. 160–210) 恩披里可 90
skepticism 怀疑论、怀疑主义 14, 73–74, 90–91, 96
　Academic and Pyrrhonian 学园怀疑论与皮浪怀疑论 90
　ancient 古代怀疑论 14, 73, 181
　and brain-in-a-vat hypothesis 怀疑论与缸中之脑的假设 84–85
　and defective design hypothesis 怀疑论与缺陷设计的假设 83–87
　and defective origins 怀疑论与缺陷来源 88, 183, 236–239
　Descartes' relation to 笛卡尔与怀疑主义的关系 9, 14, 34–35, 65–66, 73–74, 90–101, 181, 326–327

431

in *Discourse*《谈谈方法》中的怀疑论 26

　　and dream argument 怀疑主义与疑梦论证 24, 79-83, 284-285

　　and intervention hypothesis 怀疑论与干预假设 83-86

　　and sensory fallibility 怀疑论与感觉的可错性 78-83, 250-253

　　as a tool 怀疑主义是一种工具 56, 73-78, 89-95

　　and veil-of-perception 怀疑论与知觉幕布 34, 327

　　也见 doubt; God, as deceiver

Skinner, B. F. (1904-1990) 斯金纳 334

Sorbonne 索邦 15, 17, 46-47, 58

soul: Aristotelian conception of 灵魂：亚里士多德的灵魂概念 30-31, 123

　as fine matter 灵魂是精细物质 123, 124

　immortality of 灵魂的不朽 5, 28, 48-49, 51

　as mind 作为心灵的灵魂 49, 124

　as part of nature 灵魂是自然界的一部分 49-50, 292, 313-319

　也见 mind; self

Spinoza, Benedict (1632-1677) 斯宾诺莎 34, 325-326, 330

species 类、种 xxi

　corporeal 形体样式 316-317

　intentional 意向类 300

spirit, as fine matter 精神，精细的物质 13-14, 274

spirits, animal 元气 274-275, 312-317, 339

spiritual exercises 灵修 xiv-xv, 45, 53, 91, 177

Stoic philosophy 斯多噶派哲学 9, 14, 21, 25

Suarez, Franciso（1548-1617）苏亚雷斯 9

subject, persisting (bearer of properties) 主体（主词），持存（属性的支承）109, 158

substance 实体 21, 34-35, 110, 115, 166-167, 294-295

　and acts or attributes 实体与活动或属性 110, 114-116

　concept of 实体概念 51, 61, 166, 214-215, 248-249, 303

　as able to exist on its own 实体能凭借自身存在 61, 166

　finite, common attributes of 有限实体，及其共有属性 17, 213

　immaterial 非物质实体 95, 255

infinite 无限实体 166-176
intellectual 理智实体 141-143, 265-267
and real distinction 实体与实在区别 246, 253-265
也见 being; body; mind; matter
substantial forms 实体形式 26-27, 30-31, 215, 295-296, 298
syllogistic logic 三段论逻辑 见 logic

teleology 目的论 295, 310-311, 331-333
Telesio, Bernardino (1509-1588) 德雷西奥 15
theology 神学 29, 30-31, 46-49, 59-61, 194, 283, 308-309, 329-330
  faculty of 神学院 8, 15, 33, 46-47
thinking thing 思想物 108-111, 114-116, 119-129, 192, 248-249, 254-267
  as substance of unknown type 思想物是未知类型的实体 110
Thirty Years' War 三十年战争 5, 12
thought: act-object analysis of 思想：思想的活动—对象分析 157, 337
  definition of mind 心灵的定义 144, 249, 255-267
  core feature or essence of 思想的核心特征或本质 128-129, 265-267, 335-337
  innate structure of 思想的先天结构 96-97, 113, 161, 219-221, 308-309
  and language 思想与语言 137
  unity of 思想的统一性 109-110, 126-129
  也见 cognition; emotions; ideas; perception
Toledo, Francisco de (1532-1596) 托雷多 9
Trigland, Jacob (1583-1654) 特里格兰德 31
trivium 三科 8
  也见 arts curriculum
truth: conception of 真理：真理概念 197
  as Descartes' aim 真理作为笛卡尔的目标 180-188, 208-209, 233-234, 240-243
  truth rule 真理规则 147-151, 207-208
  and extraction argument 真理规则与提炼论证 147-150, 184-188, 238-239, 328

understanding, faculty of 理智、理解力，见 intellect, faculty of

433

Utrecht, University of 乌特勒支大学 30-31, 33, 46

vacuum: affirmation of 虚空：肯定虚空 33
  denial of 否定虚空 30, 304, 320
Vanini, Lucilio (1585-1619) 瓦尼尼 15
Vatier, Antoine（1596-1659）瓦蒂埃 26, 299
Vesalius, Andreas（1514-1564）维萨里 293
vision: retinal image in 视觉：视觉视网膜图像 10, 313, 315-316
  theory of 视觉理论 318-319
vivisection 活体解剖 23
Voetius（Gisbert Voet）(1589-1676) 沃特 30-31

will: faculty of 意志：意志力 45, 65-66, 91, 157, 195, 197, 217, 266-267, 312-314
  freedom of 意志自由 195-206
  role in judgment 意志在判断中的作用 138, 195-200, 205-206
  and passions 意志与激情 314, 339
  voluntary motion 意愿活动 274-277

Zorro 佐罗 254

译后记

尽管本书英文原著的版权页标示："2014年由劳特利奇首次出版"（First published 2014 by Routledge），但是，毋庸置疑，它是作者哈特费尔德于2003年在同一出版社出版的《笛卡尔与〈第一哲学的沉思〉》一书的修订版。作者本人在前言中亦称2003年的版本为"第一版"，而将这个版本（2014年）称作"新版本"或"第二版"。至于版权页何以称"首次出版"，猜测是因为该书改头换面，书名改为"笛卡尔的《第一哲学的沉思》"。

新版本的核心论点的结构并未变化，但是，全书做了大幅度修改，几乎"每一章都从头到尾做了修订"（前言）。不完全是语言表述的变化，为了使表达更准确、更清晰、更精练，也包括一些内容的改变。例如，增补笛卡尔的生活和学术背景；强化和扩展对怀疑方法和观念论的处理；补充笛卡尔的视觉理论，展示笛卡尔对当今哲学的深刻影响，甚至个别辅助论题的观点亦发生改变。每一章的阅读书目和参考文献都有增减调整，以反映笛卡尔学术的新近发展。译者力求将新版的所有变化，一丝不苟地体现在译文中。为此，译者以新版本为依据，逐字逐句对原来的译文进行修改、校对、增补、删减、润色，几乎是重译。校译过程中，也发现原来译文的一些错误，均做了修改。当然，目前这个译文，错误仍在所难免，希望读者提出宝贵意见。

这里，要特别感谢我的妻子杜丽燕，她阅读了新一版的全部译稿，指出译文中的一些错误，做了文字的润色。也要感谢广西师范大学出版社的梁鑫磊、尤晓澍编辑，他们为新一版校译工作的完成提供了许多支持和帮助。

尚新建
2022年10月